MANUEL PRATIQUE
DE JARDINAGE

L'auteur et l'éditeur se réservent le droit de traduire ou de faire traduire cet ouvrage en toutes langues. Ils poursuivront conformément à la loi et en vertu des traités internationaux toute contrefaçon ou traduction faite au mèpris de leurs droits.

Le dépôt légal de cet ouvrage a été fait à Paris en temps utile et toutes les formalités prescrites par les traités sont remplies dansles divers États avec lesquels il existe des conventions littéraire.

Tout exemplaire du présent ouvrage qui ne porterait pas, comme ci-dessous, ma griffe, sera réputé contrefait, et les fabricants et débitants de ces exemplaires seront poursuivis conformément à la loi.

Typ. Rouge frères, Dunon et Fresné, r. du Four-St.-Germ.. 43.

BIBLIOTHÈQUE DES PROFESSIONS INDUSTRIELLES ET AGRICOLES
Série H. N. 41.

MANUEL PRATIQUE

DE

JARDINAGE

CONTENANT

LA MANIÈRE DE CULTIVER SOI-MÊME UN JARDIN

OU D'EN DIRIGER LA CULTURE

PAR COURTOIS-GÉRARD

Marchand grainier, horticulteur.

SEPTIÈME ÉDITION

PARIS

LIBRAIRIE SCIENTIFIQUE, INDUSTRIELLE ET AGRICOLE

Eugène LACROIX, Éditeur

LIBRAIRE DE LA SOCIÉTÉ DES INGÉNIEURS CIVILS

QUAI MALAQUAIS

Tous droits réservés.

INTRODUCTION

A LA SEPTIÈME ÉDITION

Les progrès que le temps amène à sa suite, plus rapidement encore dans la pratique de l'horticulture que dans les autres branches du travail humain, se sont produits en grand nombre, non-seulement depuis la première édition du *Manuel de Jardinage*, mais encore depuis la sixième, à l'épuisement de laquelle celle-ci vient suppléer. Nous devons donc prévenir que plusieurs parties ont été remaniées à fond, pour être ramenées au niveau des connaissances horticoles du moment ; toutes les lacunes que le cours des années pouvait avoir fait naître, ont été soigneusement comblées ; nous en signalerons les principales.

Le calendrier, révisé et refondu, a été augmenté de détails nouveaux et importants. D'intéressantes et lucides explications complètent le chapitre du jardin potager. L'article *Assolement*, le premier qui ait été publié sur le jardinage, peut être consulté avec avantage par toutes les personnes qui veulent obtenir les récoltes les plus abondantes qu'un jardin potager bien tenu puisse produire ; car pas un fait avancé par l'auteur n'a été pris en dehors de ce qui est consacré par la pratique. Dans celui du jardin fruitier, l'on trouve, outre l'exposé plus développé de quelques opérations, les listes des arbres fruitiers les plus estimés de chaque série, listes que les nombreuses conquêtes de la Pomologie viennent incessamment enrichir, et des données d'une grande utilité pratique pour le traitement des maladies des arbres.

Mais c'est surtout dans la partie consacrée au jardin d'agrément que se rencontrent les améliorations les plus remarquables au *Manuel de Jardinage*, dans sa septième édition, depuis la composition de gazons, écueil où viennent échouer tant de jardiniers inexpérimentés, jusqu'à la direction des plantes les plus difficiles à obtenir dans tout l'éclat de leur beauté.

En effet, il ne suffit point à l'amateur de floriculture d'entasser, dans les massifs ou dans les plates-bandes de son parterre, cette infinie variété de belles plantes d'ornement de chaque saison que tient à sa disposition l'horticulture contemporaine ; il faut surtout que ces plantes croissent et fleurissent avec tout le charme qui leur est propre ; hors de là, au lieu d'engendrer les plaisirs les plus inoffensifs et les plus variés, la floriculture n'offre qu'une longue suite de mécomptes et de déboires.

De nombreux exemples de massifs composés des plantes qui peuvent avantageusement concourir à l'ornementation des jardins permettront aux amateurs qui consulteront cet ouvrage de tirer souvent un meilleur parti des ressources dont ils disposent.

Les livres qui, comme le *Manuel de Jardinage*, aplanissent la route, mettent l'amateur à même de prévoir les difficultés et de les vaincre, et lui assurent l'heureux succès de ses amusants travaux : ces livres sont d'importants services rendus à l'horticulture tout entière; car, en écartant les obstacles, ils en propagent le goût; et l'extension du goût de l'horticulture dans tous les rangs sociaux profite à tout le monde. Quant aux soins donnés à l'exécution matérielle, en écartant un luxe qui rendrait inutilement trop élevé le prix d'un ouvrage qui doit par sa nature être à la portée de tous, ils sont ce qu'ils doivent être, comme dans les éditions précédentes, au point de vue de la netteté et de la plus scrupuleuse correction typographique. Cette édition nouvelle du *Manuel de Jardinage* réunit, comme on le voit, tout ce qui peut mériter à ce livre la continuation de la faveur dont il est en possession depuis sa naissance.

MANUEL PRATIQUE
DE JARDINAGE

CHAPITRE PREMIER.

Disposition générale d'un jardin potager.

Les conseils que nous donnons ici pour l'établissement d'un jardin pourront paraître superflus aux personnes qui sont forcées d'accepter des emplacements déterminés, des expositions bâtardes et des dispositions faites d'avance; mais nous avons cru devoir exposer les conditions qu'il est essentiel de remplir chaque fois qu'on sera maître de choisir ou d'aménager son terrain. Quant aux dispositions intérieures, elles sont calculées pour la plus grande commodité du travail, et ont pour objet de montrer comment on peut faire succéder sans interruption les cultures les unes aux autres, ce qui est très-rare dans les jardins cultivés par les personnes étrangères à l'horticulture, et ce qui n'exige cependant qu'un peu d'attention et de pratique, et un livre auquel elles puissent avoir confiance.

Le terrain le plus convenable à la culture est celui qui a 1 mètre de profondeur de bonne terre, la surface composée de terre franche et douce, et le sous-sol de sable propre à la végétation. Avec un terrain de cette nature, du fumier et de l'eau, on est sûr de cultiver avec succès tous les végétaux qui entrent dans la culture courante.

Nous ne prétendons pas dire que les terrains de nature différente soient impropres à la végétation; car tous lui conviennent quand ils sont assez légers pour être perméables à l'air, sans que l'humidité y séjourne trop longtemps, et qu'ils sont assez frais cependant pour que les racines aient le temps d'absorber les fluides nécessaires à leur nutrition. Nous avons simplement voulu faire connaître les terrains les plus fertiles et ceux dont la culture récompense le plus amplement le jardinier de ses soins.

Dans le cas où le terrain ne serait pas tel que nous l'indiquons, des fumiers, des amendements et des labours suppléeront aux qualités qui lui manquent.

Le potager que nous représentons (fig. 1, à la fin du volume) forme un parallélogramme de 54 ares 52 centiares; mais cette étendue, choisie arbitrairement, afin d'avoir des exemples de culture plus variés, pourra changer sans qu'il y ait la moindre altération dans l'assolement ou succession de cultures que nous indiquons; seulement, quand le terrain sera moins grand, on ne fera qu'une planche de chaque légume, au lieu de deux ou trois. Pour la facilité du travail, nous avons réuni, autant qu'il était possible, les cultures de même espèce.

L'assolement devra être conduit de telle sorte qu'une planche ne produise pas deux années de suite les mêmes légumes.

Il est convenable, sous tous les rapports, que le potager soit clos de murs au nord, à l'est et à l'ouest; ce qui nous donnera à l'intérieur les expositions du sud, de l'ouest et de l'est. Au sud extérieur, on peut à la rigueur remplacer le mur par une haie. Les murs devront avoir au moins $2^m,65$ au-dessus de terre, et ils seront crépis intérieurement. S'ils sont construits en plâtras ou en pierre, on y pourra palisser les espaliers à la loque; mais s'ils étaient en moellon dur, il faudrait les faire préalablement garnir de treillage. Le chaperon sera garni de tuiles formant une saillie de 0ᵐ,12 à 0ᵐ,15, pour garantir les fruits contre les fâcheuses influences des pluies, ce qui permettra également de conserver le raisin jusqu'à une époque assez avancée.

En y suspendant des toiles ou des paillassons, qu'on tiendra écartés du mur, on pourra garantir les Pêchers en fleur contre les gelées du printemps. Les murs du *sud* seront garnis de Pêchers.

A l'*est* on plantera de la Vigne, qui sera conduite à la Thomery.

A l'*ouest* se trouveront des Pêchers, et dans l'intervalle on plantera des Poiriers.

Au *nord*, les murs seront garnis de Poiriers, et, pour planter à cette exposition, il faut avoir soin de choisir les variétés les plus hâtives, afin que les fruits puissent atteindre leur parfaite maturité.

On peut aussi planter des Pruniers et quelques Cerisiers tardifs, qui mûrissent à une époque où l'on est ordinairement privé de ces fruits.

C'est dans un endroit écarté du potager, et le moins en vue, qu'on creusera un trou pour jeter les sarclures, les épluchures de légumes et les débris végétaux, qui pourront être employés comme engrais après leur réduction en terreau.

Un point important à observer dans l'établissement d'un jardin, c'est la distribution de l'eau. Dans le potager, elle doit avoir lieu par des conduits souterrains, que l'on fera passer dans les allées, de telle sorte qu'il soit possible d'y faire les réparations nécessaires sans déranger les plantations.

L'eau sera reçue dans un ou plusieurs bassins placés au milieu du jardin, ou, comme nous l'indiquons sur le plan, dans un bassin au centre n. 62, et dans des tonneaux pla=

cés à l'extrémité des planches n. 8, 9, 24, 25, 34, 35, 50 et 51.

Ces dispositions sont d'autant plus importantes que l'on connaît l'utilité indispensable des arrosements non-seulement dans les temps de sécheresse, mais encore pour accélérer la germination des semis et faciliter la reprise des plants nouvellement repiqués.

L'allée du milieu aura 3 mètres de largeur, l'allée circulaire et celles de traverse n'en auront que 2.

Les petites allées pratiquées autour des planches devront avoir 0^m,60 de largeur, et seront bordées d'Oseille, de Civette, de Cresson alénois, de Persil, de Cerfeuil, de Chicorée sauvage, de Pimprenelle, de Fraisiers, etc.

La largeur des planches sera de 1^m,33, avec un sentier de 0^m,35 entre chacune, ce qui suffira pour le passage; car le premier rang de chaque planche doit toujours être au moins à 0^m,10 du bord.

Les plates-bandes n. 61 de chaque côté de l'allée du milieu et de celles de traverse auront 1^m,65 de largeur, et seront bordées de Buis. On y plantera un rang de Poiriers en quenouille, espacés entre eux d'environ 8 mètres, et un Pommier nain entre chaque Poirier.

Le carré formé par les huit premières planches est destiné à faire les semis et le repiquage des plantes potagères et des fleurs nécessaires pour garnir les plates-bandes et les massifs du jardin d'agrément.

N. 9 à 29 et 50 à 30. Planches à mettre en culture.

N. 51. Emplacement pour faire les couches.

N. 52. Plantation de Groseilliers.

N. 53. Plantation de Framboisiers.

N. 54. Côtière de 2^m,75 de largeur à mettre en culture potagère.

N. 55. Plate-bande de 2 mètres de largeur, où l'on plantera un rang de Rhubarbe anglaise.

N. 56 et 57. Plate-bande de même largeur à mettre en culture.

N. 58. Contre-espalier de Vignes, dont on peut chauffer une partie chaque année.

N. 59. Plate-bande d'environ 1 mètre de largeur.

N. 60. Rangs de Vignes soutenues par des échalas placés au bout de chaque planche, et de manière à ne pas obstruer les sentiers.

N. 61. Plate-bande de 1^m,65 de largeur.

N. 62. Bassin.

N. 63. Porte pour entrer les fumiers.

N. 64. Allée de communication avec le jardin d'agrément.

CHAPITRE II.

Calendrier.

Nous avons eu en vue, en faisant ce calendrier, d'indiquer d'une manière à la fois succincte et précise les diverses opérations qui doivent se succéder sans interruption dans le cours d'une année, pour que les productions en légumes, fruits et fleurs soient toujours abondantes, et que jamais le sol ne repose. Pour arriver à ce résultat, il fallait faire plus qu'énoncer sommairement les travaux propres à chaque mois ; il fallait encore indiquer avec précision l'époque du semis, celle de la récolte, la place occupée par chaque genre de culture, et la nature des végétaux qui doivent succéder à ceux qui ont accompli leur période de végétation.

Nous pensons avoir atteint ce dernier but en renvoyant aux numéros portés sur le plan (voir pl. 1), ce qui ne laisse pas d'incertitude sur le choix de l'emplacement à assigner à chaque plante ; et comme les indications du calendrier eussent été insuffisantes sous la forme que nous leur avons donnée, ou bien qu'elles eussent exigé des développements que ne comporte pas un tableau synoptique, nous renvoyons, pour la culture propre à chaque espèce, à l'article spécial qui y est consacré.

Nous commençons, contrairement à la coutume, l'année par le mois d'août, parce que c'est à cette époque que commence en effet l'année horticole, tandis qu'en commençant par le mois de janvier, ainsi que cela a lieu communément, on sépare les travaux d'automne de ceux de printemps, avec lesquels ils sont intimement unis, puisqu'ils en sont la préparation nécessaire.

AOUT.

Hauteur moyenne du baromètre, 756 mill. 380 (1).
Température moyenne, maximum + 21°,20.
                     minimum + 16°,46.
Quantité de pluie, 48 mill. 59.
État de l'hygromètre, 70°,5.

TRAVAUX GÉNÉRAUX. — Ce mois est un de ceux qui réclament de la part du jardinier tous ses soins et son activité. Non-seulement il entretient, par des arrosements et des bassinages, la végétation des plantes dont il attend la récolte vers la fin de la saison, mais encore il s'occupe déjà des semis et des plantations des végétaux destinés à passer l'hiver et à donner leur produit l'année suivante.

JARDIN POTAGER. *Couches.* — Les couches sont peu nécessaires dans ce mois, et les seuls travaux à faire consistent à planter des Choux-fleurs sur les couches à Melons, et à faire une meule à Champignons au n. 8.

Côtière n. 9. — Dans la seconde quinzaine, on plante de la Scarole, semée en pleine terre dans la seconde quinzaine de juillet.

(1) BOUVART, *Observations météorologiques faites à l'Observatoire de Paris.*

N. 11. On sème des Mâches.

Pleine terre, n. 14. — On sème des Épinards de Hollande.

N. 23. On plante des Choux de Milan, semés en juillet.

N. 32. On sème des Navets.

N. 37. On plante du Céleri turc, semé dans la première quinzaine de juin.

On sème du Cerfeuil bulbeux et des Radis roses.

Dans la seconde quinzaine, on sème des Oignons blancs, de la Romaine rouge d'hiver, de la Laitue de la Passion, de la Chicorée de la Passion, du Cerfeuil, des Choux d'York, cœur-de-bœuf et pain-de-sucre.

On récolte les graines de Carottes, Laitues, Oignons, Ciboule, Poireaux, Panais, Persil, Crambé maritime.

JARDIN FRUITIER. — Terminer le palissage des espaliers; supprimer les branches qui tendraient à s'emporter.

Arroser les Pêchers et découvrir les fruits qui approchent de la maturité.

Greffer à œil dormant les arbres fruitiers et les arbres et arbustes d'ornement.

JARDIN D'AGRÉMENT. — Tous les soins consistent à arroser, ratisser, biner, couper les gazons, mettre en place les fleurs d'automne, telles que les Balsamines, Reines-marguerites, Œillets d'Inde, etc., si ces travaux n'ont pas encore eu lieu; terminer les marcottes d'Œillets.

Greffer les Pivoines en arbre sur des tubercules de Pivoines herbacées. (Voir page 74, l'article *Greffe*.)

Séparer et replanter les Juliennes doubles, mettre les Œillets de semis en planche ou les planter dans les plates-bandes.

Planter les Couronnes impériales et les Lis martagons.

Semer les graines de Pivoines herbacées; ce mode de

multiplication est extrêmement long, et l'on ne sème guère que pour obtenir de nouvelles variétés.

Semer les Pensées à grandes fleurs, en septembre, on les repique en pépinière à bonne exposition, pour ne les mettre en place qu'au printemps; on sème aussi, mais en pots et sous châssis, les Pélargoniums, les Calcéolaires, les Cinéraires, les Mimulus, les Giroflées quarantaines.

Serres. — Vers la fin du mois, rabattre et rempoter les Pélargoniums et les plantes dont les pots ont été enterrés pendant l'été, afin qu'elles soient reprises à l'époque où on les rentrera dans la serre. On fait des boutures de Pélargoniums, de Calcéolaires, de Chrysanthèmes à fleurs blanches, Cuphea, Ageratum Mexicanum, Fuchsia, Véroniques ligneuses, Verveines.

SEPTEMBRE.

Hauteur moyenne du baromètre, 756 mill. 399.
Température moyenne, maximum $+ 17°,87$.
minimum $+ 13°,74$.
Quantité de pluie, 57 mill. 26.
Etat de l'hygromètre, 75°,2.

Travaux généraux. — Les travaux de jardinage commencent à diminuer, car l'année approche de sa fin, et les soins d'entretien exigent moins d'assiduité. Les arrosements deviennent moins fréquents, et n'ont plus lieu que le matin; on doit, à cause de la fraîcheur des nuits, cesser ceux du soir. C'est, en revanche, l'époque des récoltes; les graines sont mûres ou sur le point de l'être, et il faut songer à les cueillir. Le jardinier soigneux disposera ses serres et son fruitier pour rentrer ses fruits, ses légumes et ses plantes quand le moment sera venu. Il faut aussi faire les réparations nécessaires aux coffres et aux panneaux, afin qu'ils soient en état dès que les froids viendront.

Jardin potager. *Couches*, n. 3. — Dans la seconde quinzaine, on recharge la couche avec du terreau et on plante de la Laitue gotte, semée dans la première quinzaine du mois. A l'approche des froids, on couvre ces Laitues avec des châssis, on donne autant d'air que possible, afin d'éviter la pourriture ; avec des soins, on peut en conserver jusqu'en décembre.

Côtière, n. 10. — Dans la première quinzaine, on plante de la Laitue de la Passion, de la Chicorée de la Passion et de la Romaine rouge d'hiver, semées dans le courant d'août.

Pleine terre. — Dans les premiers jours du mois, on sème des Choux-fleurs, des Choux d'York et cœur-de-bœuf. On sème de la Chicorée fine sous cloches, mais à froid. On sème la Pimprenelle, des Radis roses sur ados, et on continue de semer du Cerfeuil ordinaire, du Cerfeuil bulbeux, des Mâches et des Épinards. On fait blanchir des Cardons et du Céleri.

N. 56. On sème de la Carotte hâtive.

N. 41. On sème du Poireau long.

N. 42, 43, 44 et 45. On plante cinq rangs de Fraisiers des quatre saisons dans chaque planche, et on les met à $0^m,35$ sur la ligne.

N. 46 et 47. On plante quatre rangs de Fraisiers Queen's seedling, ou toute autre espèce à gros fruit, dans chaque planche, et on les met à $0^m,50$ sur la ligne.

On récolte les graines de Chicorées, Céleri, Betteraves, Poirées, Choux-fleurs.

Jardin fruitier. — Les travaux de ce mois se bornent à peu de chose. Néanmoins, on surveille la végétation des Pêchers, afin de maintenir l'équilibre de la sève. On greffe les arbres qui végétaient trop vigoureusement dans le cours du mois précédent, et l'on garantit les fruits contre la voracité des oiseaux et des insectes. On donne le dernier binage.

Jardin d'agrément. — Mêmes travaux de soins et d'entretien que dans les mois précédents. C'est l'époque la plus favorable pour semer les pelouses de gazon, car il reste encore assez de temps pour qu'il couvre la terre avant l'hiver, et au printemps il est en état de résister à la sécheresse, qui lui est très-contraire. C'est également l'époque de tondre les bordures de Buis. Semer les Clarkias, Collinsias, Coréopsis, Crépis, Énothères, Alyssum maritimum, Gilias, Mufliers, Némophiles, Œillets de Chine, Silènes, Saponaire de Calabre, Thlaspis, etc., et repiquer avant l'hiver les plants en pépinière, pour ne les mettre en place qu'au printemps. Semer en pots, que l'on hiverne sous châssis, les Anagallis, Brachycomes, Centranthus, Eucharidium, Leptosiphon, Nemesia, Nycterinia, Malopes, Phlox Drummondi, Schizanthus, Trachymènes, Viscaria.

Planter aussi les Iris Germanica, semer des Giroflées quarantaines pour les repiquer sur ados, ou dans des pots, qu'on rentre dès que le froid se fait sentir. Semer les Renoncules et Anémones en terrine ou en pleine terre.

Séparer et replanter les Pivoines herbacées, mais de telle sorte que les bourgeons ne soient recouverts que d'environ $0^m,5$ ou $0^m,3$ de terre.

Planter les Pancratiums Illyricum, les Fumeterres bulbeuses et les Alstræmerias, qui peuvent supporter la pleine terre; planter aussi les Jonquilles à $0^m,5$ ou $0^m,6$ de profondeur, ainsi que les Muscaris, les Jacinthes, les Crocus, les Tulipes hâtives et les Narcisses que l'on veut chauffer pendant l'hiver.

On peut encore faire des boutures de Calcéolaires, Ageratum Mexicanum, Chrysanthèmes à fleurs blanches, Verveines.

Serres. — Vers le 15, on rentre les plantes de serre chaude, qui souffriraient de l'abaissement de la température. On rempote les plantes de serre tempérée et d'orangerie, afin qu'elles soient reprises avant qu'on les rentre, et l'on remet les panneaux sur les serres et sur les bâches.

OCTOBRE.

Hauteur moyenne du baromètre, 754 mill. 465.
Température moyenne, maximum + 14°,73.
minimum + 9°,46.
Quantité de pluie, 48 mill. 10.
État de l'hygromètre, 82°,5.

TRAVAUX GÉNÉRAUX. — Commencer les labours d'hiver, les travaux de plantation et les modifications à faire dans la disposition du jardin ; faire les trous d'arbres, planter même si l'on est pressé. Séparer les bordures et les touffes des plantes vivaces, élaguer les arbres rustiques, commencer à tondre les haies, couvrir les plantes délicates ; récolter les graines, les fruits, les légumes. Si l'on a des terres à remuer pour certaines dispositions du jardin, on peut commencer. Le soir, on fait des paillassons, afin d'être en mesure de couvrir les châssis et les serres dans le courant du mois suivant.

JARDIN POTAGER. *Couches.* — On commence à chauffer les Asperges vertes, et on plante les œilletons d'Ananas dans des pots proportionnés à la force de chacun ; aussitôt après la plantation, on enfonce les pots sur une couche, et, à partir de cette époque jusqu'au printemps, il faut remanier les réchauds tous les mois. Il faut aussi relever de pleine terre ceux qui ont été plantés l'année précédente à la même époque, puis les mettre dans la serre.

Dans la première quinzaine, on sème sous cloches et sur ados de la Laitue petite noire ; on élève ces Laitues sans jamais leur donner d'air. A la même époque, on sème de la Romaine verte maraîchère, et dans la seconde quinzaine de la Laitue rouge, de la Laitue gotte et de la Romaine blonde ou grise maraîchère. Lorsque le plant commencera à avoir quelques feuilles, on placera trois rangs de cloches sur toute la longueur de l'ados, et l'on repiquera sous chacune d'elles une trentaine de plants. Pendant la première huitaine qui suivra la plantation, on donnera un peu d'air au plant en soulevant les cloches d'environ $0^m,3$, puis après ce temps, on augmentera progressivement jusqu'à $0^m,8$, et il ne faudra rabattre les cloches que lorsqu'il gèlera à 2 ou 3 degrés. Ce plant, étant convenablement soigné, servira à faire toutes les plantations qui auront lieu depuis le mois de décembre jusqu'à la fin de février.

On repique les Choux-fleurs et les Choux cabus hâtifs en pépinière.

N. 6. Vers la fin du mois ou au commencement de novembre, on plante sur terre, mais sous châssis, de la Chicorée fine semée dans la première quinzaine de septembre, et deux rangs de Choux-fleurs semés dans les premiers jours de septembre.

Si, vers la fin du mois, on craignait la gelée, il faudrait mettre les panneaux sur les Laitues plantées n. 3.

Pleine terre, n. 19. — On sème les Épinards pour le printemps. Dans la seconde quinzaine, on repique au n. 18 de l'Oignon blanc semé dans la seconde quinzaine du mois d'août, et on sème du Cerfeuil ou des Mâches dans l'intervalle. On fait les derniers semis de Cerfeuil bulbeux.

Vers la fin du mois, ou au commencement de novembre, il faut couper les vieilles tiges d'Asperges, et donner à chaque planche un léger binage à la fourche, puis étendre un bon paillis de fumier.

On continue de faire blanchir du Céleri et des Cardons.

JARDIN FRUITIER. — Il ne reste plus rien à faire aux

arbres jusqu'au moment de la taille ; on peut cependant marquer ceux qu'on se propose de déplanter pour les lever le mois suivant. C'est l'époque de cueillir les fruits et de les déposer dans le fruitier, ce qu'il ne faut faire que par un temps bien sec et au fur et à mesure que les arbres cessent de végéter.

Jardin d'agrément. — Couper les tiges des plantes vivaces qui ont cessé de fleurir. Nettoyer les plates-bandes, les fumer et les labourer avant de mettre en place les plantes qui devront fleurir au printemps. Ramasser les feuilles qui tombent dans les allées, auxquelles on donne une dernière façon.

Semer en place des Cynoglosses, Pieds-d'alouette, Pavots, Giroflées de Mahon, Adonides, etc. Refaire les bordures de Mignardise, de Buis, de Marjolaine, de Thym et d'Hysope ; sevrer les marcottes d'Œillets, et les planter en pots ou en pleine terre. Planter les Jacinthes à $0^m,10$ de profondeur, et planter en pots celles que l'on destine à être chauffées. Planter les Iris d'Espagne et d'Angleterre, à $0^m,3$ de profondeur ; les Crocus en pots, en bordures ou dans les gazons, où ils produiront au printemps un effet charmant et seront défleuris avant qu'il soit nécessaire de couper le gazon. Mettre en terre les Tulipes, à environ $0^m,6$ de profondeur. Il faut aussi planter l'Ail doré et les Scilles agréables et d'Italie ; relever de terre les Glaïeuls plantés au printemps.

Dès les premières gelées, il faut relever de terre les Dahlias, les Érythrines, les Balisiers, et les déposer dans l'orangerie ou dans une cave bien sèche, pour passer l'hiver ; en faire autant de toutes les plantes de serre qu'on a mises en pleine terre au printemps pour garnir les massifs et plates-bandes. Il faut les tailler et les empoter ; puis, pour les rétablir, on les met pendant quelque temps sous un panneau.

Serres. — Dans la première quinzaine, on rentre les Pélargoniums ; et dans la seconde, à moins de froid prématuré, les Orangers, les Grenadiers et les Lauriers-roses. Les plantes les plus délicates, celles qui ont besoin d'air et de lumière, se mettent près du jour, et les plus rustiques se placent derrière. Lorsque toutes les plantes sont rentrées, on bine la terre des pots ou des caisses, et on donne un léger arrosement.

NOVEMBRE.

Hauteur moyenne du baromètre, 755 mill. 614.
Température moyenne, maximum + 10°,15.
minimum + 4°,74.
Quantité de pluie, 55 mill. 87.
État de l'hygromètre, 82°,2.

Travaux généraux. — On commence les plantations et les labours, ainsi que le défoncement du terrain qu'on destine à une nouvelle plantation. On veille à la conservation des végétaux qui craignent la gelée, et on ramasse les feuilles pour faire les couches et couvrir les châssis. Lorsqu'on a le choix, les feuilles de Chêne et de Châtaignier sont celles auxquelles on doit donner la préférence.

Jardin potager. *Couches.* — On continue de chauffer les Asperges vertes et on commence à chauffer les Asperges blanches. Dans les premiers jours du mois, on sème sous châssis, mais en pleine terre, des Pois pour replanter sous châssis. On sème de la Laitue Georges sous cloches et sur ados, et on traite le plant comme nous l'avons indiqué pour les Laitues rouges et gottes.

On relève les Romaines vertes pour les replanter immédiatement sous cloches ; mais, cette fois, on n'en met plus que douze ou quinze par cloche. S'il arrivait que le plant de Romaine blonde ou grise avançât trop, il faudrait lui faire subir un second repiquage, comme aux Romaines vertes.

S'il survenait de fortes gelées, il faudrait garnir les cloches qui couvrent le plant de Laitues et de Romaines avec du vieux fumier bien sec ou des feuilles, et, pour garnir le derrière de l'ados, on fera un réchaud que l'on élèvera jusqu'à la superficie des cloches.

On doit augmenter la couverture en raison de l'intensité du froid, et découvrir les cloches au moment du soleil ; mais il est nécesssaire de s'assurer d'abord si le plant n'est pas atteint de la gelée ; car alors il faudrait, au lieu de découvrir, augmenter la couverture et le laisser dégeler graduellement.

Pleine terre. — On arrache le Céleri planté au n. 37, pour le replanter par rangs dans une tranchée ; lorsqu'il viendra de fortes gelées, on le couvrira avec de la litière ou des feuilles, que l'on retirera lorsque le temps sera devenu plus doux.

N. 31. Vers la fin du mois, on sème des Pois Michaux, et, dans les intervalles, de la Laitue à couper.

On coupe les montants d'Artichauts et les plus longues feuilles ; puis on les butte, opération qui consiste à relever la terre autour de chaque touffe, de manière que celle-ci se trouve enterrée presque jusqu'en haut. Lorsqu'il vient de fortes gelées, on les couvre avec de la litière ou des feuilles, que l'on écarte quand le temps est doux.

Afin de ne pas manquer de provisions pendant les gelées, il faut arracher et mettre en jauge, soit dans la serre à légumes, soit dans le potager, tous les légumes que la gelée endommagerait ou empêcherait d'arracher, tels que Carottes, Betteraves, Navets, Chicorées, Scaroles, Céleris, Cardons. Il faudra couvrir avec de la paille ou des feuilles ceux que l'on aura enjaugés dans le potager, comme les Poireaux, les Salsifis, les Scorsonères, les

Navets, et les découvrir toutes les fois que le temps le permettra.

Il faut aussi, dans le courant du mois, arracher les Choux dont les pommes sont faites, et les mettre en jauge, afin de pouvoir s'en servir pendant les gelées.

Dans le courant du mois, mais le plus tard possible, on coupe les têtes de Choux-fleurs, ce qu'il ne faut faire que par un temps bien sec, et on les dépose dans la serre à légumes, où elles peuvent se conserver jusqu'en avril.

JARDIN FRUITIER. — Tailler les arbres vieux ou débiles, pour empêcher que la séve ne monte dans les bourgeons qui doivent être supprimés, et que l'arbre ne s'épuise. Arracher les arbres qu'on a l'intention de supprimer.

Commencer les plantations d'arbres fruitiers dans les terres calcaires, légères ou sablonneuses, où il est toujours préférable de planter en automne, excepté pour les Mûriers et les Figuiers, qui ne doivent être plantés qu'au printemps. Il faut aussi planter en pots les arbres fruitiers que l'on destine à être chauffés l'année suivante.

Si, dans la première quinzaine, on peut disposer de quelques panneaux, il faudra les placer devant l'espalier de Vigne; par ce moyen, on peut conserver du Raisin dans toute sa beauté jusqu'en janvier. Vers la fin du mois, on peut empailler les Figuiers, ou bien, si les branches sont assez souples pour être abaissées jusqu'à terre, on les y fixe au moyen de crochets de bois, puis on les couvre de terre.

JARDIN D'AGRÉMENT. — Découper à la bêche les bordures de gazon. Arracher les plantes annuelles qui sont défleuries. Labourer les plates-bandes et les massifs. Diviser et replanter les plantes vivaces dont les touffes sont devenues trop larges. Mettre les Giroflées jaunes en place, de même que les Roses trémières, Œillets de poëte, Corbeilles d'or, Thlaspis.

Terminer la plantation des Tulipes, des Jacinthes et des Narcisses. Semer en place les premiers Pois de senteur.

Arracher les Dahlias, dans la seconde quinzaine du mois, si le temps a été assez favorable pour qu'on les ait laissés en terre jusqu'à cette époque.

Butter les Rosiers francs de pied, qui souffrent ordinairement de nos hivers. Commencer les plantations d'arbres et d'arbustes d'ornement, excepté les arbres résineux, les Catalpas, Magnolias grandiflora, Tulipiers, qui ne doivent être plantés qu'au printemps.

Lorsqu'il commence à geler, il faut couvrir ou mettre dans la serre les Œillets en pots, les Giroflées grosse espèce et Cocardeau.

Serres. — Tous les soins à donner aux plantes de serre consistent à renouveler l'air aussi souvent qu'on pourra, entretenir la propreté, et ne mouiller qu'avec la plus grande réserve.

On commence à couvrir la serre chaude pendant la nuit, et, à partir de cette époque, on continue jusqu'en avril. Lorsque, le soir, le temps est clair, le vent à l'est, et que le thermomètre ne marque pas plus de 3 ou 4 degrés au-dessus de zéro, il faut couvrir tous les châssis et les serres avec des paillassons.

DÉCEMBRE.

Hauteur moyenne du baromètre, 754 mill. 953.
Température moyenne, maximum $+7°,93$.
minimum $+3°,53$.
Quantité de pluie, 43 mill. 60.
État de l'hygromètre, 87°,5.

Travaux généraux. — Les travaux de pleine terre sont fort restreints; on peut s'occuper du transport des engrais et les étendre sur le sol dans lequel ils doivent être enfouis. On continue les labours, si la gelée le permet.

Vers la fin du mois ou au commencement de janvier, on vide les tranchées des vieilles couches à Melons, afin de pouvoir disposer de l'emplacement.

JARDIN POTAGER. *Couches.* — La cessation des travaux de pleine terre laisse aux jardiniers le temps de s'occuper de leurs couches, qui exigent tous leurs soins. Aussitôt que les couches indiquées pour ce mois sont faites, il faut les couvrir de panneaux, afin que les fumiers entrent plus promptement en fermentation ; et, à moins de temps contraire, on peut découvrir tous les jours celles sur lesquelles on a semé ou planté, en ayant soin de couvrir avant la nuit.

On continue de chauffer les Asperges blanches et vertes. Dans la première quinzaine, on sème des Raves hâtives, et dans la seconde quinzaine des Poireaux.

N. 3. Vers le 15 de ce mois, on sème sur couche et sous châssis de la Carotte courte hâtive, et on plante de la Laitue petite noire semée dans la première quinzaine d'octobre.

N. 4. Planter des touffes d'Oseille sur couche et sous châssis.

N. 5. Dans la première quinzaine on repique sur terre, mais sous châssis, des Pois semés dans les premiers jours de novembre.

Pleine terre. — A l'approche des gelées, on relève les Brocolis en mottes pour les planter près à près, et assez profondément pour que la tige soit enterrée jusqu'aux premières feuilles. On lie les Cardons, on les lève en mottes et on les rentre dans la serre à légumes. On couvre le Persil avec de la paille ou des feuilles, et lorsque le temps est doux on découvre un peu les Artichauts ; mais il est prudent de les recouvrir le soir ; et, si la gelée augmente, il faut les recouvrir d'une plus grande quantité de feuilles ou de litière.

On continue de semer des Pois Michaux, et dans la première quinzaine on plante au n. 12 des Choux d'York semés dans les premiers jours de septembre.

Jardin fruitier. — On continue les plantations, et dans les terres fortes, argileuses ou humides, on fait les trous seulement pour ne planter qu'en février ou mars. On défonce, on fume et laboure, et vers la fin du mois on place les serres mobiles sur la Vigne et les arbres fruitiers en espalier que l'on veut chauffer.

Jardin d'agrément. — Continuer les changements de disposition, élaguer les arbres, défoncer les parties de vieux gazons que l'on veut ressemer, réparer les allées dégradées et continuer les plantations. Dans la deuxième quinzaine, on peut planter les Renoncules.

Serres. — Entretenir la température de la serre aux Ananas, garnir les tablettes de Fraisiers, renouveler l'air dans la serre tempérée et l'orangerie quand il ne gèle pas, et avoir soin de les refermer avant la disparition du soleil.

Couvrir les bâches de Camélias, Rhododendrons, Magnolias, et autres arbustes rustiques. Bien qu'ils puissent rester trois mois sans lumière et sans aucun soin, il est bon cependant de les visiter quelquefois pour enlever la moisissure que l'absence d'air peut produire.

JANVIER.

Hauteur moyenne du baromètre, 757 mill. 759.
Température moyenne, maximum + 7°,10.
　　　　　　　　　　　　minimum + 4°,41.
Quantité de pluie, 36 mill. 27.
État de l'hygromètre, 86°,5.

Travaux généraux. — Ce mois est ordinairement froid et humide; mais, lorsque le temps le permet, on continue les défoncements et les labours qui n'ont pu avoir lieu dans le courant du mois précédent; et l'on ouvre les fosses à Asperges pour le printemps; on amène aussi sur le terrain des fumiers destinés à être enterrés; on met en tas celui qui doit servir à faire les couches, les réchauds, etc. Lorsque le temps est assez rigoureux pour empêcher les travaux extérieurs, on fait les réparations nécessaires aux instruments de jardinage, on nettoie les graines et on prépare tout ce qui sera nécessaire pour les opérations ultérieures.

Le jardinier qui a des serres et des couches a une occupation constante, et, à cette époque de l'année, elles exigent tous ses soins. Si le temps est humide, il faut écarter la litière qui couvre les Artichauts et les recouvrir dès qu'on craint le retour du froid.

Jardin potager. *Couches.* — Il faut soigner les couches, refaire les réchauds, remplir ceux qui n'ont pas besoin d'être refaits, de manière qu'ils soient toujours aussi élevés que la superficie des panneaux. A moins de temps contraire, on découvre les panneaux tous les jours, et l'on donne un peu d'air aux plantes, au moment du soleil, en soulevant les panneaux du côté opposé au vent; il est prudent de les recouvrir avant qu'il se soit formé du givre sur les vitres.

On commence à chauffer les Ananas qui sont de force à donner fruit, on continue de chauffer les Asperges blanches et vertes, et l'on plante les Pommes de terre Marjolin.

On sème sur couches très-chaudes les premières Chicorées fines, pour planter sous châssis. On sème également sous châssis du Persil, ou bien on plante des pieds tout venus.

On continue de planter des touffes d'Oseille. On sème

sous cloches ou sous châssis des Pois hâtifs pour repiquer en pleine terre, et, vers la fin du mois, on met des châssis sur les Fraisiers de pleine terre qu'on veut forcer.

N. 4. Dans la seconde quinzaine, on repique sur couche et sous châssis des Haricots de Hollande semés dans la première quinzaine du mois.

N. 7. On fait une couche sur laquelle on place trois rangs de cloches.

On plante sous chaque cloche quatre Laitues petite noire (semée dans la première quinzaine d'octobre), et au milieu une Romaine verte, choisie parmi celles qui ont été semées dans les premiers jours d'octobre.

Pleine terre. — Les travaux de pleine terre sont peu nombreux; cependant, si, vers la fin du mois, il ne gèle pas, on peut planter dans les terres légères, à bonne exposition, des Choux d'York et cœur-de-bœuf, semés dans les premiers jours de septembre, et de la Romaine verte, semée dans la première quinzaine d'octobre; puis parmi le tout on sème de la Carotte hâtive et du Poireau.

JARDIN FRUITIER. — Continuer les plantations, et si le temps le permet, commencer, quand il ne gèle pas, à tailler les Pommiers et les Poiriers en espalier et en quenouille, pour continuer jusqu'en mars, en commençant toujours par les moins vigoureux; enlever le bois mort et détruire les nids de chenilles. Couper les rameaux destinés à servir à la greffe, ou faire des boutures et les enterrer au nord dans du sable, à l'abri de la gelée et des influences atmosphériques. Lorsque le froid ou d'autres circonstances empêchent de mettre immédiatement en place les arbres destinés à des plantations, il faut les disposer en jauge et en couvrir les racines de manière à les garantir de la gelée.

Émousser les arbres et les passer au lait de chaux, afin de détruire les lichens et les insectes qui s'attachent sur l'écorce. On doit, dans le même but, blanchir les murs des arbres en espalier, ce qui peut avoir lieu au moyen d'une seringue de jardin semblable à celle que l'on emploie pour bassiner les plantes de serre.

Commencer à chauffer la Vigne, les Cerisiers, les Pêchers, les Pruniers et les Figuiers.

JARDIN D'AGREMENT. — Il y a peu de travaux à faire dans la saison rigoureuse; cependant, on profite du temps favorable pour faire les travaux de terrassement, labourer les massifs et enterrer les feuilles. On peut aussi continuer les plantations.

Dans la seconde quinzaine de ce mois, on peut commencer à semer sur couche chaude de la Pervenche de Madagascar.

SERRES. — Mettre sous châssis ou dans la serre les Jacinthes en pots, Narcisses, Tulipes hâtives, Rosiers du Bengale, Lilas, Rhododendrons, etc., dont on veut avancer la floraison.

Découvrir les serres tous les jours, à moins de temps contraire, et, au moment du soleil, donner un peu d'air à l'orangerie et à la serre tempérée; enfin, visiter avec soin les plantes placées dans les serres, et veiller à ce qu'elles ne soient pas atteintes de la pourriture.

FÉVRIER.

Hauteur moyenne du baromètre, 757 mill. 706.
Température moyenne, maximum $+ 7°,08$.
minimum $+ 0°,94$.
Quantité de pluie, 40 mill. 50.
Etat de l'hygromètre, 83°,2.

TRAVAUX GÉNÉRAUX. — Terminer tous les labours qui n'ont pu être faits dans le cours du mois précédent, et achever les travaux que l'hiver a suspendus; il faut se presser de les finir, pour ne pas être arrêté quand la végétation recommencera. Toutes les fois que le temps le permet, donner de l'air aux Artichauts et au Céleri, que l'on recouvre quand on craint la gelée.

JARDIN POTAGER. *Couches.* — Mêmes soins que dans le mois précédent. On sème les premiers Melons à châssis et les Concombres; on continue de chauffer les Asperges blanches, de semer de la Chicorée fine, des Haricots de Hollande pour planter sous châssis, de la Chicorée sauvage, des Radis roses et des Carottes hâtives sur couche, mais à l'air libre. On sème du Céleri-rave, des Choux rouges, des Choux de Milan et de Bruxelles.

Vers la fin du mois, on sème des Aubergines, et on plante, au n. 1, des Melons cantaloups hâtifs semés dans les premiers jours du mois.

Côtière. — Dans le cas où l'état de la température n'aurait pas permis de le faire plus tôt, on plante, au n. 9, de la Romaine verte, semée dans la première quinzaine d'octobre, et dans la Romaine on contre-plante des Choux-fleurs, semés dans la première quinzaine de septembre; puis, parmi le tout, on sème de la Carotte hâtive et du Poireau.

Pleine terre. — Les semis recommencent dans ce mois et ont pris de l'importance; on commence à butter les Crambés pour les faire blanchir.

N. 15. On sème parmi de la Carotte hâtive et des Radis.

N. 21. On plante des Choux cœur-de-bœuf, semés dans les premiers jours de septembre, et après la plantation on sème des Épinards entre les Choux.

N. 22. On plante des Choux d'York, également semés dans les premiers jours de septembre, et on sème du Cerfeuil ou des Épinards.

N. 34. On sème des Fèves naines hâtives.

N. 48. On sème des Scorsonères.

N. 49. On sème des Salsifis.

Vers la fin du mois ou dans les premiers jours de mars, on sème, au n. 40, de l'Oignon jaune des Vertus; au n. 14, on repique des Pois Michaux de Hollande, semés sur couche en janvier ou février, et, au n. 29, on plante des Pommes de terre Marjolin ou des fines hâtives.

JARDIN FRUITIER. — On commence les plantations dans les terres fortes, argileuses ou humides; on continue de tailler les Poiriers et les Pommiers, et on commence à tailler les Abricotiers, Pruniers, Cerisiers, Pêchers et la Vigne. Tailler les Groseilliers et rabattre les Framboisiers, pour en obtenir plus de fruits. Émousser les arbres, et les passer au lait de chaux, quand cette opération n'a pas été faite à l'époque précédemment indiquée.

Planter les Mûriers, terminer les labours. Mettre stratifier les Amandes que l'on veut planter au printemps, et semer les Poiriers et les Pommiers.

JARDIN D'AGRÉMENT. — Labourer les bosquets et les massifs, ainsi que les emplacements destinés à faire des gazons, que l'on sème à la fin du mois. Tailler les Rosiers à bois dur, tels que cent-feuilles, Provins, hybrides non remontants, etc.

Replanter les bordures de Buis, Lavande, Sauge, Hysope, Mignardise, Pâquerette, etc. Planter les arbres résineux. On peut continuer ces plantations jusqu'en mars. Semer en place des Pieds-d'alouette, des Pavots, des Giroflées de Mahon, Thlaspis, Résédas, si l'on n'en a pas semé durant l'automne. Planter les Renoncules, à $0^m,05$ de profondeur. Semer sur couche les Giroflées quarantaines, les Amarantes, les Pervenches, les Pétunias, Mimulus, Lobélias; presque toutes les plantes annuelles, excepté celles d'automne; puis, quand le plant est assez fort, on le repique en pépinière, pour ne le planter en place qu'en avril et mai.

On fait également sur couche des boutures de Coléus, Lantana, Lobélia, Héliotropes, Nierembergia, Pétunia, Salvia, Verveines, qui, convenablement soignées, peuvent être plantées en mai dans le jardin d'agrément.

Serres. — Renouveler l'air dans la serre tempérée et l'orangerie, enlever les feuilles mortes. Biner la terre des pots et les arroser modérément.

MARS.

Hauteur moyenne du baromètre, 755 mill. 852.
Température moyenne, maximum + 9°,94.
minimum + 2°.66.
Quantité de pluie, 39 mill. 89.
Etat de l'hygromètre, 75°,0.

Travaux généraux. — Les travaux de ce mois sont les premiers de l'année qui réclament toute l'activité des jardiniers. On doit se hâter de finir les labours, d'enterrer les fumiers et les engrais et de refaire partout les bordures. On découvre les végétaux qu'on a buttés et couverts pour les garantir de la gelée; il faut cependant encore recouvrir les semis et les plantations d'une petite couche de terreau ou d'un paillis léger, afin de les mettre à l'abri des gelées printanières et du hâle, et l'on met en terre les porte-graines qu'on a conservés en jauge ou dans la serre à légumes.

Jardin potager. *Couches.*— Pendant ce mois, les couches nécessitent beaucoup de surveillance, car il faut souvent ombrer les châssis pendant le jour et les couvrir la nuit.

On exhausse les coffres des Choux-fleurs, Haricots, etc., toutes les fois qu'il est nécessaire; et si, vers la fin du mois, le temps est favorable, on enlève les panneaux des Choux-fleurs; mais, comme à cette époque les nuits sont souvent très-froides, il faut, pendant la nuit et par le mauvais temps, les couvrir avec des paillassons.

On commence à chauffer les Ananas de deuxième saison. On continue de semer des Melons à châssis, des Concombres, des Aubergines et de la Chicorée sauvage. On fait des boutures de Patates, et vers la fin du mois on sème des Tomates et des Piments.

N. 7. Dans la première quinzaine, on plante sous chaque cloche trois Laitues gottes semées dans la seconde quinzaine d'octobre.

N. 2. Dans la seconde quinzaine, on plante sur couche en tranchée des Melons semés dans la seconde quinzaine de février, sur lesquels on rapporte les châssis qui étaient sur les Carottes semées au n. 3.

Côtière. — On sème un rang de Persil le long du mur.

Pleine terre. — On plante les pommes de terre et tous les porte-graines. On sème des Oignons blancs, des Choux pommés de Saint-Denis, quintal, de Milan et de Bruxelles, des Laitues, des Romaines, des Panais, du Céleri, de la Poirée blonde, des Épinards, de la Ciboule, des Pois, des Fèves, des Salsifis, des Scorsonères, de la Chicorée sauvage, de la Pimprenelle, du Persil et du Cerfeuil.

N. 13. On plante deux rangs de Crambés.

N. 14. Dans la première quinzaine, on sème des Radis roses.

N. 17. On plante de la Romaine blonde semée vers la fin d'octobre.

N. 20. On plante de la Laitue rouge semée vers le 15 octobre, et on contre-plante des Choux-fleurs semés dans la première quinzaine de septembre.

N. 25, 26, 27, 28. On plante quatre rangs d'Asperges de Hollande; on les met à environ 0^m,40 de distance sur la ligne.

N. 32. On sème des Pois d'Auvergne et des Pois ridés.

38. On sème du Poireau.

39. On sème de la Carotte demi-longue.

Dans la seconde quinzaine, on sème des Brocolis et des Navets hâtifs.

Jardin fruitier. — Terminer les plantations, achever la taille des arbres fruitiers, excepté pour ceux qui sont trop vigoureux ; labourer le pied des arbres en espalier. Greffer la Vigne, et lors du premier mouvement de la séve pratiquer l'incision transversale, pour faire développer les branches nécessaires à la charpente des arbres qu'on veut élever sous une forme régulière.

Planter les Figuiers et découvrir ceux qui sont empaillés ; couper le bois mort et rabattre les branches trop maigres.

Jardin d'agrément. — Outre les travaux indiqués en tête de ce mois, il faut terminer les plantations d'arbres, d'arbrisseaux et des plantes vivaces ; nettoyer complétement les allées, les sabler.

Découvrir tous les Rosiers qui ont été empaillés ou buttés.

Achever de les tailler, excepté ceux qui auraient souffert du froid ; il faudra attendre pour cela qu'ils aient commencé à végéter, et les tailler plutôt longs que courts, sauf à les raccourcir une quinzaine de jours après.

Refaire les bordures de Buis et labourer les massifs de terre de bruyère.

Semer les pelouses de gazon dans les terrains où l'on n'aura pas pu semer en automne.

Planter les Renoncules et les Anémones qu'on n'aurait pas encore plantées.

Planter les Tigridias, à 0^m,5 de profondeur, les Glaïeuls, à 0^m,10, et les Lis de Saint-Jacques en pots ou en pleine terre, à 0^m,15 de profondeur.

Séparer et replanter les plantes vivaces. (Voir page 69, *Multiplication par les racines.*)

Semer les Crépis, Malopes, Lavatères, et du Réséda, que l'on peut continuer de semer pendant tout l'été.

Semer, pour être repiqués, de la Giroflée jaune, des Œillets de Chine, et presque toutes les plantes annuelles que l'on a semées sur couche précédemment. Semer aussi les Coréopsis et les Thlaspis, si on ne les a pas semés en automne.

Planter sur couche des Tubéreuses, et mettre les tubercules de Dahlias sous un châssis, afin de favoriser le développement des bourgeons.

Semer, sur couche, les Verveines, les Balsamines, Amarantes, Amarantoïdes, Seneçon des Indes, Zinnias, etc.; et, lorsque le plant sera assez fort, on le repiquera sur couche en pépinière pour ne planter en place qu'en mai.

Semer aussi des Cobéas, et, dès qu'ils auront quelques feuilles, on les repiquera dans de petits pots qu'on laissera sur couche jusqu'à la fin d'avril ou le commencement de mai, époque où on les mettra en pleine terre ; on peut encore faire des boutures de Coléus, Lantana, Lobélia, Héliotropes, Nierembergia, Pétunia, Salvia, Verveines, quand celles qu'on a faites en février ne promettent pas une bonne reprise.

Serres. — On n'a plus besoin, dans ce mois, de faire du feu, car le soleil a pris assez de force pour que ses rayons échauffent l'atmosphère, et il est même souvent nécessaire d'ombrager les serres, afin de ne pas laisser brûler les feuilles des plantes. Les arrosements seront peu à peu plus fréquents et plus abondants. On nettoie partout, et on seringue les feuilles des plantes aussi souvent que l'état de la température l'exige.

AVRIL.

Hauteur moyenne du baromètre, 754 mill. 789.
Température moyenne, maximum + 12°,70.
minimum + 5°,59.
Quantité de pluie, 45 mill. 53.
État de l'hygromètre, 65°,8.

Travaux généraux. — On continue les travaux qui n'ont pas été terminés dans le cours du mois précédent; mais, comme les gelées sont moins à craindre, on peut faire des semis de toutes sortes.

Sarcler et éclaircir les semis, pailler les plantations pour les préserver contre le hâle, et, s'il est nécessaire d'arroser, il ne faut le faire que le matin et dans le jour seulement, à cause de la fraîcheur des nuits.

Jardin potager. *Couches.* — On sème des Melons pour planter sous cloches, des Concombres, des Cornichons et des Potirons pour planter en pleine terre; sous châssis, des Haricots flageolets pour repiquer également en pleine terre; et sur couche, mais à l'air libre, de la Chicorée fine et des Choux-fleurs.

N. 3. Dans la première quinzaine, on plante des Melons semés dans la première quinzaine de mars, sur lesquels on rapporte les châssis qui étaient sur les Choux-fleurs plantés n. 6.

N. 7. On plante sous cloches deux rangs d'Aubergines semées fin février.

N. 4. Dans la seconde quinzaine, on fait une couche sourde, et on plante sous cloches un rang de Melons semés dans la seconde quinzaine de mars.

N. 8. Vers la fin du mois ou au commencement du mois de mai, on plante, sur couche sourde, un rang de Patates.

Plate-bande, n. 55. — On plante un rang de Rhubarbe anglaise.

Pleine terre. — On continue de planter des Pommes de terre. On sème des Choux-fleurs et on continue de semer des Brocolis, des Choux de Milan, de Bruxelles et de Poméranie, des Pois, des Fèves, des Carottes, des Radis, des Épinards, des Laitues et des Romaines, du Céleri à couper, du Persil, du Cerfeuil, de la Pimprenelle, de la Chicorée sauvage ; et, vers la fin du mois, des Choux-fleurs demi-durs, du Cresson alénois, etc.

N. 30. On plante des Choux de Milan, semés vers la fin de février.

N. 37. On sème de l'Oseille.

N. 50. On plante des Choux quintal semés vers le 15 mars.

N. 51, 52, 53 et 54. On plante deux rangs d'œilletons d'Artichauts dans chaque planche ; on les met à 1 mètre sur la ligne.

JARDIN FRUITIER. — Achever de tailler les arbres vigoureux et les Pêchers ; garantir par des toiles ou des paillassons les arbres en fleur, que menacerait la gelée ; terminer les labours et les plantations ; faire les boutures et couchages ; répandre du paillis pour empêcher la sécheresse ; greffer en fente les Cerisiers, Pruniers, Poiriers, Pommiers, Mûriers, etc. ; repiquer les Amandes que l'on a mises à stratifier.

JARDIN D'AGRÉMENT. — Planter les Magnolias grandiflora et les Tulipiers, qui, à cette époque, reprennent beaucoup mieux qu'en tout autre temps. Terminer les labours et tous les travaux de nettoyage du jardin d'agrément.

Semer les graines d'arbres résineux ; semer les Œillets ; rempoter ou mettre en pleine terre les marcottes de l'année précédente ; semer en place les Capucines grandes et naines, les Haricots d'Espagne, les Volubilis, les Lupins annuels, les Belles-de-nuit, les Nigelles, etc.; et semer, pour être repiqués, les Œillets d'Inde et les Roses d'Inde, que l'on peut semer successivement jusqu'en juin; diviser les touffes de Chrysanthèmes.

Serres. — Donner de l'air quand le temps le permet, afin de fortifier les plantes qui bientôt pourront être exposées à l'air libre; commencer à seringuer les plantes vers le milieu du jour, et donner des arrosements modérés. Dans la seconde quinzaine, on commence à sortir les plantes les moins délicates.

MAI.

Hauteur moyenne du baromètre, 754 mill. 863.
Température moyenne, maximum $+ 17°,67$.
minimum $+ 10°,98$.
Quantité de pluie, 56 mill. 80.
État de l'hygromètre, 70°,0

Travaux généraux. — Nous n'entrerons dans aucun détail sur les opérations horticoles de ce mois, qui sont nombreuses et variées. Le jardinier a besoin de toute son activité, et chacune des parties du jardin réclame tous ses soins.

Jardin potager. *Couches.* — On fait une couche de $0^m,50$ d'épaisseur, que l'on recouvre de $0^m,25$ de bonne terre, pour planter les Ananas en pleine terre, sous châssis.

Dans la première quinzaine, on sème des Cornichons et les derniers Melons; puis sur couche, mais à l'air libre, de la Chicorée fine, de la Chicorée de Meaux et de la Scarole; on fait une couche sourde au n. 5, et on plante sous cloches un rang de Melons semés dans la première quinzaine d'avril.

Dans la seconde quinzaine, on fait une couche sourde au n. 6, et on plante un rang de Melons, semés dans la seconde quinzaine d'avril, sur lesquels on rapporte les cloches qui étaient sur les Aubergines plantées au n. 7.

Côtière, n. 9. — Dans la seconde quinzaine, on plante des Concombres blancs et des Cornichons verts, semés sur couche en avril.

N. 11. On sème du Cerfeuil.

N. 10. Dans la seconde quinzaine, on sème des Haricots par touffes ou en rayons.

Pleine terre. — On plante les dernières Pommes de terre. On sème des Cardons, des Choux-raves, du Céleri turc, des Radis noirs, de la Poirée blonde, du Pourpier doré, et on continue de semer des Choux-fleurs, des Brocolis, des Choux de Milan, de Bruxelles et de Poméranie, des Carottes, des Radis, des Épinards, des Laitues et des Romaines, des Pois, des Fèves, de l'Oseille, du Persil et du Cresson. Vers le 15, on peut planter des Patates en pleine terre.

Dans les premiers jours du mois, on plante, au n. 15, de la Chicorée demi-fine semée sur couche dans les premiers jours d'avril.

N. 19. On plante de la Romaine blonde semée dans la seconde quinzaine d'avril, et vers la fin du mois, on contre-plante des Choux-fleurs semés sur une vieille couche vers la fin d'avril.

N. 35. On sème de la Chicorée toujours blanche.

N. 33. On sème des Haricots à rames.

N. 23. On sème des Haricots nains.

Dans la seconde quinzaine on plante, au n. 22, de la Laitue grise semée dans la première quinzaine du mois, et on contre-plante deux rangs de Tomates semées sur couche vers la fin de mars.

N. 17. On plante de la Chicorée fine semée sur couche

vers la fin d'avril, et on contre-plante quatre rangs de Céleri-rave semé sur couche en février.

N. 24. On sème deux rangs de Cardons de Tours immédiatement en place, et on contre-plante trois rangs de Romaine semée dans la première quinzaine du mois.

N. 41. On plante un rang de Potirons semés sur couche en avril.

N. 36. Vers la fin du mois ou au commencement de juin, on plante quatre rangs de Choux de Poméranie semés vers la fin d'avril.

N. 51, 52, 53 et 54. On plante entre chaque rang d'Artichauts un rang de Choux de Bruxelles semés vers la fin d'avril.

JARDIN FRUITIER. — Il faut, outre les travaux généraux, que le jardinier veille à maintenir l'équilibre entre les différentes parties de ses arbres et à favoriser leur développement.

On commence l'ébourgeonnement; on donne les premiers binages, et l'on commence à greffer en écusson à œil poussant.

JARDIN D'AGRÉMENT. — Planter les derniers Magnolias à feuilles persistantes.

Dans la seconde quinzaine du mois, planter les Dahlias; mais il n'y a pas avantage à les planter plus tôt, car il arrive souvent qu'ils ne donnent plus de fleurs dès le mois de septembre, époque de leur beauté.

Commencer à faire faucher les gazons, qui, à partir de cette époque, devront être coupés le plus souvent possible; car, pour avoir de beaux gazons, il faut éviter de les laisser monter en graines.

C'est le moment de mettre en pleine terre les Erythrines, Balisiers, Pélargoniums zonale, Héliotropes, Calcéolaires, Coléus, Pétunias, Verveines, Chrysanthèmes à fleurs blanches, etc.

Tailler les Lilas et les Ribes sanguineum aussitôt qu'ils sont défleuris, car il n'y a de belles fleurs que sur le jeune bois.

Replanter en bordure les Amaryllis jaunes.

Semer des Giroflées quarantaines, puis des Giroflées grosse espèce, et que l'on repiquera en pépinière vers la fin de juin ; et en septembre on les relèvera pour les planter en pots.

Serres. — Sortir les plantes de l'orangerie et une partie des Pélargoniums (on laissera les plus avancés dans la serre), et au moment où les premières fleurs commenceront à s'épanouir, on les rentrera, afin de jouir de toute la beauté de leur floraison, qui se prolonge pendant tout le mois, et quelquefois pendant la première quinzaine de juin. Durant le milieu de la journée, il faut étendre une toile sur la serre, afin de protéger les fleurs contre l'ardeur du soleil.

Vers le 15, on sort les Orangers, et quelques jours plus tard les plantes de serre chaude qui peuvent passer dehors quatre mois de l'année. On procède au rempotage, et on replace dans la serre les plantes qui ne peuvent pas rester à l'air libre sous le climat de Paris.

On enlève les châssis des serres tempérées, et on découvre les bâches à Camélias, Rhododendrons, etc.

JUIN.

Hauteur moyenne du baromètre, 756 mill. 966.
Température moyenne, maximum + 21°,19.
minimum + 14°, 42.
Quantité de pluie, 54 mill. 34.
Etat de l'hygromètre, 67°,5.

Travaux généraux. — Nous renvoyons à chacune des parties qui traitent de la culture propre à ce mois pour tous les travaux à faire. Maintenir la propreté par des sarclages, des binages et des ratissages ; ne pas ménager les arrosements quand le temps est sec ; faire la chasse aux animaux et aux insectes nuisibles : tels sont les soins généraux qui appellent l'attention du jardinier.

Jardin potager. *Couches.* — Dans ce mois, on peut se passer de faire de nouvelles couches, les plantes réussissent bien en pleine terre ; on enlève les coffres et les châssis, et après la récolte des Melons plantés n. 1, on plante deux rangs de Choux-fleurs semés en mai ; puis de la Chicorée ou de la Scarole semée sur couche dans la première quinzaine de mai.

Pleine terre. — On sème de la Chicorée de Meaux et de la Scarole, de la Raiponce, des Choux de Vaugirard et des Choux-fleurs pour l'automne, de la Ciboule et du Poireau pour l'hiver.

On continue de semer des Brocolis, des Choux de Milan et de Bruxelles, des Carottes hâtives, du Céleri turc, des Radis roses, des Radis de Madras et des Radis noirs, des Laitues, des Romaines, des Navets, de l'Oseille, du Pourpier, du Cerfeuil, du Cresson alénois, des Pois et des Haricots ; c'est même le moment de semer tous ceux que l'on veut mettre en filet.

Dans la première quinzaine, on repique au n. 21 quatre rangs de Romaines (semées dans la seconde quinzaine de mai), et, dans la seconde quinzaine, on repique dans la Romaine trois rangs de Poirée à cardes (semée dans les premiers jours du mois), que l'on met à 0^m,50 sur la ligne.

N. 18. On plante quatre rangs de Laitue semée dans la seconde quinzaine de mai.

N. 31. On sème des Navets.

N. 30. On sème des Haricots.

Dans la seconde quinzaine, on contre-plante dans la

Chicorée plantée n. 15 quatre rangs de Céleri turc semé dans les premiers jours de mai.

N. 14. On repique quatre rangs de Scarole semée sur couche dans les premiers jours du mois, et quelques jours plus tard, on contre-plante des Choux-raves semés vers la fin de mai.

Vers la fin du mois ou dans les premiers jours de juillet, on sème au n. 29 de la Chicorée de Meaux immédiatement en place.

Dans le courant du mois, on coupe les pétioles de Rhubarbe pour en faire des confitures.

On récolte les graines de Cerfeuil, de Cresson alénois, de Mâches, etc.

Jardin fruitier. — On commence le palissage de la Vigne et des arbres en espalier, pour ne le terminer que vers la fin de la saison.

On continue l'ébourgeonnage, le pincement et la suppression des bourgeons inutiles, seul moyen d'avoir des arbres toujours beaux et d'un produit assuré.

On pince le bouton terminal des Figuiers, afin d'en assurer la fructification. Vers la fin du mois, ou au commencement de juillet, on taille les Mûriers dont les feuilles ont servi à l'éducation des vers à soie.

Jardin d'agrément. — On fauche les gazons, on bine les plates-bandes et les massifs, on arrose les plantes annuelles et vivaces, on met des tuteurs aux Dahlias, Roses trémières, etc.

Greffer en écusson toutes les variétés de Rosiers.

Tailler dans le courant du mois les Glycines de la Chine, qui prennent un trop grand développement.

Repiquer en pépinière les Œillets de semis, rempoter les Chrysanthèmes plus grandement et les rabattre ; relever les Amaryllis Belladones, et les replanter peu de temps après.

Semer les Roses trémières, Croix-de-Jérusalem, Digitales, Campanules, Corbeilles d'or, Delphinium, Œillets de poëte, Myosotis alpestris, Lin vivace, Primevères et toutes les plantes vivaces propres à garnir le jardin d'agrément.

SERRES. — Sortir les Pélargoniums de la serre aussitôt qu'ils sont défleuris, les déposer pendant quelques jours à une exposition ombragée, ensuite les placer dans une position bien aérée; et, pour que la terre des pots se dessèche moins, on les enterre à peu près à moitié. Si l'on ne veut pas enlever les châssis de la serre aux Pélargoniums, on pourra la regarnir avec des Lauriers-roses doubles, dont la floraison sera plus belle et plus certaine qu'à l'air libre.

JUILLET.

Hauteur moyenne du baromètre, 756 mill. 193.
Température moyenne, maximum $+ 21°,19$.
minimum $+ 16°,99$.
Quantité de pluie, 47 mill. 21.
État de l'hygromètre, 68°,2.

TRAVAUX GÉNÉRAUX.—Les mêmes qu'en juin. Redoubler d'activité et de soins, car toutes les parties du jardinage sont d'une égale importance, et réclament la sollicitude du jardinier.

JARDIN POTAGER. — *Couches*. Dans la première quinzaine, on enlève le fumier de la couche n. 2, on remplit la tranchée avec la terre qu'on en avait tirée, on laboure le tout, et, après avoir dressé le terrain, on plante des Choux-fleurs semés dans la seconde quinzaine de juin; puis on contre-plante de la Chicorée ou de la Scarole semée dans la première quinzaine de juin.

N. 3. Dans la seconde quinzaine, on enlève également le fumier de la couche, et, comme au n. 2, on remplit la tranchée et on plante des Choux-fleurs semés dans la première quinzaine du mois; et on contre-plante de la Chicorée ou de la Scarole semée dans la première quinzaine du mois.

PLEINE TERRE. — On fait les derniers semis de Choux de Milan, Carottes, Chicorées, Scaroles, Laitues romaines, et on continue de semer des Navets, de la Raiponce, des Radis roses, des Radis queue-de-rat, du Pourpier doré, du Cerfeuil, enfin tout ce qui peut arriver à maturité avant l'hiver.

N. 18. Dans les premiers jours du mois, on contre-plante dans la Laitue de la Chicorée ou de la Scarole semée dans la première quinzaine de juin; puis on plante de chaque côté de la planche un rang de Choux de Vaugirard semés dans la seconde quinzaine de juin.

N. 20. On sème de la Raiponce. Dans la seconde quinzaine, on plante au n. 16 quatre rangs de Romaine blonde ou de Laitue semée dans la première quinzaine du mois, et on contre-plante deux rangs de Choux-fleurs semés dans la première quinzaine de juin.

On récolte les graines d'Oseille, d'Épinard, de Choux, de Pois, de Salsifis, de Scorsonère, etc.

JARDIN FRUITIER. — Visiter les espaliers, maintenir l'équilibre entre les différentes parties des arbres, palisser, ébourgeonner, découvrir sans les dégarnir les fruits dont on veut accélérer la maturité.

Pendant les fortes chaleurs, arroser les Pêchers, au pied, et le soir seringuer les feuilles.

De la fin du mois à la mi-septembre, greffer en écusson à œil dormant les Cerisiers, Pruniers, Pêchers, Abricotiers, Poiriers et Pommiers.

JARDIN D'AGRÉMENT. — Commencer à ébourgeonner les Dahlias; planter les Lis à $0^m,15$ ou $0^m,20$ de profondeur aussitôt qu'ils seront défleuris.

Retirer les Renoncules, Anémones, Narcisses, Jonquilles, dès que les feuilles seront desséchées.

Semer les Lupins vivaces aussitôt la maturité des graines; à l'automne, les repiquer en pots, que l'on mettra dans l'orangerie ou sous châssis pour passer l'hiver, et au printemps on les met en pleine terre.

Vers la fin du mois ou au mois d'août, marcotter les Œillets et commencer à greffer les Rosiers en écusson à œil dormant.

Serres. — Les plantes de serre sont presque toutes dehors et n'exigent que des arrosements. Il faut donner du grand air à celles qui sont restées dans la serre, les abriter contre les rayons solaires et les arroser au besoin.

CHAPITRE III.

Instruments de jardinage.

Tous les instruments indiqués dans ce chapitre sont indispensables pour cultiver un jardin; et, quoique nous ne cherchions nullement à constituer en frais ceux qui puiseront des renseignements dans notre livre, nous leur conseillons de s'en procurer la plus grande partie, afin de simplifier les opérations.

§ I. — *Outils propres aux labours et plantations.*

Bêche de Soissons. — La lame est un peu évidée au milieu; elle a $0^m,27$ de longueur sur $0,20$ de largeur en haut, et $0^m,16$ en bas. Au lieu d'avoir une douille, la lame est fixée au manche au moyen de deux chevilles rivées.

Bêche de Senlis. — Le manche a 1 mètre de longueur, non compris la partie enfoncée dans la douille; le fer à 0^m,30 de hauteur, 0^m,22 de largeur en haut et 0^m,18 en bas.

Binette. — La binette est une petite houe dont la lame n'a guère que 0^m,16 de longueur sur 0^m,12 de largeur. Elle sert à remuer la terre entre les plantes dont les rangs sont un peu écartés, ainsi qu'à faire les trous pour planter les Haricots et les Pommes de terre.

Binette a croc. — Cette binette, dont la lame est double, offre un tranchant d'un côté et de l'autre deux longues dents.

Hoyau. — Outil destiné à faire les tranchées, arracher les arbres et préparer au labour à la bêche les terres compactes. Le manche a 0^m,76, et la lame, qui forme avec le manche un angle droit, 0^m,32.

Houlette. — La houlette est une petite bêche dont la lame, longue d'environ 0^m,15, large de 0^m,10, est repliée cylindriquement sur ses côtés : elle est destinée à relever les plantes en mottes.

Pioche ou Tournée. — Cet instrument est particulièrement employé pour les travaux de terrassement; on s'en sert utilement pour faire les trous et déplanter les gros arbres.

Plantoir. — Pour faire un plantoir, on choisit une branche d'arbre recourbée à son extrémité, puis on effile la partie qui doit être enfoncée en terre, et pour lui donner plus de durée et de pénétrabilité, on la fait garnir de fer ou de cuivre.

Traçoir trident. — L'avantage de cet instrument est d'éviter de déplacer le cordeau autant de fois qu'il faut de rayons dans une planche. Pour tracer six rayons, il suffit de tendre deux fois le cordeau, et pour cinq une seule fois, en le plaçant au milieu de la planche. On peut faire les rayons plus ou moins écartés, car les deux branches latérales sont fixées dans le bas au moyen d'une char nière, et sur la traverse par une petite cheville mobile, qui permet de les éloigner ou de les rapprocher selon le besoin.

Ciseaux a tondre. — Ce sont de grands ciseaux de $0^m,40$ de longueur, dont les manches forment avec la lame un angle très-ouvert; ils servent à tondre les haies, les gazons, les bordures, etc.

Les lames doivent avoir du jeu et ne pas être serrées par un écrou. Pour s'en servir il faut, au moyen d'efforts en sens opposé, presser les lames l'une contre l'autre.

Rateau simple a dents de fer. — Il sert à nettoyer les allées, à unir la surface du terrain nouvellement labouré, puis à recouvrir légèrement les semis. Il faut en avoir au moins deux, l'un d'environ $0^m,30$, et l'autre de $0^m,45$.

Ratissoire a pousser. — Manche, $1^m,40$ de longueur; lame, $0^m,20$.

Ratissoire a tirer. — Employée dans les parties où la terre est le plus dure. La lame, qui a $0^m,20$ de largeur, est faite avec un morceau de vieille faux. Le manche a $1^m,15$ de longueur.

Rouleau. — Le rouleau est un gros cylindre en fonte ou en pierre, muni à chaque extrémité d'une oreillette arrondie, tournant comme un essieu dans une boucle de fer; on l'emploie avec avantage pour rouler les terres et les gazons.

Sarcloir. — Cet instrument sert à sarcler entre les plantes qui ne sont pas semées trop dru. Sa longueur totale est de $0^m,25$.

§ II. — *Outils propres aux transports.*

Brouette a coffre. — Les proportions d'une brouette sont : longueur, $1^m,50$ à $1^m,60$; largeur du coffre, $0^m,50$ à $0^m,55$; écartement des bras à leur extrémité, $0^m,65$; diamètre extérieur de la roue, $0^m,48$.

Crochet pour le transport des caisses. — Ces crochets sont en fer, et l'une des extrémités forme une boucle dans laquelle on passe un brancard de 2 mètres de longueur; à l'aide de ces crochets, deux hommes transportent facilement des caisses très-pesantes.

Diable. — Cet appareil est indispensable pour entrer et sortir les caisses qu'il est impossible de transporter avec les crochets. Pour les enlever, on approche l'appareil de manière à engager les mentonnets sous la caisse; on cale les roues, et l'on appuie sur la flèche de manière que la caisse se trouve placée obliquement; on peut alors la diriger facilement partout où l'on veut.

Fourche ordinaire. — Cet instrument sert à faire les couches, à transporter les fumiers et à herser les planches du potager.

Hottereau (on prononce Hottriau). — Il sert au transport des fumiers et du terreau. Dans les jardins maraîchers, il remplace la brouette.

Pelle de bois. — Comme cet instrument est à peu près partout le même, nous croyons inutile d'en donner les proportions; il sert à enlever les terres et terreaux, à les amonceler, etc.

§ III. — *Instruments servant aux arrosements.*

Arrosoir a pomme. — Cet instrument, qui doit être en cuivre pour avoir plus de durée, contient environ dix litres d'eau.

Arrosoir a bec pour mouiller dans les serres. Il doit être au moins un tiers plus petit que l'arrosoir à pomme.

Pour arroser les semis et les boutures, on met la pomme à la place du bec de prolongement.

Pompe a main et a jet continu, de M. Petit. — Cet instrument, qui lance l'eau à 5 et 6 mètres de hauteur, sert à arroser les arbres trop élevés pour qu'on puisse se servir de la seringue.

Seringue pour laver la tête des arbres et les plantes d'orangerie et de serre. Sa longueur totale est de 0^m,50.

§ IV. — *Instruments propres à la taille et à l'élagage des arbres.*

Croissant. — On se sert de cet instrument, dont la lame est placée à l'extrémité d'un manche plus ou moins long, pour élaguer les arbres et écheniller ; mais on lui substitue avec avantage pour ce dernier objet l'échenilloir, dont la manœuvre est bien moins fatigante.

Coupe-bourgeons. — Espèce de sécateur à lames courbes, qui sert à ébourgeonner et facilite cette opération.

Échenilloir. — On peut, dans certaines circonstances, remplacer cet instrument par le croissant ; mais celui-ci est toujours moins commode.

Sécateur. — Le choix de cet instrument est d'une grande importance ; car s'il est mal fabriqué, il écorche les branches et nuit à la végétation de l'arbre. Son avantage sur la serpette est de faciliter la taille ; mais il ne peut lutter dans toutes les circonstances avec ce dernier instrument, qui fait toujours des plaies plus nettes.

Scie a main, destinée à enlever les branches qu'on ne peut couper au sécateur. Sa longueur totale est de 0^m,25.

Egohine, servant à couper les branches dans les endroits où la scie à main ne peut passer.

Serpette. — On en fait de différentes dimensions ; mais les plus généralement employées ont un manche d'environ 0^m,12, de longueur, et la lame de 0^m,08 à 0^m,09.

Serpe. — Elle sert à abattre les grosses branches, faire les pointes des pieux et des tuteurs, etc.

CHAPITRE IV.

Défoncements et Labours.

Lorsqu'on établit un jardin neuf, il faut commencer par se rendre compte de l'état et de la profondeur du terrain, ce qui est essentiel surtout si l'on a des plantations d'arbres à opérer.

Si la couche supérieure de terre est mauvaise ou depuis très-longtemps en culture, et que la fertilité se trouve épuisée, il faut faire défoncer.

Si, comme il arrive souvent, le terrain est couvert d'herbes élevées, il faut les arracher, les réunir en tas et les brûler quand elles sont assez sèches. On en étendra les cendres sur le terrain après le défoncement, que l'on fera en automne ou en hiver de la manière suivante : A une des extrémités du terrain, l'on ouvrira une tranchée de 1^m,60 à 2 mètres de largeur (appelée jauge). Assez ordinairement, il suffit d'enlever deux fers de bêche, et l'on pioche le fond de la tranchée avant de la remplir. Il y a des terrains où il faut cependant défoncer beaucoup plus profondément. On divisera le terrain en deux, trois ou quatre parties, selon le nombre d'ouvriers. On déposera la terre de la première tranchée au bout où l'on doit terminer, ce qui servira à combler le vide de la dernière. On remplacera successivement chaque tranchée par une autre de même longueur, en ayant soin de mettre la terre du fond à la superficie.

Il faudra enlever les parties de mauvaise terre et les pierres, que l'on mettra dans les grandes allées, dont on enlèvera toute la bonne terre.

Le défoncement terminé, on donnera un bon coup de

fourche pour briser les mottes de terre et unir la superficie du terrain ; puis on passera le râteau pour enlever les pierres, qui serviront encore à remplir les allées.

1. *Labours*. — Dans les terres légères, on fera annuellement un profond labour pendant les belles journées d'hiver ; quant aux terres compactes et humides, il faudra en automne les relever par chaînes, c'est-à-dire enlever la terre de la surface du sol, et la réunir en monticules, ou mieux en lignes parallèles. Les gelées les ressuieront, et au printemps elles seront beaucoup plus faciles à cultiver.

Dans les jardins, les labeurs se font à la bêche. Avant de commencer, on enlèvera de la terre de manière à former une jauge d'un bon fer de bêche de profondeur ($0^m,25$ à $0^m,30$ environ), de $0^m,30$ à $0^m,35$ de largeur, et de la longueur du travers d'une planche pour un homme seul.

Si l'on doit labourer deux planches à côté l'une de l'autre, on déposera la terre de la jauge sur celle d'à côté et sur le même bout.

Si l'on n'en a qu'une, on la déposera au bout où l'on doit terminer, de manière à avoir de quoi remplir la dernière jauge. Comme c'est aussi à cette époque qu'on enterre le fumier, l'on devra auparavant l'étendre bien également sur tout le terrain, ce qui permet souvent de labourer par les gelées ; sans cette précaution, le froid durcirait la surface du sol et empêcherait tout travail.

On labourera à reculons en prenant la terre par bêchée, que l'on replacera sur l'autre bord de la jauge, en la retournant chaque fois de manière que celle du fond se trouve en dessus, puis on poussera du fumier dans chaque jauge, en ayant soin de ne pas l'enterrer trop profondément, afin qu'il se trouve à la portée des racines. On brisera bien les mottes de terre avec la bêche, et l'on jettera de côté les pierres que l'on rencontrera.

Il faut surtout avoir soin, en labourant, de mettre la

terre des sentiers dans la planche, car elle aura eu une année de repos. Pour les labours d'hiver, il ne faut pas trop unir la superficie du terrain ; seulement, quand il faudra planter ou semer, on l'égalisera à la fourche.

On procédera pour toute l'étendue du jardin comme nous l'indiquons, en maintenant toujours une jauge de même largeur.

En labourant au pied des arbres, on ne saurait prendre trop de précautions pour ne pas en blesser les racines.

Toutes les fois que l'on voudra faire succéder une culture à une autre, il faudra labourer le terrain, mais pas aussi profondément qu'en hiver, et avoir soin d'arracher auparavant les mauvaises herbes, dont les graines germeraient promptement une fois enterrées. Dans les terrains extrêmement maigres, où il est toujours nécessaire de mettre quelque engrais, il ne faut l'employer que très-consommé.

2. *Sarclage.* — Le sarclage consiste à faire disparaître du sol les plantes et les mauvaises herbes étrangères à la culture. Cette opération se fait à la main, et exige une certaine pratique afin de distinguer au premier coup d'œil les plantes qu'il faut enlever de celles qui doivent être conservées. On conçoit que ce travail doit offrir beaucoup de difficultés lorsque la terre est sèche : c'est pourquoi, dans ce cas, il faut avoir soin de bassiner, une heure au moins avant de commencer cette opération, les planches qui ont besoin d'être sarclées.

3. *Binage.* — Le binage est une opération non moins nécessaire aux plantes potagères que le sarclage ; elle a lieu à l'aide de la binette, et, suivant le besoin, avec la lame ou avec les dents.

Le binage a pour but de diviser la surface du sol, afin de rendre la terre perméable aux influences atmosphériques et aux arrosements. Dans quelques circonstances (par exemple, pour les plantes repiquées), le binage peut remplacer le sarclage, et quelquefois alors on peut, au lieu de la binette, employer la ratissoire.

CHAPITRE V.

Fumier et Engrais.

Nous n'aurons à parler que des engrais les plus communs ; les autres, tels que la raclure de corne, le noir animal, le sang desséché, la poudre d'os, le guano et l'engrais perazoté, n'étant guère employés que dans la grande culture.

Ceux que nous conseillons, et qu'il est le plus facile de se procurer, sont les débris végétaux en état de décomposition. On peut se servir encore de la vase des étangs et des balayures des rues, qui sont également de bons engrais, mais seulement après être restées longtemps en tas, avoir été remuées plusieurs fois pendant l'hiver et mûries par les influences de l'atmosphère. Le marc des Raisins et des Poires à cidre est aussi très-bon, quand il est resté assez longtemps en tas pour qu'on n'ait plus à craindre que les graines germent une fois en terre.

La fiente du pigeon ou colombine et celle de poule ne devront être employées que très-sèches et réduites en poussière, et, comme la poudrette, semées légèrement à la volée, et cela seulement dans les terres fortes. Ces fumiers ne peuvent être employés que dans des circonstances souvent fort limitées, tandis que ceux qui proviennent de la litière mêlée à l'urine et aux excréments d'animaux domestiques se trouvent partout en abondance ; ils présentent entre eux des différences que nous allons signaler.

Les fumiers les plus chauds sont ceux de *cheval*, de *mulet*, d'*âne* et de *mouton*; les plus compactes et les plus froids sont ceux de *bœuf*, de *vache* et de *porc*.

Quel que soit le fumier que l'on emploie, nous pensons qu'il ne doit être enterré qu'après sa fermentation, sans attendre cependant qu'il soit entièrement consommé; frais, il n'agit pas comme engrais, mais comme amendement; aussi, dans les terres fortes, humides et froides, qu'il est nécessaire de diviser, on n'emploiera jamais que des fumiers non consommés. Un autre inconvénient de ces fumiers est de renfermer encore des graines dont la fermentation n'a pu détruire le principe germinatif et qui couvrent promptement le sol de mauvaises herbes.

Pour les terres légères et brûlantes, qu'il est nécessaire de lier, on emploiera du fumier de vache; à défaut de celui-ci, on en prend un autre; mais alors on ne doit l'employer qu'à moitié consommé.

C'est en hiver et dans les premières gelées qu'il faudra étendre le fumier dans tous les endroits où on doit l'enterrer. Quel que soit l'engrais dont on se sert, on doit en mettre tous les ans et le plus possible, surtout pour les planches de potager qui sont toujours en culture.

Les fumiers et les feuilles presque consommés provenant des vieilles couches seront réservés pour étendre chaque année comme paillis sur les plates-bandes et sur toutes les parties en culture, ce qui est encore un bon engrais; mais il faudra s'abstenir de mêler à ces fumiers les sarclures du jardin avant leur réduction complète en terreau.

Les engrais doivent être enterrés assez tôt pour qu'ils aient eu le temps de se consommer avant que les racines des plantes puissent les atteindre, surtout les racines charnues. Certaines plantes potagères, telles que le Poireau et l'Oignon, réussissent mieux dans une terre fumée de l'année précédente.

CHAPITRE VI.

Des Arrosements.

L'eau étant un des principaux agents de la végétation, elle est indispensable dans un jardin. Quand on n'a pas un cours d'eau dont on puisse disposer à son gré, il est nécessaire de s'en procurer par tous les moyens possibles.

Les eaux pluviales, plus salutaires à la végétation que toutes les eaux qui coulent à la surface du sol, doivent être recueillies avec soin ; à cet effet, on devra garnir de gouttières toutes les toitures, de manière à n'en pas laisser perdre. Elles seront reçues dans un réservoir placé à une certaine élévation, ce qui facilitera les moyens de distribuer l'eau par les tuyaux dans toutes les parties du jardin.

A défaut d'eau courante ou jaillissante, on sera obligé d'avoir recours à l'eau de puits. Dans cette circonstance, il faudra se préoccuper du meilleur moyen de la tirer ; car il est déplorable que dans beaucoup de localités on soit encore réduit à la nécessité de se servir de la corde et des seaux, exercice aussi long que fatigant ; tandis qu'avec une pompe à manége à triple effet, on peut facilement se procurer 12 à 1,500 litres d'eau par heure. Il est vrai que pour cela il faut avoir un cheval, et que beaucoup de gens se préoccupent si peu du sort de leur jardinier, qu'ils aiment mieux laisser leurs chevaux à l'écurie que d'en mettre un à sa disposition quelques heures chaque jour pendant les mois d'été ; ce qui cependant serait très-avantageux, car l'eau des puits contient presque toujours du carbonate et souvent du sulfate de chaux : sur quelques points même, ces substances sont tellement abondantes que l'eau dépose sur le sol et sur les feuilles des plantes une couche de sels calcaires qui ne permettent plus aux racines de jouir des influences atmosphériques et aux feuilles de remplir leurs fonctions physiologiques, ce qui occasionne quelquefois la perte des cultures, ou le plus souvent un état de langueur non moins préjudiciable. Dans ce cas, il est de toute nécessité d'avoir un réservoir pour que l'eau ne soit employée que quelques heures après avoir été tirée, ce qui permet aux substances malfaisantes qu'elle contient de se déposer. Il y a aussi avantage à laisser l'eau s'échauffer au soleil; car pour l'arrosement des plantes délicates ou de celles cultivées sur couches, l'eau ne devrait jamais avoir moins de 8 à 10 degrés de température. Il n'en est pas de même, il est vrai, pour les gros légumes; il faut au contraire employer l'eau aussitôt qu'elle est tirée du puits, car autrement elle activerait trop leur végétation, et ils ne pourraient alors acquérir tout leur développement.

On peut augmenter la fertilité du sol en faisant des arrosements avec de l'eau mêlée de purin ou jus de fumier, de bouse de vache, de crottin de mouton ou de toutes autres substances animalisées. La colombine, la poudrette et le guano employés à petites doses, 3 ou 4 kilogrammes environ par hectolitre d'eau, constituent également un bon engrais liquide, avec lequel on peut, pendant l'été, arroser les plantes cultivées en pots ou en pleine terre une fois chaque semaine. La quantité et la fréquence des arrosements ne peuvent pas être déterminées d'avance; nous nous bornerons à dire qu'ils devront être plus ou moins abondants, suivant la température et la nature du terrain.

Pour que les plantes profitent le plus possible des arrosements pendant les journées chaudes de juin, juillet et août, on n'arrosera que dans l'après-midi; au printemps et à l'automne, où les nuits sont ordinairement fraîches, on les arrosera le matin.

Les arrosoirs dont on se servira le plus fréquemment, et particulièrement pour mouiller les semis et les plantes récemment repiquées, sont à pomme; les arrosoirs à bec serviront pour mouiller les plantes en pots. On ajoutera la pomme pour mouiller au pied les plantes délicates et nouvellement repiquées.

CHAPITRE VII.

Des Couches.

Dans les contrées septentrionales, où la végétation est suspendue par le froid pendant un temps plus ou moins long, le jardinier a recours à des moyens artificiels pour suppléer à la chaleur du soleil et obtenir des produits prématurés. Il est même impossible, dans le jardin le plus humble, de se passer d'une couche, ne fût-ce que pour semer certaines graines de fleurs ou de légumes qui ne peuvent réussir en pleine terre ou ne donnent que des produits tardifs.

I. Couches pour primeurs. — Les couches doivent toujours être à l'exposition du sud, et l'emplacement sur lequel on les établira sera creusé de $0^m,20$ environ. L'épaisseur qu'on devra leur donner dépend de plusieurs circonstances : 1° Celles qu'on fait en décembre, janvier et février doivent être plus épaisses qu'à toute autre époque de l'année; 2° Sur un sol froid et humide, elles doivent être plus épaisses que sur un sol sablonneux; 3° Plus elles sont étroites, plus on leur donnera d'épaisseur. On les fait ordinairement de $1^m,30$ de largeur, plus un sentier de $0^m,40$ qu'on laisse entre chacune et qu'on remplit de fumier; pour entretenir et ranimer la chaleur, on entoure les couches de réchauds de fumier neuf, qu'on renouvelle de temps à autre.

Pour faire les couches, on emploie de préférence du fumier de cheval neuf, c'est-à-dire celui qui sort de l'écurie : plus il est imbibé d'urine, mieux il convient. On le mélange de moitié feuilles d'arbres, de marc de raisin ou d'un tiers de fumier provenant des anciennes couches. La chaleur est moins forte qu'avec du fumier seul, mais elle se soutient beaucoup plus longtemps, est plus régulière, et l'on a moins à craindre un développement de chaleur excessif, qui occasionnerait quelquefois la perte des jeunes plantes. On pourrait même, à défaut de fumier, se contenter de feuilles ou de marc de raisin. On n'emploiera guère le fumier neuf seul que pour les réchauds et quelques semis, tels que les Melons.

Avant de commencer à monter une couche, il faut, pour mélanger les fumiers bien également, les déposer le plus près possible de la place qu'elle doit occuper. On monte la couche en allant toujours à reculons, en ayant soin de bien mélanger à la fourche les parties sèches avec celles qui sont le plus imprégnées d'urine, et de répartir également le crottin. Les bords de la couche doivent être montés verticalement; et dès qu'on a formé un lit de fumier, on le mouille plus ou moins, suivant le besoin, avec l'arrosoir à pomme, de telle sorte que tout soit assez humide pour produire une fermentation prolongée et éviter que le fumier ne se dessèche au centre, ce qui pourrait compromettre le résultat de l'opération. Pour donner à la couche une densité égale sur tous points, on la foule avec les pieds et le dos de la fourche; puis on rapporte du fumier dans les endroits creux, pour que l'épaisseur en soit régulière. On en fait autant à chaque lit, et cela jusqu'à ce que la couche soit arrivée à la hauteur voulue; après quoi on remplit les sentiers et l'on pose les coffres qui, par leur dimension, ont l'avantage de se placer où l'on veut et de suivre l'affaissement de la couche. Une fois les coffres placés, on charge la couche de terreau; puis on pose les panneaux, qu'il faut tenir couverts pendant quelques jours pour faciliter la fermentation. Avant de semer ou de planter sur une couche nouvelle, il est prudent d'attendre que la première chaleur se soit modérée. Si, malgré cette précaution, il arrivait qu'il se développât une trop forte chaleur, il faudrait s'empresser d'écarter les réchauds du coffre; et si cela ne suffisait pas, on verserait quelques arrosoirs d'eau autour de la couche, de manière à la refroidir.

Thermosiphon. — En quelques circonstances, on peut remplacer les couches du fumier par le chauffage au thermosiphon. Pour cela, on fait assez ordinairement une cou-

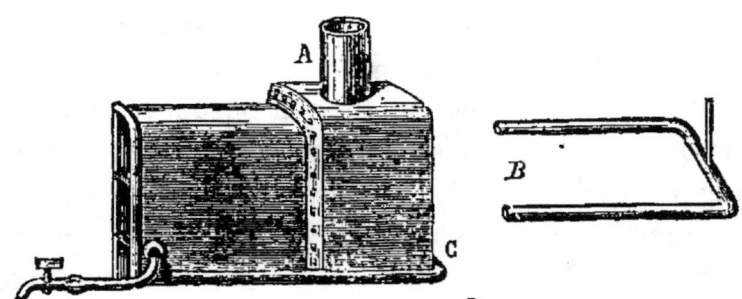

Fig. 2. — Thermosiphon. (1)

che très-mince, afin de garantir les plantes de l'humidité du sol; puis on fait circuler les tuyaux au-dessus de la couche. On peut aussi établir un plancher en bois, sous

(1) La figure 2 représente une chaudière en cuivre, à doubles parois, remplie d'eau; le tuyau de départ A sert également à introduire l'eau dans la chaudière; il communique avec les tuyaux de circulation B au moyen d'un coude de même diamètre.

Aussitôt échauffée, l'eau contenue dans la chaudière se dilate, pousse celle qui se trouve dans les tuyaux jusqu'au point C, où elle

lequel on fait circuler les tuyaux du thermosiphon ; mais les plantes cultivées sur ce plancher exigent de trop fréquents arrosements ; c'est pourquoi nous pensons qu'il serait mieux (pour les cultures où il serait nécessaire de chauffer le sol) de faire circuler les tuyaux dans les sentiers, c'est-à-dire entre les coffres ; et dans ce cas on les couvrirait avec des planches et de la paille, ou tout autre mauvais conducteur du calorique. Ce qui nous fait croire que ce moyen serait applicable à la culture des légumes forcés sous panneaux, c'est que, pour certaines cultures, c'est seulement au moyen de réchauds qu'on obtient la chaleur nécessaire aux besoins des plantes.

II. COUCHES SOURDES. — Ce n'est guère qu'en avril qu'on commence à faire usage de ces sortes de couches. Pour les établir, on fait une tranchée de $0^m,75$ à 1 mètre de largeur et d'environ $0^m,35$ de profondeur.

On emploie pour les faire les mêmes matériaux que pour

---

rentre dans la chaudière pour se réchauffer et circuler de nouveau dans les tuyaux quand elle est suffisamment chaude.

Quant aux tuyaux, lorsque le parcours est d'une certaine étendue, on leur donne la forme méplate, afin de chauffer une plus grande surface que dans les tuyaux cylindriques, et pour contenir une moins grande quantité d'eau qui puisse parvenir au degré d'ébullition plus promptement que dans ces derniers. On donne généralement à ces tuyaux $0^m,02$ à $0^m,03$ d'épaisseur sur une hauteur variable de $0^m,10$ à $0^m,15$, suivant le cube d'air et le besoin d'élévation de la température. Les tuyaux de $0^m,21$ sur $0^m,2$ sont assez communément en usage. En effet, les tuyaux cylindriques, dont la surface extérieure correspond à celle du tuyau de $0^m,21$ de hauteur sur $0^m,2$ contiennent 4 litres 20 d'eau, et la même longueur en tuyaux d'une surface extérieure semblable, c'est-à-dire d'un diamètre de $0^m,15$, en contiendrait 15 litres 17. Il est vrai que l'eau chaude contenue dans le tuyau cylindrique se refroidira moins vite que dans l'autre ; mais aussi il aura fallu pour la mettre en ébullition brûler plus de combustible sans avoir obtenu plus de surface de chauffe, et par conséquent plus de chaleur.

les précédentes; on leur donne $0^m,60$ à $0^m,80$ d'épaisseur; elles doivent être légèrement bombées au milieu.

On les charge de terreau ou de bonne terre, suivant le genre de culture qu'on y doit faire; puis on les couvre d'un lit de fumier long pour y concentrer la chaleur.

1. *Réchaud.* — Pendant toute la durée des froids, c'est-à-dire depuis la fin de novembre jusqu'à la mi-avril, il est nécessaire d'entretenir ou de ranimer la chaleur des couches, et cela sans les refaire. On arrive à ce résultat au moyen de réchauds, ce qui consiste, comme nous l'avons dit précédemment, à remplir de fumier neuf ou recuit les sentiers qui circulent autour des couches, et à remanier tous les quinze jours ou toutes les semaines; enfin, suivant le besoin, on y ajoutera chaque fois une partie de nouveau fumier. En cela, il faut avoir égard à l'état de l'atmosphère, c'est-à-dire que s'il fait sec, il faut employer du fumier humide, et si le temps est humide, du fumier sec; puis il faut avoir soin de les couvrir de paillassons pendant les mauvais temps, afin de concentrer la chaleur.

2. *Ados.* — Les ados sont un moyen sûr et économique de favoriser la culture des primeurs : les plantes y réussissent mieux que sur un terrain horizontal. Ils consistent en une pente de $1^m,33$, tournée du côté du soleil.

Pour établir un ados, on procède de la manière suivante : après avoir fait choix d'un emplacement favorable, on donne un bon labour au sol, en ayant soin d'enlever par devant la terre nécessaire pour recharger le derrière d'environ $0^m,20$; après quoi on unit le terrain; puis on étend sur le tout environ $0^m,10$ de terre mêlée de terreau.

Ces ados servent premièrement à semer des Radis, et ensuite on place trois rangs de cloches pour faire des semis de salade et repiquer les jeunes plants.

CHAPITRE VIII.

Multiplication des plantes.

Nous comprenons sous ce titre la série des opérations qui ont pour objet de multiplier les végétaux; mais nous n'avons donné à chacune d'elles qu'une étendue proportionnée à la difficulté réelle qu'elles présentent. Nous invitons nos lecteurs à lire attentivement ce chapitre pour se bien pénétrer des principes qui y sont exposés; et, en suivant fidèlement nos prescriptions, on arrivera à acquérir l'habileté manuelle nécessaire pour compter sur un succès certain.

§ I. — Semis.

Quel que soit le mode de semis, la préparation du sol est une opération préalable de la plus haute importance; ainsi le terrain doit être labouré avec soin, de manière que les mottes soient bien divisées, et, après le labour, on herse à la fourche et on enlève avec le râteau les pierres et les mottes qui sont à la surface.

La plus grande partie des graines potagères peuvent être semées au printemps; puis, successivement, à des intervalles calculés sur la durée de la végétation de chaque plante. A l'exception de quelques salades, il ne faut pas semer plus tard que le mois de juillet les légumes qui doivent être consommés dans la même année; il est donc nécessaire, avant de semer, de connaître non-seulement la durée de la germination des graines, mais encore le temps qu'il faudra attendre pour que les plantes aient atteint leur entier développement. On doit ensuite avancer ou reculer l'époque du semis en raison de la nature du terrain; car, plus la terre est froide et humide, plus il faut semer tard et moins les graines doivent être recouvertes; et plus les graines sont fines, moins il faut les enterrer; il suffit même, pour quelques-unes, de répandre dessus un peu de terreau après les avoir hersées et foulées; d'autres ne doivent pas être recouvertes, mais seulement ombragées avec un peu de litière.

Il y a deux modes principaux de semis : les *semis sur couche* et les *semis en pleine terre.*

I. SEMIS SUR COUCHE. — Comme il est souvent nécessaire de faire des semis à une époque où la température ne permet pas de livrer les graines à la pleine terre, il faut alors semer sur couche. Bien que la chaleur de la couche doive varier suivant les différentes espèces de graines, on peut dire que 12 à 15 degrés paraissent être la température la plus favorable (excepté pour les Melons, les Aubergines et la Chicorée, qui exigent plus de chaleur); car toutes les graines potagères que nous avons soumises à cette température ont parfaitement réussi.

L'exécution des semis sur couche ne diffère en rien de celle des semis de pleine terre, c'est-à-dire que les graines doivent toujours être recouvertes en proportion de leur plus ou moins de finesse. Ces semis réussissent souvent beaucoup mieux que ceux de pleine terre, et cela parce qu'on est le maître de modifier à son gré les conditions de température, de lumière et d'humidité nécessaires au parfait développement des graines.

II. SEMIS EN PLEINE TERRE. — Ces semis se font *à la volée*, en *lignes* ou *rayons*, et en *pochets*.

1. *Semis à la volée.* — La terre étant préparée, comme il a été dit plus haut, on amène avec le râteau un peu de terre fine sur les bords de la planche, puis on prend une poignée de graines, et on la répand sur le sol en la laissant passer entre les doigts par un mouvement d'arrière en avant vif et régulier. Afin de semer plus également et

de ne pas répandre de graines dans les sentiers, on sème la largeur de la planche en deux fois, en commençant par les bords. Lorsque les graines sont bonnes, il ne faut pas semer trop épais, afin d'avoir des plants vigoureux ; et si, malgré cette précaution, ils étaient trop drus, il faudrait les éclaircir à la main. Comme il est extrêmement difficile de ne pas semer trop épais les graines fines, on peut, pour éviter cet inconvénient, les mêler avec du sable ou de la tere fine bien sèche. Après le semis, il faut herser le terrain légèrement avec la fourche, puis fouler un peu la terre, ce qu'il ne faudrait cependant pas faire si le terrain était humide. Pour recouvrir les graines, on étend avec le dos du râteau la terre des bords de la planche, en ayant soin d'en laisser un peu, de manière à retenir l'eau des arrosements. On peut aussi étendre sur les semis un peu de fumier bien consommé. Si le temps est sec, il faudra favoriser la germination des graines par des bassinages donnés avec l'arrosoir à pomme.

2. *Semis en lignes* ou *en rayons*. — On trace, soit à la binette, soit au traçoir, des rayons d'environ $0^m,3$, ou $0^m,5$ de profondeur, et plus ou moins éloignés les uns des autres, suivant ce que l'on veut semer ; après avoir répandu la graine, on la recouvre légèrement, en rabattant avec le dos du râteau un peu de la terre des côtés. Lorsque le plant est sorti de terre, on finit de remplir les rayons en passant le râteau ou la binette entre chaque rang. Ce mode de semis est très-avantageux, surtout dans les terrains où les binages doivent être fréquents.

3. *Semis en pochets*. — Il consiste à faire avec la binette des trous disposés en échiquier, et dont la distance et la profondeur seront calculées d'après le développement que doit prendre chaque touffe ; puis, après avoir placé quelques graines dans chaque trou, on les recouvre en rabattant un peu la terre, et, lorsque les plantes sont assez

élevées, on finit de remplir les trous en passant un coup de râteau entre chaque touffe.

§ II. — Repiquage.

Le repiquage est nécessaire pour toutes les plantes qui ne peuvent être semées en place ; et, pour être certain du succès de l'opération, il ne faut pas attendre que le plant soit trop vieux, car, non-seulement la reprise en est plus difficile, mais les produits en sont moins beaux ; pour les plantes qui s'enracinent lentement, il faut, avant de les mettre en place, les repiquer en pépinière, c'est-à-dire les mettre à bonne exposition et très-près les unes des autres. Ces repiquages successifs ont l'avantage de déterminer l'émission d'une grande quantité de chevelu qui assure la reprise lors de la plantation définitive. Le repiquage ne doit se faire que dans une terre bien préparée, et sur laquelle on aura étendu un paillis de fumier court, pour que, d'une part, le plant profite le plus longtemps possible des arrosements, et, d'un autre côté, que les arrosements ne collent pas le plant sur la terre, ce qui occasionne souvent la pourriture des feuilles. Les repiquages qui ont lieu en été doivent, autant que possible, être faits par un temps couvert ; et, s'il ne venait pas de temps favorable, il faudrait faire cette opération vers la fin de la journée, et faciliter la reprise par des arrosements. Quand on a beaucoup de plantes à repiquer et que le temps est très-sec, il ne faut pas attendre qu'on ait terminé pour commencer à arroser.

§ III. — Oignons.

Le seul soin à prendre pour obtenir un succès assuré des plantes bulbeuses qu'on veut multiplier, c'est de les choisir saines et de les planter dans les circonstances les plus favorables à leur végétation.

§ IV. — Caïeux.

On nomme ainsi les petites bulbes ou oignons qui se forment autour de la couronne des plantes bulbeuses, telles que les Tulipes, Jacinthes, etc., et qui servent à les multiplier. Il ne faut détacher les caïeux que lorsqu'ils sont mûrs, ce qui a lieu lorsque les feuilles sont entièrement desséchées. Les caïeux doivent toujours être plantés dans une terre douce, et un mois au moins avant les oignons à fleurs ; car, en raison de leur petit volume, ils se dessèchent plus promptement. Ces oignons fleurissent ordinairement au bout de trois ou quatre ans.

§ V. — Bulbilles.

Plusieurs plantes bulbeuses produisent sur leur tige, souvent à la place des graines, de petits oignons nommés *bulbilles*, qui servent à les multiplier ; il faut les détacher à leur maturité, et les traiter comme les caïeux.

§ VI. — Tubercules.

Les tubercules sont des masses charnues, véritables tiges souterraines, d'où partent ordinairement de petites racines fibreuses. Certaines plantes, telles que les Patates, les Pommes de terre, etc., sont pourvues d'yeux capables de fournir de nouvelles tiges ; et, pour les multiplier, on peut les couper en autant de morceaux qu'il y a d'yeux : chaque tronçon produira une nouvelle plante. D'autres n'ont d'yeux que sur une partie seulement : tels sont les Dahlias, les Iris Germanica, les Pivoines herbacées, et il faut alors, en les divisant, avoir la précaution de laisser à chacun une partie du collet de la plante ; sans quoi ils ne pousseraient pas.

§ VII. — Griffes ou Pattes.

On donne ces noms aux racines des Renoncules, des Anémones, etc. ; on les sépare par éclats, mais de manière qu'il y ait toujours un œil à chacun.

§ VIII. — Œilletons.

On appelle ainsi les rejetons qui naissent autour de certaines plantes (les Artichauts, etc.) ; on les sépare des vieux pieds en ayant soin de les enlever autant que possible avec un talon ; il faut éviter de les laisser faner, afin que la reprise en soit plus certaine.

§ IX. — Séparation des racines.

Parmi les plantes à racines vivaces, il en est dont les racines partent d'un collet commun, telles que les Pivoines, et sont munies d'un ou plusieurs yeux qui se développent l'année suivante. Pour les multiplier, on peut les éclater en autant de parties qu'il y a d'yeux. Il en est d'autres qui ont les racines presque à la surface du sol, tels sont les Chrysanthèmes, et qui forment des touffes épaisses, que l'on peut diviser par petites parties ; il faut alors les relever de terre, et, après les avoir séparées, on ne replante que la circonférence, qui produira des touffes beaucoup plus belles que si l'on replantait le centre, qui, étant la plus vieille partie de la plante, est naturellement la moins vigoureuse.

§ X. — Stolons ou Coulants.

Quelques plantes, telles que les Fraisiers, ont des coulants, qui produisent à chaque nœud des rejetons s'enracinant sur le sol. Séparés et repiqués dans une saison favorable, ils produisent autant de nouvelles plantes.

§ XI. — Marcottes.

Les marcottes sont des branches que l'on couche au printemps, soit en pleine terre, soit en pots, et qu'on ne sépare de la branche mère que lorsqu'elles ont produit des racines. Lorsque les branches que l'on veut multiplier sont placées de manière à ne pouvoir être abaissées jusqu'à terre, il faut avoir des pots ou des godets fendus sur les côtés, que l'on maintient sur une petite planchette clouée sur un support dont on enfonce l'extrémité en terre. Il y a plusieurs manières de marcotter : nous allons seulement indiquer les plus usitées; mais, quel que soit le procédé employé, il faut que la terre dans laquelle sont placées les marcottes soit constamment humide, afin de favoriser la sortie des racines; et, pour conserver l'humidité des arrosements, on fera bien de couvrir le sol avec du fumier consommé ou de la mousse.

1. *Marcottes simples.* — Ce sont celles que l'on emploie pour multiplier les végétaux qui s'enracinent facilement, tels que la Vigne, etc. Toute l'opération consiste à coucher une branche dans une tranchée plus ou moins profonde, selon la grosseur de la branche; et après avoir supprimé les feuilles et les bourgeons qui se trouveraient sur la partie destinée à être mise en terre, on fait sortir l'extrémité en la courbant avec précaution, afin de ne pas la rompre. On peut fixer en terre avec un crochet de bois les marcottes qu'il n'est pas nécessaire d'enterrer profondément.

2. *Marcottes par strangulation.* — Elles diffèrent des précédentes en ce que sur la partie qui est en terre on serre l'écorce, sans la couper, avec un fil de fer; il en résulte un bourrelet d'où partent de nouvelles racines.

3. *Marcottes par incision.* — Nous allons décrire cette poération telle qu'on l'exécute pour multiplier les Œillets.

Dans le courant de juillet, on suspend les arrosements quelque temps avant le marcottage, afin de rendre les branches plus souples, et l'on choisit des tiges assez longues pour être couchées. On retranchera les feuilles du bas, de telle sorte que la partie qui se trouve en terre en soit dépourvue ; puis on abaissera chaque tige dans une petite tranchée faite avec le doigt, et l'on redressera l'extrémité de la branche au-dessus de la courbure. On pratiquera en remontant à mi-bois, avec la lame du greffoir, une incision d'environ $0^m,02$ de longueur, de manière que la partie entaillée forme une languette dont on coupera net l'extrémité au-dessous d'un nœud, en ayant soin de ne pas entamer l'autre moitié de la tige. On maintiendra chaque marcotte par un crochet ou un bout d'osier passé dessous, et dont on enfoncera les deux extrémités en terre ; puis on recouvrira le tout de terre assez fine pour qu'elle s'introduise partout, en ayant soin surtout d'en faire pénétrer un peu entre les parties séparées, qui ordinairement restent écartées par l'effet de la courbure. Une fois l'opération terminée, on a l'habitude de couper l'extrémité des feuilles pour les empêcher de se faner ; puis on étendra un léger paillis de fumier à moitié consommé et l'on mouillera avec un arrosoir à trous très-fins, pour ne pas ébranler les marcottes, qui s'enracineront ordinairement au bout de peu de temps.

4. *Marcottes par cépée.* — Ce procédé consiste à couper au printemps un arbre ou un arbuste au niveau du sol et à recouvrir la souche de terre. Elle ne tarde pas à fournir des drageons que l'on enlève lorsqu'ils ont pris racine. C'est ainsi que l'on multiplie le Coignassier afin d'avoir des sujets pour greffer.

5. *Marcottes de racines.* — Pour faire ce genre de marcottes, il faut couper l'extrémité d'une racine et laisser la plaie à l'air ; la séve forme un bourrelet d'où il ne tarde

pas à se développer des bourgeons; parmi ceux-ci, on choisit le plus vigoureux, et l'on supprime les autres; puis, à l'automne, on le sèvre en coupant la racine près de la souche.

§ XII. — Boutures.

Presque toutes les plantes en séve peuvent être multipliées par boutures. Cette opération, qui est d'une extrême simplicité, consiste à couper une partie quelconque d'un végétal, même une feuille pour quelques espèces, et à lui faire produire des racines. Certaines plantes sont d'une reprise très-facile; mais il en est d'autres qui nécessitent beaucoup de soins et ne peuvent guère être multipliées que chez les horticulteurs marchands, qui ont des bâches disposées spécialement pour cette opération; aussi nous bornerons-nous à indiquer les boutures que l'on peut faire à l'air libre et celles qu'il faut étouffer, mais qui réussissent très-bien si l'on possède seulement des cloches et un châssis.

1. *Boutures à l'air libre.* — C'est ainsi qu'on multiplie beaucoup d'arbres et d'arbrisseaux d'agrément. En janvier, l'on coupe des rameaux de l'année par tronçons de $0^m,10$ à $0^m,20$ de longueur, selon les espèces; on coupe la partie inférieure bien net au-dessous d'un œil; on les réunit par espèces et on les enterre à moitié de leur longueur dans du sable ou dans de la terre fine, mais dans un lieu à l'abri du hâle et de la gelée; de la fin de février au commencement d'avril, on les plante au plantoir dans un terrain bien préparé et autant que possible à une exposition ombragée; on les enfoncera de manière à laisser deux ou trois yeux hors de terre, puis après la plantation on paillera le terrain, et lorsque la sécheresse commencera à se faire sentir, on aura soin d'entretenir l'humidité de la terre par des arrosements.

2. *Boutures sous cloches et sous châssis.* — Beaucoup de

plantes d'orangerie et de serre tempérée peuvent être multipliées de boutures au printemps sur couche tiède; elles se font en février et mars. On prépare à cet effet une couche peu épaisse, de manière à obtenir seulement une chaleur douce; on l'entoure d'un réchaud, et on la couvre d'un lit de terreau fin, auquel on peut mêler un peu de terre de bruyère; puis on pose des cloches dessus, ou bien on la recouvre d'un châssis; mais alors la hauteur de la couche aura dû être calculée de telle sorte que les boutures se trouvent peu éloignées du verre. Lorsqu'elle a pris chaleur, on coupe les boutures avec ou sans talon sur les branches les plus vigoureuses; on les étête en leur donnant $0^m,08$ à $0^m,10$ de longueur, en ayant toujours soin de couper la partie inférieure bien net au-dessous d'un œil; puis on les repique immédiatement sur la couche au moyen d'un petit plantoir, en les enfonçant de $0^m,02$ à $0^m,03$. On pourrait aussi repiquer ces boutures dans des pots que l'on enfoncerait dans la couche : c'est ainsi que l'on peut multiplier les Héliotropes, les Pétunias, les Verveines, etc. Après avoir recouvert les bordures de cloches ou de châssis, on les ombragera au moment du soleil, et la nuit on les couvrira de paillassons. Il faudra les bassiner de temps à autre avec le petit arrosoir à pomme, car les boutures ne peuvent s'enraciner qu'en maintenant la terre constamment fraîche; lorsqu'elles commenceront à pousser, comme on sera certain qu'elles sont pourvues de racines, on leur donnera un peu d'air dans le jour, en soulevant les cloches ou châssis, et au bout de quelque temps on pincera les extrémités les plus longues, puis on relèvera les boutures en tâchant de conserver à chacune une petite motte. On les plantera dans des pots, que l'on pourra replacer sur la même couche après les avoir arrosés, et, si on le juge nécessaire, on ranimera la chaleur de la couche en faisant de nouveaux réchauds; les autres soins se borneront à leur donner de l'air graduellement et à les arroser au besoin. Toutes les plantes étant ainsi traitées seront fortes et assez rustiques pour pouvoir être mises en pleine terre à l'époque où l'on en garnit les massifs et les plates-bandes.

La même opération peut être faite en été à une exposition ombragée; seulement, à cette époque, il n'est plus besoin de couche : c'est ainsi que l'on multiplie les Pélargoniums, etc. L'époque la plus favorable pour faire ces boutures est de la fin de juillet à la fin d'août. Après les avoir préparées comme nous l'avons indiqué précédemment, on les repique à 0^m,03 ou 0^m,04 l'une de l'autre dans des pots que l'on a remplis de terre et de bruyère mélangée d'un peu de terreau, et après le repiquage on les arrose légèrement; puis on place les pots sous cloche ou sous châssis, mais à l'abri du soleil. A l'automne, les boutures seront enracinées, et pourront être séparées, ce que l'on fera en divisant la potée en autant de parties qu'il y a de boutures; puis on les empotera séparément; étant ainsi traitées, l'on est certain d'avoir au printemps suivant des plantes de force à fleurir.

On peut encore procéder de la manière suivante pour celles qui s'enracineraient difficilement : on prend un pot ordinaire, puis ensuite un autre pot, plus étroit, mais autant que possible aussi haut que le premier; on le renverse dans celui-ci, on remplit l'intervalle avec de la terre appropriée au besoin des boutures que l'on se propose de faire, on met une petite pincée de terre sur le trou, après quoi on repique les boutures; enfin on enterre le tout sur une couche, et l'on met une cloche par-dessus.

3. *Boutures par tronçons de racines.* — Quelques végétaux peuvent être multipliés en coupant une racine en tronçons, que l'on plante soit en pleine terre, soit sur

couche, mais toutefois en en laissant à l'air l'extrémité, d'où il sort bientôt des bourgeons.

CHAPITRE IX.

De la Greffe.

Nous ne décrirons pas longuement la greffe, cette opération est trop généralement connue pour cela; nous dirons seulement qu'elle a pour objet de multiplier, de conserver et de perfectionner des variétés utiles et agréables, et de faire porter à un tronc sauvage des fleurs brillantes ou des fruits savoureux destinés à l'embellissement de nos jardins et à l'accroissement des produits non moins appréciables de nos vergers.

Cette opération, sur laquelle il a été tant de fois et si longuement écrit, exige tout simplement un peu d'observation et une certaine habileté manuelle. Elle repose sur trois points fondamentaux: 1° l'appréciation des circonstances dans lesquelles la greffe doit être faite, c'est-à-dire le moment où les plantes abreuvées de séve ne demandent qu'à végéter; 2° le choix du sujet, qui doit être dans un état convenable de vigueur et de santé, et surtout apte à recevoir la greffe, qu'on ne peut pratiquer que sur des espèces unies entre elles par d'étroites affinités; car toutes les greffes des Rosiers sur Houx, Lilas, etc., sont autant de contes faits à plaisir; 3° l'opération manuelle, qui n'exige qu'un court d'apprentissage et peut être considérée comme la moins difficile des trois, puisque par l'observation des deux conditions qui précèdent on obtient un succès auquel on ne peut atteindre, quel que soit le soin du greffeur, si les circonstances dans lesquelles il opère sont défavorables.

Il y a différentes sortes de greffes, mais la plupart sont de pur agrément; aussi nous bornerons-nous à décrire les principales, qui peuvent être considérées comme le type de toutes les autres, qu'on pourra exécuter lorsqu'on connaîtra celles que nous indiquons.

1. *Greffe en écusson.* Cette greffe est la plus généralement employée, et l'on peut l'exécuter a plusieurs époques de l'année; premièrement, de mai en juillet, ce que l'on appelle *greffe à œil poussant*; cette dénomination vient de ce que ces greffes commencent à pousser aussitôt que l'écusson est repris; il en est même, sur les Rosiers par exemple, qui à l'automne de la même année forment déjà une belle tête. La seconde époque est d'août en septembre, lorsque la séve commence à se ralentir, et on l'appelle *greffe à œil dormant*, parce qu'à cette époque l'écusson ne fait plus que se souder au sujet et ne pousse que l'année suivante. C'est dans cette saison qu'on greffe de préférence les arbres fruitiers.

Il faut, quelque temps avant l'opération, préparer le sujet à recevoir la greffe, c'est-à-dire faire choix des branches sur lesquelles on veut écussonner, et supprimer les autres, surtout celles qui se trouveraient au-dessous des greffes; et si les individus qu'on veut greffer commençaient à ne plus être en séve, il faudrait tâcher, par des arrosements, d'en ranimer la végétation. Lorsque le moment sera favorable, on choisira les meilleurs yeux de l'espèce qu'on veut multiplier, on coupera la feuille placée au-dessus de l'œil sans endommager le pétiole, on supprimera aussi les aiguillons qui se trouveraient sur l'écusson; puis, avec la lame du greffoir, on cernera l'œil de manière à pouvoir l'enlever avec une partie de l'écorce environnante, à laquelle on donnera à peu près la forme de l'écusson (voir A, *fig.* 3). Pour la détacher, on la soulèvera légèrement avec la pointe du greffoir, puis avec la spatule, en ayant soin d'enlever toutes les parties ligneuses adhérentes à l'écusson, et qui empêcheraient son contact avec le bois du sujet, à moins que le rameau ne soit assez tendre pour qu'on n'ait pas besoin de faire cette opération; et s'il arrivait que l'on enlevât la racine de l'œil, ce qu'il est facile de reconnaître au vide qui en résulte, il faudrait réformer cet écusson, dont la reprise serait douteuse.

On peut encore employer un autre moyen pour lever l'écusson, et il est surtout avantageux quand les greffes

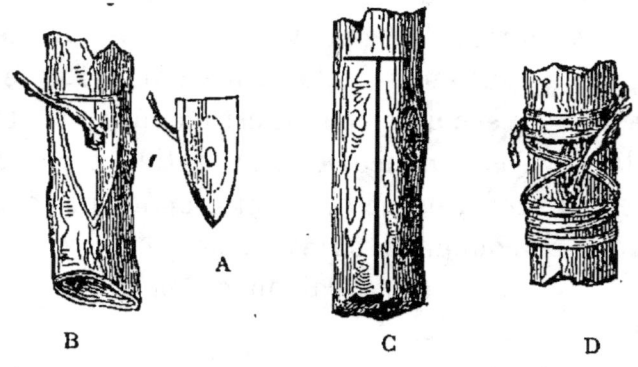

Fig. 3. — Greffe en écusson.

sont petites; il consiste à détacher avec un fil de soie ou un crin (voir B, *fig.* 3) l'écusson, dont on a d'abord soulevé la partie supérieure; on fait ensuite sur l'écorce du sujet à greffer une incision en forme de T (voir C, *fig.* 3), on soulève les bords de la plaie en glissant la spatule sous l'écorce, de manière à pouvoir placer facilement l'écusson, qu'on introduit en le tenant par le pétiole et en appuyant légèrement sur la partie supérieure; s'il arrivait qu'il ne pût entrer dans toute sa longueur, il faudrait en couper l'extrémité pour qu'il coïncidât bien avec le sujet; ensuite on rapproche les bords de l'entaille sur l'écusson, et l'on entoure le tout d'une ligature de laine, en ayant soin surtout de ne pas engager l'œil (voir D, *fig.* 3). Nous avons figuré la ligature plus écartée qu'elle ne doit l'être, afin qu'on puisse voir la position de l'écusson. La chute précoce du pétiole est un signe de la reprise de la greffe, ce qui a lieu ordinairement dix ou quinze jours après l'opération ; il faut alors rabattre le sujet à quelques centimètres au-dessus de la greffe. On aura soin d'enlever toutes les pousses qui paraîtront sur le sujet, et l'on pincera le bourgeon terminal des greffes de manière à favoriser le développement des yeux inférieurs.

2. *Greffe en anneau.* — Les mois d'avril et d'août sont les époques les plus favorables pour la reprise de cette greffe.

Fig. 4. — Greffe en anneau.

Elle convient pour la multiplication des arbres à bois dur, et particulièrement des noyers. On choisit, sur l'arbre que l'on veut multiplier, une branche de même grosseur que le sujet à greffer ; on cerne l'écorce circulairement au-dessous et au-dessus d'un œil, de manière à former un anneau que l'on détache en le fendant perpendiculairement sur la partie apposée à l'œil (voir C, *fig.* 4) ; puis on l'enlève à l'aide de la spatule du greffoir. On enlève ensuite sur le sujet un anneau de la même largeur (voir B, *fig.* 4), et l'on rapporte à sa place la partie d'écorce enlevée sur l'arbre que l'on veut propager. Il faut, pour être certain du succès, avoir la précaution de bien faire joindre les écorces en haut et en bas ; puis on assujettit les greffes avec une ligature de laine, en ayant soin surtout de ne pas engager l'œil. On ne rabattra les branches ou la tête du sujet que quand la reprise de la greffe sera assurée. Cette greffe a l'avantage de ne jamais mutiler le sujet; car, dans le cas où la greffe ne végète pas, l'anneau d'écorce reste et tient lieu de celui qu'on a enlevé.

3. *Greffe en fente.* — Cette greffe peut être également faite au printemps et à l'automne; et, pour être certain du succès, il faut, comme pour la greffe en écusson à œil dormant, qu'il n'y ait plus assez de sève pour faire pousser la greffe, mais qu'il y en ait encore assez pour la souder au sujet, afin qu'elle ne soit pas desséchée par les intempéries de l'hiver.

Pour greffer au printemps, il faut avoir la précaution de couper en janvier les rameaux de l'année précédente sur chaque espèce d'arbre que l'on veut multiplier, puis on les enterre dans du sable, à l'exposition du nord, de manière à en retarder autant que possible la végétation; car, pour être certain du succès de ces greffes, il faut que la sève commence à monter dans le sujet, mais qu'elle n'ait pas encore gonflé les bourgeons du rameau que l'on veut greffer. La première quinzaine d'avril est ordinairement l'époque la plus favorable pour cette opération: alors on coupe horizontalement la tête du sujet, et on le fend au milieu de son diamètre, de manière à faire une entaille de $0^m,03$ à $0^m,06$, suivant la force du sujet, et en ayant soin que cette entaille soit toujours un peu plus profonde et plus large que ne l'exigerait en apparence la greffe à insérer. Lorsque le sujet est gros et vigoureux, on peut faire plusieurs entailles (voir A, B, *fig.* 5); mais il faut qu'elles soient opposées l'une à l'autre, de manière qu'elles ne se rejoignent pas. Une fois le sujet prêt à recevoir la greffe, on choisit un rameau garni de bons yeux et de $0^m,06$ à $0^m,10$ de longueur, de sorte qu'après son insertion dans l'entaille, il y ait au moins deux ou trois yeux au dehors. On taille ensuite la partie inférieure de ce rameau de manière à former deux biseaux de 0^m,03 à 0^m,06 de longueur (voir C, *fig.* 5), quelle que soit l'épaisseur de la partie qui doit être en dehors, on fait en sorte de conserver son écorce; ensuite on ouvre la fente avec la spatule du greffoir ou avec un coin, et l'on insère la greffe de manière que son écorce coïncide exactement avec celle du sujet; puis on enveloppe le tout d'une

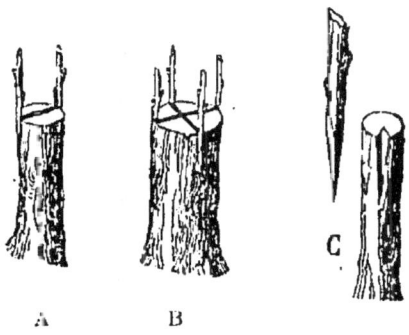

Fig. 5. — Greffe en fente.

ligature, et l'on couvre l'extrémité du sujet avec de la cire à greffer (1). Il faut, enfin, avoir soin d'enlever toutes les pousses qui se développent sur le sujet, car elles vivraient aux dépens de la greffe.

4. *Greffe en fente sur tubercule.* — Cette greffe est particulièrement employée pour multiplier les Pivoines en arbre. Dans le courant d'août, on prend un tubercule de Pivoine herbacée, on en coupe le sommet transversalement, on fait une fente sur l'un de ses côtés et l'on y insère un rameau dont on aura taillé en biseau la partie inférieure, puis on plante le tubercule dans un pot, mais de manière que toute la greffe se trouve enterrée. Les pots

(1) La cire à greffer se compose de deux parties de poix-résine, de deux parties de cire jaune et d'une partie de suif, fondues ensemble.

sont placés sur une couche tiède, et on couvre les greffes d'une cloche qu'il faut ombrager pendant quinze ou vingt jours. Au printemps suivant, on peut mettre chacune de ces greffes en pleine terre.

5. *Greffe en placage.* — On taille en bec de flûte allongé le rameau que l'on veut greffer (voir A, *fig.* 6), puis on enlève sur ce sujet une portion d'écorce (voir B, *fig.* 6)

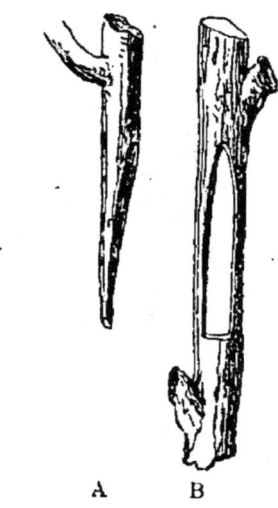

Fig. 6. — Greffe en placage.

exactement de la même grandeur que la partie taillée de la greffe; on réunit les deux parties, et l'on fait une ligature. Ces greffes reprennent avec facilité, mais pour cela il faut les étouffer sous cloche.

6. *Greffe de la Vigne.* — Dans le courant de mars, on coupe le sujet sur le collet de la racine, à environ $0^m,08$ à $0^m,10$ en terre, et on laisse sécher la plaie pendant quelques jours; car si l'on greffait aussitôt, la sève monterait avec une telle abondance, qu'il pourrait arriver qu'elle noyât la greffe. On prépare les rameaux comme pour les autres greffes en fente, puis on fait une ou plusieurs entailles, selon la force du sujet, et l'on place les greffes,

auxquelles on laisse deux ou trois yeux hors de terre. La greffe et l'extrémité du sujet sont recouvertes ensuite avec de la cire à greffer; quelques personnes se contentent même de comprimer un peu la terre autour de la greffe, en ayant grand soin de ne pas déranger les rameaux.

Dans le midi de la France, on pratique la greffe en fente modifiée de la manière suivante : après avoir déchaussé le cep qui sert de sujet, on le coupe un peu au-dessus du sol, on le fend de part en part, et on y insère latéralement une greffe taillée en lame de couteau vers la moitié de sa longueur, et dont l'extrémité inférieure, entièrement libre, plonge dans le sol de 0^m,15 à 0^m,20 ; ce qui sert à alimenter la greffe jusqu'à sa parfaite soudure avec le sujet.

Greffe herbacée. — Cette greffe ne diffère guère de la greffe en fente que par l'époque où on l'exécute. Elle peut être employée pour multiplier presque tous les végétaux encore à l'état herbacé, et particulièrement les arbres résineux et quelques arbrisseaux d'agrément. L'époque de faire cette greffe varie suivant l'état de la saison; ordinairement, le moment le plus favorable est le mois de mai. On coupe l'extrémité du bourgeon au-dessus d'une ou de plusieurs feuilles, qu'il faut avoir soin de ménager, afin d'attirer la séve vers la greffe ; puis on fend le sujet d'environ 0^m,03 à 0^m,06 de longueur, et l'on prépare le rameau comme pour la greffe en fente, en ayant soin de ne pas trop l'amincir. Pour cette opération, il faut se servir d'un instrument bien tranchant et bien affilé, afin de couper bien net. La greffe une fois préparée, on l'introduit dans la fente du sujet, et on l'assujettit avec une ligature de laine. Pour éviter de couper la tête du sujet, on peut procéder d'une autre manière : c'est-à-dire que l'on y fait une incision, comme pour placer un écusson ; puis, après avoir taillé le rameau en biseau allongé d'un seul côté, en bec de flûte, on l'introduit entre le bois et l'écorce, et comme toujours, on maintient la greffe avec une ligature, que l'on doit enlever environ un mois après l'opération. Pour assurer le reprise de ses greffes, il est nécessaire de les garantir du soleil et du hâle ; ainsi, si l'on opère sur des plantes en pots, il faudra les réunir sous un châssis, que l'on aura soin d'ombrer ; et pour celles que l'on fera sur des sujets en pleine terre, on les garantira en les entourant d'un cornet de papier, d'une feuille de vigne, ou de tout autre abri, que l'on pourra enlever dix ou quinze jours après l'opération. Cette greffe peut aussi s'appliquer à la multiplication des plantes tuberculeuses ; c'est ainsi qu'au printemps on greffe les jeunes pousses des variétés de Dahlias les plus belles sur des tubercules de variétés inférieures. On prend pour cela un tubercule, on en coupe le sommet horizontalement, et on le fend sur l'un des côtés, puis on fait choix d'un rameau qui ne soit pas encore creux, ce qui arrive lorsqu'ils sont déjà forts, et l'on en taille la partie inférieure en biseau peu aigu, en ayant soin d'enlever seulement l'épiderme ; puis on l'insinue dans la fente du tubercule, que l'on plante dans un pot, de telle sorte que toute la greffe se trouve enterrée. On place les pots sur une couche tiède, et on les couvre d'une cloche, qu'il faut avoir soin d'ombrager plusieurs jours.

On pratique aussi la greffe herbacée sur la Vigne.

Cette opération doit avoir lieu, en mai ou juin, sur des bourgeons de $0^m,20$ ou $0^m,25$ de longueur. Elle ne diffère en rien de la greffe en fente ordinaire ; seulement, il faut, après avoir enveloppé la greffe avec de la laine ou avec de la cire, l'introduire dans une bouteille à large col (bouteille à conserves), qu'on fixe à un tuteur ou à tout autre support, et boucher l'ouverture avec de la mousse fraîche.

Au bout de douze ou quinze jours, lorsque la reprise est certaine, on débouche la bouteille, afin de fortifier la greffe, et peu de temps après on la livre à l'air libre. Il arrive quelquefois que ces greffes portent fruit dès la première année, ce qui fait que ce procédé peut être employé avec avantage, non-seulement comme moyen de multiplication, mais encore pour juger du mérite des variétés nouvelles.

Greffe en couronne, connue sous le nom de *greffe Pline*. — Cette greffe est employée quand le sujet est trop fort pour être greffé en fente ; elle doit être faite à la même époque que cette dernière greffe, et il faut également avoir eu la précaution de couper, pendant l'hiver, des ra-

Fig. 7. — Greffe en couronne.

meaux du sujet à multiplier, pour les empêcher d'entrer trop tôt en végétation. La tête du sujet à greffer doit être coupée horizontalement (voir *fig.* 7), et il faut entourer l'extrémité avec une ligature pour maintenir l'écorce, dans la crainte qu'elle ne se fende en faisant les entailles ; on enfonce ensuite à la profondeur d'environ $0^m,05$ un petit coin de fer ou de bois dur entre l'écorce et le bois, puis on taille son rameau en biseau, et, après avoir retiré le coin, on enfonce la greffe, de manière que tout le biseau soit caché (voir *fig.* 7). Le nombre des greffes que l'on posera sur le même sujet sera proportionné à sa grosseur. Elles devront être placées à environ $0^m,05$ l'une de l'autre ; et, aussitôt l'opération terminée, il faudra couvrir l'extrémité du sujet, ainsi que les bords de l'écorce, avec de la cire à greffer.

7. *Greffe ordinaire par approche*. — Cette opération consiste à appliquer une branche de la variété que l'on veut greffer contre une branche ou la tige d'un sujet de même espèce ; on peut l'exécuter pendant tout le temps que les arbres sont en végétation. On devra procéder de la manière suivante : après avoir rapproché les deux branches parallèlement (voir *fig.* 8), on enlèvera sur chacune une partie d'écorce, de manière à former une plaie longitudinale, dont la longueur doit être toujours proportionnée à la force des individus ; puis on les appliquera l'une

Fig. 8. — Greffe par approche.

sur l'autre, en ayant soin de faire coïncider les écorces, et l'on maintiendra les deux branches en contact par une ligature de laine ou de filasse, qu'il est souvent nécessaire de desserrer aussitôt la reprise des greffes, afin que la force de la végétation n'occasionne pas d'étranglement, ce qui non-seulement forme des bourrelets, mais nuit aussi à la reprise des greffes. Il ne faudra détacher les greffes que lorsqu'on sera certain qu'elles seront solidement soudées ; et même, il est souvent plus prudent de commencer par couper la tête du sujet, de n'entailler qu'à moitié la partie qui doit être coupée, et de ne la sevrer tout à fait que quelque temps après. Il faudra alors la couper le plus près possible de la greffe, afin que la sève recouvre plus facilement la plaie. Cette opération nécessite beaucoup de précaution, pour ne pas entamer le sujet avec la lame du greffoir.

8. *Greffe par approche compliquée.* — Cette greffe diffère peu de la précédente : elle est spécialement employée pour donner de la solidité aux haies. On croise les branches les unes sur les autres, de manière à former un losange ; et, au point où elles se rencontrent, on fait une plaie longitudinale sur chaque branche, ayant soin de faire coïncider les écorces ; on maintient les deux parties au moyen d'une ligature, et l'on recommence l'opération à mesure que les branches prennent de l'accroissement.

CHAPITRE X.

De la Conservation des plantes.

Nous nous bornerons à dire sur ce chapitre que la situation septentrionale de notre pays, l'irrégularité de la marche des saisons, l'humidité de nos printemps et de nos automnes rendraient impraticable la culture de certaines plantes exotiques, si nous n'avions recours à des moyens artificiels de conservation et de multiplication.

Ces moyens sont de plusieurs sortes : ils comprennent, en commençant par les plus simples, pour arriver aux plus composés : 1. les *cloches* ; 2. les *châssis* ; 3. l'*orangerie* ou *serre froide* ; 4. la *serre tempérée* ; 5. la *serre chaude*.

1. *Cloches.* — Les cloches de verre sont les plus simples de tous les abris ; elles servent à garantir du froid et de l'humidité les plantes délicates et les boutures, et à concentrer la chaleur sur celles qui ont besoin d'une température plus élevée que celle de l'atmosphère. Il faut

choisir les cloches dont le verre est le plus blanc, car elles sont assez sujettes à se ternir au bout de quelques années. Il faut avoir la précaution de les laver de temps à autre ; et, lorsqu'elles ne servent plus, on les met l'une dans l'autre, en ayant soin de les séparer avec un peu de paille pour éviter la casse.

2. *Châssis.* — Les châssis ont pour objet d'activer la germination de certaines graines, d'augmenter la chaleur des couches, de permettre la culture des plantes potagères qui ne réussissent pas à l'air libre, et de garantir con-

Fig. 9. — Châssis.

tre les injures de l'air les plantes délicates. Ils se composent de deux parties : le coffre *a, a* (*fig.* 9), et les panneaux *c*. Chaque coffre a ordinairement 4 mètres de longueur et 1^m,33 de largeur ; il est formé de quatre planches clouées sur quatre pieds placés intérieurement aux quatre coins. Le derrière du coffre doit toujours être plus élevé que le devant, afin que les panneaux soient inclinés au midi. On maintiendra l'écartement par deux barres *b, b*, assemblées à queue d'aronde par le haut et par le bas, et qui servent de support aux panneaux. Les panneaux vitrés doivent être en bois de chêne, d'une bonne épaisseur. Ils se composent d'un cadre de 1^m.33 de largeur et d'une longueur arbitraire, divisé par trois petites barres de même épaisseur, que l'on peut remplacer avantageusement par des montants en fer, fixés sur les traverses du haut en bas. On place une poignée à chaque bout, afin de pouvoir les enlever, et, avant de les vitrer, on les peint à l'huile, opération qu'il est bon de refaire chaque année à l'automne.

Paillassons. — Les paillassons servent à couvrir les couches, les cloches, les châssis, les serres, etc.

Avec le métier à paillassons des jardiniers, on peut facilement faire ses paillassons soi-même. Ce métier se compose d'un cadre de bois de 2 mètres de longueur sur 1^m,33 de largeur, portant à ses deux extrémités autant de chevilles sans tête qu'on y veut tendre de ficelles, ce qui dépend de la longueur que l'on donne au paillasson. On est dans l'habitude de ne faire que trois rangs; cependant il vaudrait mieux en faire quatre, pour plus de solidité. On attache les ficelles aux chevilles du bas par une boucle fixe, et en haut par un nœud coulant, ce qui permet de les tendre autant qu'il est nécessaire. Une fois chaque ficelle tendue, on lui laisse le double de la longueur du cadre; cet excédant de longueur sert à coudre le paillasson, après quoi on pose en travers, et aussi également que possible, deux couches de paille de seigle, que l'on étend tête-bêche; et, après avoir roulé la ficelle du rang du milieu sur une espèce de navette faite avec un morceau de bois de 0^m,08 de longueur et évidé sur les côtés, on prend une pincée de paille, et l'on passe la navette de droite à gauche par-dessous la paille et par-dessus la ficelle, puis on revient en dessus l'engager dans l'anse formée par la ficelle, et l'on serre en tirant droit devant soi, en ayant soin de presser la paille entre le pouce et l'index de la main gauche, afin d'avoir une maille plate et non ronde; puis on continue avec la même navette dans toute la longueur du paillasson, et, lorsqu'on est arrivé au bout, on arrête la ficelle par un nœud. On passe ensuite aux autres rangs, que l'on coud de la même manière, en se guidant pour les mailles du bord sur celles du milieu ; et, une fois le paillasson terminé, on coupe les épis qui débordent de chaque côté.

Quoique ces paillassons soient destinés à couvrir des panneaux de 1^m,33 de largeur, il faut leur donner 2 mètres de longueur, parce qu'à l'humidité ils se raccourcissent d'environ 0^m,50, ce qui fait qu'il ne leur reste plus que la longueur voulue.

3. *Orangerie.* — L'orangerie, ou serre froide, est destinée à garantir du froid extérieur certains végétaux qui ne demandent qu'un faible degré de chaleur. Elle doit être exposée au midi et construite sur un terrain sec ; sa forme est un carré long, et ses dimensions doivent être, tant en hauteur qu'en largeur, proportionnées à la quantité de plantes qu'elle est destinée à contenir. Les murs doivent être assez épais pour que la gelée ne puisse pas facilement les traverser. La façade sera garnie de fenêtres aussi grandes que possible, et la porte d'entrée, placée au centre, sera vitrée et s'ouvrira à deux battants. On y fera construire un poêle, dont les tuyaux circuleront autour des murs intérieurs ; mais il ne faudra faire du feu que s'il survient des froids extraordinaires. Pour conserver la santé des plantes, il suffit d'empêcher la gelée de pénétrer dans cette serre ; à cet effet, il faut y placer un thermomètre, que l'on doit consulter souvent, afin d'entretenir pour chacune la température nécessaire. L'eau destinée aux arrosements des plantes d'orangerie et même de celles des serres y attenant devra arriver dans le bâtiment par des tuyaux souterrains, et elle sera reçue dans un bassin ou dans un tonneau pour se réchauffer un peu.

§ I. — *De la rentrée des plantes d'orangerie et de leur traitement en hiver.*

La rentrée des plantes dans l'orangerie doit avoir lieu dans la seconde quinzaine d'octobre, rarement plus tard. Il ne convient de les rentrer que par un temps sec, et il faut avoir soin de placer les plus élevées par derrière, de manière à former un gradin, afin que toutes jouissent autant que possible de la lumière.

Indépendamment des Orangers, les Lauriers, les Grenadiers et beaucoup d'autres plantes rustiques peuvent passer l'hiver dans l'orangerie ; on peut même sans inconvénient les placer derrière ou entre les Orangers ; mais il n'en est pas de même pour les Myrtes, qui peuvent également être placés dans l'orangerie ; car il faut qu'ils reçoivent la lumière directement, faute de quoi ils perdent leurs feuilles. Sur les tablettes on peut mettre les gros Pélargoniums zonale (Géraniums rouges) : leur rusticité est telle, qu'ils se contentent parfaitement bien de l'orangerie ; il faut même peu les arroser (sans cependant les laisser dessécher), afin d'éviter qu'ils ne végètent pendant leur séjour dans la serre ; car alors les pousses sont tellement tendres, qu'il faut les rabattre en les sortant. Pendant les gelées, on peut encore déposer dans l'orangerie les Œillets cultivés en pots et les Giroflées grosse espèce ; mais il faut les mettre dehors aussitôt que la température le permet.

On laisse d'abord l'orangerie entièrement ouverte jour et nuit. Lorsque le froid commence à se faire sentir, on la ferme la nuit ; puis enfin, quand il gèle, pendant le jour. Alors toutes les fenêtres doivent être fermées hermétiquement et garnies extérieurement de paillassons.

Toutes les fois que le thermomètre placé au dehors marquera 3 ou 4 degrés au-dessus de zéro, on donnera de l'air, à moins que l'atmosphère ne soit trop humide ou le vent trop violent.

Les plantes rentrées dans l'orangerie ne seront arrosées que lorsqu'elles en auront besoin, et il ne faudra leur donner que la quantité d'eau absolument nécessaire à leur entretien. L'hiver étant pour les plantes un temps de repos, il faut éviter à cette époque de ranimer la végétation, ce qui les épuiserait.

§ II. — *De la sortie des plantes d'orangerie et de leur traitement pendant l'été.*

La sortie des plantes ne peut avoir lieu que dans la première quinzaine de mai, et l'on commencera toujours par les plus rustiques ; mais il faut, pour les accoutumer aux influences atmosphériques, leur donner longtemps d'avance le plus d'air possible, et l'on attendra pour les sortir un temps couvert ou pluvieux.

Toutes les plantes seront placées (comme cela a presque toujours lieu) près de l'habitation, mais toujours à bonne exposition et à l'abri des vents ; il faut surtout placer les Lauriers-roses à fleurs doubles et les Grenadiers à l'extrême sud, si l'on veut les voir fleurir chaque année. Aussitôt après leur sortie, on rencaissera toutes les plantes qui en auraient besoin, soit qu'elles demandent plus d'espace, soit que les caisses doivent être remplacées ; mais on ne le fera qu'après les avoir déposées à leur place, afin d'éviter qu'elles ne soient ébranlées dans le trajet.

En toute circonstance, nous conseillons de ne donner des caisses plus grandes que progressivement et avec beaucoup de réserve ; car, rencaissés trop grandement, les Lauriers et les Grenadiers poussent beaucoup, mais ne fleurissent pas, et les Orangers languissent. Jusqu'à l'âge de huit à dix ans, les Orangers doivent être rencaissés à peu près tous les deux ou trois ans, et ensuite tous les cinq ou six ans; mais il est nécessaire de rencaisser les Lauriers et les Grenadiers plus fréquemment, car il est positif que le développement des branches et des rameaux est toujours en rapport avec celui des racines, et comme ces arbustes végètent beaucoup plus vigoureusement que les Orangers, il faut donc les rencaisser plus souvent. Si, en attendant l'époque du rencaissage, il arrivait que les feuilles des arbustes jaunissent, sans que cela provînt d'une trop grande humidité, il faudrait leur donner un demi-rencaissage, ce qui consiste à couper bien net $0^m,05$ à $0^m,10$ de terre autour de la caisse et à la remplacer par de la terre neuve appropriée aux besoins de la plante. A la fin de ce chapitre, nous indiquerons la terre qui convient à chaque plante. Le rencaissage différant peu du rempotage, sauf l'exécution, qui doit être modifiée, nous renvoyons à cet article pour la connaissance des détails. Après l'opération, on couvre la surface de la terre d'un paillis de fumier consommé, et l'on donne un bon arrosement à chaque plante.

L'eau que l'on emploiera devra, comme pour les arrosements d'hiver, être restée quelque temps dans un tonneau ; il serait même bon d'arroser de temps à autre avec de l'eau dans laquelle on aurait mis à décomposer des substances animales ou végétales.

Les arrosements devront avoir lieu au moins une fois par jour en été. Enfin, ils seront plus ou moins abondants, selon la température ; puis on diminue progressivement à mesure que la température se rafraîchit.

Vers la fin d'août ou le commencement de septembre, il faut tailler les Orangers, opération qui consiste à supprimer les bois morts et toutes les petites branches inutiles ou mal placées, celles de l'intérieur, par exemple, car elles rendent la tête trop compacte et nuisent à la circulation de la séve. Enfin, qu'on élève les Orangers sous la forme arrondie ou cylindrique, il faut couper l'extrémité de toutes les branches élancées, de manière à donner à chaque arbre une forme régulière; c'est aussi à cette époque que l'on peut diminuer la tête de ceux qui prendraient trop d'accroissement, ou qui, ne poussant plus, auraient besoin d'être rajeunis, ce qui a lieu en rabattant toutes les branches plus ou moins près du tronc, suivant la force de l'arbre. Les Lauriers peuvent être soumis au même traitement lorsqu'ils s'élancent par trop; mais ils ne doivent pas être taillés annuellement, car alors on serait privé de fleurs. Il faut seulement, aussitôt qu'ils sont défleuris, couper l'extrémité des branches qui portaient les fleurs, afin d'avoir des arbres à tête bien arrondie. Les Myrtes doivent être soumis à une tonte régulière, qui doit avoir lieu aussitôt après qu'ils sont défleuris; les Grenadiers doivent aussi être tondus chaque année, afin de présenter une forme aussi gracieuse que possible; mais cette taille ne doit avoir lieu qu'au moment de la rentrée.

Afin de compléter autant que possible nos renseignements sur les plantes d'orangerie, nous dirons qu'il faut tondre également les Pélargoniums zonale avant de les mettre dans la serre.

§ III. — *Composition de la terre qu'il faut donner aux plantes ci-après désignées.*

ORANGERS. — Un quart de terre franche, un quart de bonne terre de potager, un quart de terre de bruyère, un quart de terreau gras.

MYRTES. — Terre de bruyère pure.

GRENADIERS et LAURIERS-ROSES. — Bonne terre de potager mêlée de terreau gras.

4. *Serre tempérée.* — Cette serre diffère de l'orangerie en ce qu'elle est beaucoup plus éclairée, condition indispensable pour la conservation des plantes que nous con-

seillons d'y placer ; elle sera attenante à l'orangerie, et l'on communiquera de l'une dans l'autre : elle aura 8 mètres de longueur sur 3 de largeur, et à, partir du sol intérieur, elle aura 2^m,45 d'élévation par derrière ; le devant aura 0^m,80 de hauteur et sera vitré. Les petits châssis qui la fermeront seront fixés dans le haut par des charnières, et s'ouvriront horizontalement de bas en haut; ils porteront par en bas sur un petit mur d'appui recouvert d'une dalle, et ils battront sur les montants qui soutiennent la partie inférieure des chevrons, qui doivent être, comme le reste, en bois de chêne et placés à 1^m, 33 l'un de l'autre, de manière à recevoir les panneaux vitrés dont la serre doit être couverte. Ceux du premier rang auront 2 mètre de longueur sur 1^m,33 de largeur ; ils porteront du bas sur une planche d'égout destinée à rejeter les eaux pluviales, et du haut sur une traverse nommée entretoise, qui doit aller d'un chevron à l'autre. Les panneaux du second rang n'auront que 1^m,36 de longueur, et pour qu'ils puissent porter sur les chevrons, il faut appliquer une semelle sur chacun d'eux, de manière à former l'épaisseur des panneaux du bas, sur lesquels ceux du second rang devront porter d'environ 0^m,03, et du haut sur une traverse qui, comme celle du bas, doit aller d'un chevron à l'autre.

Les panneaux seront fixés en haut par des crochets placés à l'intérieur, et pour donner de l'air on soulèvera le bas, que l'on tiendra ouvert au moyen de petites crémaillères en fer.

On fera en haut de la serre un petit toit avancé, sur lequel on doit pouvoir circuler pour faire le service des paillassons ; et, afin d'éviter qu'on ne glisse sur les panneaux, il faut faire placer une main-courante dans toute la longueur de la serre. A l'intérieur, on ménagera au niveau du sol de l'orangerie un chemin de 0^m,75 de largeur, soutenu par un mur d'appui ; car le reste de la serre doit être de 0^m,50 plus bas. Le milieu sera occupé par un gradin de 1^m,25 de largeur, formé de six tablettes ; la hauteur du gradin doit être calculée de manière que les plantes ne soient pas à plus de 0^m,60 ou 0^m,80 des vitres ; on fera devant le gradin un chemin de 0^m,50 de largeur, afin de pouvoir circuler tout autour, puis on établira une tablette contre le mur de derrière, et un autre chemin de 0^m,50 de largeur sur le devant de la serre et sous laquelle circuleront les tuyaux du poêle, dont la bouche doit toujours être en dehors. On fera une ouverture dans le pignon de cette serre, et on la garnira d'une double porte, qui servira d'entrée pendant les gelées, ce qui évitera d'ouvrir celle de l'orangerie.

§ IV. — *De la rentrée des plantes de serre tempérée et de leur traitement en hiver.*

La rentrée des plantes doit avoir lieu dans le courant d'octobre, mais il nous est impossible d'en déterminer au juste l'époque ; nous dirons seulement qu'il faut éviter autant que possible qu'elles ne restent exposées à l'humidité de l'automne, et surtout qu'elles ne soient atteintes par les premières gelées. Dès le commencement du mois, les panneaux doivent être prêts à être placés sur la serre ; l'intérieur en sera nettoyé et toutes les réparations faites ; enfin, dès cette époque, elle doit être prête à recevoir les plantes, que l'on placera dans l'ordre suivant, ce qui ne devra toutefois avoir lieu qu'après avoir nettoyé les pots et gratté légèrement la surface du sol, afin de ne laisser ni herbe ni mousse.

On placera sur le gradin les Pélargoniums, les Calcéolaires, les Cinéraires et les Verveines. Sa disposition permet de placer au-dessous des Hortensias, des Erythrines, des Balisiers, ou les tubercules de Dahlias. On mettra sur la tablette placée contre le mur de derrière les plantes grasses ou celles qui exigent peu de soins pendant l'hiver ; mais la tablette du devant sera réservée pour les Camélias, qui doivent toujours être placés dans la partie la plus éclairée de la serre. Toutes ces plantes seront placées sur les tablettes, par rang de taille, en ayant soin de les distancer de manière que les têtes ne se touchent pas ; et pendant leur séjour dans la serre, il faut avoir soin de les retourner de temps à autre, afin qu'elles présentent successivement toutes leurs parties à la lumière ; car, sans cette précaution, elles s'inclineraient toutes du même côté et n'auraient plus alors qu'une forme disgracieuse. Depuis le placement des plantes dans la serre jusqu'au printemps, les arrosements doivent être modérés et avoir lieu seulement au fur et à mesure que les plantes en ont un véritable besoin. Ils se feront avec un petit arrosoir auquel on ajoutera un bec de prolongement pour atteindre les plantes éloignées, et l'eau que l'on emploiera aura dû être tenue pendant quelque temps à la température de la serre. Les autres soins consistent à entretenir la propreté et à renouveler l'air aussi souvent que possible, en évitant toutefois d'ouvrir les châssis par un temps couvert ou pluvieux, afin de ne pas introduire d'humidité dans la serre ; puis, dès l'approche des froids, l'on bouchera hermétiquement toutes les ouvertures avec de la mousse, et quand le soir le temps sera clair, et que le thermomètre placé extérieurement ne marquera plus que 3 ou 4 degrés de chaleur, il faudra couvrir la serre avec des paillassons, car il est probable qu'il gèlera dans la nuit.

En décembre, on garnira les petits châssis du devant de la serre d'un réchaud de fumier sec ; et, quel que soit l'état de température, il est prudent de couvrir la serre toutes les nuits, en ayant soin toutefois d'enlever les paillassons pendant le jour, à moins cependant que le temps ne soit couvert et le froid rigoureux. Au reste, l'on peut découvrir sans inconvénient toutes les fois que le thermomètre ne marquera pas plus de 4 à 5 degrés de froid; seulement, il faut avoir soin de remettre les paillassons avant qu'il se soit formé du givre sur les vitres; et si à cette époque il arrivait qu'on donnât de l'air, il faudrait toujours refermer avant la disparition du soleil, afin de concentrer de la chaleur dans la serre, ce qui peut souvent épargner la peine de faire du feu la nuit; enfin, soit en doublant les paillassons, soit en faisant un peu de feu (ce qu'il ne faut faire qu'avec beaucoup de réserve), on veillera à ce que la température de la serre ne descende pas au-dessous de 5 degrés de chaleur, et si l'on se trouvait dans la nécessité de faire du feu, il ne faut pas qu'elle soit portée à plus de 6 à 8 degrés, car le point essentiel est de maintenir les plantes dans un état de repos dont il faudrait qu'elles ne sortissent que vers la fin de l'hiver. Comme presque toutes les plantes dont nous avons parlé sont sujettes à être attaquées des pucerons, il faut, aussi souvent que le besoin s'en fera sentir, avoir recours à une fumigation de tabac, ce qui doit se faire après avoir tout fermé (1).

Arrivé au mois de mars, il n'est plus besoin de faire du feu dans la serre, car ordinairement le soleil échauffe suffisamment l'atmosphère; souvent même, au moment où il rayonne directement sur la serre, il est nécessaire d'étendre une toile de tissu clair sur les panneaux, afin d'éviter

(1) Cette opération doit avoir lieu au moyen d'un appareil en cuivre de forme cylindrique, nommé *fumigateur*. Il se compose de deux pièces : la partie supérieure entre à frottement sur la partie inférieure; une plaque percée de trous fins est fixée intérieurement pour recevoir le tabac et éviter qu'il ne passe par les tuyaux. Pour faire fonctionner l'appareil, on introduit l'extrémité d'un soufflet dans le tuyau placé à la partie inférieure de l'appareil, et en soufflant la fumée s'échappe par le tuyau fixé sur l'un des côtés de la partie supérieure.

que le feuillage des plantes ne soit brûlé. Dès ce moment, les arrosements doivent peu à peu être plus fréquents et plus abondants; il est même nécessaire de seringuer les plantes de temps à autre, opération qui doit à cette époque avoir lieu le matin. Mais, tout bienfaisants que soient ces arrosements, il faut les suspendre dès l'épanouissement des premières fleurs de Pélargonium, car ils en terniraient promptement l'éclat. Dans les premiers jours d'avril, on introduira progressivement, et selon la température, une plus grande quantité d'air dans la serre, afin de fortifier les plantes qui doivent bientôt être exposées à l'air libre. Si l'on veut avoir une brillante floraison de Pélargoniums, il faut les sortir de la serre aussitôt que la température le permettra, et les placer à une bonne exposition, en ayant soin de les disposer de manière que l'on puisse facilement les couvrir la nuit, s'il arrivait que la température l'exigeât; après quoi on les laisse ainsi jusqu'au moment où les premières fleurs commenceront à s'épanouir, et alors on les replacera dans la serre : de cette manière, on aura des plantes moins élancées, plus robustes, et des fleurs d'un coloris plus vif. S'il arrive que quelque circonstance empêche de sortir les Pélargoniums aussitôt que nous l'indiquons, il faudra, pour remédier autant que possible à ce contre-temps, donner de l'air par toutes les ouvertures de la serre.

§ V. — *De la sortie des plantes de serre tempérée et de leur traitement en été.*

Dans la première quinzaine de mai, et autant que possible par un temps couvert, on sortira les plantes de la serre, excepté les Pélargoniums et les Calcéolaires, que l'on ne sortira qu'après qu'ils seront défleuris, afin de jouir de toute la beauté de leur floraison; et alors on les traitera comme nous allons l'indiquer en parlant des plantes que l'on doit sortir. On les déposera pendant quelques jours à une exposition ombragée, afin qu'elles se fortifient ; et avant de les mettre en place, on rempotera celles qui en auraient besoin, ce qui doit avoir lieu chaque année pour celles qui poussent beaucoup. Mais toutes ne peuvent être rempotées à la même époque ; car, pour que cette opération soit faite à propos, il faut toujours qu'elle ait lieu quelque temps avant l'époque où les plantes entrent en végétation, et c'est à tort que beaucoup de jardiniers rempotent encore indistinctement toutes les plantes à l'automne. On comprendra facilement le motif qui nous fait blâmer cet usage : le rempotage ne peut guère avoir lieu sans que les racines soient endommagées ; il arrive même souvent que, le chevelu ayant complétement tapissé la motte, il devient nécessaire de la diminuer ; il est certain alors que cette opération peut être inutile, sinon nuisible, lorsqu'elle a lieu à une époque où les plantes doivent rester plusieurs mois en repos. Ainsi donc, il est préférable de rempoter les plantes au printemps. Cependant, pour celles qui, comme les Pélargoniums, végètent vers la fin de l'hiver, il faut les rempoter vers la fin d'août ou au commencement de septembre, en un mot, assez à temps pour qu'elles puissent refaire de nouvelles racines avant l'hiver. Puisque nous sommes arrivés à parler des Pélargoniums, nous dirons qu'il faut toujours tailler une quinzaine de jours avant le rempotage ; cette opération consiste à supprimer les branches maigres ou mal placées, et à rabattre celles de l'année à deux ou trois yeux au-dessous de leur insertion, selon leur position et la vigueur des plantes, mais toujours de manière à former une tête bien arrondie. Immédiatement après l'empotage, dont nous indiquerons les détails dans le chapitre suivant, on arrosera les plantes avec l'arrosoir à pomme, puis on les placera par rang de taille dans un lieu bien aéré, mais à mi-ombre autant que possible; et, à défaut d'abri naturel, on formera des palissades à claire-voie en menus roseaux fixés du haut et du bas sur des gaulettes maintenus par des pieux; on continuera d'arroser à propos; on pourra même continuer les seringages, ce qui, pendant les journées chaudes de juin, juillet et août, ne devra avoir lieu que vers la fin de la journée. Si, peu de temps après l'empotage, il survenait des pluies abondantes, il faudra momentanément coucher les pots de côté, pour éviter qu'une trop grande humidité ne fît pourrir les racines. Bien que nous indiquions d'une manière générale les soins à donner aux plantes de serre tempérée, ils peuvent être appliqués à toutes les plantes cultivées en pots, à moins qu'on n'enfonce les plantes en pleine terre avec leur pot, ce qui cependant ne peut avoir lieu que pour les Verveines, les Pétunias, les Hortensias, les Pélargoniums et quelques variétés de Calcéolaires, toutes plantes avec lesquelles on peut former des groupes très-gracieux.

Il n'est plus besoin alors de les protéger contre l'ardeur du soleil; seulement, il faut les rabattre et les rempoter assez à temps pour qu'elles aient repris au moment de les rentrer dans la serre.

§ VI. — *Rempotage.*

Avant de procéder au rempotage, on aura dû préparer la terre favorable à chaque plante, ce que nous indiquerions à la fin de ce chapitre; et, lorsque tout sera disposé, on profitera autant que possible d'un temps couvert, ou, à défaut, on se mettra dans un lieu à l'ombre.

On prend alors successivement chaque plante, on la dépote avec précaution en plaçant la main gauche sur la surface de la terre, de manière que la tige passe entre les doigts, puis on renverse la plante la tête en bas, et, en soutenant le pot de la main droite on en frappe légèrement le bord sur un point d'appui, et une fois la motte sortie du pot, on la visite. S'il arrive, ce qui a souvent lieu, que le chevelu qui tapisse la motte soit formé d'un tissu de racines desséchées, on le coupe bien net, puis, en grattant légèrement, on fait tomber une plus ou moins grande partie de vieille terre, selon qu'elle sera plus ou moins décomposée; ensuite on supprime les racines rompues ou pourries. Après avoir ainsi préparé la motte, s'il arrivait qu'elle fût très-sèche, on la plongerait dans l'eau jusqu'à ce qu'elle fût bien imbibée. Après l'avoir fait égoutter, on la place dans le pot qu'on lui destine, et qui doit toujours être proportionné au volume des racines et à la vigueur de la plante, ce qui cependant ne doit avoir lieu qu'après avoir placé un tesson ou un lit de gravier au fond du pot, afin de faciliter l'écoulement de l'eau des arrosements. Ensuite on met un lit de terre dont l'épaisseur doit être calculée de telle sorte que la surface de la motte se trouve de 0^m04, à $0^m,05$ au-dessous des bords du pot; puis on coule de la terre entre la motte et les parois du pot, en ayant soin de maintenir la tige de la plante juste au milieu, et, afin qu'il n'existe aucun vide, on la foule avec une spatule; on frappe légèrement le fond du pot par terre, puis on achève de remplir le pot avec de la terre, qu'on tasse cette fois avec les pouces, en ayant soin de laisser la surface de la terre d'environ $0^m,01$ plus basse que les bords du pot, afin de recevoir l'eau des arrosements.

Tel est l'ensemble des soins que nécessitent les plantes de serre tempérée. Bien que donnés d'un manière très-succincte, ces conseils suffiront toujours pour cultiver toutes les plantes qui ne s'écartent pas de la culture ordinaire.

§ VII. — *Composition de la terre qu'il faut donner aux plantes ci-après désignées.*

Pélargoniums. — Un tiers de terre de bruyère, un tiers de terre franche, un tiers de terreau de feuilles, ou, à défaut de fumier, un peu de poudrette bien tamisée (1).

Calcéolaires. — Terre de bruyère, terre franche et terreau de feuiiles.

Verveines. — Terre de bruyère mêlée d'une partie de bonne terre de potager.

Cinéraires. — Terre de bruyère et terreau.

Camélias. — Terre de bruyère pure.

Hortensias. — Terre de bruyère pure.

Plantes grasses. — Terre de bruyère mêlée d'un peu de poudrette bien tamisée.

5. *Serre chaude.* — Cette serre communique, ainsi que la serre tempérée, avec l'orangerie. Comme sa structure est exactement semblable à celle de la serre tempérée, nous renvoyons à celle-ci pour la construction, et nous ne parlerons que des dispositions intérieures.

Le chemin intérieur aura 0^m,75 de largeur, et la couche 2^m,25, y compris un petit mur d'appui de 0^m,45 de hauteur pour la soutenir ; et un autre sur le devant de la

---

(1) Comme en toute circonstance la terre pour les empotages doit être très-meuble et bien mélangée, il faut toujours la passer à la claie ou au crible.

La claie consiste en un cadre en bois, garni, dans le sens de la hauteur, de tringles en fer distantes les unes des autres d'environ 0^m,015. Ces tringles sont soutenues par une traverse placée au milieu du cadre. Pour s'en servir, on l'appuie (en ayant soin de l'incliner un peu) sur un bon piquet.

Le crible est un panier dont le fond est garni de mailles en osier ou en fil de fer plus ou moins larges, selon que l'on veut plus ou moins ameublir la terre qu'on y passe.

serre, où circulent les tuyaux du poêle, dont la bouche sera toujours en dehors. La tablette placée contre le mur de derrière est destinée à recevoir des Fraisiers en pots. On pourra remplacer la couche de fumier par un *thermosiphon*, dont les tuyaux circuleront sous un plancher recouvert d'un lit de tannée assez épais pour que l'on puisse enterrer les pots, et la température intérieure pourra être produite par le même appareil à l'aide de tuyaux qui circulent au-dessus de la couche.

La culture des plantes de serre chaude étant fort restreinte, nous nous bornerons à dire que pendant l'hiver il faut entretenir la température de la serre entre 15 et 18 degrés centigrades. En avril, on commence à seringuer les plantes et à donner un peu d'air vers le milieu de la journée.

Dans la seconde quinzaine de mai, on sort les plus rustiques, pour les rentrer dans le courant de septembre; enfin, on peut dire que les soins généraux à donner aux plantes de serre chaude sont les mêmes que ceux indiqués pour les plantes de serre tempérée.

CHAPITRE XI.

Jardin potager.

AIL (*Allium sativum*). — Il se multiplie de caïeux que l'on plante en planches et en bordures, vers la fin de février et au commencement de mars. Toutes les terres lui conviennent, mais il préfère celles qui sont légères et substantielles. Au commencement de juin, on fait un nœud avec les feuilles et la tige, afin d'arrêter la séve au profit des bulbes, que l'on arrache aussitôt que les feuilles commencent à se dessécher; et avant de les mettre en bottes, on les laisse quelque temps sur le terrain, où ils achèvent de mûrir; puis on les suspend dans un endroit sec pour les conserver jusqu'au printemps.

Ail d'Espagne ou *Rocambole*. — Cette espèce, moins répandue que la précédente, en diffère en ce qu'elle produit, au lieu de graines, des bulbilles qui peuvent servir à sa reproduction. Du reste, la culture est la même.

ANANAS (*Ananassa sativa*). — Pour élever les Ananas et les préparer à la fructification, il faut avoir des châssis de 1^m,65 de longueur sur 1^m,33 de largeur, et, pour les faire

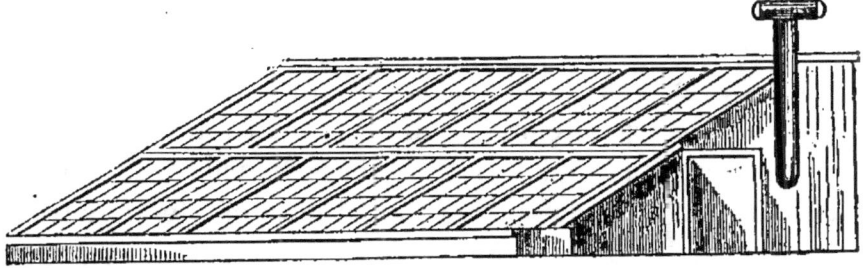

Fig. 10. — Serre à Ananas.

fructifier, une serre bien exposée, à une ou deux pentes peu élevées, de manière que les plantes ne se trouvent pas trop éloignées du verre.

La première quinzaine d'octobre est l'époque la plus favorable pour la plantation des couronnes et des œilletons, et cela parce que les jeunes plantes ne demanderont pas plus de soins pour passer l'hiver en terre qu'il n'en faudrait pour conserver les vieux pieds, et au printemps on aura des plantes déjà fortes et tout enracinées. Vers la fin de septembre, on prépare une bonne couche d'environ 0^m,60 d'épaisseur, composée de moitié fumier neuf, moitié feuilles mêlées, ou, à défaut, d'une partie de fumier provenant d'anciennes couches. La hauteur de la couche aura dû être calculée de telle sorte, qu'après avoir été rechargée de $0^m,20$ ou $0^m,30$ de tannée, ou, à défaut, de mousse, les plantes se trouvent être aussi près du verre que possible. Les œilletons destinés à la plantation doivent être pris de préférence dans l'aisselle des feuilles, où ils sont toujours plus forts. Après avoir enlevé ces œilletons, on ne conserve les vieux pieds que si l'on est à court de plants, et seulement jusqu'à ce qu'ils aient produit le nombre d'œilletons dont on a besoin. Avant de planter les œilletons, on dégarnit de feuilles la partie qui doit être en terre (environ $0^m,05$ à $0^m,06$); puis on rafraîchit proprement la plaie, et on les plante immédiatement dans des pots de $0^m,10$ à $0^m,12$ de diamètre, suivant leur force. Ce que nous conseillons pour les œilletons est, en toutes circonstances, applicable aux couronnes. Nous dirons à ce sujet que l'on peut, si le besoin l'exige, conserver les couronnes pendant un mois au moins, en les plaçant à l'ombre dans un lieu sec. Pour la plantation, on emploiera de la terre de bruyère pure, ou, à défaut, une terre composée d'un cinquième de terre franche, moitié de terre de bruyère et un sixième de terreau, le tout préparé depuis six mois au moins, remué plusieurs fois et passé à la claie. Il faut que cette terre, au moment de l'empotage, ne soit pas humide, sans cependant être desséchée, bien qu'il vaille mieux toutefois l'employer sèche qu'humide. Aussitôt après la plantation, on enfonce les pots dans la couche, en commençant par le rang du haut et en choisissant toujours les plants les plus élevés, ce qu'il faut observer chaque fois qu'on les replace, en raison de la pente que l'on doit toujours donner aux châssis. Il faut avoir soin de les espacer suivant leur force. Pendant la nuit, on couvre les châssis avec des paillassons; pendant le jour, on atténue l'intensité des rayons solaires avec une toile ou du paillis, qu'on étend sur les châssis; enfin, pendant un mois, espace de temps nécessaire pour qu'ils prennent racine, on les soigne comme des boutures.

Quand ils commencent à végéter, on leur donne un peu d'air en soulevant les châssis au moment du soleil ; puis on les arrose au pied, mais seulement au fur et à mesure du besoin. Vers le commencement de novembre, c'est-à-dire à l'époque des froids et des temps humides, on entoure le coffre d'un bon réchaud de fumier qui doit descendre à la même profondeur que la couche, et à partir de cette époque jusqu'au printemps, il doit être remué au moins tous les mois, en y ajoutant chaque fois une partie de fumier neuf. Quand les froids sont rigoureux, il faut doubler les paillassons pendant la nuit, étendre sur le tout une bonne couche de litière, et avoir soin d'entretenir les réchauds à hauteur de châssis : puis on découvre les panneaux tous les jours, à moins que le thermomètre ne descende au-dessous de 4 ou 5 degrés de froid.

Au printemps, les arrosements doivent être plus fréquents et plus abondants, et l'on donne de plus en plus d'eau, à mesure que le soleil prend de la force. Dans les premiers jours de mai on fait une couche qui doit être beaucoup plus longue que celle d'automne, en raison du développement qu'ont pris les plantes ; mais, la température étant plus douce, il n'est pas nécessaire qu'elle soit aussi chaude qu'à l'automne. Il en est de même des réchauds, que l'on ne fait pas aussi profonds et que l'on ne remanie que de loin en loin. Cette fois, on remplace la tannée par une couche de terre de 32 centimètres d'épaisseur, semblable à celle qu'on emploie pour l'empotage des œilletons ; puis on dépote les Ananas, on visite les racines, et s'il s'en trouve quelques-unes qui soient pourries, on les supprime ; dans le cas contraire, on les ménage toutes ; seulement on retranche à chaque pied quelques feuilles du bas ; après quoi on les plante sur la couche, en ayant soin de les enfoncer de manière que l'ancienne motte se trouve recouverte de quelques centimètres de terre, afin de favoriser l'émission de nouvelles racines, qui partent du collet. Quelque temps après la plantation, on commence à donner un peu d'air; puis on augmente progressivement, suivant la température; car, arrivé à ce point, il est préférable de ne pas habituer les Ananas à être ombragés; par ce moyen on aura des plantes beaucoup plus rustiques, mais on comprend qu'il faut alors leur donner plus d'air. Pendant les chaleurs on peut, sans inconvénient, les arroser avec l'arrosoir à pomme, surtout si l'on a planté sur une bonne couche, car l'humidité ne leur est réellement préjudiciable qu'en hiver. Ainsi traités, les Ananas auront pris à l'automne un développement qu'on trouverait à peine chez ceux cultivés constamment en pots depuis deux ans. Vers la fin de septembre ou dans le commencement d'octobre, on relève les Ananas de pleine terre; on supprime alors tous les œilletons, puis quelques feuilles du bas; et comme l'Ananas est au nombre des plantes dont les racines périssent chaque année et sont remplacées par de nouvelles, on supprime toutes les anciennes en les coupant près de la plante; après quoi on lie les Ananas avec un lien de paille, de manière à les rempoter plus facilement, ce qui doit avoir lieu dans des pots de $0^m,24$ de diamètre seulement. Cette opération s'appelle planter à *cul nu*. Après l'empotage on les place sur une nouvelle couche, et jusqu'à ce qu'ils aient de nouvelles racines on leur donne les mêmes soins qu'aux œilletons du premier âge. Vers le mois de janvier on les place dans une serre où l'on a préparé une couche d'environ $6^m,65$ d'épaisseur et de toute la largeur de l'encaissement, qui ne doit pas avoir moins de 2 mètres. Cette couche doit être chargée d'un bon lit de tannée ou de mousse, de manière à pouvoir facilement y enterrer les pots, que l'on place à environ $0^m,50$ les uns des autres en tous sens; enfin, suivant la force des plants, on les laisse ainsi jusqu'à ce qu'ils marquent fruit, c'est-à-dire depuis avril jusqu'en juillet, et alors on les plante en pleine terre sur la même couche, après l'avoir remaniée et avoir remplacé la tannée par un lit de terre. Pendant tout le temps que les Ananas restent dans la serre, on peut avec avantage remplacer la couche dont nous avons parlé par un chauffage au thermosiphon ; dans ce cas on place la tannée, et par suite la terre, sur un plancher sous lequel circulent les tuyaux de l'appareil. On règle le chauffage de manière à entretenir à peu près 25 à 30 degrés dans la couche, chaleur bien suffisante pour les besoins de ces plantes.

Au printemps, on commence à moins chauffer, pour cesser complétement en mai, car, à partir de cette époque jusqu'en septembre, la chaleur du soleil suffit. La serre dans laquelle on place les Ananas est ordinairement divisée en deux par une cloison vitrée, de manière à faire deux saisons. Les plus fortes plantes doivent être placées dans le premier compartiment, et l'on commence ordinairement à les chauffer vers la fin de janvier. A partir de cette époque, la température de la serre doit être entretenue à une chaleur constante de 25 à 30 degrés ; pendant la nuit, jusque vers la fin d'avril, on couvre la serre avec des paillasons, qu'il faut enlever tous les jours. Pour les arrosements qui ont lieu au pied des plantes, on emploie avec avantage de l'eau dans laquelle on aura fait décomposer des substances animales ou végétales. Pendant l'hiver il faut subordonner les arrosements à la chaleur de la couche et avoir soin que l'eau soit à la température de la serre ; mais, en été, ils doivent être abondants, et même de temps à autre on donne des bassinages. Comme nous l'avons précédemment indiqué, il est nécessaire de donner beaucoup d'air, afin de ne point ombrer. Les fruits de la première saison mûrissent ordinairement de juillet en septembre.

On a soin de ne pas élever à plus de 12 degrés la température du côté de la serre où se trouvent placées les plantes destinées à faire la seconde saison; mais au mois de mars, époque où l'on commence habituellement à les chauffer, on observera tout ce qui a été indiqué pour la première.

Les fruits de la seconde saison mûrissent ordinairement de septembre en décembre. On voit qu'en traitant les Ananas comme nous venons de l'indiquer, on obtient des fruits bons à récolter vingt ou vingt-six mois après la plantation des œilletons, ce qui démontre d'une manière concluante la supériorité de ce mode de culture sur celui que l'on pratiquait autrefois.

Variétés. — De la Martinique. — De Cayenne. — De la Jamaïque. — De la Providence. — De Mont-Serrat. — Duchesse-d'Orléans. — Comte-de-Paris. — Enville. — Poli blanc. — Charlotte-Rothschild.

ARROCHE DES JARDINS. *Belle-Dame, Bonne-Dame* (*Atriplex horensis*). — Cette plante n'est guère cultivée que pour adoucir l'acidité de l'Oseille.

On la sème au printemps, et elle n'exige aucun soin; elle se ressème ordinairement d'elle-même; et, quand on en possède quelques pieds, il est rare qu'il soit nécessaire d'en semer.

Les graines d'Arroche ne se conservent bonnes que pendant une année.

Variétés. — Arroche blonde. — Arroche rouge.

ARTICHAUT (*Cynara Scolymus*). — Pour cultiver les Artichauts avec succès, il faut une terre douce et substantielle; ils aiment la chaleur, et craignent l'humidité froide. On peut les multiplier de graines semées sur une couche en février et mars, ou bien immédiatement on place en avril et mai ; mais, comme ils reproduisent rarement leurs variétés, il est préférable de les propager par œilletons. Cette opération a lieu de la manière suivante : En avril, on éclate les rejetons qui naissent au collet des vieux pieds, en ayant soin de les enlever avec le talon ou portion du collet de la racine ; puis on choisit les plus forts, on raccourcit l'extrémité des feuilles, et, après avoir bien préparé le terrain, on les plante en échiquier, à environ $0^m,75$ dans les terres un peu maigres, et à 1 mètre dans celles où l'on espère une végétation vigoureuse. S'ils sont binés et arrosés, une bonne partie de ces œilletons donneront fruit à l'automne, et tous fructifieront abondamment au printemps suivant. Chaque année, à l'automne, il faut avoir soin de couper les vieilles tiges et l'extrémité des feuilles les plus longues ; puis, dans le courant de novembre, en un mot, avant les gelées, il faut les butter, opération qui consiste à relever la terre autour de chaque pied ; et quand la gelée commence à se faire sentir, on les couvre complétement avec des feuilles ou de la litière, qu'on écarte toutes les fois que le temps se radoucit. Dans le courant de mars, lorsque les gelées ne sont plus à craindre, on détruit les buttes des Artichauts, et on leur donne un bon labour ; puis, en avril, on les œilletonne, comme nous l'avons indiqué précédemment, de manière à ne laisser que les deux ou trois plus beaux œilletons sur chaque pied. Une plantation d'Artichauts ne produit abondamment que pendant quatre ans ; il faut donc replanter tous les trois ans, afin de ne pas éprouver d'interruption dans les récoltes. Comme les racines des Artichauts ne prennent pas un grand développement, elles n'épuisent en rien le terrain environnant, et l'on peut sans inconvénient contre-planter d'avance de jeunes Artichauts entre ceux que l'on doit détruire, de manière que le terrain se trouve, au moment d'arracher les vieux Artichauts, garni de jeunes pieds en plein rapport.

On peut facilement avancer l'époque de production des Artichauts. Soit qu'on les force sur place, soit qu'on les relève en mottes, dans le courant de novembre, pour les planter dans un coffre, les soins consistent à entourer le coffre d'un réchaud de fumier pendant les gelées, à couvrir les panneaux pendant la nuit et à donner de l'air pendant le jour. Les Artichauts ainsi traités produisent en avril. On peut aussi, ce qui est beaucoup plus simple, forcer les Artichauts de la manière suivante :

Dans la première quinzaine de février, on enlève la terre des sentiers qui entourent la planche à environ $0^m,50$ de profondeur, et on la remplace par un réchaud de fumier neuf; après quoi on met des cerceaux de loin en loin en travers de la planche, de manière à servir de support aux paillassons qu'on emploie pour couvrir les Artichauts pendant la nuit et par le mauvais temps; puis on couvre le sol avec du fumier chaud, afin d'activer la végétation, on remanie les réchauds tous les dix ou quinze jours, en ajoutant chaque fois plus ou moins de fumier neuf, suivant l'état de la température.

Les graines d'Artichaut se conservent bonnes pendant cinq ans.

Variétés. — Vert de Provence. — Vert de Laon. — Camus de Bretagne. — Violet.

Asperge (*Asparagus officinalis*). — On en cultive deux variétés : la *commune* ou *Asperge verte*, et celle connue sous le nom de *grosse Asperge violette* ou *de Hollande*. Celles de Marchiennes, d'Ulm, de Besançon et de Vendôme ne sont que des variétés de la dernière, résultant d'influences locales.

Les Asperges se multiplient de graines, qu'on sème en mars, soit en place, soit en pépinière, en pleine terre ou sur couche, pour être plantées ensuite.

Les méthodes de plantation varient suivant les pays; celle que nous exposons ayant produit d'excellents résultats dans toutes les localités où elle a été mise en pratique, nous croyons devoir lui donner la préférence.

Après avoir fait choix d'un emplacement favorable, on enlève en automne $0^m,25$ à $0^m,30$ de terre sur toute la surface du terrain destiné à la plantation. Si, à cette profondeur, la terre ne se trouve pas être de bonne qualité, on enlève un fer de bêche en plus, que l'on remplace par égale quantité de bonne terre prise à le surface du sol ou dans toute autre partie du jardin. On pourrait même y mélanger de vieux gazons consommés ou des débris de vieilles couches, si le fonds était trop humide ou de nature trop compacte et capable de retenir l'eau; mais, dans un cas comme dans l'autre, on étend au fond de la tranchée un bon lit de fumier de vache ou tout autre bon engrais; car, pour que les Asperges réussissent bien, il leur faut un sol non-seulement léger et sablonneux, mais encore bien amendé; puis, par-dessus le tout, on rapporte un lit de bonne terre, dont l'épaisseur doit être calculée de telle sorte que les griffes d'Asperges soient plantées à $0^m,15$ de profondeur, au lieu de $0^m,35$ que l'on indiquait autrefois par suite d'une erreur que l'expérience a démontré la nécessité de modifier.

Dans le courant de mars on donne un bon labour, on passe le râteau sur le tout, afin d'enlever les mottes et les pierres; on divise le terrain par planches de $1^m,33$ de largeur, entre chacune desquelles on laisse un sentier d'environ $0^m,50$; après quoi on trace quatre rangs qui doivent être distancés également entre eux et de manière que les deux rangs extérieurs soient à $0^m,16$ des bords de la planche. On prend ensuite des plants d'un ou de deux ans de semis, arrachés à la fourche avec précaution, afin que les racines ne soient pas brisées; on place les griffes à environ 0ᵐ,40 les unes des autres sur la ligne, et, après avoir bien étendu les racines, on les recouvre de terre bien meuble ; il faudrait même la passer à la claie, si elle était mêlée de pierres de mottes ou de terre mal brisées.

Une fois les planches également recouvertes, on étend sur chacune un bon paillis de fumier à moitié consommé.

Chaque année, à l'automne, on coupera de vieilles tiges, on donnera un léger binage, puis on étendra sur le tout un bon paillis de fumier à moitié consommé. En procédant ainsi, les Asperges seront en plein rapport à la troisième pousse ; on coupera les plus grosses à l'aide du couteau à asperge. Ce qui, arrivé à ce point, peut avoir lieu sans nuire en rien à la récolte de l'année suivante.

On peut aussi faire le semis en place, après avoir préparé les planches comme nous l'indiquons plus haut. On sème en lignes en février ou mars ; et, quand le plant est assez fort, on n'éclaircit en ne laissant que les plus beaux pieds et à une distance égale à celle que nous avons indiquée ; après quoi les autres soins à leur donner sont les mêmes que pour les Asperges plantées.

Nous ajouterons encore un autre procédé, communiqué au Cercle général d'horticulture par M. Lenormand, qui le pratique avec succès depuis un grand nombre d'années. Nous laisserons cet habile horticulteur indiquer lui-même la manière dont il établit ses plantations d'Asperges :

« Au mois d'avril 1834, je fis des tranchées de 1ᵐ,30 de largeur sur 0ᵐ,33 de profondeur, dans lesquelles je fis des couches, qui, foulées et mouillées, avaient de 0ᵐ,38 à 0ᵐ,40 d'épaisseur ; après les avoir recouvertes de terre bien nivelée, je plaçai les coffres destinés à recevoir les châssis, et dans chaque châssis je plantai douze griffes d'Asperges d'*un an de semis*. Après la plantation, je tapissai la terre d'un bon paillis et je plantai deux pieds de Melons qui sont parfaitement venus sans nuire aux Asperges. Lorsque les pieds de Melons ont été aux trois quarts de eur force, j'ajoutai quatre Choux-fleurs par châssis, et après la récolte des Melons, au mois de septembre, je semai des Mâches pour l'hiver ; le tout a complétement réussi.

« Au mois de février suivant, la couche ayant tassé, je rechaussai mes griffes avec la terre des sentiers, puis je plantai sur le tout des Laitues et des Romaines, avec deux rangs de Choux-fleurs par planche, ce qui a fait disparaître toute trace de couche. Le tout a poussé avec une rapidité et une force étonnantes, puisque j'ai eu des Asperges de $0^m,07$ de circonférence. En bonifiant ainsi la terre, on peut obtenir deux récoltes par an, indépendamment des Asperges que l'on peut forcer dès la seconde année, et continuer ainsi en leur laissant une année de repos sur trois. Ce plant, établi en 1834, existe encore aujourd'hui, ce qui prouve que l'on ne fait rien perdre aux griffes de leur vigueur, quoique les mettant en rapport trois ans plus tôt qu'on ne pouvait le faire par l'ancien procédé. »

Les cultivateurs d'Argenteuil, dont les produits maraîchers jouissent d'une réputation justement méritée, cultivent les Asperges en lignes, le plus souvent entre la vigne, dont il existe de grandes étendues dans cette localité. Plantées peu profondément à 1 mètre les unes des autres en tous sens, les Asperges d'Argenteuil sont régulièrement fumées tous les deux ans. On les bine aussi souvent qu'il est nécessaire de le faire ; on les déchausse chaque année, dans le courant de novembre, ce qui consiste à enlever quelques centimètres de la surface du sol ; puis on les butte en février ou mars.

Pratiquée avec intelligence, cette culture donne des résultats tellement remarquables, qu'elle peut être adoptée avec confiance par toutes les personnes qui tiennent à récolter de très-grosses Asperges.

Si l'on veut avoir des Asperges précoces, on peut commencer à en forcer une planche dans les premiers jours de novembre, et l'on peut continuer successivement jusqu'en février, ce qui se fait de la manière suivante : après avoir placé les coffres sur les planches que l'on veut forcer, on étend un lit de terreau sur les Asperges, puis on enlève la terre des sentiers à $0^m,50$ de profondeur, et on la dépose sur les planches de manière à les recharger de $0^m,33$ environ, et cela afin d'avoir des Asperges beaucoup plus longues; puis on remplace la terre des sentiers par un réchaud de fumier neuf qui doit être élevé jusqu'à la hauteur des panneaux avec lesquels on couvre les coffres; mais, avant de placer les panneaux, on étend un lit de fumier sur les planches, afin d'activer la végétation; on aura soin toutefois d'enlever ce fumier aussitôt que les Asperges commencent à sortir de terre. Quel que soit l'état de la température, on ne donne pas d'air à ces Asperges. Pendant la nuit et par le mauvais temps, on couvre les panneaux avec de bons paillassons, afin de concentrer la chaleur. On remanie les réchauds tous les dix ou quinze jours environ, en ajoutant chaque fois plus ou moins de fumier neuf, suivant l'état de la température, enfin de manière à obtenir sous les panneaux une chaleur qui ne doit pas être moindre de 15 degrés, et qu'il est inutile d'élever à plus de 25. Ces Asperges sont ordinairement bonnes à couper vingt ou vingt-cinq jours (suivant l'état de la température) après qu'on aura commencé à les forcer.

Les vieilles griffes ou celles qu'on se propose de détruire peuvent être plantées sur couche, où elles produiront, une fois seulement, des Asperges minces et vertes propres à être mangées en petits pois.

Pour cela, on prépare une couche de 0^m,60 à 0^m,80 d'épaisseur, dont la chaleur soit de 20 à 25 degrés ; on pose des coffres, on charge la couche de quelques centimètres de terreau, puis on remplit les sentiers, mais à moitié seulement. Lorsque la couche a jeté son premier feu, on prend les griffes d'Asperges, et, sans rien retrancher de la longueur des racines, on les place sur la couche les unes à côté des autres ; on les laisse en cet état pendant quelques jours, après quoi on coule un peu de terreau entre les griffes, de manière à les recouvrir légèrement, puis on achève de remplir les sentiers, et on les remanie au besoin. Pendant la nuit, on couvre les panneaux avec des paillassons, et dès que les Asperges commencent à pousser, il faut leur donner de l'air pendant le jour, à moins que la température ne soit par trop défavorable. Au bout de douze ou quinze jours, les Asperges commencent à produire, et l'on coupe pendant tout le temps qu'elles donnent, c'est-à-dire pendant trois mois environ.

Les graines d'Asperge mûrissent vers la fin d'octobre, et sont bonnes pendant quatre ans.

AUBERGINE OU MÉLONGÈNE (*Solanum Melongena*). — Sous le climat de Paris, on sème l'Aubergine vers la fin de décembre ou au commencement de janvier, sur une couche dont la chaleur soit de 20 à 25 degrés. Pendant la nuit, on couvre les panneaux avec des paillassons ; quinze jours ou trois semaines après les semis, on repique le plant en pépinière, mais sur une couche moins chaude que la première ; au bout de quelque temps, on le relève, pour le repiquer une seconde fois avant de le mettre en place. Lorsque le plant est repris et que l'état de la température le permet, on commence à donner un peu d'air.

Dans le courant de mars, on prépare une dernière couche, dont la longueur doit être proportionnée à la quantité de plants qu'on veut cultiver; on place les coffres, on charge la couche de terreau, et lorsque la chaleur de la couche est convenable (15 à 20 degrés), on plante quatre Aubergines sous chaque panneau de 1^m,33; on les prive d'air pendant quelques jours, afin de faciliter la reprise des plantes; après quoi, on commence à donner un peu d'air, soit par le haut, soit par le bas des panneaux; puis on augmente progressivement à mesure qu'on avance en saison, de manière à enlever les panneaux et les coffres dans le courant de mai. Les autres soins consistent à arroser au besoin, à nettoyer les feuilles qui sont attaquées par les kermès.

Les graines d'Aubergine sont bonnes pendant sept ans,

Variétés. — Violette, — blanche, — panachée, — géante.

BASELLE (*Basella*). — Plante grimpante, dont les feuilles remplacent les Épinards. On sème en mars sur couche, et lorsqu'on n'a plus de gelées à craindre, on repique en pleine terre, au pied d'un mur, à bonne exposition.

La durée de la germination des graines de Baselle est de trois ans.

Variétés. — Baselle rouge, — Baselle blanche.

BASILIC COMMUN (*Ocimum Basilicum*). — Plante annuelle, que l'on emploie, ainsi que ses variétés, comme assaisonnement. Toutes se sèment en mars, sur couche, pour être replantées en mai à une exposition ombragée.

Les graines de Basilic se conservent pendant six ans.

BETTERAVE (*Beta vulgaris*). — On la sème à la fin d'avril ou au commencement de mai, en lignes ou à la volée, en terre profondément labourée et fumée de l'année précédente; puis, lorsque les plants ont cinq ou six feuilles, on les éclaircit de manière qu'ils se trouvent à environ

0^m,35 les uns des autres, et l'on en repique dans les places où il en manque, opération qu'il ne faut faire que par un temps pluvieux. Dans le courant de l'été, on leur donne plusieurs binages, et vers la fin d'octobre ou au commencement de novembre, on fait la récolte des racines, après en avoir coupé les feuilles. On les met dans la serre à légumes ou dans une cave bien saine ; on peut en conserver ainsi jusqu'en mai.

Les graines de Betterave mûrissent en septembre et se conservent bonnes pendant cinq ou six ans.

Variétés. — Rouge, — rouge de Castelnaudary, — rouge foncé de Whyte, — Turnep, — jaune, — jaune de Castelnaudary.

BOURRACHE (*Borrago officinalis*). — Plante dont on emploie les fleurs pour orner les salades ; elle vient dans tous les terrains, et se sème en place au printemps et à l'automne.

La durée germinative des graines de Bourrache est de trois ans.

CAPUCINE GRANDE (*Tropæolum majus*). — On la sème en avril, au pied d'un mur, à bonne exposition. On peut aussi la semer isolée, mais alors il faut la ramer. On emploie les fleurs pour parer les salades ; les graines cueillies encore vertes se confisent au vinaigre et remplacent les câpres.

La durée des graines de Capucine est de cinq ans.

CARDON (*Cynara Cardunculus*). — Il faut aux Cardons une terre douce et profonde, ainsi que de fréquents arrosements en été. Ils se multiplient de graines semées en avril sur couche, ou mieux en mai, immédiatement en place. On fait des trous à 1 mètre l'un de l'autre, on les remplit de terreau, puis on sème deux ou trois graines dans chacun, et lorsqu'elles sont bien levées, on choisit le pied le plus vigoureux, en supprimant les autres. Dans le cas où l'on aurait à craindre les ravages des vers blancs ou des courtilières, il faudrait, à la même époque, en semer en pots, afin de pouvoir regarnir les places vides. Vers le mois de septembre, lorsqu'ils sont assez forts pour être blanchis, on les empaille en fixant au collet de la plante un lien fait avec de la litière, puis on l'enroule de bas en haut, de manière à ne laisser voir que l'extrémité des feuilles. Au bout de quinze jours ou trois semaines, les côtes sont blanches, et doivent être consommées sur-le-champ, sans quoi elles pourriraient; il ne faut donc les empailler que successivement.

Avant les fortes gelées, on arrache les Cardons en mottes pour les replanter l'un près de l'autre dans la serre à légumes, où ils blanchiront sans couverture; mais il faut les visiter souvent et enlever toutes les feuilles pourries. On peut par ce moyen les conserver jusqu'en mars.

Les graines de Cardon mûrissent dans la première quinzaine de septembre, et sont bonnes pendant sept ans.

Variétés. — Cardon de Tours, — d'Espagne, — Puvis, — plein inerme, — à côtés rouges.

CAROTTE (*Daucus carota*). — Les premiers semis ont lieu sur une couche, en décembre. On prépare une couche de $0^m,35$ à $0^m,40$ d'épaisseur, dont la chaleur soit de 15 à 20 degrés; on place les coffres, on charge la couche de $0^m,15$ de terreau, et, à moins de froid rigoureux, on ne remplit les sentiers qu'à moitié. Lorsque la chaleur de la couche est favorable, on sème la variété connue sous le nom de *Carotte courte hâtive* ou *de Hollande*.

On peut repiquer parmi les Carottes quelques Laitues petite noire, ou semer un peu de Radis roses. Pendant la nuit, on couvre les panneaux avec des paillassons; lorsque le semis est en bonne voie, on remanie les réchauds, que l'on fait alors de toute la hauteur des coffres. Ces Carottes sont ordinairement bonnes à récolter dans le courant d'avril. Si, dans la seconde quinzaine de mars, le temps est doux et qu'on ait besoin des panneaux qui couvrent les Carottes, on peut les enlever, ainsi que les coffres; mais alors on récolte plus tard.

En pleine terre, les premiers semis peuvent se faire dès le mois de février, et être continués jusqu'en juillet, ce qui toutefois ne peut avoir lieu que pour la Carotte courte hâtive; car, pour les autres variétés, il ne faut pas dépasser le mois d'avril, afin qu'elles puissent atteindre tout leur développement avant l'hiver.

Quelle que soit l'époque du semis, le terrain doit être bien préparé, après quoi on sème à la volée. On herse légèrement à la fourche, on foule le terrain, puis on étend une couche de terreau sur chaque planche. On passe légèrement le râteau sur le tout, et l'on arrose toutes les fois qu'il en est besoin. Lorsque les Carottes sont levées, on éclaircit le plant, qui est presque toujours dru si le semis a réussi.

En novembre, on coupe le collet de chaque Carotte; on les met en jauge, puis on les couvre de grand fumier pendant les gelées, ou bien on les dépose dans la serre à légumes, afin d'en avoir pendant l'hiver. Dans les terres légères et saines, on peut se dispenser de les arracher; il suffit de couvrir les plants de Carottes pendant les gelées.

On récolte les graines de Carotte en août; leur durée germinative est de quatre ans.

Variétés. — Rouge courte de Hollande, — demi-longue, — longue, — d'Altringham, — jaune longue, — rouge pâle de Flandre, — blanche, — violette d'Espagne.

CÉLERI CULTIVÉ. — Variété de l'*Apium graveolens*. — On

le sème sur couche, mais à l'air libre, dès le mois de février; la graine doit être très-légèrement recouverte. En avril, on plante en pleine terre à environ $0^m,33$ de distance.

D'avril en juin, on sème en pleine terre à une exposition ombragée, pour repiquer immédiatement en place. On favorise la germination des graines par de fréquents bassinages, et s'il arrivait que le plant fût trop dru, il faudrait l'éclaircir pour éviter qu'il ne s'étiolât. En juin et juillet, on repique le plant en place. On trace quatre rangs par planche de $0^m,33$ de largeur, puis on plante à $0^m,33$ de distance sur la ligne. Aussitôt après la plantation, on arrose pour faciliter la reprise, et l'on continue jusqu'à ce que le Céleri soit assez fort pour être blanchi, ce qui doit avoir lieu de la manière suivante : on ouvre une tranchée de 1 mètre de largeur, dont on jette la terre à droite et à gauche, après quoi on relève le Céleri en mottes pour le planter dans la tranchée; on en met huit par rang, puis on coule du terreau entre chaque rang, de manière qu'il se trouve complétement enterré, sauf l'extrémité des feuilles. Au bout d'une quinzaine de jours, il est ordinairement assez blanc pour être récolté; mais, comme il ne se conserve pas longtemps après ce terme, il ne faut en faire blanchir que successivement, de manière à prolonger la récolte aussi longtemps que possible. Pendant les gelées, on le couvre de litière, que l'on enlève toutes les fois que la température le permet. Avec des soins, on peut en conserver jusqu'à la fin de février.

Variétés. — Plein blanc, — Turc, — Cole's superb red, — Plein rose, — violet, — à couper.

Céleri-rave. — Les semis peuvent avoir lieu en avril, en pleine terre, à une exposition ombragée; mais il vaut mieux semer en février sur couche, repiquer le plant sur couche ; après quoi on le met en pleine terre, après avoir retranché les grandes feuilles et toutes les racines latérales. On arrose abondamment pendant l'été ; puis on retranche toutes les feuilles inutiles, en ayant soin de ménager celles du cœur, opération qu'il faut recommencer aussi souvent qu'il est nécessaire, afin de favoriser le développement du tubercule. On arrache le Céleri-rave au commencement de l'hiver pour le mettre en jauge, et on le couvre pendant les gelées ; ou bien on le rentre dans la serre à légumes après en avoir coupé les feuilles. Ainsi traité, on peut en conserver facilement jusqu'en mars.

CERFEUIL (*Scandix cerefolium*). — On le sème presque toute l'année : au printemps et à l'automne, au pied d'un mur et à une bonne exposition, et pendant les chaleurs, à celle du nord.

Cerfeuil frisé. — Cette variété n'exige rien de plus que le Cerfeuil ordinaire ; elle sert aux mêmes usages, et a sur ce dernier l'avantage de ne pouvoir être confondue avec la *Ciguë*.

Les graines du Cerfeuil mûrissent en juin, et se conservent pendant deux ans.

Cerfeuil bulbeux (*Chærophyllum bulbosum*). — Le Cerfeuil bulbeux est une plante alimentaire dont la racine ne dépasse pas les proportions d'une petite Carotte de Hollande. Elle est très-féculente et d'une saveur agréable.

On sème le Cerfeuil bulbeux en septembre, c'est-à-dire aussitôt après la récolte des graines ; autrement elles ne lèvent que la seconde année, à moins qu'on ne prenne la précaution de les conserver dans du sable jusqu'au moment de faire les semis, qui peut alors n'avoir lieu qu'au printemps.

Après le semis, on recouvre la graine d'une bonne couche de terreau ; cela fait, le cerfeuil bulbeux ne demande plus aucun soin particulier autre que les sarclages et les arrosements que réclament tous les produits du potager.

Quelle que soit l'époque des semis, le Cerfeuil bulbeux est bon à récolter en juillet.

On récolte la graine de Cerfeuil bulbeux en juillet. Elle n'est bonne que pendant un an.

CHAMPIGNON COMESTIBLE (*Agaricus edulis*). — Le succès des couches ou meules de Champignons dépend du choix, de la préparation des fumiers et des soins à donner aux meules. Pour établir une meule à Champignons, il faut prendre du fumier provenant des chevaux qui font un travail pénible; car, étant renouvelé moins souvent, il est plus moelleux, c'est-à-dire plus imprégné d'urine, et contient plus de crottin que celui des chevaux de luxe.

On commence par déposer le fumier en tas, afin qu'il entre en fermentation; puis, un mois après environ, on le reprend à la fourche pour en former une couche (nommée planchée) d'environ $0^m,65$ d'épaisseur sur $1^m,33$ de largeur. On étend un premier lit, en ayant soin de retirer les plus longues pailles, les liens et le foin, puis de bien mélanger les parties sèches avec celles qui sont le plus imprégnées d'urine; et pour former les bords de la couche on retourne le fumier sur les côtés, de manière que les bouts se trouvent en dedans. Dès qu'on a formé un lit de fumier, on le mouille avec l'arrosoir à pomme, puis on le foule avec les pieds. On refait un second lit, que l'on traite de la même manière, et ainsi de suite jusqu'à ce qu'on soit arrivé à la hauteur indiquée. Huit ou dix jours après, on remanie la couche, en commençant par un bout, puis on la retourne de la même manière que la première fois, mais en ayant soin de remettre au centre ce qui se trouvait sur les bords et en dessus. Après l'avoir laissé encore fermenter huit ou dix jours, le fumier doit enfin être bon à mettre en meule, c'est-à-dire être gras sans être trop humide, et n'avoir plus que le degré de chaleur qui convient à l'opération. Comme pendant l'été les orages font souvent avorter le blanc, on ne commence à cultiver les Champignons à l'air libre qu'en septembre; et à partir de cette époque, on continue successivement jusqu'en décembre. Après s'être assuré de la bonne condition du fumier, on commence à dresser les meules; elles doivent avoir $0^m,50$ de largeur à la base et autant de hauteur. On foule le fumier à mesure qu'on élève la meule, afin qu'elle éprouve le moins de tassement possible. On la monte en dos d'âne, de telle sorte qu'elle n'ait que $0^m,10$ de largeur au sommet. Pendant la durée de l'opération, on a soin de bien affermir les côtés de la meule en frappant légèrement avec le dos de la pelle, puis avec le râteau on enlève les longues pailles qui dépassent de chaque côté. Si, après avoir monté les meules, il survenait une pluie abondante, il faudrait les envelopper d'une chemise (couverture de grande litière), ce qui, par un temps favorable, ne doit avoir lieu qu'après le gobetage des meules, opération dont nous parlerons plus loin. Au bout de huit à dix jours, on s'assurera du degré de chaleur au moyen d'un thermomètre à couche, et s'il ne marque pas plus de 15 à 18 degrés, on pourra larder la meule, c'est-à-dire qu'on pratiquera sur ses deux côtés, à $0^m,10$ ou à $0^m,15$ du sol, selon qu'il est sec ou humide, une rangée de petites ouvertures qui doivent être faites avec la main, et à $0^m,33$ les unes des autres, dans lesquelles on place le blanc (1) à fleur du flanc de la meule, puis on ap-

(1) On appelle blanc de Champignons de petits filaments blancs assez semblables à la moisissure et qui se forment dans le fumier. On le trouve soit dans le fumier en tas depuis longtemps, où il s'en forme souvent de très-bon, soit dans les vieilles couches à Melons; à défaut, on peut en prendre dans une meule déjà en rapport, mais où l'on n'aurait encore fait qu'une récolte. Placé dans un lieu sec, le blanc de Champignons peut se conserver pendant deux ans.

puie légèrement, afin de mettre le blanc en contact parfait avec le fumier ; mais, dans le cas où l'on craindrait qu'il n'y eût encore trop de chaleur, on ne rapprocherait le fumier qu'au bout de quelques jours. Si, huit ou dix jours après avoir lardé la meule, on aperçoit de petits filaments blanchâtres qui commencent à s'étendre sur toute la surface, on prendra de la terre légère et maigre, salpêtrée autant que possible, on la passera à la claie et l'on en étendra partout une épaisseur d'environ 0^m,03 que l'on appuiera légèrement avec le dos de la pelle, ce qu'on appelle *gobeter*.

Dans le cas où l'on n'aurait pas remarqué les traces dont nous avons parlé, il faudrait recommencer l'opération en remettant de nouveau blanc dans des ouvertures pratiquées à côté des anciennes.

Si le temps est doux et sec, on rafraîchit la meule par de légers bassinages ; mais il faut bien se garder de lui donner trop d'eau à la fois, car l'excès d'humidité détruirait les Champignons naissants. Après avoir gobeté, on couvre la meule d'une chemise de 0^m,05 à 0^m,06 de grande litière (une couverture plus épaisse pourrait faire de nouveau fermenter le fumier, ce qui détruirait tout espoir de récolte), qu'on augmentera pendant les gelées et suivant la rigueur du froid. Environ six semaines après, on commencera à cueillir les premiers Champignons. Pour les chercher, on relèvera la litière avec soin, et après les avoir cueillis, on remplira les trous qu'ils occupaient avec de la terre de même nature que celle qui a servi à gobeter la meule. Si l'on trouvait quelques petites places où les jeunes Champignons eussent péri, il faudrait enlever toute la partie détruite et remettre de la terre nouvelle. Il faut en tout temps, même après avoir épuisé un côté de la meule, la recouvrir soigneusement avec de la litière. Une meule peut produire de trois à cinq mois en tout temps, mais mieux en été. On peut établir ses meules dans une cave peu éclairée, et alors, vu l'égalité de température qui règne dans ces localités, il devient inutile de couvrir les meules de litière.

CHENILLETTE (*Scorpiurus vermiculata*), VERS (*Astragalus hamosus*), LIMAÇON (*Medicago turbinata*). — Plantes annuelles indigènes de la famille des Papilionacées, dont les fruits imitent des chenilles, des vers ou des limaçons, et qui doivent être semées en place, en avril et mai, à environ 0^m,30 les unes des autres.

CHERVIS OU CHIROUIS (*Sium sisarum*). — Plante dont les racines, charnues et très-sucrées, se mangent comme les Scorsonères. On la sème au printemps ou en septembre, en terre franche bien meuble, puis on bine et l'on donne de fréquents arrosements.

La durée germinative de la graine de Chervis est de deux ans.

CHICORÉES. *Chicorée sauvage* (*Cichorium intubus*). — Avec les feuilles naissantes de cette espèce on fait une salade fort estimée, que l'on peut se procurer presque toute l'année en en semant sur couche dès le mois de mars ; puis en pleine terre, à partir du mois d'avril jusqu'à l'automne. Si l'on veut faire avec les racines la salade appelée *Barbe-de-capucin*, il faut, en avril, semer en rayons, et tous les soins consistent à donner des binages et quelques arrosements ; puis, à l'approche des gelées, on arrache les racines, en les soulevant à la fourche afin de ne pas les rompre. On les met en jauge de manière à les avoir à sa disposition, et dans le courant d'octobre, époque à laquelle on commence ordinairement ce travail, on prépare une couche d'environ 0^m,40 d'épaisseur, dont la chaleur soit de 15 à 20 degrés. L'endroit le plus favorable pour cette opération est une cave basse sans air ni lumière. Lorsque la couche a jeté son premier feu, on réunit les racines par bottes, mais seulement après en avoir enlevé avec soin les vieilles feuilles et toutes les parties qui seraient susceptibles d'engendrer de la moisissure ; après quoi on les place debout sur la couche, puis on bassine fréquemment avec l'arrosoir à pomme ; mais, comme toujours, les arrosements doivent être proportionnés à la chaleur de la couche ; dès que la Chicorée commence à pousser, les arrosements doivent être donnés avec beaucoup de ménagement pour éviter d'engendrer la pourriture dans l'intérieur des bottes. Ordinairement, au bout de quinze à dix-huit jours la Chicorée est assez longue pour être récoltée. On peut successivement en faire blanchir depuis le mois d'octobre ou de novembre jusqu'en avril. On peut encore faire blanchir de la Chicorée en enterrant des racines sur une couche recouverte de panneaux à cadres pleins, afin d'intercepter la lumière, ou de panneaux ordinaires, que l'on tiendra constamment couverts de paillassons.

Les graines de Chicorée sauvage mûrissent en septembre, et se conservent bonnes pendant huit à dix ans.

Chicorée frisée (*Cichorium endivia*). — Les premiers semis peuvent avoir lieu en septembre sous cloches, mais à froid. A partir de cette époque jusqu'en juin, on sème la Chicorée frisée ou d'Italie. Dans les premiers jours d'octobre, on repique le plant également sous cloches, et vers la fin d'octobre ou au commencement de novembre, on plante la Chicorée sur terre, mais sous panneaux ; on donne de l'air aussi souvent que possible, et pendant les gelées on couvre les panneaux dans la nuit. En janvier ou février, on sème sur couche chaude et sous panneaux. La couche ne doit pas avoir moins de 20 à 25 degrés de chaleur, car pour obtenir du plant qui ne monte pas, il faut que les graines germent en vingt-quatre heures, n'importe l'époque ; mieux vaut recommencer le semis que de repiquer du plant qui aurait langui. Douze ou quinze jours après le semis, on repique le plant en pépinière, pour le planter quinze jours ou trois semaines après, toujours sous panneaux, mais sur une couche moins forte. Dans la seconde quinzaine de mars, on peut commencer à repiquer ses Chicorées en pleine terre, mais sous cloches ou sous panneaux, qu'on enlève aussitôt que le temps est favorable. En avril, mai et juin, on sème encore les Chicorées sur couche ; mais alors le plant peut être repiqué immédiatement en pleine terre. On trace quatre rangs par planche de 1^m,33 de largeur, et l'on plante à 0^m,40 de distance sur la ligne.

En juin et juillet, on sème la Chicorée de Meaux en pleine terre à une exposition ombragée. Toutefois, dans bien des terrains, il vaudrait mieux continuer de semer sur couche, mais à l'air libre. Lorsque le plant est de force à être repiqué, on étend un bon paillis sur chaque planche, puis on plante à la distance ci-dessus indiquée, et l'on donne un bon arrosement pour faciliter la reprise ; les autres soins consistent à arracher les mauvaises herbes et à mouiller au besoin. Lorsque les Chicorées sont suffisamment garnies, on profite d'un temps sec pour relever les feuilles, qu'on lie avec du jonc ou de la paille pour en faire blanchir l'intérieur ; mais comme elles blanchissent en peu de temps, il n'en faut lier qu'à proportion de la consommation. Dès qu'elles sont liées, il ne faut plus les arroser qu'au goulot, afin d'éviter de les mouiller, ce qui pourrait les faire pourrir, et, dès les premières gelées, il faut les couvrir avec des paillassons ou de la litière, que l'on enlève toutes les fois que le temps le permet ; puis, lorsque les gelées augmentent, on les arrache et on les rentre dans la serre à légumes, où on les enterre à moitié dans du sable : de cette manière on en conserve jusqu'en janvier.

Chicorée frisée de la Passion. — Cette intéressante variété que nous devons à l'obligeance de M. Charvet, propriétaire à la Cellette, près de Blois, est tout aussi rustique que la Laitue dont elle porte le nom. Semée dans le courant du mois d'août, repiquée en septembre et mise en place en octobre, la Chicorée frisée de la Passion est bonne à récolter en mars et avril, époque de l'année où les produits du potager sont généralement peu abondants. A ce titre, la Chicorée frisée de la Passion peut être considérée comme une bonne acquisition.

Chicorée toujours blanche. — Cette variété n'est pas aussi répandue qu'elle le mérite, car elle peut, et avec avantage, remplacer les Épinards, surtout en été, époque où il est souvent difficile de se procurer ce légume. On sème cette Chicorée en place et à la volée pour être coupée toute jeune ; on peut la semer sur couche ou en pleine terre, depuis le mois de février jusqu'au mois d'août.

Scarole. — La Scarole est une variété de Chicorée dont la culture est tout à fait analogue à celle de la Chicorée de Meaux.

Les graines sont bonnes à récolter à la fin de septembre, et elles se conservent pendant cinq ou six ans.

Variétés. — Frisée de Meaux, — fine d'été ou d'Italie, — de Rouen, ou corne-de-cerf, — de la Passion, — toujours blanche, — sauvage, — panachée, — améliorée, — Scarole ordinaire, — blonde ou à feuilles de laitue.

CHOUX (*Brassica*). — Les choux demandent une terre un peu fraîche et surtout bien fumée ; car plus ils ont d'engrais, plus ils deviennent gros. Ils sont très-nombreux en variétés, mais toutes peuvent se rapporter à cinq races principales, savoir : 1° les *Choux cabus* ou *pommés;* 2° les *Choux de Milan* ou *pommés frisés;* 3° les *Choux verts* ou *non pommés;* 4° les *Choux-raves,* et 5° les *Choux-fleurs* et *Brocolis.*

N. 1. *Choux cabus* ou *pommés*. — Vers la fin d'août ou dans les premiers jours de septembre, on sème les Choux cabus hâtifs. En octobre, on repique le plant en pépinière le long d'un mur à bonne exposition, pour le mettre en place vers la fin de novembre ou au commencement de décembre, et en février ou mars dans les terres froides ou humides. Si l'hiver est rigoureux, il sera nécessaire de garantir le plant, soit avec de la litière, soit avec des paillassons posés sur des gaulettes. Si, au printemps, il arrivait que l'on manquât de plants, on pourrait en semer en février sur couche et en mars sur plate-bande bien terreautée.

Les Choux cabus de seconde saison et les Choux cabus tardifs ne se sèment ordinairement qu'en février ou mars; cependant on peut aussi les semer dans le courant d'août. Quelle que soit l'époque du semis, ces Choux doivent être repiqués immédiatement en place, à 50, 60 ou 80 centimètres les uns des autres, suivant les proportions que doivent acquérir les variétés que l'on cultive; le terrain doit être largement pourvu d'engrais; car il ne faut pas oublier que c'est seulement à force de fumier et d'eau que l'on peut obtenir tout ce que cette plante doit produire.

Variétés. — *Cabus hâtifs*, d'York, — cœur-de-bœuf, — pain-de-sucre.

Cabus 2e *saison*, de Poméranie, — de Winigstadt, — Joannet, — de Schweinfurt.

Cabus tardifs, de Saint-Denis, — de Hollande, — vert de Vaugirard, — d'Allemagne dit Quintal, — rouge foncé.

Conservation des Choux cabus. — Comme les fortes gelées sont très-préjudiciables aux Choux pommés, il faut, en novembre, arracher tous ceux dont les pommes sont faites et les mettre en jauge dans une planche, mais près l'un de l'autre et en ayant soin d'en incliner un peu la tête. Lorsqu'il vient de fortes gelées, on les couvre de litière ou de feuilles que l'on retire dès que le temps est doux. Dans les terres légères, on peut enterrer la tête au lieu des racines : de cette manière, les Choux peuvent se conserver jusqu'au mois de mai sans couverture; il est bon cependant d'en couvrir une partie, afin de pouvoir en arracher pendant les gelées.

N. 2. *Choux de Milan.* — On les sème depuis la fin de février jusqu'en juin, on les repique immédiatement en place comme les Choux cabus. Plus rustiques que ces derniers, les Choux de Milan supportent ordinairement l'hiver sans abri.

Variétés. — Hâtif d'Ulm, — pied-court, — Victoria, — ordinaire, — doré, — pancalier, — des Vertus, — de Bruxelles.

N. 3. *Choux verts non pommés.* — Nous les divisons en deux catégories : ceux de la première sont à peu près les seuls cultivés dans le potager; les autres sont cultivés en grand comme fourrage, et quelques-uns comme plante d'ornement. On sème les premiers en mai et juin, pour les planter en juillet et août; ils craignent peu le froid, et sont même plus agréables à manger lorsque la gelée les a attendris.

Variétés. — Chou à grosse côte, — Chou à grosse côte frangé, — Choux fraise-de-veau.

Ceux de la seconde catégorie se sèment en juillet et août, ou mieux en mars et avril, et l'on repique le plant immédiatement à demeure; mais on peut aussi semer en place, soit en lignes, soit à la volée. Ces Choux donnent leurs produits en feuilles pendant tout l'hiver et jusqu'à leur seconde année.

Variétés. — Cavalier ou Chou-arbre, — Caulet de Flandre, — branchu de Poitou, — de grand Jouan.

N. 4. *Choux-raves.* — Les premiers semis ont lieu vers la fin de février, et peuvent se continuer jusqu'en juin ; on sème sur une plate-bande terreautée, pour plus tard mettre en place. Ces Choux diffèrent des autres par leur collet, qui est renflé et charnu, et que l'on emploie en cuisine comme les Navets ; mais, pour les avoir bien tendres, il faut, en été, leur donner de fréquents arrosements.

Variétés. — Blanc ou de Siam, — blanc hâtif, — violet, — violet hâtif.

Le *Chou-navet*, assez semblable au précédent, produit en terre une tubérosité charnue de même saveur que le Chou-rave. On le sème en place, en mai et juin, soit en lignes, soit à la volée ; puis les autres soins consistent à éclaircir le plant de manière que les Choux se trouvent à environ 0^m,40 les uns des autres. Ils craignent peu la gelée, et, à moins d'un hiver rigoureux, on peut ne les arracher qu'au fur et à mesure du besoin.

Les graines de Chou mûrissent en juillet ; elles se conservent bonnes pendant cinq ou six ans.

Variétés. — Chou-navet blanc, — Rutabaga ou navet de Suède.

N. 5. *Choux-fleurs.* — Ils sont beaucoup plus délicats que les autres races de Choux, aiment une terre légère, bien fumée et surtout beaucoup d'arrosements en été. On en cultive plusieurs variétés, mais il est impossible de conseiller plutôt l'une que l'autre ; car les résultats tiennent uniquement à des causes locales. Les premiers semis se font en septembre, sur une plate-bande bien terreautée ou sur une vieille couche, pour être repiqués, en octobre, en pépinière, sur un ados; et lorsqu'il gèle, on pose des cloches ou des panneaux sur le plant. Il faut avoir soin de donner de l'air tous les jours et aussi longtemps que la température le permettra. Si, malgré cette précaution, il arrivait que le plant avançât trop, il faudra l'arracher et le replanter pour en retarder la végétation; puis, quand les froids deviennent rigoureux, on entoure les cloches avec de la litière, et l'on couvre le tout avec des paillassons; on découvre toutes les fois que le temps le permet, et l'on donne de l'air. En décembre, on peut planter une partie de ses Choux-fleurs sur couche et sous panneaux, et entre eux quelques Laitues. Pendant la nuit, on couvre les panneaux avec des paillassons, on arrose au besoin, et l'on donne de l'air toutes les fois que la température le permet; puis, lorsque les Choux-fleurs atteignent les vitraux, il faut avoir soin d'exhausser les coffres; si dans la seconde quinzaine de mars, le temps est favorable, on enlève les panneaux. Ces Choux-fleurs produiront en avril et mai; en mars, on plantera l'autre partie en pleine terre, et ils donneront depuis la fin de mai jusqu'en juillet. On peut aussi semer sur couche, en février et en mars, et peu de temps après on repique le plant également sur couche, pour le planter en pleine terre vers la fin de mars ou au commencement d'avril, et il produira en juin et juillet.

On sème les derniers Choux-fleurs en juin : c'est l'époque où l'on en sème le plus et celle où la culture en est le plus facile : c'est celle des Choux ordinaires, et tout le succès dépend de l'abondance des arrosements, qui doivent être très-fréquents, surtout pendant les premiers mois. Il faut semer à une exposition ombragée sur une plate-bande bien terreautée ; puis, lorsque le plant est assez fort, on repique immédiatement en place. Ces Choux-fleurs produisent depuis la fin d'août jusqu'en novembre ; on peut même en conserver jusqu'en février, et quelquefois jusqu'en avril. Pour cela, il faut ne les couper que le plus tard possible, et surtout par un temps bien sec, afin de ne les rentrer que bien ressuyés, car de là dépend toute la durée de leur conservation.

Conservation des Choux-fleurs. — Après avoir bien enlevé toutes les feuilles de ses Choux-fleurs, on les dépose sur les tablettes de la serre à légumes, ou bien, ce qui est encore préférable, on les pend la tête en bas ; et, comme en séchant ils se réduisent beaucoup, il faut, la veille du jour où l'on veut les manger, rafraîchir le bout du trognon et les mettre tremper dans l'eau fraîche pendant quelques heures, en ayant soin d'éviter de mouiller la tête ; ils ne tardent pas à reprendre leur forme primitive, sans avoir rien perdu de leur qualité.

On récolte la graine de Choux-fleurs en septembre. Sa durée germinative est de cinq ans.

Variétés. — Tendre ou petit Salomon, — demi-dur ou gros Salomon, — Lenormand, — dur de Paris, — d'Angleterre, — de Hollande.

Chou brocoli. — On sème les Brocolis en mars, avril et mai, en commençant par les variétés les plus hâtives. Lorsque le plant est suffisamment fort, on le repique en pépinière, et plus tard on le plante en lignes comme les Choux-fleurs.

Les variétés hâtives semées en mars sont bonnes à récolter en septembre. Les autres donnent successivement pendant l'hiver et le printemps.

Plus rustique que le Chou-fleur, le Brocoli peut supporter sans souffrir quelques degrés de froid. Cependant, il est plus prudent de relever les pieds en mottes à l'approche des gelées, pour les replanter dans une tranchée sur laquelle on place des châssis ou des paillassons.

La durée germinative de la graine de Brocoli est de cinq ans.

Variétés. — Blanc hâtif, — blanc tardif, — violet hâtif, — violet tardif, — Sprouting (cette dernière variété produit de petites pommes comme le Chou de Bruxelles).

Chou marin (*Crambe maritima*). — Le Crambé est un fort bon légume dont on mange les feuilles naissantes, qu'on fait blanchir en buttant le pied; il est rustique et d'une culture facile. Dans des conditions favorables (c'est-à-dire dans un terrain sablonneux et bien fumé), il produit pendant fort longtemps. Nous avons vu une plantation de Crambés en plein rapport, qui depuis quinze ans donne chaque année plusieurs récoltes. On le multiplie de graines semées en place ou en pépinière peu de temps après la récolte; car les semis d'automne réussissent généralement mieux que ceux de printemps. On peut aussi multiplier les Crambés par boutures de racines, mais le semis produit toujours, comme il est facile de le comprendre, des plants plus vigoureux.

On plante les Crambés en automne ou au printemps. On trace alors deux rangs dans une planche de 1^m,33 de largeur, et l'on plante à 0^m,50 de distance sur la ligne. Chaque année, à l'automne, on enlève les feuilles mortes, on donne un binage; puis on étend sur les planches un bon lit de fumier à moitié consommé. Dès la seconde pousse, on pourrait commencer à couper les feuilles des Crambés; mais il est préférable d'attendre la troisième, car alors ils seront dans toute la force de leur végétation, et on les conservera beaucoup plus longtemps. On commence ordinairement à butter les Crambés vers la fin de janvier ou au commencement de février; mais, afin que tous ne donnent pas ensemble, on n'en butte qu'une partie, et le reste quinze jours après, ce qui a lieu de la manière suivante : on dépose sur chaque pied un tas de terreau (ou de terre légère) d'environ $0^m,20$, et l'on recouvre le tout d'un bon lit de fumier ou de feuilles, afin d'activer la végétation; un mois après environ, lorsque l'extrémité des feuilles commence à paraître, on les coupe rez terre, mais en ayant soin de ménager les yeux qui se trouvent au collet de la plante, car sans cette précaution elle ne repousserait plus. Après la récolte, on les butte de nouveau, et ils donnent une seconde récolte souvent aussi abondante que la première. Après la seconde coupe, on détruit les buttes, on étend une partie du terreau sur les planches, et l'on enlève le reste. On peut aussi forcer le Crambé sous panneaux, comme les Asperges : ce qui consiste tout simplement à placer, en janvier ou février, des coffres et des panneaux sur les Crambés, après les avoir buttés; à défaut de panneaux à cadre plein, on peut utiliser les panneaux ordinaires, à la condition de les tenir constamment couverts de paillassons. Pour activer la végétation des Crambés, on peut entourer les coffres d'un réchaud de fumier, car la chaleur ne nuit en rien à cette plante. On peut même, comme cela se fait en Angleterre, placer pendant l'hiver de fortes touffes de Crambés dans la serre à forcer, afin d'en avoir de bons à récolter avant l'époque, ou donner ceux forcés sur place.

On récolte les graines de Crambé en août; elles se conservent bonnes pendant trois ans.

CIBOULE COMMUNE (*Allium fistulosum*). — Les premiers semis ont lieu dans le courant de février, en place et à la volée; et à partir de cette époque, on peut continuer de semer successivement jusqu'en juillet. Après le semis, on couvre les graines d'une légère couche de terreau, et l'on arrose toutes les fois qu'il en est besoin. Pour ne pas manquer de Ciboule en hiver, il faut en arracher en novembre, la mettre en jauge, puis la couvrir de litière sèche pendant les gelées.

Les graines mûrissent en août, et se conservent pendant deux ans.

Ciboule vivace.—Elle se multiplie d'éclats au printemps ou à l'automne.

CIBOULETTE. *Civette (Allium Schœnoprasum).* — Cette plante se multiplie par ses caïeux, que l'on sépare en février et mars pour les planter en bordures. Elle est d'autant plus tendre et pousse d'autant mieux, qu'on la coupe plus souvent.

Pour lui faire passer l'hiver, on la coupe au niveau du sol, puis on la couvre de terreau.

CONCOMBRE (*Cucumis sativus*). — On sème les Concombres en janvier, février et mars, sur couche chaude et sous panneaux. Lorsque les cotylédons et les premières feuilles sont bien développés, on les repique dans de petits pots, qu'on enfonce sur une couche chaude, pour les planter quelque temps après également sur couche et sous panneaux. Plus tard, lorsque les gelées ne sont plus à craindre, on peut planter les Concombres en pleine terre. Dans les terres légères, faciles à s'échauffer, on peut même semer les Concombres en place, dans de petites fosses remplies de terreau.

Comme les Melons, les Concombres doivent être taillés pour donner de beaux fruits; ce qui doit avoir lieu comme il est indiqué à l'article *Melon.*

Concombre vert petit à cornichons. — On le sème au commencement de mai sur couche et sous panneaux. Peu de temps après, on repique le plant en pépinière également sur couche et sous panneaux. Dès qu'il est repris, on commence à donner un peu d'air, afin de le fortifier, et vers la fin de mai ou le commencement de juin, on le relève en mottes pour le mettre en pleine terre à bonne exposition, à 0ᵐ,60 de distance.

On peut aussi semer le Cornichon en pleine terre; plus rustique même que les autres Concombres, il n'a pas besoin d'être taillé.

Dans les terrains naturellement humides, il faut, pour récolter de beaux fruits, ramer les Concombres et les Cornichons, comme les Pois et les Haricots, afin qu'ils ne posent pas sur le sol.

La durée germinative des graines de Concombre est de cinq ans.

Variétés. — Blanc hâtif, — blanc gros, — jaune long, — vert long anglais, — de Russie, — serpent.

Courge Potiron (*Cucurbita maxima*). — On sème les potirons en mars, sur couche chaude et sous panneaux; en avril, on les repique en pépinière également sur couche et sous panneaux. Quelques jours après le repiquage, on commence à donner un peu d'air, afin de fortifier le plant; et, en mai, on prépare des trous que l'on dispose de manière que les Potirons soient au moins à 1ᵐ,65 les uns des autres. On remplit les trous de fumier, que l'on couvre d'environ 0ᵐ,15 de terreau. Si, après la plantation, il survient de petites gelées blanches pendant la nuit, il faut couvrir les Potirons avec des cloches, ou, à défaut, avec de la litière. Pendant leur végétation, il faut les arroser abondamment, et les autres soins consistent à pincer la première tige au-dessus du second œil, afin de favoriser le développement d'une ou de deux branches sur chacun. Lorsqu'elles ont environ 1ᵐ,50 de longueur, on les marcotte, ce qui consiste à coucher les branches en terre, afin qu'elles produisent des racines; de cette manière, on obtient une végétation beaucoup plus vigoureuse. Dès qu'un fruit est noué et jugé digne d'être conservé, il faut pincer la branche qui le porte à deux ou trois yeux au-dessus du fruit; et si l'on veut en obtenir de volumineux, on ne doit en laisser qu'un ou deux sur chaque pied, excepté sur celui de *Hollande*, variété dont les fruits sont moins gros, mais d'excellente qualité; c'est même celui que l'on doit réserver de préférence pour les provisions d'hiver; car, cueilli avant les gelées et déposé sur les tablettes du fruitier ou de l'orangerie, il se conserve souvent jusqu'en mars et avril.

Les Courges à la moelle, pleine de Naples, de l'Ohio, de Valparaiso, de Barbarie, de Madère, des Patagons, le Giraumont turban et le Patisson, se cultivent exactement comme le Potiron.

La durée germinative des graines de Courge est de cinq ans.

Variétés.— Jaune gros,— d'Espagne,— de Hollande, — blanc, — de Corfou.

CRESSON DE FONTAINE (*Nasturtium officinale*). — Cette plante, jusqu'à présent employée en cuisine comme salade et fourniture seulement, peut aussi être préparée à la manière des Épinards, et sous cette forme elle a une saveur fort agréable. La consommation du Cresson est devenue tellement considérable que, dans un rayon très-rapproché de Paris, des terrains très-étendus sont consacrés à cette culture.

Ces cressonnières sont alimentées par des sources naturelles ou artificielles, et disposées de manière à être submergées à volonté. Le terrain est divisé par fosses larges chacune d'environ 3 mètres sur $0^m,40$ à peu près de profondeur, séparées par des plates-bandes élevées, destinées à divers genres de culture, tels que Artichauts, Choux, etc. On multiplie le Cresson de graines semées au printemps, ou mieux de boutures faites en août. Avant la plantation, il faut bien unir le terrain ; et s'il arrivait qu'il ne fût pas assez humide, on y laisserait couler un peu d'eau. Une fois le terrain bien préparé, on prend du Cresson, et on le place au fond des fosses par petites pincées, à environ $0^m,12$ à $0^m,15$ l'une de l'autre. Au bout de peu de temps, il est enraciné et couvre complétement le sol ; alors on étend sur toute sa surface une légère couche de fumier de vache bien consommé ; puis, au moyen d'une planche à laquelle on adapte un manche placé obliquement, on comprime le tout légèrement ; après quoi, on introduit $0^m,10$ à $0^m,12$ d'eau, quantité bien suffisante pour cette culture. En été, on cueille le Cresson tous les quinze jours ou toutes les trois semaines. Pour le cueillir avec plus de facilité, on pose une planche en travers de la fosse. Dès qu'une fosse est récoltée, on la met à sec, et l'on étend de nouveau un peu de fumier de vache, qu'on appuie avec l'instrument mentionné ci-dessus, opération qu'il faut recommencer immédiatement après chaque coupe. Quand une fosse a produit pendant un an, on la détruit pour la replanter, comme nous l'avons indiqué précédemment, mais seulement après avoir enlevé les vieilles racines et les débris de fumier, qui forment une épaisseur assez considérable dans le fond.

On peut aussi en semer ou en planter sur le bord des cours d'eau, comme il en circule souvent dans les jardins d'agrément. Les tiges ne tardent pas à s'étendre, et l'on peut en couper chaque année jusqu'aux gelées, pourvu qu'on le fasse assez souvent pour l'empêcher de monter en graine.

La durée germinative des graines de Cresson de fontaine est de quatre ans.

Cresson de terre, Cresson vivace (*Erysimum præcox*). — Il peut remplacer le Cresson de fontaine, dont il a tout à fait la saveur. On le sème au printemps, en rayons, dans une terre franche, légère et humide.

La durée germinative des graines de Cresson de terre est de trois ans.

Cresson alénois (*Lepidium sativum*). — Comme cette plante monte très-vite en graine, on est obligé d'en semer très-souvent; les semis se font en rayons, au printemps sur couche, et en été à une exposition ombragée.

Les graines de Cresson alénois mûrissent en juin, et se conservent pendant cinq ans.

Variétés. — Cresson alénois frisé, — Cresson doré.

Échalote (*Allium Ascalonicum*). — On ne la cultive avec succès que dans une terre légère et substantielle, fumée de l'année précédente. Elle se multiplie de caïeux plantés en février et mars, à 0^m,08 ou 0^m,10 de distance, et presque à fleur de terre, afin d'éviter l'humidité, qui lui est très-préjudiciable. On choisit, pour replanter, les Échalotes les plus minces et les plus allongées, car ce sont celles qui produisent les plus belles bulbes. On les arrache en juillet ou en août, lorsque les feuilles sont sèches, et on les laisse deux ou trois jours au soleil, puis on les rentre dans un lieu sec.

Épinards (*Spinacia oleracea*). — On les sème, en lignes ou à la volée, depuis le mois de mars jusqu'à la fin d'octobre; et comme ils restent peu de temps en terre, on en sème souvent parmi les plantes nouvellement repiquées ou pour garnir les planches qui doivent être employées à une autre culture environ un mois après. Les semis d'été doivent se faire à une exposition ombragée; il faut arroser fréquemment, pour les empêcher de monter.

Les graines d'Epinards mûrissent en juillet, et se conservent pendant cinq ans.

Variétés. — Epinards de Hollande, — d'Angleterre, — de Flandre, — d'Esquermes, à feuilles de laitue.

Estragon (*Artemisia dracunculus*). — On le multiplie de graines, mais plus fréquemment par éclats des pieds, qu'on replante au printemps à bonne exposition. On coupe les tiges à l'entrée de l'hiver, et on couvre les touffes de quelques centimètres de terreau.

Fenouil (*Anethum feniculum*). — On en cultive plusieurs variétés; mais, comme légume, le Fenouil doux est le plus estimé. On le multiplie de graines que l'on tire d'Italie chaque année; celles qu'on récolte dans nos jardins dégénèrent promptement. On sème, de mars en juin, en place ou en pépinière, et on repique à $0^m,40$ de distance; puis on donne des binages et de fréquents arrosements pendant la sécheresse. Quand le Fenouil est assez fort, on le fait blanchir à la manière du Céleri. On mange les racines et les jeunes pousses.

La durée germinative des graines de Fenouil est de cinq ans.

Fève (*Faba vulgaris*). — On sème les premières Fèves en janvier, sous panneaux (pour semer à cette époque, on prend de préférence la Fève naine hâtive); en février, on les repique en rayons un peu profonds, qu'on trace à $0^m,35$ les uns des autres; on les couvre de litière pendant les mauvais temps, et lorsqu'elles ont quelques centimètres de hauteur on donne un binage, puis on achève de remplir les rayons, ce qui augmente la vigueur des plantes et des produits; lorsqu'elles sont défleuries, l'on pince toutes les extrémités, afin de forcer la séve à se porter vers le fruit. En février, on sème en pleine terre, par touffes ou en rayons; et à partir de cette époque, les semis peuvent être continués successivement jusqu'à la fin de mai; enfin, quelle que soit l'époque des semis, les soins consistent à donner quelques binages et à pincer l'extrémité des tiges, comme nous l'avons précédemment indiqué.

La durée germinative des semences de Fèves est de six ans.

Variétés. — Naine hâtive, — Julienne, — de marais, — de Windsor, — toujours verte, — violette, — à fleur pourpre, — à longue cosse.

FRAISIER (*Fragaria vesca*). — On multiplie les Fraisiers de graines ou de filets, qui ne doivent être pris que sur du plant d'un an; car ceux qui proviennent de vieilles touffes produisent beaucoup moins, les fruits en sont moins beaux et de moins bonne qualité. On sème en mars, à une exposition ombragée; on couvre les graines d'une légère couche de terre fine, mêlée de terreau, et l'on entretient la fraîcheur de la terre par des bassinages.

Dès que le plant a quatre ou cinq feuilles, on le repique en pépinière, deux par deux, sur une vieille couche. Aussitôt après le repiquage, on bassine avec l'arrosoir à pomme, ce que l'on continue de faire suivant le besoin; et pendant quelques jours on garantit les jeunes plants contre l'action du soleil avec un peu de litière, qu'on étend bien légèrement.

Dans le commencement de juillet, on relève les plants en mottes pour planter en pleine terre, à environ $0^m,15$ de distance l'un de l'autre, et, comme après le premier repiquage, on protége la reprise par de fréquents arrosements. Le résultat de ces repiquages est de favoriser le développement d'une grande quantité de jeunes racines;

et plus les Fraisiers en sont garnis, plus ils deviennent productifs. A partir de cette époque jusqu'au moment de les mettre en place, on a soin de supprimer toutes les fleurs et les filets qui se développent sur le jeune plant, et d'arracher ceux qui paraissent dégénérer, ce qu'il est facile de reconnaître à leur vigueur et à l'absence des fleurs.

Vers la fin de septembre, on donne un bon labour aux planches dans lesquelles on doit planter ses Fraisiers; et si le terrain ne se trouvait pas être de bonne qualité, il faudrait pour l'améliorer n'employer que des engrais bien consommés : car lorsque les racines des Fraisiers atteignent le fumier non consommé, les feuilles se dessèchent successivement, et souvent les touffes périssent. Après avoir bien préparé le terrain, on trace cinq rangs par planche de $0^m,33$ de largeur; puis on plante ses Fraisiers à $0^m,35$ de distance sur la ligne, ce qui toutefois ne doit avoir lieu que pour les Fraisiers des Quatre-Saisons, car pour ceux à très-gros fruits, tels que le Fraisier Keen's seedling, on trace quatre rangs seulement, et l'on plante à $0^m,50$ de distance sur la ligne; après quoi l'on continue de couper les fleurs et les filets de chaque touffe avant qu'ils soient enracinés, afin de concentrer sur chaque pied la force de reproduction dont ils sont doués.

Au printemps, on donne un binage à chaque planche; dès que les fleurs commencent à paraître, il faut couvrir la terre d'un paillis un peu long, ce qui d'une part a l'avantage de conserver l'humidité du sol, et de l'autre empêche les fruits de porter sur la terre. Les arrosements doivent être faits avec les arrosoirs à pomme, au printemps le matin, et le soir en été. L'année suivante, on continue les mêmes soins; mais, comme au bout de quelques années les produits dégénèrent, il ne faut pas conserver les Fraisiers plus de deux ans. Cependant, dans un bon terrain, on peut les conserver trois ou quatre ans, en ayant soin de les rechausser chaque année au printemps avec de la terre neuve.

Les Fraisiers qu'on multiplie de filets doivent être plantés en juillet, et comme ce que nous venons de dire pour les Fraisiers provenant de graines est en tout applicable à ces derniers, nous croyons inutile de traiter ce sujet plus longuement.

Des Fraisiers forcés. — Les Fraisiers cultivés pour forcer sont : le Fraisier des Quatre-Saisons, Keen's seedling, Princesse royale, Marguerite Lebreton, Victoria Trolopp, Elton.

Dans le courant de janvier ou dans les premiers jours de février, on pose des coffres, puis des panneaux, sur les planches des Fraisiers qu'on veut forcer; on enlève la terre des sentiers qui entourent les coffres jusqu'à environ 0^m,45 de profondeur, après quoi on remplit les sentiers de fumier, mais jusqu'au niveau du sol seulement, et dans la première quinzaine de février on achève de les remplir. A partir de cette époque, il faut avoir soin de les entretenir à la hauteur des panneaux : pour cela, on rapporte du fumier au fur et à mesure qu'il en est besoin. On couvre les panneaux pendant la nuit avec des paillassons, et l'on donne de l'air au moment du soleil. Vers la fin d'avril, on commence à donner quelques bassinages, si la température l'exige, ce que l'on continue de faire au besoin. Les Fraisiers étant ainsi traités, les fruits commenceront à mûrir dans le courant d'avril.

Après la récolte, on enlève les panneaux (qui peuvent encore servir pour mettre sur les Melons), ce qui n'empêchera pas les Fraisiers, ceux des Quatre-Saisons surtout, de fructifier jusqu'aux gelées. Néanmoins, on peut également obtenir une seconde récolte des Keen's seedling et autres variétés à gros fruits. Pour cela, il faut les priver d'eau pendant quelque temps, afin d'en arrêter la végétation ; et lorsque les touffes sont presque fanées, on supprime une bonne partie des feuilles, on les bine légèrement, puis on favorise leur végétation par de bons arrosements. Dans les premiers jours d'août, on aura une seconde fructification, tout aussi abondante que la première.

Au lieu de détruire, après la récolte, les Fraisiers cultivés en pots, comme on a l'habitude de le faire, on peut, dans le courant de l'automne, retrancher les vieilles racines et renouveler la terre des pots. Traités après cette opération comme les jeunes plants que l'on renouvelle chaque année, ces Fraisiers donnent des fruits tout aussi beaux et tout aussi abondants que les jeunes plants. Nous avons vu à Tours, chez M. Bellanger, un de nos amis, des Fraisiers soumis à ce traitement depuis quinze ans, dont la vigueur ne laisse véritablement rien à désirer.

Depuis l'adoption du chauffage au thermosiphon, on a modifié la culture forcée des Fraisiers. Ainsi, après avoir traité les Fraisiers comme nous l'avons indiqué, vers la fin de septembre ou au commencement d'octobre, on les relève en mottes pour les planter dans des pots de 0^m,15. On emploie pour l'empotage une bonne terre douce, passée à la claie, et, aussitôt après la plantation, on place les pots l'un à côté de l'autre dans un coffre, de manière à pouvoir les garantir des grandes pluies et des gelées, en posant dessus des châssis ou des paillassons ; puis on les arrose pour en faciliter la reprise, et, comme pour les pieds cultivés en pleine terre, on supprime les filets et les fleurs au fur et à mesure qu'ils paraissent. Dans le courant de janvier, on prépare les coffres à recevoir les Fraisiers ; puis on les place sur le sol, tous à côté les uns des autres, ou sur un gradin sous lequel on fait circuler les tuyaux du thermosiphon. Après avoir tout disposé, on bine la terre des pots, on enlève les feuilles mortes, et l'on pose les panneaux, que l'on couvre de paillassons pendant la nuit. Arrivé à ce point, on commence à les chauffer, ce qu'il ne faut faire que modérément et de manière à entretenir sous les panneaux une température de 12 à 15 degrés, et, comme nous l'avons indiqué pour les Fraisiers forcés en pleine terre, on bassine et on donne de l'air toutes les fois que la température est favorable. On peut, par ce moyen, avoir des fruits mûrs dès les premiers jours de mars. Comme ceux de pleine terre, les Fraisiers forcés en pots sont susceptibles de donner une seconde récolte; il suffit de les dépoter, de les planter en pleine terre et de leur donner les soins ci-dessus indiqués.

On divise les Fraisiers en plusieurs sections, qui contiennent chacune un grand nombre de variétés. Nous indiquerons seulement celles qui entrent le plus communément dans la culture.

La durée germinative des graines de Fraisiers est de trois ans.

Variétés. — Des Quatre-Saisons, — Ambroisia, — Amiral Dundas, — British Queen, — Eleonor Myatt, — Elton, — Jacunda, — Keen's sedling, — Lucas, — Marguerite Lebreton, — Napoléon III, — Princesse royale, — Sir Harry, — Victoria Trolopp, — Vicomtesse Héricart de Thury.

HARICOT (*Phaseolus vulgaris*). — On sème les premiers Haricots en décembre, sur couche et sous panneaux; mais, comme à cette époque, il y a souvent absence complète de soleil, ce qui est très-défavorable à ce genre de culture, il est préférable de ne commencer ce travail que dans le courant de janvier, et à partir de cette époque l'on peut continuer jusqu'à la fin de mars. On sème sur couche et sous panneaux, et aussitôt après le développement des cotylédons, on repique les Haricots en pépinière, toujours sur couche et sous panneaux. Quelques jours après, on prépare une couche d'environ 0^m,50 d'épaisseur dont la chaleur soit de 20 à 25 degrés; on pose les coffres, on charge la couche de 0^m,12 à 0^m,15 de terre légère, et l'on plante les Haricots.

On trace quatre rangs par coffre, et l'on plante à environ 0^m,15 sur la ligne; après quoi les soins à donner consistent à refaire les réchauds de temps à autre, afin d'entretenir la chaleur nécessaire dans la couche; à couvrir les panneaux pendant la nuit; à donner de l'air toutes les fois que la température le permet; enfin, à bassiner au besoin, surtout au moment de la floraison, afin d'empêcher les fleurs de couler; et lorsque les Haricots ont environ 0^m,25 de hauteur, on les couche vers le haut du coffre, puis on les maintient dans cette position au moyen de petites tringles de bois qu'on pose sur les tiges. Peu de jours après, l'extrémité des tiges se relève (on peut alors enlever les tringles), mais la partie inférieure reste couchée sur le sol. Ainsi traités, on commence ordinairement à cueillir les premiers Haricots six semaines après le semis.

C'est souvent à tort que l'on détruit les Haricots aussitôt après qu'on en a récolté les premiers produits; car en les nettoyant avec soin, opération qui consiste à enlever les feuilles mortes et les fruits que l'on a trouvés trop petits pour être cueillis, ils donneront au bout de quelque temps une seconde récolte aussi abondante que la première.

On peut faire avec avantage l'application du chauffage par le thermosiphon à la culture des Haricots sous panneaux. Il suffit alors de préparer une couche très-mince dans le but seul de garantir les Haricots de l'humidité du sol, puis on fait circuler les tuyaux de l'appareil au-dessus de la couche; on entretient la chaleur de 15 à 20 degrés sous les panneaux; et comme l'on peut régler ce chauffage à volonté, on découvre tous les jours, sans avoir égard à l'état de la température, et l'on donne de l'air aussi souvent qu'il est nécessaire, ce qui contribue puissamment au succès de l'opération.

En avril, on sème encore sur couche, mais on repique en pleine terre et sous cloches. On repique trois Haricots sous chacune; au bout de quelques jours, on commence à donner de l'air, puis on enlève les cloches lorsque les gelées ne sont plus à craindre et que la température est favorable. Il va sans dire qu'on peut indifféremment employer des cloches ou des panneaux.

On sème en pleine terre en mai; en terre légère, on sème dans la première quinzaine du mois; mais en terre forte, dans la seconde seulement, par touffes, ou mieux en rayons, car, par ce moyen, on obtient une végétation beaucoup plus vigoureuse, et par conséquent, des produits plus abondants. On trace des rayons d'environ $0^m,05$ de profondeur à $0^m,40$ les uns des autres; après quoi, on sème les Haricots un à un, à $0^m,15$ ou $0^m,20$ sur la ligne, puis on les couvre d'environ $0^m,02$ de terre.

Pour semer par touffes, on fait des trous de $0^m,05$ à $0^m,06$ de profondeur, disposés en échiquier, à $0^m,40$ les uns des autres; on sème cinq ou six Haricots dans chacun, puis on les recouvre de la même quantité de terre que ceux qui sont semés en rayons. Quelque temps après, on donne un binage pour faciliter la levée des graines; mais c'est seulement lorsque les Haricots sont bien levés qu'on finit de remplir les trous ou les rayons. A partir de l'époque ci-dessus indiquée, on peut semer des Haricots en pleine terre, jusqu'à la mi-août, pour manger en vert (les Haricots qu'on cultive particulièrement pour cet usage sont : le Nain de Hollande, le Flageolet et le Bagnolet); mais, quand on veut récolter en sec, il ne faut pas semer après le mois de mai, excepté pour quelques variétés naines hâtives, que l'on peut encore semer dans la première quinzaine de juin. On cultive encore un grand nombre de variétés de Haricots, que l'on divise en deux catégories.

La durée germinative des semences de Haricots est de trois ans.

Haricots à manger en vert ou écossés.—Nain de Hollande, h. 0^m,30, — Noir de Belgique, h. 0^m,35,— de Soissons nain, h. 0^m,50. —de la Chine, h. 0^m,35, — Flageolet, h. 0^m,35, — Fl. jaune, h. 0^m, 40,— Suisse blanc, 0^m,45, — S. gris, h. 0$_m$45, — de Chartres, h. 1$_m$,40,— de Soissons, h. 2^m, — Sabre, h. 2^m, — Riz, h. 0^m,60.

Haricots sans parchemin ou Mange-tout. — Nain blanc, h. 0^m,50, — Sabre nain, h. 0^m,50, — de Prague marbré nain, h. 0^m,45, — Princesse nain, h. 0^m,40, — Jaune du Canada, h. 0^m,40, — Beurre nain, h. 0^m,35, — Predomme, h. 1^m,50, — Princesse, h. 2^m, — Beurre 2^m,50, — B. blanc, h. 2^m, — de Prague rouge, h. 2^m,50, — de P. marbré, h. 2^m,— de P. bicolore, h. 2^m,50, — de Villetaneuse, h. 2^m.

IGNAME DE LA CHINE (*Dioscorea Batatas*).— Cette plante, dont l'introduction en France date de 1848, a résisté à l'épreuve du temps, sous laquelle ont succombé un grand nombre de plantes nouvelles. Elle justifie de plus en plus les espérances fondées sur les services qu'elle rend dans son pays natal, et l'on peut dire maintenant qu'elle est digne à tous égards de figurer au premier rang sur la liste de nos plantes potagères.

La saveur des racines tuberculeuses de l'Igname de la Chine diffère peu de celle de la Pomme de terre; elles sont aussi riches en fécule, et peuvent, comme la Pomme de terre, recevoir toute sorte d'assaisonnements.

Ces racines sont annuelles; laissées en terre, elles s'atrophient chaque année, mais seulement après avoir donné naissance à de nouvelles racines, qui partent du collet de la plante.

On multiplie l'Igname de la Chine en plantant, en mars ou avril, sans plus de soins que n'en exige la culture bien comprise de la Pomme de terre, soit les bulbilles qui naissent dans les aisselles des feuilles, soit les jeunes racines que produisent les bulbilles, soit enfin le collet des racines destinées à la consommation. On plante les Ignames de la Chine en lignes, à $0^m,20$ ou $0_m,25$ les unes des autres, en tous sens. Dans les terrains siliceux, qui conviennent mieux que tous les autres à la culture de cette plante, la récolte des Ignames de la Chine peut être faite l'année même de la plantation. Les frais d'arrachage ne dépassent pas sensiblement alors ce que coûte ordinairement la récolte des Carottes longues, par exemple. Néanmoins, pour obtenir de cette plante tout ce qu'elle peut produire, il faut laisser les racines en terre pendant deux ans. D'après ce que nous avons été à même de constater dans nos propres cultures, le rendement en racines de l'Igname de la Chine dépasse toujours de beaucoup la seconde année ce que la même étendue de terrain aurait pu produire de Pommes de terre. Il en résulte que, malgré les deux années de culture et les frais d'arrachage, cette opération offre encore des avantages certains.

Bien que les tiges de l'Igname de la Chine soient grimpantes, elles n'ont pas besoin d'être ramées, et l'on peut les laisser ramper sur le sol. S'il arrivait même qu'elles prissent un trop grand développement la seconde année, on pourrait sans inconvénient en donner une partie aux bestiaux, qui les mangent avec plaisir comme fourrage frais. l'Igname de la Chine est peu sensible au froid; sous le climat de Paris, elle passe très-bien en pleine terre les hivers ordinaires. Cependant, il est prudent d'arracher les Ignames de la Chine dès que les tiges sont complétement sèches.

Placée dans les mêmes conditions que la Pomme de

terre, l'Igname de la Chine peut se conserver facilement cinq et six mois hors de terre.

Laitue (*Lactuca sativa*). — On en cultive deux races principales : les Laitues pommées (*Lactuca capitata*) et les Laitues romaines (*Lactuca romana*).

Laitues. — On les divise en Laitues pommées, de printemps, d'été, d'hiver, et à couper.

Laitues de printemps. — Dans la première quinzaine d'octobre, on sème la variété dite petite noire, sur un ados exposé au midi ; lorsque les cotylédons sont bien développés et que les premières petites feuilles commencent à paraître, on place trois rangs de cloches sur l'ados, et l'on repique sous chacune une trentaine de plants ; puis on élève ces Laitues sans jamais leur donner d'air. Mais il n'en est pas de même pour les autres variétés, qu'on sème dans la seconde quinzaine du mois : car lorsque le plant est bien repris, ce qui se voit quand il commence à végéter, on donne un peu d'air en soulevant les cloches d'environ 0^m,03 du côté opposé au vent. Au bout de quelques jours, on augmente progressivement, selon l'état de la température, et afin de fortifier le plant. Il ne faut rabattre les cloches que lorsqu'il gèle à 2 ou 3 degrés. Lorsque la gelée devient plus forte, on garnit les cloches avec du fumier bien sec, qu'on augmente en raison de l'intensité du froid.

On découvre les cloches au moment du soleil ; mais on doit s'assurer avant si le plant ne souffre pas de la gelée ; car il faudrait alors, au lieu de découvrir, augmenter la couverture et le laisser dégeler graduellement.

Dans la première quinzaine de novembre, on plante sur couche (sous panneaux ou sous cloches), et à partir de cette époque, on continue successivement jusqu'à la fin de février. En mars, on plante en pleine terre, à bonne exposition, toujours avec des plants pris sur le même ados.

Vers la fin de février ou au commencement de mars, on sème sur couche et sous panneau; et lorsque le plan est assez fort, on le repique en planches que l'on aura eu soin de pailler avant la plantation.

Variétés. — Crêpe ou petite noire. — Gotte. — Georges. — A bord rouge. — Bigotte.

On sème aussi ces variétés en août et en septembre; on les plante sur des vieilles couches, qu'on recharge de terreau, de manière qu'elles se trouvent près du verre; mais c'est seulement quand il gèle qu'on les recouvre de panneaux, et en ayant soin de leur donner autant d'air qu'il est possible. On en conserve souvent jusqu'en décembre.

Laitues d'été. — On commence à en semer dès les premiers jours d'avril, puis jusqu'en juillet, successivement tous les quinze jours, afin d'en avoir qui se succèdent pendant toute la saison. Les soins sont les mêmes que ceux que nous avons indiqués précédemment; seulement, en raison de l'époque, les arrosements doivent être beaucoup plus fréquents.

Variétés. — Blonde de Versailles. — Bl. d'été. — Bl. de Berlin. — Batavia blonde. — Bl. brune. — de Malte. — Turque. — Impériale. — Verte de Gênes. — Grosse brune paresseuse. — Palatine. — Rouge chartreuse. — Rousse à graine jaune. — Sanguine ou flagellée.

Laitues d'hiver. — On commence à les semer en août, et l'on peut continuer jusque vers le milieu de septembre. En octobre on les plante dans une plate-bande, à bonne exposition, et on les garantit des fortes gelées et de la neige en les couvrant avec de la litière, qu'on enlève toutes les fois que le temps le permet.

Variétés. — De la passion. — Morine. — Brune d'hiver.

Laitues à couper. — On peut facilement en avoir presque toute l'année, et en commençant à semer sur couche en janvier et en février, puis en pleine terre dès le mois de mars successivement jusqu'en novembre.

Variétés. — A pincer. — Chicorée. — Épinard.

Laitues romaines. — On en cultive plusieurs variétés que l'on peut classer, comme les Laitues pommées, en Romaines de printemps, d'été et d'hiver.

Romaines de printemps. — Dans la première quinzaine d'octobre, on sème la Romaine verte hâtive, et dans la seconde, les Romaines blonde et grise maraîchère; on traite le plant comme celui des Laitues pommées cultivées à cette époque; seulement, dans le courant de novembre, on relève le plant des Romaines vertes pour le replanter immédiatement; mais alors on n'en place plus que douze ou quinze par cloche.

Vers la fin de décembre ou le commencement de janvier, on commence à planter sous panneaux ou sous cloches, et à partir de cette époque on continue successivement jusqu'à la fin de février; en mars, on plante en pleine terre, à bonne exposition.

Romaines d'été. — On les cultive absolument comme les Laitues d'été, à la seule différence que pour les faire blanchir, on lie avec un ou deux liens de paille les variétés qui ne se coiffent pas elles-mêmes. Cette opération ne doit avoir lieu que par un temps sec, et dès lors il faut s'abstenir de mouiller les feuilles en arrosant.

Variétés. — Alphange, — blonde de Brunoy. — Monstrueuse. — Panachée. — Dorée. — A feuille de chêne.

Romaines d'hiver. — On les traite comme les Laitues

d'hiver; et pour semer à cette époque, on donne généralement la préférence à la Romaine rouge d'hiver, variété très-rustique et supportant le mieux les gelées.

Les graines de Laitues et de Romaines mûrissent en août, et elles se conservent bonnes pendant cinq ans.

LENTILLES (*Ervum lens*). — Cette plante est plus cultivée en plein champ que dans les jardins; on la sème en rayons en mars et avril. Dans un terrain sec et sablonneux ses produits sont beaucoup plus abondants que dans un terrain gras et humide; car alors elle végète beaucoup, mais ne donne que très-peu de graines. La variété à laquelle on donne généralement la préférence est celle de *Gallardon*.

La durée germinative des semences de Lentille est de trois ans.

MACHE DE HOLLANDE (*Valerianella olitoria*). — Elle aime une terre douce et bien fumée. On commence à en semer en août et jusqu'à la fin d'octobre. On la sème à la volée; et après avoir hersé à la fourche, on la recouvre légèrement avec le râteau, et l'on arrose si le temps est sec. Celle qu'on a semée en octobre sera bonne au printemps.

Il existe une nouvelle variété de Mâche à feuilles panachées, qui peut être cultivée exactement de la même manière.

Mâche d'Italie ou régence. — C'est une espèce à feuilles plus larges, mais plus tardive; on en sème souvent parmi celle de Hollande, de manière à prolonger la durée du semis.

Les graines de Mâche sont bonnes à récolter en juin, et elles se conservent pendant quatre ou cinq ans.

MAÏS (*Zea maïs*). — Dans les jardins, on cultive particulièrement le Maïs pour ses jeunes épis, que l'on fait confire au vinaigre comme les cornichons ou pour manger cuits à l'eau comme les pommes de terre. On le sème en mai en pleine terre, ou en avril sur couche, pour le repiquer ensuite à 0^m,60 de distance. Quand les plantes prennent de la force, on les butte, et on retranche les bourgeons qui viennent au pied.

La durée germinative des semences du Maïs est de deux ans.

Variétés. — Blanc hâtif. — Quarantain, — à poulets. — Sucré.

MELONS (*Cucumis Melo*). — La culture des Melons, sur laquelle il a déjà paru beaucoup de traités, rarement écrits par des praticiens, est on ne peut plus facile ; cependant, dans nos pays elle exige des soins assidus et intelligents, surtout pour ceux de première saison : car alors on a à lutter contre les chances défavorables de la température ; et la bonne culture a une telle influence sur la qualité des fruits, que, quoique placés dans des conditions bien moins favorables, nos Melons cantaloups sont ordinairement supérieurs en qualité à ceux des contrées méridionales, où ils sont semés en plein champ et abandonnés à eux-mêmes.

Cette culture peut se faire de trois manières : sous panneaux, sous cloches et en pleine terre.

Melons sous panneaux. — On ne cultive sous panneaux que le Cantaloup Prescott fond blanc et ses variétés.

Dans la culture de haute primeur on sème les premiers Melons dès les premiers jours de janvier ; mais, dans les cultures ordinaires, on sème seulement dans les premiers jours de février.

On prépare une couche d'environ 0^m,75 d'épaisseur, composée de moitié fumier neuf, moitié fumier recuit.

On la charge de 0^m,10 de terreau, de manière que le semis se trouve peu éloigné du verre. On entoure le coffre d'un bon réchaud de fumier, et lorsque la chaleur de la couche est favorable (25 à 30 degrés), on trace des rayons, on sème des graines, que l'on recouvre légèrement ; on tient les panneaux couverts de paillassons pendant deux ou trois jours, jusqu'à ce que ces graines aient levé ; après quoi on découvre tous les jours, en ayant soin de recouvrir avant la nuit. Quelques jours après la levée des graines, on commence à donner un peu d'air par le haut des panneaux chaque fois que le temps le permet, afin de fortifier le plant. Lorsque les cotylédons sont bien développés, on prépare une autre couche, de même épaisseur que la précédente, mais dont la longueur doit être proportionnée à la quantité de plants que l'on veut repiquer ; puis on la charge de terreau. On place les coffres, on étend le terreau également, et lorsque la chaleur de la couche est favorable, on choisit le plant le plus vigoureux, et on le repique avec le doigt, comme on le ferait avec un plantoir. On fait ordinairement dix rangs par coffre, et l'on repique ses Melons à $0^m,12$ de distance sur la ligne, ayant soin de les enfoncer jusqu'aux cotylédons ; ou bien on enfonce des pots de $0^m,08$ de diamètre sur la couche ; on les emplit de bonne terre douce mêlée de terreau, on la foule légèrement, et lorsque la chaleur est favorable, on repique un pied de Melon dans chaque pot (1) ; et, dans ce cas comme dans l'autre, on tient les panneaux couverts de paillassons pendant trois ou quatre jours, pour faciliter

---

(1) Ces deux modes de repiquage sont encore pratiqués dans la culture maraîchère. Cependant bon nombre de maraîchers ont abandonné le repiquage en pot ; car l'expérience prouve qu'un Melon dont les racines sont contournées (ce qui arrive nécessairement aux pieds repiqués en pot, si la plantation se trouve retardée de quelques jours), doit végéter avec moins de vigueur que celui qui est repiqué sur couche, et dont les racines n'ont pas été gênées dans leur développement.

la reprise du plant; après quoi on découvre tous les jours, et l'on donne un peu d'air au moment du soleil.

Première taille. — Lorsque la tige primitive a trois ou quatre feuilles, on la coupe au-dessus de la seconde feuille (*fig.* 11); ensuite on supprime les cotylédons, dans la crainte que l'humidité ne pourrisse ces organes et qu'ils ne gâtent la tige.

Dans la seconde quinzaine de février, on prépare des

Fig. 11. — Melon, première taille.

couches de $0^m,60$ d'épaisseur et $1^m,33$ de largeur, composées de fumier neuf, de feuilles d'arbres et de marc de raisin; ou de fumier neuf et d'un tiers de fumier provenant d'anciennes couches. On les charge d'environ $0^m,15$ de bonne terre de potager mêlée de terreau; on place les coffres, et après avoir bien étendu la terre dans les coffres, on place les panneaux, on remplit les sentiers à moitié, et, quand la couche a jeté son premier feu, on plante deux pieds de Melon sous chaque panneau. Avant la plantation on fait un rang de trous sur le milieu de la couche; puis, si l'on a repiqué sur couche, on lève les plants avec une bonne motte, et l'on plante un pied de Melon dans chaque trou, en ayant soin de l'enfoncer jusqu'aux premières feuilles. Si l'on a repiqué en pot, on dépote le plant avec précaution. Pour cela, on prend le pot de la main droite, on place la main gauche sur la surface de la terre, de sorte que la tige se trouve entre deux doigts. On renverse le pot, puis on frappe légèrement sur le bord du coffre, et lorsque la motte est sortie du pot, on plante le Melon comme nous l'avons indiqué. Aussitôt après la plantation on donne un peu d'eau au pied ; au moment du soleil, on ombrage les panneaux avec un peu de litière, et pendant quelques jours on s'abstient de donner de l'air.

Quelques jours après la plantation on entoure les coffres d'un bon réchaud de fumier, et l'on achève de remplir les sentiers. Pendant la nuit et par le mauvais temps on couvre les panneaux avec des paillassons, puis on donne de l'air toutes les fois que la température le permet.

Deuxième taille. — La première taille, c'est-à-dire le pincement de la tige primitive, ayant déterminé le développement de deux branches latérales, on en dirige une vers le haut du coffre et l'autre vers le bas ; et lorsqu'elles

Fig. 12. — Melon, deuxième taille.

ont environ 0^m,33 de longueur, on les taille au-dessus de la troisième ou quatrième feuille (*fig.* 12), suivant la vigueur des pieds. Arrivé à ce point, et avant le développement de nouvelles branches, on étend sur toute la couche un bon paillis de fumier à moitié consommé.

Troisième taille. — La seconde taille détermine le développement de trois ou quatre branches sur chaque branche latérale. Pendant leur végétation, on les dirige de manière qu'elles ne se croisent pas ; et lorsqu'elles ont environ 0^m,33 de longueur, on les taille au-dessus de la troisième feuille (*fig.* 13), sans avoir égard aux fleurs, que l'on supprime, car les premières fleurs du Melon sont ordinairement des fleurs mâles, qu'on nomme fausses fleurs; si par hasard il se trouve quelques fleurs femelles nommées mailles, on supprime aussi les branches où elles se trouvent, car alors les plantes n'étant pas encore assez fortes, les fruits seraient très-inférieurs à ceux qu'on obtiendra plus tard. Après la troisième taille, on surveille avec soin le développement des nouvelles branches; et lorsqu'on a de jeunes fruits noués, on choisit le mieux fait; on pince la branche qui le porte à deux yeux au-dessus du fruit, que l'on garantit avec les feuilles environnantes, de ma-

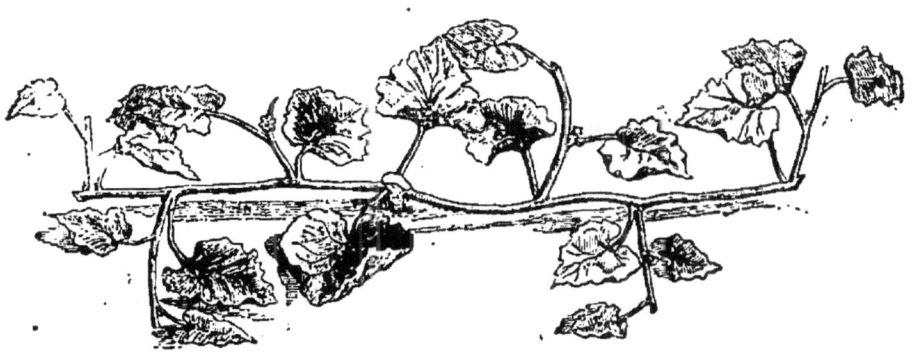

Fig. 13. — Melon, troisième taille.

nière qu'il ne soit pas atteint par les rayons directs du soleil, qui le durciraient; puis l'on supprime immédiatement sur chaque pied tous les autres fruits, afin de favoriser le développement de celui que l'on a laissé, et l'on pince toutes les autres branches au-dessus de la seconde feuille (*fig.* 13).

Comme il arrive quelquefois que le jeune fruit n'a pas une forme régulière, ou bien qu'il allonge trop, dans ce cas on le supprime, et l'on fait choix d'une autre maille. Enfin, quand il a atteint à peu près sa grosseur, si les plantes sont vigoureuses, on choisit sur chaque pied, parmi les fruits nouvellement noués, un second fruit, mais en exigeant toujours les mêmes conditions que pour le premier; après quoi on supprime tous les autres, ce qui fera un ou deux Melons sur chaque pied. Les autres soins se bornent à couper toutes les branches nouvelles au-dessus de leurs premières feuilles et à supprimer l'extrémité des branches qui sortiraient du coffre. Pour toutes les opérations qui obligent d'enlever les panneaux, il faut choisir le moment de la journée où la température est la plus douce, afin que le froid ne saisisse pas les Melons, qui sont excessivement tendres. Lorsque les arrosements deviennent nécessaires, on bassine avec l'arrosoir à pomme; mais à cette époque il faut que l'eau qu'on emploie soit au même degré de température que l'atmosphère dans laquelle on la répand, afin de ne point retarder la végétation. Si les Melons poussent très-vigoureusement, il est bon de ne pas arroser ou de ne leur donner que très-peu d'eau avant qu'ils aient des fruits noués; car plus ils sont vigoureux, moins ils sont disposés à fructifier. Chaque jour, au moment du soleil, on donne de l'air aux panneaux, en ayant soin de les soulever à l opposé du vent. Il ne faut pas, autant que possible, les habituer à être ombragés; il vaut mieux aérer davantage à mesure que le soleil prend de la force. En effet, lorsqu'on a commencé, il faut continuer, et avec beaucoup d'exactitude; car souvent il ne faut qu'un rayon de soleil pour brûler les feuilles. On continue de couvrir les panneaux toutes les nuits; et à partir de l'époque de la plantation, il faut entretenir les réchauds à la hauteur des panneaux et les remanier tous les mois environ, en ajoutant chaque fois au moins la moitié de fumier neuf, afin d'entretenir la chaleur de la couche; mais il ne faut pas refaire les réchauds dans toute leur profondeur une fois que les Melons pousseront vigoureusement, car ils ont des racines qui rampent presque à la superficie du sol; et comme elles se développent rapidement, elles ne tardent pas à pénétrer dans les sentiers ; c'est pourquoi il faut s'abstenir de toute opération qui pourrait en arrêter le développement.

Par ce traitement, les fruits de la première saison commencent à mûrir dans la première quinzaine d'avril, et ceux semés en février donnent en mai (1).

Les Melons de primeur sont au nombre des plantes qu'il est avantageux de chauffer avec le thermosiphon, car une des circonstances les plus défavorables à cette culture est l'absence du soleil, ce qui a souvent lieu en janvier et février ; et comme, malgré la rigueur de la température, il est nécessaire de bassiner les Melons, à cause de la chaleur de la couche, il arrive souvent que l'atmosphère du châssis se charge d'humidité et que de nombreuses gouttelettes d'eau se forment sur toute la surface intérieure des panneaux ; or, si la température ne permet pas de donner de l'air, cet excès d'humidité occasionne la coulure des fleurs. C'est dans cette circonstance qu'on peut apprécier l'effet bienfaisant du thermosiphon. Comme on règle ce chauffage à volonté, on

---

(1) Un fait assez important à connaître est le point précis de la maturité des Melons. A ce sujet, nous dirons qu'il n'est pas toujours indispensable d'attendre la maturité complète pour récolter un Melon ; il suffit qu'il soit frappé, c'est-à-dire qu'il commence à changer de couleur ou de teinte ; lorsqu'il est arrivé à ce point, on peut le cueillir, le déposer dans un lieu frais, où il achève de mûrir sans rien perdre de sa qualité ; par ce moyen, on peut facilement prolonger la récolte. Bien qu'il ne soit pas toujours facile de constater la maturité d'un Melon, nous dirons qu'on le juge arrivé au point d'être mangé, lorsqu'il prend une coloration jaune, qui devient assez intense dans les variétés de couleur claire ; lorsque la queue se cerne à son point d'insertion, comme si elle allait se détacher ; enfin lorsque le fruit répand une odeur agréable, et qu'en pressant doucement l'ombilic (le point opposé à la queue), on le sent fléchir sous le doigt. Les variétés à écorces minces sont les plus faciles à distinguer ; quant aux Cantaloups, ils présentent plus d'incertitude.

peut donner de l'air toutes les fois qu'il est nécessaire. Par ce moyen, les soins sont exactement les mêmes que ceux précédemment indiqués; seulement on fait une couche beaucoup moins forte, et on fait circuler les tuyaux de l'appareil au-dessous de la couche.

Dans la seconde quinzaine de février on sème une seconde saison de Melons.

Comme à l'époque où ces Melons sont bons à planter la température commence à être plus favorable, on ne fait plus les couches aussi fortes, et il n'est plus nécessaire de refaire les réchauds aussi souvent. Une quinzaine de jours après le repiquage, on choisit un emplacement bien exposé au midi, mais où l'on n'ait pas cultivé de Melons l'année précédente; car, pour que le succès de cette culture soit plein et entier, il ne faut pas planter deux années de suite sur le même terrain. On fait une première tranchée de 1 mètre de largeur et de $0^m,33$ de profondeur; on dépose les terres à l'extrémité du carré, c'est-à-dire à l'endroit où l'on doit faire la dernière tranchée; puis on prépare une bonne couche d'environ $0^m,66$ d'épaisseur, composée, comme pour les Melons de première saison, de fumier, de feuilles ou de marc de raisin. Ensuite on ouvre une tranchée à $0^m,66$ de la première, et avec de la terre, si elle n'est pas trop compacte, on charge la couche de $0^m,15$; on fait une couche dans la seconde, et ainsi de suite jusqu'au bout du carré, où l'on trouvera la terre de la première tranchée pour charger la dernière couche.

Après cela, on laboure les sentiers, on place les coffres, on étend la terre dans l'intérieur des coffres, on pose les panneaux, puis on entoure les coffres d'un bon réchaud de fumier, et on remplit les sentiers. Lorsque la chaleur de la couche est au point convenable, on plante deux pieds de Melon sous chaque panneau et on leur donne les mêmes soins qu'aux Melons de première saison.

Melons sous cloches. — Pour planter sous cloches, on peut encore semer les Melons cantaloups Prescott; mais beaucoup de jardiniers préfèrent les Melons brodés, qui fructifient beaucoup plus. Vers la fin de mars ou le commencement d'avril, on sème sur couches et sous panneaux, en ayant soin d'observer tout ce qui a été indiqué pour l'éducation du plant de première saison. Quelque temps avant la plantation, on fait une tranchée de $0^m,65$ de largeur sur $0^m,40$ de profondeur, puis on prépare une couche d'environ $0^m,75$ d'épaisseur. On la bombe légèrement au milieu, et on la couvre d'un lit de bonne terre mêlée de terreau. Lorsque la chaleur de la couche est favorable, on plante ces Melons sur un rang et à $0^m,66$ les uns des autres. Aussitôt après la plantation, on couvre chaque Melon d'une cloche, que l'on enveloppe de litière pendant deux ou trois jours, pour favoriser la reprise du jeune plant; pendant la nuit, on couvre les cloches avec des paillassons. Dès que les Melons commencent à végéter, on donne un peu d'air en soulevant les cloches pendant le jour, puis on augmente graduellement jusqu'au moment de les enlever, ce qui a lieu lorsqu'elles ne peuvent plus contenir les branches, mais ce qu'il ne faut faire que par un beau temps, car il vaudrait mieux retarder cette opération que de les enlever par un temps humide. A partir de l'époque ci-dessus indiquée jusqu'à la Saint-Jean (du 20 au 25 juin), on peut successivement planter plusieurs saisons de Melons sous cloches. L'éducation du plant, la taille et les autres soins sont en tout conformes à ceux indiqués pour les Melons cultivés sous panneaux.

Melons sur buttes. — Nous allons maintenant donner la description d'une méthode aussi simple que peu dispendieuse, récemment indiquée par M. Loisel. Dans le courant de mai on élève sur le sol des buttes en forme de cône, faites avec du fumier à moitié consommé, des feuilles ou de la mousse. On leur donne environ $0^m,50$ ou $0^m,60$ de diamètre à la base, $0^m,60$ de hauteur, et on les établit à environ 1 mètre l'une de l'autre. Les fumiers doivent être préparés comme pour les autres couches, c'est-à-dire qu'il faut bien les mélanger, et les mouiller s'ils sont trop secs; puis, à mesure qu'on les emploie, il faut les fouler de manière que les buttes subissent le moins de tassement possible ; et, quelle que soit la nature des substances employées pour construire ces buttes, il faut les couvrir d'environ $0^m,15$ de bonne terre, préparée comme nous l'avons indiqué précédemment. On fait sur le sommet de chaque butte un petit trou d'environ $0^m,10$ de diamètre, que l'on remplit de terreau fin ; puis on sème trois ou quatre graines dans chacun, pour ne laisser plus tard que les deux pieds les plus vigoureux, ou bien, ce qui est encore préférable, on plante des pieds tout élevés. Il faut, dans ces deux cas, les couvrir aussitôt d'une cloche, que l'on enlèvera lorsqu'elle ne pourra plus contenir les branches. Nous renvoyons, pour les soins à donner et pour la première taille, à ce qui a été dit à l'égard des Melons sous châssis. Avant d'enlever les cloches, on binera légèrement la terre des buttes, en ayant soin de leur conserver leur forme arrondie, ainsi que le terrain environnant, puis on les couvrira complétement d'un paillis de fumier, que l'on peut étendre à 1 mètre environ autour. Cette couverture a l'avantage de maintenir la fraîcheur des arrosements. On visitera les buttes de temps à autre. Les soins à donner consistent à faire descendre les branches qui prendraient une mauvaise direction, à arracher les mauvaises herbes à mesure qu'elles paraîtront ; et lorsque les branches seront arrivées à peu près au milieu de la butte, on en pincera l'extrémité. Cette opération donnera naissance à de nouvelles branches, qui se chargeront bientôt de fleurs et de fruits ; et comme elles atteignent promptement le bas de la butte, il en faut couper une dernière fois toutes les extrémités, lorsqu'elles commencent à ramper sur le sol. Une fois arrivé à ce point, tous les soins se borneront à les arroser au besoin et à poser une tuile ou un bout de planche sous chaque fruit, lorsque celui-ci sera arrivé à peu près à moitié de sa grosseur. Outre l'économie que présentent ces buttes, elles offrent l'avantage d'être plus facilement pénétrées par les rayons solaires, ce qui est un point important dans les cultures de ce genre. D'un autre côté, l'inclinaison des branches est tellement favorable à la fructification, que chaque butte peut facilement produire 10 ou 12 bons Melons dans le courant de l'été ; les premiers commencent ordinairement à mûrir dans la seconde quinzaine de juillet, et continuent à donner des fruits jusqu'en septembre.

On divise les Melons en trois races, dont nous allons indiquer les meilleures variétés :

Melons brodés. — Maraîcher. — Sucrin de Tour. — S. à chair blanche. — Ananas d'Amérique, — d'Arkangel, — de Grammont, — de Honfleur, — de Cavaillon.

Melons cantaloups. — Orange. — Noir des Carmes, — de Vingt-Huit Jours. — Prescott fond blanc. — Pr. fond gris. — Galeux fond vert, — de Portugal. — Noir de Hollande.

Melons à écorce lisse. — De Malte, — de M. à chair rouge, — d'Hiver, — de Perse (1).

Melons d'eau, Pastèques (Cucurbita Citrullus). — On les cultive comme les Melons à cloches, à cette différence

---

(1) Ces Melons, déposés dans un lieu sec, se conservent sans altération jusqu'en janvier, et quelquefois plus longtemps.

près, qu'on laisse une plus grande quantité de fruits sur chacun.

La durée germinative des graines de Melons est de cinq ans.

Navet (*Brassio Napus*). — Les navets viennent assez bien dans tous les sols, mais ils préfèrent une terre douce et sablonneuse; ce n'est même que dans un sol de cette nature qu'ils acquièrent une bonne qualité. On les sème à la volée, depuis le mois de mai jusqu'au commencement de septembre, et autant que possible par un temps pluvieux. Lorsque le plant est assez fort, on l'éclaircit plus ou moins, suivant la grosseur de la variété. Ceux que l'on destine pour la consommation d'hiver doivent être semés en juillet et août. On les arrache à l'approche des froids, et on leur coupe la fane, afin qu'ils ne repoussent pas; puis on les met en jauge et on les couvre de paille pendant les gelées; de cette façon on peut les conserver jusqu'en avril. On en cultive un grand nombre de variétés, que l'on divise en *Navets tendres*, *demi-tendres et secs;* pour les premiers et les derniers semis, ce sont les tendres qu'il faut prendre, comme étant les plus hâtifs.

Les graines de Navet mûrissent en juin, et se conservent bonnes pendant cinq ans.

Navets tendres. — Des Vertus. — Blanc plat hâtif. — Rouge plat hâtif. — Boule de Neige.

Navets demi-tendres. — Jaune de Hollande. — J. d'Ecosse. — J. de Malte. — J. de Finlande. — Rose du Palatinat. — Rond de Croissy. — Gris de Morigny.

Navets secs. — De Freneuse, — de Meaux, — de Berlin petit. — Jaune long.

Oignon (*Allium cepa*). — L'Oignon aime une terre douce et substantielle, fumée de l'année précédente; on le sème à la volée dans la seconde quinzaine de janvier, si le temps est favorable, mieux en février et même en mars dans les terres fortes. Après le semis, on herse et on foule le terrain; dans les terres légères, il faut même affermir le sol avant de semer; puis on passe le râteau, et on recouvre les graines d'une légère couche de terreau. Si le temps est sec, on arrose de temps à autre, afin de favoriser la germination; puis, lorsque les graines ont bien levé, on éclaircit dans les places où le plant est trop épais, et l'on repique dans celles où il en manque. Pendant leur végétation les Oignons n'exigent d'autres soins que des binages et des arrosements, qu'il faut même supprimer dès qu'ils commencent à tourner; assez ordinairement, lorsqu'ils ont atteint leur grosseur, on abat les fanes avec le dos du râteau, afin d'arrêter la circulation de la séve au profit de l'Oignon. On récolte les Oignons vers la fin d'août ou au commencement de septembre; après les avoir arrachés, on les laisse sur le terrain pendant une quinzaine de jours, pour qu'ils achèvent de mûrir, après quoi on les dépose dans un grenier. Si l'on a soin de les étendre et d'enlever tout ce qui pourrait engendrer de la pourriture, on peut en conserver jusqu'à la fin de mai.

Variétés. — Rouge foncé. — R. pâle. — Jaune des Vertus. — Souffré d'Espagne. — Pyriforme, — de Madère.

On peut aussi les semer au mois d'août : par ce moyen, l'on a même des Oignons deux mois plus tôt; mais il arrive souvent que beaucoup montent à graine au printemps.

Oignon blanc. — On le sème en pépinière et à la volée dans la première quinzaine d'août, pour le repiquer en octobre, et vers la fin du même mois pour repiquer en mars. En octobre dans les terres légères, et en mars dans les terres fortes, on prépare le terrain qu'on destine à la plantation de l'Oignon blanc. On trace 10 ou 12 rangs par planche de 1ᵐ,33 de largeur, et l'on repique les Oignons à 0ᵐ,10 de distance sur la ligne.

Dans les hivers rigoureux, il est prudent de couvrir le plant avec de la litière. On commence à récolter les Oignons blancs vers la fin d'avril ou au commencement de mai.

Si, par une circonstance imprévue, il arrivait qu'on manquât de plant ou bien que la quantité fût insuffisante, on peut semer en janvier ou en février sur couche et sous panneaux; on peut aussi en semer en pleine terre en février et mars; ces Oignons produiront beaucoup plus tôt que les autres variétés semées à la même époque.

Variétés. — Oignon blanc hâtif. — Oignon blanc gros.

Oignon d'Égypte ou *Rocambole*. — Il diffère des autres en ce qu'il porte sur sa tige des bulbilles qui servent à le multiplier. On les plante en mars, à 0ᵐ,12 les uns des autres, et chacun de ces bulbilles produit un bon et gros Oignon, que l'on arrache lorsque les feuilles jaunissent; on les dépose dans un lieu très-sec pour servir à la consommation, en ayant soin toutefois de réserver le nombre nécessaire pour la plantation, qui doit avoir lieu en mars suivant. Chacun de ces Oignons monte en tige, et rapporte des bulbilles que l'on conserve pour replanter à l'époque précédemment indiquée.

Oignon Patate. — On le plante en février ou plus tôt, si le temps le permet, à 0ᵐ,30 ou 0ᵐ,40 de distance; pendant sa végétation on le butte à plusieurs reprises, afin de favoriser le développement des bulbes qui croissent autour de l'Oignon mère.

On récolte les graines d'Oignons en août, et elles se conservent pendant deux ans.

OSEILLE (*Rumex acetosa*). — On la multiplie au printemps par éclats de pieds ou par graine, qu'on sème en rayons depuis mars jusqu'en juillet. Après le semis on recouvre les graines d'une légère couche de terreau, et l'on donne de fréquents bassinages : on en fait ordinairement des bordures ; mais, pour n'en pas manquer en été, il faut aussi la cultiver en planches, auxquelles on donne de copieux arrosements pendant la sécheresse.

On fait la dernière récolte vers la fin d'octobre ; après quoi on donne un binage, puis on étend un bon paillis de fumier à moitié consommé sur chaque planche, ou bien, à la même époque, on relève les touffes d'Oseille pour les mettre en jauge et les chauffer en hiver.

A cet effet, on prépare une couche de $0^m,35$ à $0^m,40$ d'épaisseur, dont la chaleur soit de 10 à 12 degrés ; on place les coffres, et on charge la couche de $0^m,15$ à $0^m,20$ de terreau ; après quoi on plante 10 à 12 rangs d'Oseille par coffre. Pendant les gelées on couvre les panneaux avec des paillassons ; on donne de l'air aussi souvent que possible.

On peut aussi forcer l'Oseille sur place. Pour cela, l'on pose des coffres sur les planches, puis des panneaux. On creuse les sentiers qui entourent les coffres, et l'on élève un réchaud de fumier, que l'on remanie de loin en loin.

On commence à chauffer l'Oseille vers la fin de novembre ou au commencement de décembre, et l'on peut continuer successivement jusqu'à la fin de février.

Les graines d'Oseille mûrissent en juillet, et se conservent pendant deux ans.

Variétés. — Vierge, — de Belleville, — de Frévent.

Oseille Épinard. — On cultive sous ce nom la Patience des jardins, *Rumex Patientia*. Cette plante a les feuilles grandes et allongées ; elle est d'une saveur plus douce que l'Oseille, et se multiplie facilement, soit de graines semées au printemps, en place ou en pépinière, pour être repiquées, ou bien par éclat des pieds. Il faut les mettre à environ 1 mètre l'un de l'autre.

La durée germinative des graines de Patience est de trois ans.

OXALIS CRÉNELÉE (*Oxalis crenata*). — Cette plante est d'une multiplication et d'une culture très-faciles; elle produit un grand nombre de petits tubercules, mais dont la saveur plaît généralement peu. Les feuilles et les sommités des pousses peuvent être mangées comme Épinards. On la multiplie par tubercules ou par boutures, que l'on plante en avril et mai, à 1 mètre de distance ; et dès qu'elles ont poussé d'environ $0^m,12$, on commence à les butter au centre, afin de forcer chaque jet à prendre une direction horizontale ; puis, à mesure qu'elles s'allongent, on les charge successivement de terre jusqu'en septembre, époque où les tubercules commencent à se former. A l'approche des gelées, on étend sur le terrain une couche de fumier ou de feuilles, afin de ne faire la récolte que le plus tard possible, car les tubercules grossissent jusqu'à une époque assez avancée.

PANAIS (*Pastinaca sativa*). — Il leur faut une terre profonde et substantielle. On peut les cultiver comme les Carottes, mais il faut les éclaircir davantage, parce que les fanes sont beaucoup plus larges ; on peut les laisser en terre pendant l'hiver, car ils ne craignent nullement les gelées.

La graine de Panais mûrit vers la fin d'août et n'est bonne que pendant un an.

Variétés. — Panais long. — Panais rond.

PATATE DOUCE (*Convolvulus Batatas*). — On cultive les Patates sur couche et sous châssis, sur couche sourde et en pleine terre.

On les multiplie de graines, qu'on sème en mars sur couche et sous châssis ; mais comme on en récolte rarement, le plus souvent on les multiplie de la manière suivante : dans les premiers jours de janvier on fait choix de quelques tubercules parmi les mieux conservés ; on les dépose sur couche chaude et on les couvre de châssis sur lesquels on étend des paillassons pendant la nuit ; peu de temps après ils entrent en végétation. Alors on les couvre de $0^m,05$ ou $0^m,06$ de terre légère, et à l'époque de la plantation, on détache le plant du tubercule mère pour le planter immédiatement en place ; ou bien, lorsqu'on veut avoir du plant d'une reprise plus facile, on enlève les jeunes pousses à mesure qu'elles ont atteint $0^m,06$ ou $0^m,08$ de longueur, on les repique dans des pots d'environ $0^m,06$ que l'on enterre sur couche ; on les couvre d'une cloche, après quoi l'on bassine au besoin, et lorsque les boutures sont enracinées, ce qui a lieu assez promptement, on commence à soulever un peu la cloche, et l'on augmente graduellement pour l'enlever tout à fait lorsqu'elles peuvent supporter l'air sans se faner.

1. *Patates sur couche et sous châssis*. — Dans la première quinzaine de février, on prépare une couche de $0^m,60$ à $0^m,70$ d'épaisseur, moitié fumier et moitié feuilles. La hauteur de la couche doit être calculée de telle sorte qu'après qu'elle aura été chargée d'environ $0^m,25$ de bonne terre mêlée de terreau, le tout ne soit pas à plus de $0^m,10$ du verre. Après avoir placé les coffres, on pose les panneaux, et lorsque la chaleur de la couche est favorable, on plante les Patates sur deux rangs et à $0^m,60$ de distance sur la ligne. En les plantant, il faut avoir soin de bien étendre les racines ; car si elles étaient contournées,

cela nuirait essentiellement à la production des tubercules. Pendant la nuit, on couvre les panneaux avec des paillassons, puis on remanie les réchauds de temps à autre, afin d'entretenir la chaleur de la couche; on bassine au besoin et l'on donne de l'air toutes les fois que le temps le permet. Comme en grossissant il arrive souvent que les tubercules sortent de terre, il faut avoir soin de les recouvrir de quelques centimètres de terre. On peut récolter en mai ou juin au plus tard les Patates ainsi traitées; on détache les plus grosses, et si l'on recouvre les racines avec soin, elles ne continueront pas moins de végéter jusqu'à l'automne. En septembre on suspend les arrosements, afin de ne point prolonger la végétation, ce qui nuirait essentiellement à la maturité des tubercules.

2. *Patates sur couche sourde.* — Dans le courant d'avril, on prépare une couche sourde d'environ 1 mètre de largeur sur $0^m,50$ d'épaisseur; on la recouvre de $0^m,20$ à $0^m,25$ de bonne terre légère et substantielle, et vers la fin d'avril ou au commencement de mai on plante les Patates sur un rang et à $0^m,65$ l'une de l'autre; on couvre chaque pied d'une cloche sur laquelle on met un peu de litière au moment du soleil; au bout de quelques jours on commence à donner de l'air, en soulevant les cloches pendant le jour, et on enlève celles-ci lorsqu'elles ne peuvent plus contenir les branches.

Pendant la végétation, les soins se bornent à arroser toutes les fois qu'il en est besoin.

Vers la fin d'août ou au commencement de septembre, on trouvera des tubercules bons à être consommés; mais c'est seulement dans le courant d'octobre que l'on fait la récolte complète. Il faut la faire avec beaucoup de précaution, car les Patates qui sont rompues ou froissées pourrissent promptement.

3. *Patates en pleine terre.* — En mai, on fait de $0^m,60$

en 0^m,60 des trous de 0^m,50 de largeur et de 0^m,35 à 0^m,40 de profondeur ; on remplit le fond de fumier, on le couvre d'environ 0^m,20 de terre légère et substantielle, et l'on plante trois Patates dans chaque trou, en les disposant de manière qu'elles se trouvent à environ 0^m,8 l'une de l'autre. On arrose, on recouvre d'une cloche, et l'on ombre au besoin.

Dans les terres légères et saines, on peut, sous le climat de Paris, cultiver les Patates simplement en pleine terre, sur buttes de 0,80 de hauteur ou par planches d'environ 1 mètre de largeur, dont on recharge le milieu de manière à former un billon sur la crête duquel on plante un rang de Patates. Après la plantation, on les garantit des rayons brûlants du soleil jusqu'à une parfaite reprise, après quoi tous les soins consistent à les arroser au besoin.

4. *Conservation des Patates.*—Le procédé le plus simple pour conserver les Patates consiste à déposer les tubercules dans un lieu sec où la température, étant la plus égale possible, ne descende pas au-dessous de 12 degrés. Par ce moyen, l'on peut facilement conserver des Patates sans altération jusqu'en février et mars. On peut aussi conserver les Patates sur place, comme le fait M. Souchet, jardinier du château de Fontainebleau, en les couvrant avec des panneaux vitrés et des paillassons, de manière à empêcher le froid de pénétrer sous les panneaux.

Variétés. — Blanche. — Jaune.— Rose de Malaga.— Violette.

PERCE-PIERRE. *Bacille maritime, Fenouil marin (Crithmum maritimum).* — On la sème aussitôt la maturité des graines ou en mars, sur couche, pour la repiquer au pied d'un mur, au midi ou au levant ; on la couvre de litière pendant l'hiver, parce qu'elle est délicate et sensible aux gelées.

La graine de Perce-pierre ne conserve sa qualité germinative que pendant un an.

Persil (*Petroselinum sativum*). — On le sème en rayons, depuis le mois de février jusqu'en mai et juin ; et pour n'en pas manquer en hiver, il faut le couvrir de feuilles ou de litière dès l'approche des gelées. On peut aussi poser des coffres sur des planches disposées à cet effet, puis on les couvre de panneaux ; enfin, en janvier ou février, on peut semer sur terre, mais sous panneaux ; de cette manière on a du jeune Persil dans la seconde quinzaine de mars.

Les graines de Persil mûrissent en août, et elles se conservent pendant trois ans.

Variétés. — Frisé. — Nain très-frisé à grosse racine.

Piment (*Capsicum annuum*). — On le sème sur couche en février ou mars, en avril sur plate-bande terreautée, pour le repiquer à la fin d'avril ou au commencement de mai en pleine terre, à bonne exposition.

La durée germinative de la graine de Piment est de quatre ans.

Variétés. — Long, — rond, — du Chili, — doux d'Espagne, — tomate.

Pimprenelle (Petite) (*Poterium Sanguisora*). — On la sème au printemps ou à l'automne ; on en fait ordinairement des bordures qui sont excessivement rustiques.

Les graines de Pimprenelle mûrissent en septembre, et elles se conservent pendant deux ans.

Pissenlit. *Dent de lion* (*Taraxacum dens leonis*). — Cette plante est peu cultivée, car on en trouve abondamment dans les prés ; cependant, quand les pissenlits sont semés au printemps, on les obtient plus beaux et de meilleure qualité, surtout si l'on a soin de récolter les graines sur les individus dont les feuilles sont les plus larges. Indépendamment de la salade, qu'ils produisent vers la fin de l'hiver, on peut en faire blanchir à l'automne. Il suffit, pour cela, de les recouvrir de 0^m,12 à 0^m,15 de terreau bien consommé ; et dès qu'ils commencent à percer la couche de terreau, on les coupe sur le collet de la racine.

La durée germinative des graines de Pissenlit est de deux ans.

POIREAU (*Allium Porrum*). — On commence à semer le Poireau vers la fin de décembre ou le commencement de janvier, sur couche et sous panneaux ; vers la fin de février ou au commencement de mars, on repique le plant en pleine terre et à la volée ; vers la fin d'avril, c'est-à-dire lorsque le plant est assez fort, on trace huit ou dix rangs par planches de 1^m,33 de largeur, et l'on repique le Poireau à 0^m,15 de distance sur la ligne. On arrache le plant nécessaire à la plantation en éclaircissant le semis, et l'on commence à consommer les pieds restés en place, ce qui donne à ceux qu'on a repiqués le temps de se former. On peut aussi en semer en juillet pour repiquer au commencement de septembre ; puis, dans la seconde quinzaine de septembre, on fait un dernier semis, et, comme toujours, on sème à la volée, mais très-clair, car alors on ne repique pas. Ce Poireau est bon à récolter en juin.

Les graines de Poireau sont bonnes à récolter en août, et elles ne se conservent que pendant deux ans.

Variétés. — Court, — long, — monstrueux de Rouen, — jaune du Poitou.

POIRÉE BLONDE (*Beta vulgaris*). — On la sème en rayons, de mai en août ; et pour avoir toujours des feuilles bien tendres, il faut les couper souvent et les arroser fréquemment pendant la sécheresse. Pour n'en pas manquer en hiver, on peut, dès l'approche des gelées, relever ses racines en motte, pour les planter sur couche ; ou bien on pose des coffres et des panneaux sur des planches disposées à cet effet. On relève la terre des sentiers, puis on entoure les coffres d'un réchaud de vieux fumier ; on donne de l'air aussi souvent que possible.

La Poirée blonde peut au besoin être mangée comme épinards.

Poirée à cardes. — On la sème en pépinière en mai et juin. Lorsque le plant est assez fort, on le repique immédiatement en place. On trace trois rangs par planche de 1^m,33 de large, et l'on repique à 0^m,50 de distance sur la ligne. Pendant la sécheresse on arrose abondamment, afin d'avoir des cardes grosses et bien tendres. Pendant les gelées on les couvre de litière, et c'est seulement au printemps qu'on commence à les récolter.

Les graines de Poirée mûrissent en septembre, et se conservent bonnes pendant cinq ou six ans.

Variétés. — A cardes blanches. — A cardes rouges. — A cardes jaunes. — Du Chili. La plus remarquable de toutes les Poirées à cardes par le développement et la riche coloration de ses côtes.

Pois (*Pisum sativum*). — Au commencement de novembre, on sème les premiers Pois sur terre, mais sous panneaux, pour repiquer le plan également sous panneaux.

Dans le courant de décembre, on place les coffres qu'on destine à la plantation et on enlève environ un bon fer de bêche dans chacun, de manière à avoir 0^m,45 à 0^m,50 de profondeur sous les panneaux ; l'on dépose la terre dans les sentiers, ce qui sert à accoter les coffres ; après quoi on dresse le terrain, on passe le râteau, et l'on trace dans chaque coffre quatre rayons d'environ 0^m,08 de profondeur, en ayant soin de les distancer également, mais de manière à laisser plus d'espace vers le bas du coffre, qui est naturellement la partie la plus humide. Une fois l'emplacement préparé, et dès que le plant a 0^m,08 ou 0^m,10 de hauteur, on le soulève, afin de ne point rompre les racines en l'arrachant, puis on le repique par 3 ou 4 ensemble et à environ 0^m,20 de distance sur la ligne.

Lorsque les Pois ont 0^m,20 à 0^{m}25 de hauteur, on couche toutes les tiges vers le haut du coffre ; et pour les maintenir dans cette position, on les recouvre d'un peu de terre. Peu de jours après, l'extrémité des tiges se relève et continue de pousser ; ils ne tardent pas à fleurir ; alors on pince toutes les tiges au-dessus de la troisième ou de la quatrième fleur, afin de les faire fructifier plus promptement.

Pendant la nuit on couvre les panneaux avec des paillassons ; on donne de l'air toutes les fois que la température le permet, et l'on fait quelques bassinages, ce qui doit avoir lieu avec beaucoup de ménagement, afin de ne point déterminer une végétation trop vigoureuse, qui nuirait essentiellement à la récolte.

Lorsqu'on a une bonne côtière et que l'on se trouve à court de panneaux, on peut semer les pois sous cloches, vers la fin de janvier et dans le courant de février ; enfin, selon l'état de la température, on les repique dans des rayons un peu profonds ; puis on les couvre de litière pendant le mauvais temps. Ces pois donnent après ceux qui sont cultivés sous panneaux, mais beaucoup plus tôt que les Pois semés en place en novembre et décembre.

Pleine terre. — En pleine terre, les premiers semis ont lieu dans la seconde quinzaine de novembre, dans une côtière du midi. On trace des rayons un peu profonds et à 0^m,25 les uns des autres. Après le semis, on couvre les

Pois de quelques centimètres de terreau ; et lorsqu'ils ont $0^m,15$ ou $0^m,20$ de hauteur, on donne un binage et l'on remplit les rayons. Si l'hiver est rigoureux, on couvre les Pois avec de la litière, qu'on enlève toutes les fois que la température le permet ; mais il faut s'assurer avant si les Pois ont souffert de la gelée, car alors il faut, pour ne pas les perdre, les laisser dégeler graduellement et ne les découvrir que si le temps se radoucit. A partir de l'époque ci-dessus indiquée, on peut semer successivement jusqu'en juillet pour manger en vert ; pour récolter en sec, il faut semer en mars. Quelle que soit l'époque du semis, les soins consistent à donner quelques binages, à pincer l'extrémité des espèces hâtives au-dessus de la troisième ou de la quatrième fleur, afin de hâter la maturité, et à mettre des rames aux grandes variétés. On cultive un grand nombre de variétés de Pois ; nous ne citerons seulement que les plus répandues, que nous placerons dans leur ordre de précocité ; toutefois, nous dirons que pour les semis qui auront lieu en pleine terre avant le mois de février, il faut prendre le Michaux ordinaire, car le Pois le plus hâtif est moins rustique et pourrait souffrir de l'hiver ; mais ce dernier, semé en février, produit tout aussi tôt que le Michaux semé d'automne.

La durée germinative des semences de Pois est de quatre à cinq ans.

Pois à écosser. — Carter, h. $0^m,80$. — Prince Albert, h. $0^m,45$. — Ridé nain hâtif, h. $0^m,25$. — Michaux de Hollande, h. $0^m,90$. — M. de Ruelle, h. 1^m. — M. ordinaire, h. $1^m,20$. — Nain de Hollande, h. $0^m,60$. — N. à châssis, h. $0^m,20$. — N. de Bretagne, h. $0^m,36$. — N. gros sucré, h. $0^m,30$. — N. vert anglais, h. $0^m,46$. — N. vert de Prusse, h. $0^m,60$. — N. vert impérial, h. $0^m,50$. — Bishop à longue cosse, h. $0^m,48$. — Champion d'Écosse, h. $0^m,60$, — de Clamart, h. $1^m,30$, — de Marly, h. $1^m,35$, — d'Auvergne, h. $1^m,20$, — à la moelle de Victoria, h. $1^m,50$. — Ridé ou de Knight, h. $1^m,40$. — R. vert, h. $1^m,30$. — Turc, h. $0^m,85$.

Pois sans parchemin ou Mangetout. — Nain, h. 0m,75, — à fleurs blanches, h. 1m,65, — à fleurs rouges, h. 1m,60, — à cosse blanche, h. 1m,45, — à cosse jaune, h. 1m,20. — Géant, h. 1m,90.

POMMES DE TERRE (*Solanum tuberosum*). — On ne cultive ordinairement dans les jardins que les variétés peu répandues ou recommandables par leurs qualités et l'époque de leur maturité, car les autres appartiennent essentiellement à la grande culture.

Les premières plantations de Pommes de terre peuvent avoir lieu, sur couche et sous panneaux, vers la fin de janvier ou au commencement de février. A cet effet, on prépare une couche de 0m,40 d'épaisseur, on l'entoure d'un réchaud, puis on la charge de 0m,20 de bonne terre; on trace quatre rangs par coffre, après quoi on plante les pommes de terre à 0m,33 de distance sur la ligne (la variété connue sous le nom de Marjolin est la plus avantageuse pour planter à cette époque); pendant la nuit, on couvre les panneaux avec des paillassons, et l'on donne de l'air aussi souvent que possible. Par ce moyen, on peut avoir des Pommes de terre nouvelles dans la première quinzaine de mars. On détache les plus grosses et l'on recouvre les autres, qui peuvent être récoltées quelque temps après.

Pleine terre. — En pleine terre, on plante les premières Pommes de terre dans le courant de février. Le terrain destiné à la plantation doit être labouré et fumé d'avance. S'il arrivait que l'on fût forcé de fumer en plantant, il faudrait n'employer que des engrais à moitié consommés. Pour planter les Pommes de terre, on fait ordinairement des trous semblables à ceux dans lesquels on sème les Haricots; seulement, ils doivent être plus profonds et plus rapprochés les uns des autres que pour les Haricots.

Dans les terres humides et froides, au lieu de faire des trous pour planter les Pommes de terre, on dispose la semence par rang sur le sol, puis on fait une tranchée entre chaque rang, et, avec la terre provenant de la fouille, on recouvre les Pommes de terre.

Quel que soit le mode de culture, la semence doit être choisie avec soin, c'est-à-dire que les tubercules doivent être sains et d'une maturité parfaite. Les plus gros peuvent être divisés.

Pour avancer l'époque de la récolte, on peut, comme le font beaucoup de cultivateurs des environs de Paris, faire germer les Pommes de terre avant de les planter, en les plaçant dans une pièce de l'habitation.

Pendant l'été, les Pommes de terre doivent être binées plusieurs fois, puis buttées lorsqu'elles sont arrivées au terme moyen de leur développement. Cette opération, considérée comme inutile par les uns, recommandée par les autres, est, on peut le dire, aussi nécessaire dans les terres légères qu'elle peut être nuisible dans les terres humides.

Depuis quelques années, des essais de plantations d'automne ont été tentés dans le but de récolter les Pommes de terre beaucoup plus tôt.

Malgré tous les soins apportés à cette opération, nous n'avons pas trouvé jusqu'à présent de différence appréciable dans les résultats de cette culture, comparés à ceux qu'on obtient en plantant au printemps, et, à notre avis du moins, il serait préférable, plutôt que de planter en automne, de rechercher les variétés hâtives qui peuvent être récoltées avant l'époque où la maladie des Pommes de terre commence à sévir.

On récolte dans la première quinzaine de juin les Pommes de terre hâtives plantées en février; et, comme nous l'avons dit relativement aux pieds cultivés sur couche, on détache seulement les plus grosses, et l'on recouvre les racines avec soin, afin de prolonger la récolte. A partir de l'époque ci-dessus indiquée, on peut planter successivement jusqu'à la fin de juin.

Variétés. — *Jaunes rondes.* Naine hâtive, Schaw, régent des Cordillières. — *Jaunes longues.* Marjolin, lapston kidney, marjolin deuxième saison. — *Rouges rondes.* Truffe d'août, de Strasbourg, de Montreuil. — *Rouges longues.* Pousse debout. Vitelotte. Xavier. — *Violettes.* Plate hâtive, — de Vincennes. — Smith seedling.

POURPIER (*Portulaca oleracea*). — On le sème sur couche en février et mars, et en pleine terre en mai et pendant tout l'été; il ne faut presque pas recouvrir les graines; mais on doit les bassiner assidûment jusqu'à ce qu'elles aient bien levé.

La durée germinative de la graine de Pourpier est de huit ans.

Variétés. — Pourpier vert. — Pourpier doré.

RADIS (*Raphanus sativus*). — Les premiers semis ont lieu vers le 15 septembre, sur ados. S'il survient des froids pendant la nuit, on couvre le plant avec des paillassons. En décembre, on sème sur couche et sous panneaux; en février, on sème encore sur couche, mais à l'air libre; puis en mars commencent les semis de pleine terre, qui peuvent être continués jusqu'en automne. Pour avoir toujours des radis bien tendres, il faut en semer souvent, et par conséquent en petite quantité, ce qui fait que, sur couche comme en pleine terre, on ne les sème ordinairement que parmi d'autres plantes. Les semis d'été doivent autant que possible, être faits à l'ombre et arrosés souvent, et pour cette époque on peut semer indistinctement toutes les variétés; mais sur couche il faut semer de préférence le Radis rose hâtif ou le rose demi-long.

Variétés. — Blanc hâtif de Hollande. — Violet hâtif. — Rose rond hâtif. — Rose demi-long. — Rose demi-long à bout blanc. — Gris d'été. — Jaune ou roux.

Raves. — On les cultive exactement de même que les Radis roses.

Radis d'hiver, Raifort. — On les sème à la volée depuis 1er juin jusqu'au 10 juillet; comme on sème presque toujours trop dru, il faut éclaircir le plant. Ces radis peuvent se conserver tout l'hiver en les mettant en jauge et en les couvrant pendant les gelées, ou bien en les déposant dans la serre à légumes.

Variétés. — Noir, — rose de Chine, — violet de Gournay.

Radis serpent, Radis queue de rat (Raphanus caudatus). — Semés pendant les mois de juin, juillet et août, à 1 mètre les uns des autres en tous sens, ces Radis prennent en peu de temps un grand développement et produisent une quantité prodigieuse de siliques que l'on peut manger comme les Radis ordinaires, dont elles ont exactement la saveur.

Les graines de Radis sont bonnes à récolter en août, et elles peuvent se conserver pendant cinq ans.

Raifort sauvage (*Cranson, Cochlearia armoracia*). — Les racines de cette plante ont une saveur extrêmement piquante; après avoir été râpées, elles peuvent remplacer la Moutarde. On le multiplie de tronçons de racines à l'automne; mais ce n'est guère que la troisième année que les racines sont de grosseur à être employées.

Raiponce (*Campanula rapunculus*). — On sème la Raiponce à la volée en juin et juillet. Comme la graine est extrêmement fine, il faut la mêler avec du sable ou de la terre fine et très-sèche, car sans cette précaution le semis serait inégal ou trop dru. On ne recouvre pas la graine ; il suffit de passer le râteau, de fouler le terrain très-légèrement, après quoi on étend sur le tout un peu de grande litière, qu'on enlève aussitôt après la levée des graines, dont on favorise la germination par de fréquents bassinages; assez ordinairement on sème parmi la Raiponce un peu d'Épinards ou de Radis, afin de protéger le jeune plant. C'est seulement en février que l'on commence à récolter les Raiponces, et la récolte peut s'en prolonger jusqu'à ce qu'elles montent en graines.

Les graines de Raiponce mûrissent en juillet et août, et elles se conservent bonnes pendant cinq ans.

RHUBARBE (*Rheum*). — On cultive de la Rhubarbe dans les jardins pour le pétiole de ses feuilles, avec lequel on fait d'excellentes confitures, ou pour remplacer les fruits que l'on met quelquefois dans les pâtisseries.

Elle se multiplie de graines semées aussitôt après la maturité, ou mieux encore par la séparation des pieds, que l'on divise au printemps, en ayant soin que chaque éclat soit au moins muni d'un germe reproducteur; enfin, quel que soit le mode de multiplication, on les plante à environ 1 mètre de distance, et tous les soins consistent à couper les vieilles feuilles et à donner chaque année un binage au printemps. On commence ordinairement à couper les pétioles vers la fin de mai ou au commencement de juin.

On récolte les graines de Rhubarbe en juin, et elles se conservent bonnes pendant trois ans.

Variétés. — Myatt's linnæus. — Myatt's Victoria, — prince Albert.

SALSIFIS BLANC (*Tragopogon porrifolium*). — On le sème en mars, avril et mai, en lignes ou à la volée, en terre profonde et substantielle, fumée de l'année précédente. Si le temps est sec, on bassine assidûment le semis, afin de favoriser la levée des graines; si le plant est trop dru, on éclaircit, puis on donne quelques binages.

On commence à récolter les racines en octobre, puis successivement jusqu'au printemps. Pour n'en pas manquer en hiver, on en met en jauge vers la fin de novembre, ou bien on les couvre sur place pendant les gelées.

Les graines de Salsifis mûrissent en juillet, et elles ne sont bonnes que pendant un an.

Sarriette des jardins (*Satureia hortensis*). — On la sème au printemps, après quoi elle se ressème tous les ans d'elle-même, sans qu'il soit nécessaire de lui donner aucun soin.

Sarriette vivace (*S. montana*). — On la multiplie de graines semées au printemps, ou par éclats des pieds à la même époque.

Les graines de Sarriette se conservent bonnes pendant trois ans.

Scorsonère d'Espagne ou Salsifis noir (*Scorzonera Hispanica*). — On la sème soit en août, soit en mars et avril, en ligne ou à la volée : les soins à donner sont exactement les mêmes que ceux qui sont indiqués pour le Salsifis blanc ; seulement, comme elle monte en graines la même année, dans le courant de juillet on coupe les tiges rez terre ; et comme rarement les racines acquièrent dès la première année la grosseur suffisante pour être mangées, il faut recommencer cette opération l'année suivante. On commence à récolter les racines en octobre, puis successivement jusqu'au printemps.

On récolte les graines de Scorsonère vers la fin de juillet sur les individus de deux ans, et elles se conservent bonnes pendant deux ans.

Tétragone étalée ou Épinards d'été (*Tetragonia expansa*). — Cette plante peut très-bien remplacer l'Épinard pendant l'été, car elle en a complétement la saveur. On la sème sur couche en février et mars, après avoir fait tremper les graines, et lorsqu'on ne craint plus les gelées, on repique le plant en pleine terre à environ 0^m,60 de distance en tous sens. Dès que les tiges commencent à couvrir le sol, on coupe les feuilles et l'extrémité des jeunes pousses.

Les semences mûrissent en automne, et elles se conservent bonnes pendant cinq ans.

TOMATE OU POMME D'AMOUR (*Solanum lycopersicum*). — On sème les premières Tomates, dès le mois de septembre, et en pots, que l'on dépose dans la serre à Ananas, ou sur couche et sous panneaux, pour les planter sur couche en janvier. Plantées à cette époque, les fruits commencent à mûrir dès les premiers jours de mai. En janvier on sème sur couche et sous panneaux ; et lorsque le plant est assez fort, on le repique en pépinière également sur couche et sous panneaux. Quelques jours après la plantation, on commence à donner un peu d'air, afin de fortifier le plant. En février ou mars, on prépare une seconde couche de 0^m,50 d'épaisseur, dont la chaleur soit de 20 à 25 degrés; on la charge de 0^m,25 de terreau, après quoi l'on plante quatre pieds de Tomates sous chaque panneau. Pendant la nuit, on couvre les panneaux avec des paillassons, on bassine au besoin, on donne de l'air au moment du soleil ; et lorsque les plantes commencent à se développer, on fait choix de deux branches sur chacune, puis on les abaisse de manière à empêcher qu'elles ne touchent à la surface intérieure des panneaux. Pour les maintenir dans cette position, on les attache à de petits piquets qu'on enfonce dans la couche à une certaine distance du pied; puis on supprime les autres rameaux; et lorsque les plantes sont suffisamment garnies de fleurs, on pince l'extrémité de toutes les branches.

A partir de cette époque on supprime avec soin tous les nouveaux bourgeons, et quand les Tomates commencent à rougir, on effeuille complétement sur les fruits, afin d'avancer la maturité. On sème encore des Tomates en février et mars, et lorsque le plant est bon à planter, on prépare une couche de 0^m,40 d'épaisseur et de 0^m,80 de largeur. On la charge de 0^m,25 de terreau, on trace deux rangs, et l'on plante les Tomates à 0^m,80 de distance sur la ligne. On met une cloche sur chacune et l'on donne de l'air toutes les fois que le temps le permet; puis on enlève les cloches dès que les gelées ne sont plus à craindre. Lorsque les plantes commencent à se développer, on choisit trois ou quatre branches sur chacune, on les attache à un échalas, et l'on supprime les autres; puis, lorsqu'elles ont atteint 0^m,75 à 1 mètre de hauteur, on en pince toutes les extrémités, si toutefois les plantes sont garnies de fleurs, car dans le cas contraire on ne les rabat que lorsqu'elles sont plus élevées, et, comme nous l'avons indiqué précédemment, on a soin d'enlever tous les nouveaux bourgeons; on supprime quelques feuilles, et quand les Tomates commencent à rougir, on effeuille complétement sur les fruits.

Pour planter en pleine terre, on sème en février et mars, également sur couche et sous panneaux; on repique le plant en pépinière, et lorsque les gelées ne sont plus à craindre, on relève le plant en motte pour le mettre en pleine terre.

On trace deux rangs par planche, et l'on plante les Tomates à 0^m,80 de distance sur la ligne. On arrose abondamment pendant les chaleurs, après quoi la taille et les autres soins sont en tout semblables à ceux que nous avons précédemment indiqués.

Les graines de Tomates se conservent bonnes pendant cinq ans.

Variétés. — Rouge hâtive. — Rouge grosse, — à tige raide ou monstrueuse. — Jaune. — Poire. — Cerise.

Serre à légumes. — On n'a pas toujours un lieu convenable pour serrer ses légumes, et l'on est souvent obligé d'accepter un hangar incommode ou bien une cave humide et mal aérée, où les plantes potagères ne peuvent être conservées sans altération.

Dans une circonstance semblable, il n'y a rien à faire, et il faut se résigner à ne garder que de petites provisions; mais quand on peut disposer d'une cave spacieuse, privée de lumière, et dont l'air peut être renouvelé à volonté par des portes ou des soupiraux, on se trouve dans les conditions les plus favorables pour conserver les légumes.

La serre à légumes doit être divisée en plusieurs compartiments, dans lesquels on dépose par lits les végétaux qu'on veut conserver, en ayant soin de mettre un peu de sable ou de terre sèche entre chacun. Cette méthode convient aux plantes à racines; quant aux Choux, Choux-fleurs, Cardons, Chicorée, etc., il faut les arracher avec leurs racines et les planter dans le sable à un intervalle suffisant pour éviter un contact qui engendrerait la pourriture.

On peut par ce moyen conserver jusqu'en avril et mai des légumes de l'année précédente.

CHAPITRE XII

Maladies des Plantes potagères.

La connaissance des maladies qui attaquent les plantes potagères est d'une mince importance, d'autant plus que rarement on peut y porter remède, et que la nature seule peut amener la guérison.

Chaque fois qu'un végétal se trouve dans un état pathologique par suite d'influences ambiantes défavorables qui ont développé en lui un état morbide, et que ses tissus ne jouissent plus d'assez d'énergie vitale pour lutter contre le mal, la désorganisation commence, et l'unique moyen de guérison est un redoublement de soins pour rendre au végétal sa vigueur première.

Les parasites qui croissent sur les végétaux malades ne sont pas la cause du mal; ils en sont tout simplement l'effet. A quoi bon alors savoir que le *Puccinia Asparagi* croît sur l'Asperge, le *Sclerotium varium* sur le Chou; plusieurs espèces d'*Uredo* sur le Céleri, le Haricot, la Pimprenelle et le Poireau; le *Botrytis effusa* sur l'Épinard; le *Fusisporium* sur le Melon; l'*Acrosporium monilioides* sur l'Oignon; l'*Erysiphe communis* sur les Pois; le *Botrytis infestans* sur la Pomme de terre, etc.?

Ce sont là, nous le répétons, des effets et non des causes.

Dans les saisons froides et humides, à des expositions défavorables, par suite de l'absence de soins et de précautions, les végétaux souffrent et tombent malades; mais avec de l'eau, du fumier et des abris, on peut prévenir tout ce mal, qu'on ne pourrait pas réparer une fois qu'il existerait.

CHAPITRE XIII

Jardin fruitier.

Les personnes pour lesquelles nous écrivons ce livre ayant rarement un jardin fruitier distinct du potager, nous n'avons pas cru devoir donner des dispositions spéciales pour le verger; nous nous sommes borné à réunir toutes les notions qu'il importe de posséder pour tirer un parti avantageux de ses arbres fruitiers.

Ce chapitre contient les principes généraux de plantation, de taille, d'ébourgeonnage et de palissage, sans avoir égard aux différences qui existent entre les arbres de diverses sortes. Nous traiterons dans des articles spéciaux des soins qu'il convient de donner à chaque espèce en particulier.

§ 1. — Plantation.

Le succès des plantations dépend de plusieurs conditions qui, malheureusement, ne sont pas assez observées. La première est de se rendre compte de la nature du sol, ce qui devra guider pour le choix des arbres; car un arbre greffé sur un tel sujet languira dans un terrain où il aurait, au contraire, prospéré, s'il eût été greffé sur un autre. Le choix des arbres est également très-important, mais présente bien des difficultés; car les pépiniéristes se préoccupent si peu de l'avenir des arbres qu'ils élèvent, qu'ils négligent trop souvent leur éducation première et préparent ainsi bien des déceptions aux planteurs. Il faut qu'ils soient jeunes et vigoureux, que l'écorce en soit bien lisse, le sujet toujours bien proportionné à la greffe, et surtout qu'ils aient été arrachés avec beaucoup de soin.

L'époque la plus favorable pour la plantation est aussitôt après la chute des feuilles, dans les terres légères; mais dans les terres fortes et humides on ne plantera qu'en février et mars. Avant de planter, on visitera les racines, et l'on coupera proprement l'extrémité de toutes celles qui auraient été rompues, sans en retrancher aucune et en ayant soin de conserver tout le chevelu. Si, à cette époque, le terrain n'était pas prêt à être planté, ou si la plantation nécessitait plusieurs journées de travail, il faudrait faire mettre les plants en jauge par rangées et de manière à pouvoir les retirer un à un lors de la plantation. Si quelque circonstance empêchait de planter aux époques indiquées à partir de la fin de mars jusqu'à l'époque où l'on pourra les mettre en place, il faudra les relever tous les quinze jours, et les remettre immédiatement en jauge, puis les arroser. Plus la saison avancera, plus il faudra prendre de précautions : car ils auront poussé beaucoup de jeunes racines, qu'il faut avoir soin de ne pas rompre. Si l'on observe bien ce que nous conseillons, on pourra ne les planter définitivement qu'en juin. Ces plantations tardives devront être arrosées pendant les fortes chaleurs; il sera même bien de mettre un ou deux arrosoirs d'eau dans le trou avant de planter.

Pour les plantations faites aux époques ordinaires, il faut toujours que les trous soient faits en automne, même dans les terrains où l'on ne doit planter qu'en mars; ils devront être larges et profonds, c'est-à-dire proportionnés au volume des racines, et de manière qu'elles s'y étendent à leur aise. Dans les terres très-légères, on obtiendra toujours un bon résultat si, après avoir fait des trous d'un mètre au moins de profondeur et d'une largeur proportionnée, on met, au fond, des gazons placés de telle sorte que les racines soient en dessus. Dans les terres humides et sujettes à retenir l'eau, il faut aussi faire des trous très-larges et très-creux, et mettre au fond de menus plâtras; puis on les remplit jusqu'à la hauteur nécessaire avec de bonne terre mêlée de fumier consommé; enfin, il vaudrait mieux retarder la plantation de quelques jours que de planter par la pluie ou dans une terre trop humide. Quand le moment de la plantation sera venu, on placera l'arbre au milieu du trou, le plus d'aplomb possible, pendant qu'une autre personne fera couler la terre bien meuble et fine entre les racines; puis, pour ne laisser aucun vide, on soulèvera l'arbre doucement en le maintenant dans sa position verticale. On ne doit enterrer les arbres que jusqu'au collet, c'est-à-dire à environ 0^m,10 au-dessus des racines ; et, pour ceux qui sont greffés rez terre, on ne doit pas les couvrir par-dessus la greffe, afin que, par suite du tassement des terres, les racines ne se trouvent pas trop profondément enterrées. Lorsqu'on jugera que l'arbre est à la hauteur voulue, on couvrira toutes les racines de terres fines, puis on remplira le reste du trou avec de la terre mêlée de fumier consommé. Pour fixer l'arbre, on foulera légèrement la terre avec les pieds, en appuyant davantage sur les bords. On remettra ensuite de la terre pour achever de remplir le trou.

Quelques personnes sèment en place des sujets d'arbres fruitiers destinés à recevoir la greffe, afin d'avoir des arbres plus vigoureux et qui ne soient pas retardés par la transplantation. Pour agir ainsi avec succès, il faut bien connaître le sous-sol ; car, si l'on n'avait pas un bon fond de terre, on n'obtiendrait qu'un très-mauvais résultat. Ces arbres ayant toujours un pivot qui descend très-profondément, lorsqu'ils atteignent la mauvaise terre, ils jaunissent et n'ont plus qu'une végétation languissante.

§ 2. — Taille.

La taille des arbres fruitiers est une opération très-importante :

1° Elle a pour but de distribuer la séve également dans toutes les parties de l'arbre, et de lui donner une forme agréable ;

2° Elle dispose les arbres à donner de plus beaux fruits et de meilleure qualité ;

3° Si un arbre n'était pas taillé, ses branches superflues épuiseraient infailliblement sa force, et il durerait moins longtemps ; ainsi, lorsqu'une taille est bien raisonnée, elle prolonge l'existence des arbres.

De toutes les opérations du jardinage, la taille des arbres est la partie la moins avancée. Sous ce rapport, il serait à désirer que les praticiens se livrassent à l'étude de la physiologie végétale : en effet, comment procéder à une opération d'une aussi haute importance, si l'on ne connaît les fonctions de chacune des parties d'un arbre ?

Les instruments employés pour la taille sont la *serpette* et le *sécateur*. Quoique ce dernier abrége beaucoup le travail, il ne peut pas complétement remplacer la serpette ; car son emploi nécessite beaucoup d'habitude, et il arrive souvent qu'avec le point d'appui on occasionne une pression qui meurtrit la branche au-dessous de la coupe ; mais il est très-avantageux pour rabattre une branche que l'on enlèverait difficilement à la serpette, et pour tailler la Vigne et les Rosiers.

Indépendamment de ces deux instruments, il est quelquefois nécessaire d'employer la scie à main ou l'égohine pour couper les grosses branches.

On commence ordinairement à tailler à la fin de janvier et jusqu'en mars, et quelquefois même encore au commencement d'avril ; mais il est impossible d'indiquer d'une manière précise l'époque la plus favorable pour commencer cette opération, car elle varie suivant l'exposition et la différence de température des années.

Il serait beaucoup plus naturel d'exécuter la taille dans l'ordre de la végétation : ainsi, on commencerait par les Abricotiers ; puis viendraient les Pêchers, les Pruniers, les Poiriers, les Cerisiers et les Pommiers. Mais, par économie de temps, l'usage est de commencer par les Poiriers et les Pommiers, parce qu'ils craignent peu les gelées, et que l'on a presque toujours fini de les tailler à l'époque ou l'on commence à tailler les Pêchers.

Règle générale, on doit commencer par les arbres faibles et terminer par les plus vigoureux, afin d'en ralentir un peu la vigueur; cependant il faut toujours tailler avant que la séve soit en mouvement; car plus tard on altérerait beaucoup la santé de ces arbres, et l'on n'obtiendrait que des pousses très-faibles.

Il est aussi quelques principes généraux dont il ne faut jamais s'écarter :

1° On doit toujours, en taillant, faire une coupe bien nette, un peu oblique, opposée à l'œil sur lequel on taille, et à 0^m,03 environ au-dessus, afin que la séve puisse facilement recouvrir la plaie ; c'est aussi pour ce motif que toutes les fois qu'il est nécessaire de rabattre une branche, il faut la couper le plus près possible de son insertion, et faire une plaie bien nette, qui se recouvre toujours plus facilement.

2° Il ne faut pas tailler les arbres trop court, car alors ils poussent trop vigoureusement et rapportent peu de fruit.

3° Une taille trop allongée épuise les arbres, parce qu'ils se mettent trop à fruit, et il n'y a réellement aucun avantage ; car les fruits en sont moins beaux, les arbres en sont fatigués, et ils restent ordinairement plusieurs années sans rapporter.

Nous allons donner la description des différentes parties d'un arbre, qu'il est essentiel de savoir reconnaître avant de commencer à tailler.

1. *Arbres à fruits à noyaux.*

Le *tronc* ou la *tige* est la partie qui s'élève depuis la racine jusqu'à la naissance des branches.

Les *branches mères* sont ainsi nommées parce que ce sont celles qui donnent naissance à toutes les autres ; elles naissent directement sur le tronc.

Les *membres* sont les branches qui poussent sur le côté

des branches mères, et dont on favorise le développement pour former la charpente de l'arbre.

Les *branches de bifurcation* sont des membres destinés à remplir les vides qui résultent du prolongement des branches mères et des membres ; il ne faut jamais les établir que sur le troisième ou le quatrième bourgeon au-dessus de la taille précédente.

Les *branches à bois* sont celles qui servent à former la charpente de l'arbre et le prolongement de chaque membre; elles sont faciles à reconnaître sur tous les arbres, à leur grosseur et aux yeux dont elles sont garnies, yeux qui sont toujours minces et pointus.

Les *branches à fruits* sont généralement minces et allongées; dans les Pêchers, l'écorce est verte du côté du mur et rougeâtre du côté du soleil. Ces branches doivent être renouvelées annuellement, car elles ne donnent du fruit qu'une fois.

Branches de remplacement. — Les branches à fruits du Pêcher ne produisent que la seconde année, et ne portent fruit qu'une fois, comme nous venons de le dire. Il est donc essentiel de les remplacer chaque année, ce qui est très-facile, car chaque branche à fruits a plusieurs yeux à sa base ; il suffit donc, une fois que ces yeux se sont développés, de choisir le bourgeon le plus vigoureux et le plus rapproché possible de l'insertion de la branche à fruits et de supprimer les autres. Ce sont ces nouvelles branches qu'on appelle branches de remplacement; après avoir porté fruit, elles devront être remplacées à leur tour, et ainsi de suite.

Branches gourmandes. — Sur les arbres en espalier, les gourmands sont généralement placés sur le dessus des membres. On les reconnaît facilement à leur large empatement et à leur vigueur, qui est tellement préjudiciable aux autres branches, qu'il faut en arrêter le développement par tous les moyens possibles ; on ne doit jamais en voir sur un arbre bien traité.

Les *bourgeons* sont de jeunes pousses de l'année ; la seconde année, le bourgeon devient une branche à bois ou à fruits, selon sa position.

Les *faux bourgeons* ou *bourgeons anticipés* sont ceux qui naissent entre les feuilles des pousses de l'année.

2. Arbres à fruits à pepins.

Les branches à bois ayant à peu près les mêmes caractères sur tous les arbres à fruits, nous ne parlerons que des boutons dont elles sont garnies : ceux des Poiriers et Pommiers sont enveloppés d'une membrane écailleuse ; mais ils sont toujours minces et allongés, comme sur les Pêchers.

Les *boutons à fleurs* sont beaucoup plus gros que les boutons à bois, d'une forme arrondie, et enveloppés d'une grande quantité d'écailles.

Les *brindilles* sont de petites branches minces et allongées, terminées par un bouton à feuille ou à fleur. Les yeux dont elles sont garnies sont très-rapprochés, et se transforment facilement en boutons à fleurs. Elles doivent être conservées, car elles peuvent donner du fruit pendant plusieurs années.

Les *lambourdes* sont des parties essentiellement productives ; elles naissent sur les brindilles, et souvent aussi sur les branches à bois. Elles sont presque toujours terminées par un bouton à fleur, qui ne s'épanouit souvent que la seconde année. Les yeux dont elles sont garnies sont beaucoup plus rapprochés que sur les autres rameaux, et toujours très-disposés à fructifier. Elles restent plusieurs années avant d'atteindre tout leur développement, sont beaucoup plus grosses à leur base qu'à leur extrémité, et recouvertes d'une écorce ridée circulairement dont les plis deviennent plus profonds en vieillissant.

§ 3. — Ébourgeonnage.

On commence cette opération dès le mois de mai, et on la continue pendant tout le temps de la végétation; elle consiste à supprimer les bourgeons mal placés, qu'il faudrait enlever à la taille suivante. L'ébourgeonnage a lieu sur les branches des années précédentes, et pour le faire on peut employer l'outil nommé *ébourgeonneur*.

Quant à celui qui a lieu sur les bourgeons de l'année, comme il consiste à enlever les faux bourgeons, on le fait avec l'ongle. Dans un cas comme dans l'autre, il faut supprimer sur les arbres en espalier les bourgeons placés sur le devant et le derrière des branches, et ceux des côtés qui seraient trop rapprochés les uns des autres; et sur les autres arbres on enlève les bourgeons placés sur le dessus et le dessous des membres, ainsi que ceux qui seraient trop rapprochés.

On doit commencer cette opération dès que les bourgeons à supprimer auront de $0^m,02$ à $0^m,03$ de longueur, afin que la séve qui sera nécessaire à leur végétation, si l'on attendait plus tard, tourne immédiatement au profit de ceux qui doivent être conservés.

§ 4. — Palissage.

Le palissage consiste à fixer les bourgeons des arbres en espalier sur des treillages ou sur les murs, et pour cela on se sert d'osier et de jonc pour palisser sur le treillage, de loques et de clous sur les murs qui sont assez tendres pour qu'on puisse les y enfoncer facilement (1).

(1) Une échelle étant toujours indispensable pour cette opération, nous conseillons celle de M. Forest. Les arcs-boutants décrivent un arc de cercle qui empêche, lorsque les pieds de l'échelle entrent dans le sol, d'endommager les branches sur lesquelles elle porte.

L'époque où il faut commencer le palissage est indiquée par le développement des bourgeons; c'est ordinairement en juin qu'il est essentiel de s'en occuper, pour ne finir que vers la fin de la saison. On doit commencer en suivant l'ordre du développement des bourgeons; car le but de cette opération est non-seulement de fixer les bourgeons dans la crainte qu'ils ne soient rompus par le vent, mais encore de ralentir la vigueur des plus avancés en les palissant plus tôt que les autres. Il faut toujours, en palissant, placer les bourgeons en ligne droite, à égale distance et sans jamais les croiser l'un sur l'autre. C'est en faisant le premier palissage qu'il faut supprimer les fruits mal placés et éclaircir ceux qui sont trop serrés et qui se nuiraient réciproquement.

§ 5. — Fruitier.

La plupart des personnes qui cultivent les arbres à fruits choisissent pour leur fruitier la pièce la plus saine de leur habitation, et quelquefois même la première venue. Aussi rien n'est-il regardé comme plus difficile que la conservation des fruits. Il est certaines conditions qu'on observe généralement fort peu, et qui sont cependant indispensables.

Pour conserver les fruits le plus longtemps possible et avec le plus de chances de succès, il faut disposer pour cet usage un local spécial, à demi enterré, à une exposition où la température soit le moins susceptible de varier et où l'air et la lumière puissent être renouvelés ou interceptés à volonté. On y dispose des tablettes de $0^m,50$ à $0^m,60$ de largeur, munies d'un rebord pour empêcher les fruits de tomber, et on les couvre d'un lit de paille neuve, fine, sèche et sans odeur.

C'est dans ce local qu'on place par espèces les fruits que la saison avancée empêche de laisser sur les arbres, et qui doivent mûrir à des époques plus ou moins éloignées. Il faut, quelques jours avant de les placer définitivement dans le fruitier, les trier avec soin, pour en séparer ceux qui ne valent pas la peine d'être conservés, et les laisser se ressuyer. Quand le fruitier sera garni et bien sec, on le fermera à l'air et à la lumière, et tous les soins se borneront à visiter les fruits une ou deux fois par semaine.

Les Raisins se conservent sur les tablettes comme les autres fruits, ou plutôt suspendus au plafond; mais ils exigent une surveillance scrupuleuse, et sont généralement d'une conservation assez difficile.

Les personnes qui attachent un grand prix à la conservation de leurs fruits peuvent faire garnir de bois toutes les parois des murailles de leur fruitier, et elles augmenteront les chances de conservation. On pourrait aussi placer de la chaux vive sur les derniers rayons, en ayant soin de la renouveler toutes les fois qu'elle serait éteinte. Par ses propriétés siccatives, cette chaux conservera l'atmosphère toujours sèche.

Le moyen que nous indiquons est le seul employé par les fruitiers-orangers; toutes les recettes de conservation sont ou peu sûres ou tout à fait impraticables, et nous conseillons de se contenter d'un fruitier, en observant les conditions de conservation que nous indiquons ici.

§ 6. — Culture des meilleures espèces de fruits.

ABRICOTIER (*Armeniaca vulgaris*). — Tous les terrains conviennent aux Abricotiers, pourvu qu'ils ne soient pas trop humides. On les greffe ordinairement sur le Prunier Saint-Julien; mais, comme dans les terres fortes ils poussent très-vigoureusement et fructifient peu, il faut en ce cas les prendre greffés sur le Prunier Cerisette, qui pousse beaucoup moins que le Saint-Julien.

Les fruits des Abricotiers en plein vent étant beaucoup plus parfumés que ceux des arbres en espalier, on ne plante ordinairement que quelques-uns de ces derniers, pour avoir des fruits mûrs un peu plus tôt, ou dans les localités où ils mûrissent mal en plein vent. On plante les Abricotiers à haute tige à environ 6 mètres l'un de l'autre. Après avoir donné une bonne direction aux jeunes arbres, il sera encore nécessaire de les tailler chaque année ; car sans cela les branches se dégarniraient facilement du bas ; mais par une taille raisonnée et faite à propos on forcera facilement la sève à refluer dans les parties inférieures ; on traitera de même les arbres à haute tige, et de plus on retranchera toutes les branches qui se dirigeraient vers l'intérieur, afin que l'air puisse circuler facilement. On peut rajeunir les Abricotiers en rabattant les grosses branches ; on choisit pour les remplacer les jeunes jets les plus vigoureux et les mieux disposés.

On n'avance que difficilement la maturité des Abricotiers ; néanmoins, dans le cas où l'on voudrait l'essayer, il faut ne leur donner que très-peu de chaleur et ne commencer à les chauffer qu'en février.

Variétés. — Précoce ou Abricotin, — Angoumois, — Commun, — de Hollande, — Alberge, — Pêche.

AMANDIER (*Amygdalus communis*). — C'est sur la variété commune que se greffent les Amandiers cultivés, et l'on ne les plante guère qu'élevés en plein vent, où ils n'exigent aucun soin. Néanmoins, dans le Nord, il est nécessaire de les planter en espalier, à une bonne exposition, et dans cette circonstance ils doivent être taillés.

L'Amandier fleurit souvent dès le mois de février ; c'est à cause de cela qu'on le place assez ordinairement dans les jardins d'agrément.

Variétés. — Amandier à gros fruits, — Amandier de Tours, — Amandier Princesse ou des Dames, à coque tendre.

Cerisier (*Cerasus*). — Les Cerisiers ne sont pas difficiles sur le choix du terrain : on greffe les Cerisiers à haute tige sur le Merisier, et pour les autres formes sur le Sainte-Lucie.

Pour avoir des fruits un peu plus tôt, on peut planter quelques Cerisiers anglais en espalier ou en former des quenouilles qui produisent beaucoup; mais on plante plus souvent des arbres à haute tige, qui produisent toujours davantage. Si on les place en lignes, il faut les mettre à environ 6 mètres l'un de l'autre. Il n'est nécessaire de les tailler que pendant les premières années, pour former la charpente de l'arbre; et pour les espaliers et les quenouilles, une fois formés, il faut ne leur supprimer que le moins de branches possible. On se bornera à donner une bonne direction à chaque membre, à mesure qu'ils prendront de l'étendue. Quand les Cerisiers cessent de donner du fruit, on peut facilement les rajeunir en rabattant les grosses branches près de leur insertion; ils en fournissent promptement de nouvelles, avec lesquelles on formera une autre tête.

De la culture forcée du Cerisier. — Pour avancer la maturité des arbres fruitiers, il faut avoir égard à la température moyenne de l'époque où chaque espèce commence à végéter, à entrer en fleur, et enfin à celle qui règne ordinairement à l'époque de la maturité des fruits, afin que, dans un espace de temps qui doit toujours être moins long que dans l'état naturel, on fasse subir aux arbres les différentes modifications de chaleur par lesquelles ils passent ordinairement; car, dans un cas comme dans l'autre, ils ne peuvent fructifier qu'après avoir accompli toutes les phases de la végétation.

On peut avancer la maturité des Cerisiers en espalier en plaçant devant eux des châssis vitrés, ou, mieux encore, en plantant en pots à l'automne des Cerisiers nains, de l'espèce anglaise ou royale, qui sont ceux qui réussissent le mieux. Ils doivent être le plus ramifiés possible. On enterre les pots à bonne exposition, et, l'année suivante, en janvier, on les met dans une serre vitrée, où il suffira d'entretenir la température à 12 ou 14 degrés. On donnera de l'air au moment du soleil. On pourrait même les réunir aux Pruniers et leur donner les mêmes soins. En les mettant dans la serre à l'époque indiquée, les fruits sont ordinairement mûrs au commencement d'avril. On peut ainsi les chauffer plusieurs années de suite.

Variétés. — Anglaise, — Royale, — Reine-Hortense, — Belle de Choisy, — de Portugal, — Belle magnifique, — du Nord tardive, — Grosse, — Guigne noire, — Guigne ambrée, — Gros bigarreau noir.

Coignassier (*Cydonia communis*). — On cultive généralement les Coignassiers pour recevoir la greffe du Poirier. La plantation doit avoir lieu à l'époque indiquée pour ces derniers. On n'en élève que peu comme arbres fruitiers ; cependant les fruits en sont très-beaux, mais l'odeur qu'ils répandent lorsqu'ils commencent à mûrir déplaît généralement et force à reléguer ces arbres loin des habitations. Dans ce cas, il n'est pas nécessaire de choisir le terrain comme quand ils servent de sujets à greffer les Poiriers ; car alors ils viennent bien partout, même dans les endroits humides.

On n'a pas besoin de tailler les Coignassiers ; il suffit d'enlever le bois mort. La seule variété cultivée n'est guère que celle de *Portugal*, greffée sur le Coignassier commun, et dont les fruits mûrissent en octobre.

Épine-Vinette (*Berberis*). — L'Epine-Vinette croît dans les sols les plus arides, et donne à l'automne des fruits dont on fait d'excellentes confitures.

Figuier. (*Ficus Carica*). — Tous les terrains conviennent aux Figuiers, pourvu qu'ils ne soient pas trop humides. Il ne faut planter ces arbres qu'à la fin de mars ou dans le courant d'avril; et, comme ils sont d'une reprise assez difficile, il faut les planter en mottes ou les élever en pots. On les mettra de préférence près d'un mur et à l'exposition la plus chaude; il serait même préférable, dans certains endroits, de les mettre en espalier et de les palisser comme les autres arbres. Mais, sous quelque forme que l'on élève les Figuiers, il faut les couvrir en hiver afin de les préserver de la gelée. Vers la fin de novembre on réunit toutes les branches et on les enveloppe de paille maintenue par des liens. Lorsque les tiges sont jeunes et peu élevées, on les abaisse sur le sol et on les y maintient par des crochets de bois; puis on les couvre de 0^m,15 de terre ou de paille, pour ne les découvrir qu'à la fin de mars. Quelle que soit la manière dont on les abrite, il faut avoir grand soin de garantir le pied, et, dans le cas où les tiges seraient atteintes par la gelée, on les couperait au niveau du collet, opération que l'on pourrait faire aussi quand ils sont devenus trop forts. Ils repoussent rapidement de nouvelles tiges, qui donnent du fruit la seconde année.

Les Figuiers produisent ordinairement deux récoltes; mais sous notre climat il est extrêmement rare que celle d'automne mûrisse; nous ne parlerons donc que de la première, qui mûrit en juillet et août. Pour favoriser le développement des fruits et en avancer la maturité, on pincera en juin le bouton terminal des branches portant des fruits, ce qui empêchera ces derniers de tomber avant la maturité. Les Figuiers ne se taillent pas, car les amputations leur sont très-préjudiciables, à cause de la grande quantité de séve qu'ils perdent chaque fois. On se contentera donc, au printemps, de couper les branches mortes et de rabattre celles qui sont trop maigres pour donner du fruit. Cependant, s'ils poussent trop vigoureusement, on pincera l'extrémité des branches, moyen employé souvent avec avantage pour les faire fructifier. On en cultive un grand nombre de variétés dans le Midi; mais à Paris on n'en cultive guère avec succès que deux, la *blanche ronde* et la *violette*.

De la culture forcée du Figuier. — En janvier, on recouvre les Figuiers d'une petite serre mobile, et on commence à les chauffer à 15 degrés; puis on élève progressivement la chaleur jusqu'à 25 degrés sans inconvénient, et dans les premiers jours de mai, on obtient des fruits mûrs.

Nous ne parlerons que fort brièvement d'un procédé tombé chez nous en discrédit et sur le compte duquel on commence à revenir: nous voulons parler de la *caprification*. Des faits récents semblent prouver que cette opération n'est pas aussi inutile qu'on l'a prétendu, bien qu'elle ne soit pas indispensable pour la fécondation des Figuiers. Elle augmente le nombre des fruits, qui viennent plus sûrement à maturité. En l'absence des insectes fécondateurs qu'on trouve dans le fruit du Figuier sauvage, dont on suspend une branche sur le Figuier qu'on veut caprifier, on peut se borner à piquer l'œil de la Figue avec une aiguille trempée dans de l'huile d'olive, et attendre le résultat. Cette opération, que nous livrons à nos lecteurs pour ce qu'elle peut valoir, a au moins l'avantage de ne pas compromettre les fruits sur lesquels l'essai a été fait.

Framboisier (*Rubus Idæus*). — Les Framboisiers viennent partout; mais ils préfèrent un terrain frais, léger et bien amendé, car ils épuisent considérablement la terre, et il est nécessaire, pour en avoir de beaux fruits, de leur mettre au pied, à l'automne, des terres neuves ou des engrais consommés.

On les plante en automne, ou bien en février et mars,

selon les variétés, à environ 1 mètre de distance. Après la plantation, on les rabattra à environ 0^m,15 de hauteur.

Chaque année, en juin, on choisira sur chaque touffe les cinq ou six plus beaux bourgeons, et l'on coupera les autres. Cette suppression tournera à l'avantage des tiges qu'on aura laissées, et les fruits qu'elles produiront seront beaucoup plus beaux; ils mûrissent en juillet.

En mars, on coupera rez terre les tiges qui ont porté fruit, et l'on taillera les autres plus ou moins long, selon leur vigueur. Il faudra, suivant le terrain et les soins qu'ils auront reçus, les changer de place tous les quatre, cinq ou six ans.

Variétés. — Framboisier rouge, — Fr. à fruit couleur de chair, — Fr. blanc, — Fr. des quatre saisons.

GROSEILLIER A GRAPPES (*Ribes rubrum*). — Les Groseilliers, quoique peu difficiles sur le choix du terrain, produiront des fruits plus beaux et de meilleure qualité dans les terres douces et fraîches, sans excès d'humidité, que dans les autres sols. On peut leur donner toutes les formes que l'on veut; mais il est préférable, en raison de la taille à laquelle ils doivent être soumis, de les élever en touffes.

Les Groseilliers à grappes peuvent être mis en espalier, et ils mûrissent ordinairement leurs fruits de juin en juillet; mais on peut facilement en avancer la maturité en plaçant des châssis devant eux.

On les plante à environ 1^m,30 l'un de l'autre, à l'automne ou en février, selon la nature du terrain.

On les taille en février : la première année, on les taille court, afin de favoriser le développement des yeux du bas; mais pour les tailles successives on devra tailler plus long, et toujours se rappeler que les Groseilliers ne donnent abondamment de fruits que sur le bois de deux ans.

On laissera successivement se développer, chaque année, les branches nécessaires pour former une belle touffe, et l'on aura soin d'enlever les bourgeons qui partent du pied, puis de rabattre les grosses branches à mesure qu'elles atteignent leur sixième année (ce qu'il sera facile de voir en comptant les pousses de chaque année); car alors elles deviennent trop élevées, se dégarnissent du bas et ne donnent plus que des fruits de qualité médiocre; après quoi on remplacera chaque branche retranchée par un jeune bourgeon.

De la culture forcée du Groseillier. — On peut facilement chauffer les Groseilliers à grappes sur place, s'ils sont plantés en contre-espalier; plantés en pots, on pourra les traiter comme les Cerisiers.

Variétés. — Groseillier à fruit rouge, — Gr. blanc, — Gr. couleur de chair, — Gr. cerise, — Gr. Gondouin, — Gr. Queen Victoria.

GROSEILLIER A FRUIT NOIR, CASSIS, POIVRIER (*R. nigrum*). — On le traite exactement comme le Groseillier ordinaire; seulement on peut le rabattre plus souvent, car le bois d'un an porte fruit.

GROSEILLIER ÉPINEUX OU A MAQUEREAU (*R. uva crispa*). — On a obtenu, par la voie du semis, un nombre considérable de variétés du Groseillier à maquereau dont plusieurs sont remarquables par la grosseur de leurs fruits.

Pour avoir toujours de beaux fruits, il faut démonter les branches qui produisent depuis trois ans.

MURIER (*Morus*). — Les Mûriers sont des arbres très-rustiques qui s'accommodent de presque tous les terrains, même de ceux de médiocre qualité, excepté de ceux qui sont constamment humides. Quelle que soit l'espèce, il ne faut pas la planter avant le mois de février, ni en retrancher aucune branche; après quoi tous les soins consistent à donner quelques binages.

Comme arbre à fruit, on ne cultive guère que le Mûrier noir, dont les fruits mûrissent de juillet en septembre. Il ne se taille pas, et l'on se borne à retrancher le bois mort. Lorsque ces arbres sont trop vieux et qu'ils ne donnent plus que de petits fruits, il faut les rabattre, c'est-à-dire rabattre les branches à quelques centimètres du tronc ; ils produiront de jeunes jets très-vigoureux qui ne tarderont pas à se mettre à fruit.

Le Mûrier blanc est cultivé comme arbre d'agrément, mais plus particulièrement encore pour recevoir la greffe des espèces à larges feuilles cultivées pour la nourriture des vers à soie.

L'époque la plus favorable pour les greffer est la fin d'avril, et la variété la plus avantageuse, parmi celles qui sont cultivées pour l'usage indiqué plus haut, est le Moretti, dont les feuilles sont très-larges et de beaucoup préférables à celles du Multicaule. Sa rusticité est au moins égale à celle du Mûrier blanc ordinaire. Il se reproduit très-bien de graines semées au printemps.

On élève les Mûriers en baliveaux ou en touffes, dont on peut faire des haies qui, bien conduites, produiront beaucoup de feuilles.

Il est préférable de couper les branches dont on veut prendre les feuilles pour la nourriture des vers ; mais il faut avoir soin de laisser toutes les petites branches, et de n'en pas détacher les feuilles, afin de ne pas intercepter complètement la circulation de la sève. A la fin de juin ou au commencement de juillet, enfin aussitôt qu'on aura fini de nourrir les vers, on taillera immédiatement les Mûriers, afin que les pousses qui se développeront à la sève d'août prennent assez de force pour résister aux gelées.

Néflier (*Mespilus Germanica*). — Les Néfliers réussissent très-bien partout, même dans les terrains très-frais. On les plantera en automne, à moins que la nature du sol ne le permette pas; comme les fruits viennent à l'extrémité des branches, ces arbres ne doivent pas être taillés; il serait d'ailleurs impossible de leur donner une forme régulière.

On plantera de préférence le *Néflier à gros fruits*.

Il faut cueillir les fruits en octobre et novembre, et les étendre sur la paille ou sur des tablettes, où ils mûrissent.

Noisetier (*Corylus*). — Les Noisetiers sont très-rustiques, et doivent être plantés en automne; ils viennent dans tous les terrains et à toutes les expositions. On les élève en touffes ou à tiges, et ils fructifient aussi bien dans un cas que dans l'autre.

Les fruits mûrissent en août et septembre, et tombent aussitôt après leur maturité.

Plusieurs espèces ne sont cultivées que pour l'ornement des jardins d'agrément.

Variétés. — Noisetier à fruit rouge, — N. grosse aveline de Provence, — N. avelinier rouge, — N. à fruits en grappes.

Noyer (*Juglans regia*). — Les Noyers méritent sous plusieurs rapports d'être cultivés; cependant on leur accorde rarement une place dans les jardins, à cause de l'espace qu'ils couvrent (il faut entre les pieds au moins 20 ou 30 mètres) et de l'étendue de leurs racines, qui épuisent la terre et nuisent beaucoup aux cultures environnantes. Ils aiment une terre douce, substantielle et profonde. Ils supportent assez bien la transplantation lorsqu'ils sont jeunes et qu'on y apporte beaucoup de soin; il faut surtout éviter de rabattre en les plantant, ce qui nuirait beaucoup à leur élévation.

Il y a avantage à les semer en place. Dans ce cas, il faut

choisir les noix les plus belles et les plus mûres de la variété que l'on veut semer, et à l'automne on les met en terre ou bien on les fait stratifier dans du sable pour ne les semer qu'au printemps. Ils fructifieront au bout de six à huit ans de semis.

Si l'on voulait changer la variété que l'on a semée, ou si l'on craignait qu'elle ne se reproduisît pas identiquement lorsque les sujets auront atteint environ 1 mètre de hauteur et $0^m,03$ de diamètre, il faudra, au printemps, les greffer, soit en fente, soit en anneau; ils prendront alors un peu moins de développement.

Les Noyers n'ont pas besoin d'être taillés; seulement, quand ils sont vieux, il arrive souvent que l'extrémité des branches meurt; il faut alors les rabattre à environ $0^m,60$ du tronc, et il se forme une nouvelle tête.

Variétés. — Noyer à coque tendre, — N. tardif, — N. à bijoux (pour la grosseur des fruits).

Il y a une nouvelle espèce très-intéressante, connue sous le nom de *Juglans præparturiens*. Elle s'élève peu et donne des fruits de bonne qualité dès la seconde année de semis.

Les noyers mûrissent leurs fruits vers la fin de septembre ou le commencement d'octobre; mais on peut les manger en cerneaux dès la fin de juillet.

On cultive aussi comme arbres d'ornement plusieurs espèces de Noyers d'Amérique.

PÊCHER (*Amygdalus Persica*) (1). — Dans les terrains profonds, on plantera de préférence des Pêchers greffés sur Amandier; mais dans ceux qui n'ont qu'une couche peu épaisse de bonne terre, et dont le fond serait de tuf

(1) Nous ne parlerons que des Pêchers en espalier, car les Pêchers en plein vent ne réussissent réellement bien que dans nos départements méridionaux.

ou de glaise, il faut planter des arbres greffés sur Prunier, car ils ont des racines traçantes qui se contentent d'une terre moins profonde.

On peut établir des espaliers de Pêchers à toutes les expositions; seulement, au nord et à l'ouest, on plantera des variétés hâtives, et on leur donnera un peu moins d'écartement qu'aux autres expositions. La distance ordinaire est de 8 à 10 mètres, suivant la forme qu'on leur donne et la nature du terrain. On peut planter dans l'intervalle un Poirier, qui donne des fruits en attendant que le développement des Pêchers en amène la suppression.

Il est presque toujours préférable de planter des Pêchers greffés de dix-huit mois; ils ont, avec un concours de circonstances favorables, plus de chances de succès que ceux qu'on plante tout formés, c'est-à-dire ayant déjà subi plusieurs tailles. Il faut avoir soin, en plantant, de placer les plus fortes racines par devant, et il faut que le collet de l'arbre soit à environ $0^m,15$ du mur sur lequel la tige est inclinée.

(Pour l'époque de la plantation et les autres précautions, voir l'article *Plantation*, page 182.)

Pour entretenir la vigueur des arbres, il est nécessaire de fumer la plate-bande où sont les Pêchers; mais il n'est pas possible de déterminer le temps qui doit s'écouler entre deux fumures, car cela dépend de la nature du terrain. On emploiera de préférence des terres neuves, des gazons ou des fumiers à moitié consommés. Dans les années où il sera nécessaire de fumer les Pêchers, il faudra les tailler plus long, et chaque année, après la taille, il faudra donner un binage au pied des arbres.

En juillet et août, à l'aide de la pompe à main, on arrosera les feuilles des Pêchers. Cette opération est très-utile; mais elle ne doit se faire que lorsque le soleil ne donne plus sur l'espalier.

La température élevée de cette époque oblige souvent d'arroser le pied des Pêchers; on doit alors donner un binage et former autour de chaque arbre un bassin qu'on remplira de fumier court, qui conserve plus longtemps l'humidité.

Il faut, aussitôt après la plantation, fixer d'une manière positive la forme sous laquelle on veut élever ses Pêchers; et, sans nous arrêter à discuter les avantages et les inconvénients des autres modes de culture, nous nous bornerons à indiquer celui qui est en usage à Montreuil, comme le plus simple et l'un des plus avantageux. Pour arriver à un bon résultat, nous conseillons de tracer un quart de cercle sur le mur (*fig.* 17), où nous indiquerons chaque année la place que les branches principales devront occuper suivant leur développement.

Première année. On coupera après la plantation la tige des jeunes Pêchers dont nous recommandons l'emploi à $0^m,15$ ou $0^m,20$ au-dessus de la greffe. Ce qui détermine le développement de plusieurs bourgeons.

Ébourgeonnage. — Quand les bourgeons auront de $0^m,25$ à $0^m,30$ de longueur, on choisira les deux plus vigoureux, un de chaque côté, pour former les deux branches mères *b* (*fig.* 14), puis on supprimera les autres.

Palissage. — Dans la crainte qu'elles ne soient cassées, on les attachera, mais de manière à ne pas les gêner dans leur développement. Si l'un des deux bourgeons était plus vigoureux que l'autre, il faudrait l'incliner davantage, afin de rétablir l'équilibre de la séve, principe dont il ne faudra jamais s'écarter; car de là dépend tout l'avenir de l'arbre.

Deuxième année. — En février, c'est-à-dire lorsque la séve commence à gonfler les boutons, et non pas lorsqu'ils sont en fleur, comme quelques personnes le conseillent, après avoir dépalissé l'arbre, on devra nettoyer le mur ainsi que les membres sur lesquels on trouverait des gall'insectes, ce qu'il faudra faire chaque année ; après quoi on coupera le chicot *a* (*fig.* 14), et on couvrira la plaie avec de la cire à greffer.

Les branches mères *b* seront taillées à 0^m,35 ou 0^m,40 de longueur, selon la forme de l'arbre immédiatement au-dessus de l'œil destiné à prolonger les branches. A défaut de l'œil de devant, on peut prendre celui de dessus, ce qui devra être observé à chaque taille. Arrivé à ce point, le développement des branches mères permet d'établir une branche sous-mère inférieure de chaque côté de l'arbre, au moyen des yeux latéraux placés à la base des branches mères.

Fig. 14.— Pêcher, 2e année.

Lorsqu'on attachera les deux branches mères *b*, on leur donnera environ 10 degrés d'ouverture.

Ébourgeonnage. — Dans le courant de mai, on enlèvera avec l'ongle, ou bien avec la pointe d'une serpette, tous les bourgeons qui se trouvent trop rapprochés les uns des autres, ceux qui font double et triple emploi par suite du développement des yeux, doubles et triples, si nombreux sur les Pêchers ; ceux placés sur le devant ou le derrière des branches ; tous ceux, enfin, qu'il faudrait supprimer à la taille afin de favoriser tout spécialement le développement des bourgeons qui doivent fournir les secondes branches sous-mères inférieures.

Forcé de faire un choix, on supprimera de préférence le bourgeon du milieu des yeux triples, qui, toujours plus vigoureux que les autres, pourrait être plus tard une cause d'embarras. Quant aux autres bourgeons, on ne conservera, dans un cas comme dans l'autre, que le mieux placé des deux.

La raison qui fait supprimer le bourgeon le plus vigoureux des yeux ordinaires fait que l'on doit conserver ce même bourgeon en ébourgeonnant l'œil terminal de chaque branche ; car, destiné à prolonger la branche, ce bourgeon doit toujours dominer les autres.

Plus tard, on supprimera également les faux bourgeons, et l'on pincera au-dessus de la septième ou huitième feuille ceux que l'on croira devoir conserver.

A partir de l'époque ci-dessus indiquée, on continue l'ébourgeonnage successivement jusqu'en juillet, puis on pince avec l'ongle l'extrémité de tous les bourgeons dont il est nécessaire de modérer le développement.

Palissage. — A mesure que les bourgeons se développeront, on les palissera ; mais cette opération nécessite beaucoup de soin, car les bourgeons sont tellement tendres qu'ils cassent net si l'on ne prend beaucoup de précautions pour les amener à la place qu'ils doivent occuper. On leur donnera toujours la position la plus directe possible, afin que la circulation de la séve ne soit ralentie par aucun obstacle, et il faut toujours éviter de croiser les bourgeons l'un sur l'autre.

Troisième année. — A l'époque de la taille, et avant de dépalisser l'arbre, on examinera la végétation de chaque membre, et l'on jugera s'il ne serait pas nécessaire, en taillant, de rétablir l'équilibre de la séve dans le cas où un membre serait beaucoup plus vigoureux que l'autre.

On coupera les branches mères *b* (*fig.* 15) à peu près à 0ᵐ,40 ou 0ᵐ,50 de longueur, suivant leur vigueur, en ayant soin que l'œil sur lequel on taillera soit placé de manière à les prolonger le plus directement possible, ce qu'il faudra observer à chaque taille et pour chaque branche.

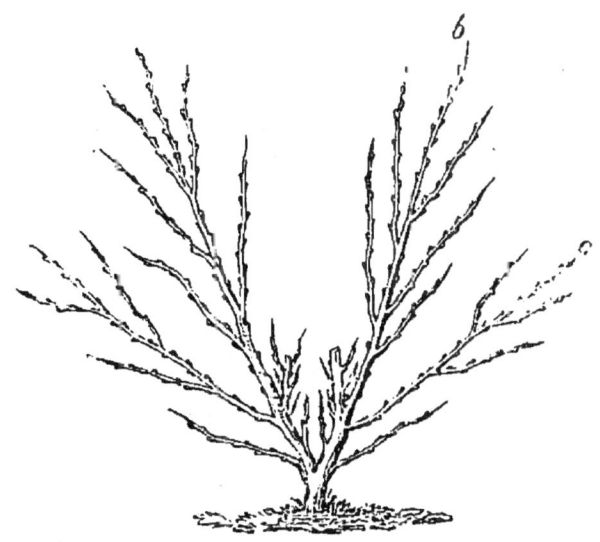

Fig. 15. — Pêcher, 3ᵉ année.

On taillera les branches sous-mères selon leur force, mais toujours un peu plus longues que les branches mères ; tous les bourgeons de l'année précédente, qui garnissent les branches à bois, seront taillés à deux ou trois yeux de leur insertion, afin d'avoir l'année suivante autant de branches fruitières que la vigueur de l'arbre permettra d'en laisser ; puis on supprimera tous les bourgeons qui seraient mal placés.

Si les bourgeons placés à la base des branches mères sont très-vigoureux, il faudra les tailler court, afin de déterminer le développement des branches à fruits ; mais dans le cas contraire, on les taillera à cinq ou six yeux.

On donnera aux branches mères, en les rattachant, environ 25 à 30 degrés d'ouverture, si elles sont de même force ; dans le cas contraire, il faudrait donner une position plus verticale à la moins vigoureuse, ce qu'il faudra encore observer chaque année.

Ébourgeonnage. — On enlèvera les bourgeons et les faux bourgeons qui seraient mal placés, en prenant les mêmes précautions que l'année précédente.

On favorisera le développement des bourgeons placés à la base des branches mères, qui doivent fournir les premières branches sous-mères supérieures ; ce qu'il faudra également faire, pour les bourgeons des branches fruitières les plus rapprochés de la branche principale : car ce sont eux qui doivent, à la taille suivante, remplacer les branches fruitières ; pour le reste de l'ébourgeonnage, il faudra observer ce qui a déjà été dit.

Palissage. — Lorsque les bourgeons auront environ de $0^m,25$ à $0^m,30$ de longueur, on les palissera, en commençant toujours par les plus vigoureux.

Quatrième année. — Après avoir, comme chaque année, dépalissé l'arbre, on taillera plus ou moins longues, suivant leur vigueur, l'extrémité des branches mères *b* (*fig.* 16), au point 3, par exemple.

On taillera également les branches sous-mères inférieures suivant leur force, et toujours sur l'œil le plus favorable à leur prolongement ; on rabattra les branches fruitières sur celles de remplacement, qui devront toujours être les plus rapprochées possible des branches principales, de manière que ces dernières semblent toujours être rajeunies par des pousses nouvelles ; puis on taillera les branches de remplacement, pour porter fruit, à cinq ou six yeux, selon leur force et la vigueur de l'arbre, mais toujours dans le but d'obtenir un bourgeon de remplacement le plus près possible de leur insertion. Quant aux faux bourgeons, il faut, comme toujours, les tailler à deux ou trois yeux....

On rattachera les branches mères, auxquelles on donnera environ 35 à 40 degrés d'ouverture, en ayant toujours soin d'observer ce qui a été dit à ce sujet pour l'année précédente.

Ébourgeonnage. — Il faudra surveiller les branches à bois qui tendraient à s'établir là où il ne doit jamais y avoir que des branches à fruits ; il faut s'attacher surtout à favoriser le développement des bourgeons, qui doivent fournir les secondes branches sous-mères supérieures et

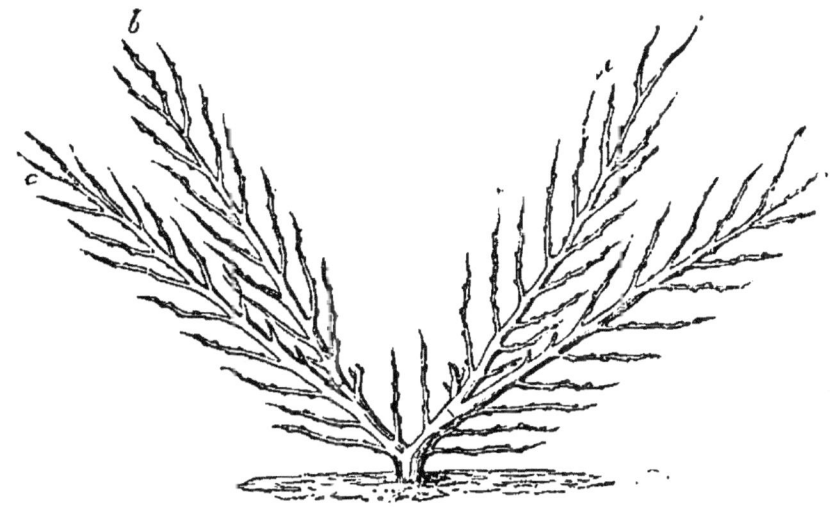

Fig. 16. Pêcher, 4e année.

les branches de bifurcation, ainsi que les bourgeons destinés à former les branches de remplacement.

On aura soin de pincer les bourgeons à fruits ; s'il n'y a pas de fruits, ou qu'ils soient tombés avant la maturité, il faudra rabattre ces bourgeons immédiatement sur le bourgeon de remplacement, à moins cependant que l'un d'eux ne soit trop vigoureux ; car alors il serait préférable de ne le rapprocher qu'à la taille.

Pour le reste de cette opération, on peut se reporter à tout ce qui a été dit relativement à l'ébourgeonnement de la seconde année.

Il faut surtout pincer à propos les bourgeons qui, par leur vigueur, menaceraient de devenir ce que l'on nomme des *gourmands*.

Palissage. — Le palissage sera fait d'après les mêmes principes, et successivement, comme les années précédentes.

Comme l'arbre devra porter des fruits, il faudra, aux approches de la maturité, les découvrir, mais progressivement, précaution qu'on devra toujours avoir.

Cinquième année. — Le but de la taille de cette année est d'étendre et de fortifier toutes les parties de l'arbre (*fig.* 17).

On raccourcira les rameaux terminaux d'après les mêmes principes que pour les tailles précédentes, et, en taillant les branches fruitières, on y laissera du fruit suivant leur vigueur et la santé de l'arbre; on taillera les faux bourgeons à deux ou trois yeux, comme les années précédentes, et on donnera aux branches mères environ 45 à 50 degrés d'ouverture.

On favorisera le prolongement des branches de bifurcation *e*, *f*, ainsi que celui des bourgeons *g*, dont on pourra faire par la suite de nouvelles branches de bifurcation.

Enfin, par l'ébourgeonnement des jeunes pousses et par celui des faux bourgeons mal placés, par le pincement et le palissage, on maintiendra ou l'on ramènera toutes les parties de l'arbre à un parfait équilibre de végétation.

A mesure que l'arbre avancera en âge, la taille et les autres opérations deviendront plus compliquées, mais les principes seront toujours les mêmes; on établira successivement des branches de bifurcation, pour remplir les intervalles, et il faudra toujours avoir soin de conserver aux branches mères, ainsi qu'à toutes les autres, les proportions relatives à leurs diverses fonctions.

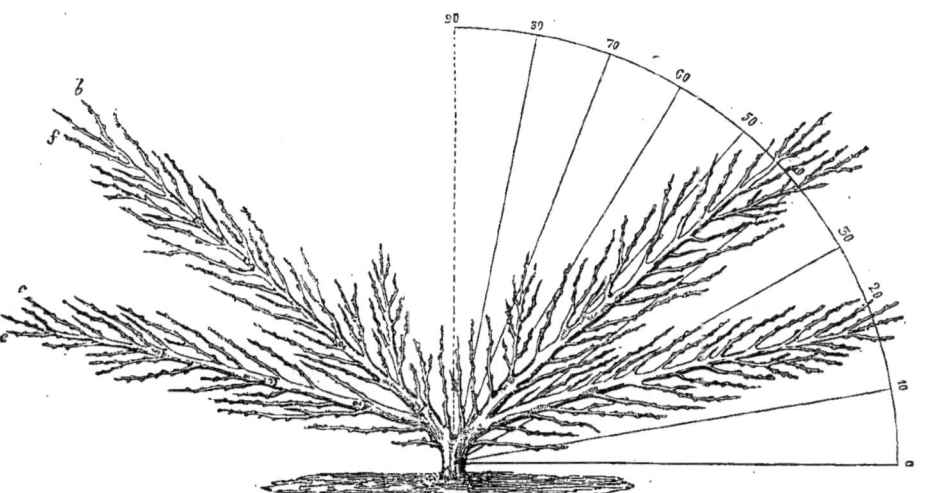

Fig. 17. — Pêcher, 5ᵉ année.

Pêcher en U.

Les pêchers élevés sous cette forme conviennent tout particulièrement aux personnes qui veulent avoir des murs promptement garnis. Plantés à un mètre les uns des autres, ces pêchers peuvent sans exiger de soins particuliers fructifier abondamment dès la troisième année.

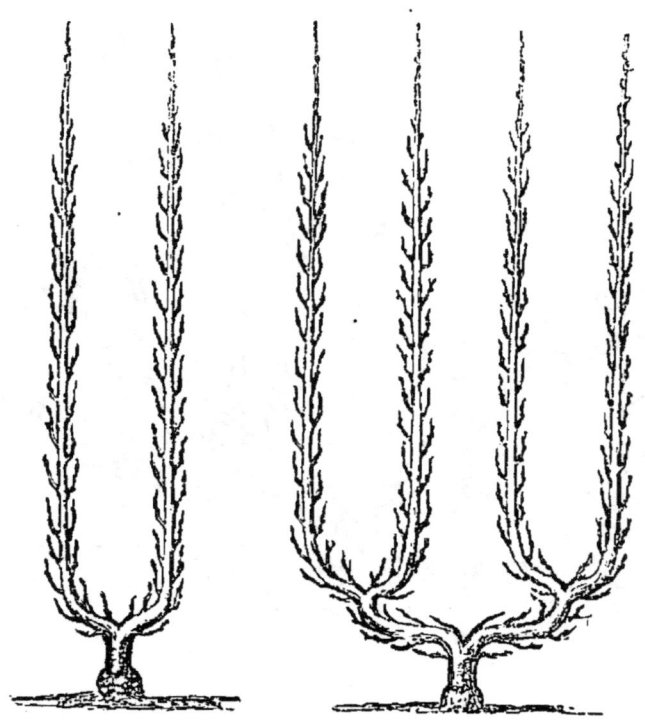

Fig. 18. — Pêchers en U.

Comme tous les arbres cultivés en espalier, les pêchers en U doivent être rabattus après la plantation à $0^m,15$ ou $0^m,20$ au-dessus de la greffe, afin de favoriser le développement des bourgeons destinés à fournir les deux mères branches. Pendant le cours de leur végétation, ces deux bourgeons seront dirigés de manière à figurer un U simple ou double (*fig.* 18), en ayant soin toutefois de laisser les extrémités libres, afin qu'elles ne soient pas gênées dans leur développement. Arrivés à ce point, les pêchers en U sont tout aussi faciles à diriger que les pêchers obliques, sur lesquels ils ont véritablement un avantage marqué.

De la culture forcée du Pêcher. — On peut facilement avancer la maturité des Pêchers en espalier, surtout des variétés hâtives ; et, pour être plus certain du succès de l'opération, on avancera de préférence ceux qui sont placés à l'est ou à l'ouest.

En janvier, on placera devant les Pêchers une petite serre mobile, couverte par des châssis de 2 mètres de longueur, supportés par des chevrons dont le haut sera

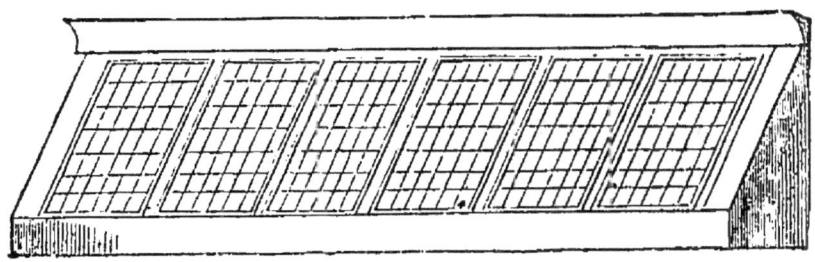

Fig. 19. — Serre à forcer.

scellé dans le mur, et qui porteront en bas sur un soubassement de planches qui aura 0^m,85 de hauteur, ce qui produira intérieurement 0^m,90, espace suffisant pour donner les soins nécessaires, qui, au reste, sont absolument les mêmes que ceux qui ont été indiqués plus haut.

Après avoir taillé les arbres, on commencera à leur donner une température de 12 degrés ; puis, progressivement, on augmentera jusqu'à 18 degrés, mais pas plus ; et comme au moment du soleil la chaleur sera beaucoup plus élevée, on donnera de l'air ; pendant la nuit on couvrira la serre avec des paillassons, on seringuera les feuilles au besoin ; et comme les fruits sont ordinairement plus nombreux qu'en plein air, il est souvent nécessaire d'en supprimer quelques-uns, afin de ne point épuiser les arbres. Après la maturité, qui a lieu en avril, on enlève les châssis.

Ordinairement, on laisse une année ou deux de repos aux Pêchers qui ont été forcés ; mais nous dirons que l'on peut sans inconvénient recommencer cette opération l'année suivante.

Variétés. — Avant-Pêche blanche, — Petite Mignonne, — Grosse Mignonne, — Malte, — Madeleine, — Chevreuse, — Chevreuse tardive, — Admirable Belle de Vitry, — Brugnon musqué, — Madeleine rouge tardive, — Alberge jaune, — Galande, — Vineuse pourpre hâtive, — Madeleine de Courson, — Violette hâtive, — Veloutée tardive, — Teton de Venus, — Bourdine, — Bon ouvrier, — Pourprée tardive, — Belle de Doué, — Reine des vergers.

POIRIER (*Pyrus*). — *Plantation.* — Les Poiriers greffés sur Coignassier réussissent dans presque tous les terrains, même dans ceux qui ont peu de profondeur, pourvu cependant qu'ils ne soient pas glaiseux ou humides ; car alors, malgré tous les soins, ils périraient au bout de quelques années. Toutes les fois que l'on aura à planter dans un terrain profond, il sera préférable de planter des Poiriers greffés sur franc, parce qu'ils sont beaucoup plus robustes.

C'est à tort que l'on dit que ces arbres sont trop lents à se mettre à fruit, parce qu'ils poussent trop vigoureusement ; car si, par une taille bien raisonnée et proportionnée à la force des arbres, on établit une égale répartition de séve dans tous les membres, on parviendra souvent à les faire fructifier dès les premières années ; une fois que ces arbres sont à fruit, ils en donnent abondamment, et vivent très-vieux. Si l'on plante des Poiriers greffés sur Coignassier, on prendra des arbres de dix-huit ou vingt mois de greffe ; mais s'ils sont greffés sur franc, comme ils poussent beaucoup plus vigoureusement, on peut quelquefois les planter greffés de l'année. Nous conseillons, pour planter dans les plates-bandes, de prendre des Poiriers élevés en quenouille ; car, dans cette position, c'est réellement la forme la plus avantageuse, en ce qu'elle occupe peu de place et produits beaucoup de fruits. Il faut mettre entre deux pieds un Pommier ou un Poirier nain, que l'on taillera en gobelet. Il faudrait alors les planter à environ 4 ou 5 mètres l'un de l'autre.

1. *Poiriers en quenouille.*

Taille. — La première année, on taillera le rameau terminal à sept ou huit yeux, selon la vigueur de l'arbre,

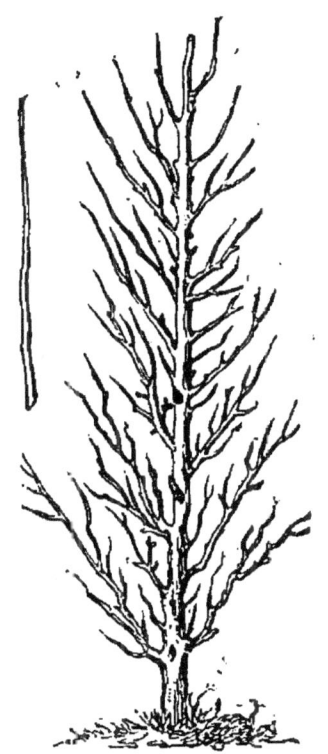

Fig. 20. — Poirier en quenouille.

afin d'obtenir trois ou quatre nouveaux membres. On aura soin de tailler sur l'œil placé le plus favorablement, pour prolonger la tige le plus verticalement possible (*fig.* 20).

On taillera aussi le rameau terminal de chaque rameau sur un œil placé de manière à prolonger le bras horizontalement. Les bras inférieurs étant les plus âgés, ils seront plus allongés que ceux qui sont placés au-dessus, et il faudra à chaque taille avoir soin de leur conserver les mêmes proportions. On enlèvera sur chaque membre les rameaux qui se trouveraient placés dessus et dessous, puis on taillera à environ $0^m,03$ de longueur ceux qui ne sont pas nécessaires à la forme de l'arbre. Ce sont les yeux inférieurs de ces rameaux qui donneront naissance aux brindilles. S'il se trouvait quelques lambourdes terminées par un bouton à fleur, il ne faudra pas les tailler, car on se priverait de quelques fruits.

Si, à la place où il est indispensable d'établir un membre pour compléter la régularité de l'arbre, il ne se trouvait pas de bourgeon pour le former, on pourra facilement en obtenir un, soit en posant un écusson, soit en cernant l'œil le plus rapproché de la place où l'on a besoin d'un membre, ce qui doit se faire de la manière suivante. A l'époque de la taille, on fait une incision transversale immédiatement au-dessus, puis une seconde à $0^m,02$ ou $0^m,03$ au-dessus de la première, enfin plus ou moins, selon la force qu'on veut donner au bourgeon. Ensuite, partant de la seconde incision, on fait à $0^m,02$ ou $0^m,03$ de chaque côté de l'œil une incision longitudinale, puis on enlève la portion d'écorce qui se trouve entre les deux incisions transversales. Ainsi cerné, l'œil se développe avec autant de vigueur que si l'on avait supprimé toute la partie qui est au-dessus.

Cette opération peut être pratiquée avec succès non-seulement sur la tige, mais encore sur tous les membres d'un arbre sur lequel il y a des vides à remplir.

Ébourgeonnage. — Pour favoriser le développement du bourgeon terminal, on pincera très-court les deux ou trois bourgeons qui en sont les plus rapprochés, à moins que le premier n'ait fourni une pousse trop faible; il faudrait alors le remplacer par le plus vigoureux et le plus rapproché de l'extrémité. On choisira parmi les autres les mieux placés pour en former des membres à la taille suivante, en observant toujours qu'ils ne doivent jamais être placé juste au-dessus de ceux de l'année précédente; car les membres d'une quenouille doivent être disposés de manière que, partant de l'insertion du premier membre, les autres tournent en spirale autour de la tige. On pincera également les deux ou trois bourgeons les plus rapprochés du rameau terminal de chaque bras, et on enlèvera sur chaque membre tous les bourgeons qui naîtront dessus et dessous. On pincera, sur les membres de l'année précédente, les bourgeons qui poussent trop vigoureusement; puis on taillera des brindilles à 0^m,16 ou 0^m,18 de longueur. La taille des rameaux terminaux sera proportionnée à la vigueur de l'arbre, et l'on taillera toujours sur l'œil le mieux placé pour les prolonger suivant leur position. Les autres rameaux seront taillés à environ 0^m,05, même ceux qui ont été pincés à l'ébourgeonnage; les brindilles qui ont donné du fruit le seront à 0^m,12 ou 0^m,15, et si celles qui ont été rompues à l'ébourgeonnage avaient poussé, il faudrait les tailler au-dessus de la pousse.

On protégera successivement l'établissement des branches fruitières, et l'on surveillera celles qui pousseraient trop vigoureusement, de manière qu'il ne puisse se former de gourmands sur aucune partie de l'arbre; enfin, on traitera les quenouilles la seconde année comme on les a traitées la première, et ainsi de suite; seulement, à chaque taille, les opérations deviendront plus compliquées.

Comme souvent il arrive que les membres d'une quenouille tendent à s'élever verticalement, ce qui est non-seulement contraire aux principes, mais encore préjudiciable au développement ultérieur de l'arbre (car alors ces membres poussent avec une telle vigueur qu'ils absorbent une forte partie de la séve nécessaire à la végétation des autres membres), il faut, dans cette circonstance, chercher le moyen de remédier à un pareil état de choses. Souvent on a recours à de petits arcs-boutants ; mais comme ce moyen présente beaucoup de difficultés et de graves inconvénients, nous allons faire connaître un procédé communiqué à la Société centrale d'horticulture par M. Chevalier Gérolme : « J'ai placé quatre piquets au pied de chaque pyramide, avec une encoche de 0^m,028 à la tête de chacun ; j'y ai attaché un cercle avec de fil du fer à 0^m,081 d'élévation du sol, afin de pouvoir biner et nettoyer. Avec ce simple appareil, que j'appelle *treillage horizontal*, et qui m'offre les ressources d'un mur à la Montreuil, je deviens maître de mon arbre. Muni d'une grande quantité de loques en cuir percées aux deux bouts et d'une botte d'osier, je prends la branche à incliner, petite ou grosse, courte ou longue, n'importe ; à l'endroit convenable je la cerne de ma loque, que je ferme avec l'un des bouts d'un brin d'osier, dont je viens arrêter l'autre sur le cercle à la place que réclame l'inflexion de la branche ou le vide de l'arbre. Avec ce procédé, j'ai pu rectifier mille irrégularités indépendantes de la taille, comme proportionner les espaces, détruire la confusion qui existe toujours dans les pyramides, faciliter la circulation de l'air, le mouvement de la lumière ; en un mot, satisfaire à toutes les conditions de développement et d'équilibre qui jusqu'alors n'avaient point été remplies. »

2. *Poiriers en espalier.*

Pour former un espalier de Poiriers on prendra des arqres nains, jeunes et vigoureux, et on les plantera de préférence à l'est ou à l'ouest. On peut les élever sous plusieurs formes, mais nous considérons celles en éventail (*fig.* 21) et en palmette (*fig.* 22 et *fig.* 23) comme les plus faciles à diriger et les plus avantageuses. Les Poiriers que l'on veut former en éventail seront plantés à 5ᵐ,33, 6ᵐ,66 ou 8 mètres l'un de l'autre, selon la nature du terrain et la hau-

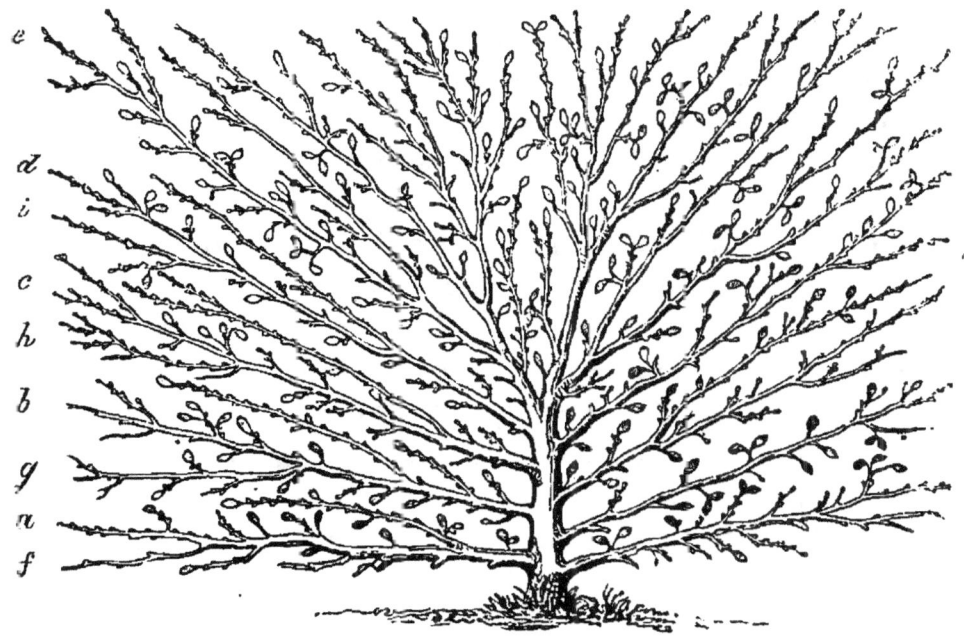

Fig. 21. — Poirier en éventail.

teur des murs, et l'on donnera la préférence aux arbres greffés de l'année. On les rabattra de manière à obtenir cinq bourgeons de chaque côté pour former la charpente de l'arbre.

Si la première année, l'on n'obtenait pas le nombre de bourgeons nécessaire pour former l'arbre, il faudrait diriger verticalement le bourgeon terminal pour prolonger la tige, et l'année suivante on le rabattra de manière à obtenir les membres *a*, *b*, *c*, *d*, *e*. A mesure que les bourgeons se développeront, on les palissera, en les plaçant aussi parallèlement que possible et à égale distance l'un de l'autre. On pincera l'extrémité de ceux qui pousseraient plus vigoureusement que les autres, de telle sorte que chaque membre ait une végétation à peu près égale. On pincera aussi très-court les bourgeons placés devant et derrière les branches, pour les démonter par suite de la taille.

Par l'ébourgeonnage, on favorisera le prolongement du bourgeon terminal de chaque membre, et l'on pincera très-court tous ceux qui sont mal placés. Aux tailles suivantes, on établira sur chaque membre successivement, et selon le besoin, des branches de bifurcation, *f, g, h, i* (*fig.* 21), pour remplir les intervalles.

Pour compléter la régularité des Poiriers cultivés en espalier, on peut, indépendamment de ce que nous avons indiqué pour ceux qui sont élevés en quenouille, avoir recours à la greffe par approche, ce qui doit se faire de la manière suivante. A l'époque où les bourgeons sont encore à l'état herbacé, on choisit le plus rapproché de la place où l'on a besoin d'établir un membre, on l'abaisse avec précaution afin de ne pas le rompre, et, après avoir fait une plaie longitudinale sur chaque partie, on les applique l'une sur l'autre, puis on les maintient dans cette position au moyen d'une ligature que l'on desserre aussitôt après la reprise de la greffe; lorsque le bourgeon est arrivé à l'état ligneux, on fait une entaille à mi-bois, juste au-dessous de la greffe, mais on ne sèvre complétement celle-ci qu'à l'époque de la taille. On peut sans inconvénient placer sur le même arbre autant de greffes qu'il est nécessaire ; ce que nous avons été à même d'observer sur un espalier de Poiriers confié aux soins de M. Fourquet, habile horticulteur, qui, à l'aide de la greffe par approche, est parvenu en très-peu de temps à donner une forme régulière à des Poiriers dont les membres étaient dans un désordre complet.

Si l'on plantait des arbres ayant déjà le nombre de branches nécessaire pour les former, il faudrait tailler toutes les branches bien placées à environ 0^m,04 et sur un œil disposé de manière à prolonger le membre dans la direction voulue d'après la forme de l'arbre. On démontera les autres, en ayant toujours soin de conserver les lambourdes et les brindilles.

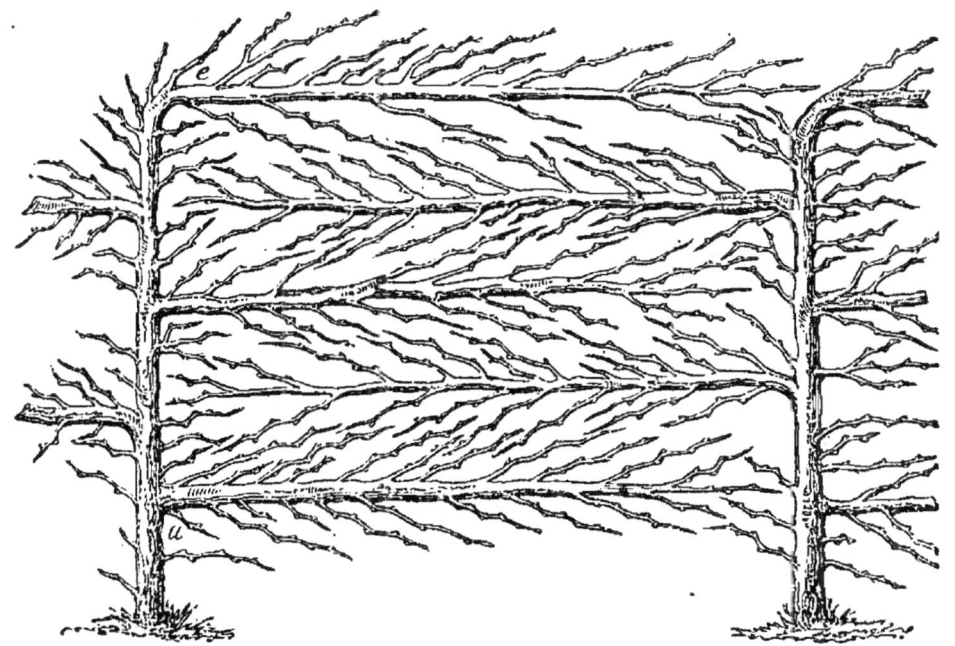

Fig. 22. — Poiriers en palmette.

On plantera, à 5 ou 6 mètres l'un de l'autre, ceux que l'on destine à être élevés en *palmette;* on rabattra la tige de manière à obtenir à droite et à gauche quelques bourgeons, dont on formera les premiers membres a (*fig.* 22), en les établissant à environ 0^m,30 à 0^m,35 les uns au-dessus des autres. Ceux de droite doivent alterner, autant que possible, avec ceux de gauche; en les palissant, il faut les incliner plus ou moins, suivant que l'on voudra favoriser le développement de l'un ou restreindre celui de l'autre. Les années suivantes, on les abaissera davantage, mais en observant qu'ils ne doivent jamais être placés horizontalement. On guidera verticalement le bourgeon qui sert à prolonger la tige, et l'on pincera les bourgeons mal placés; puis, les années suivantes, on taillera le rameau vertical de manière à obtenir chaque année deux branches latérales, jusqu'à ce que l'arbre soit arrivé à garnir le mur dans toute sa hauteur. On taillera les bras

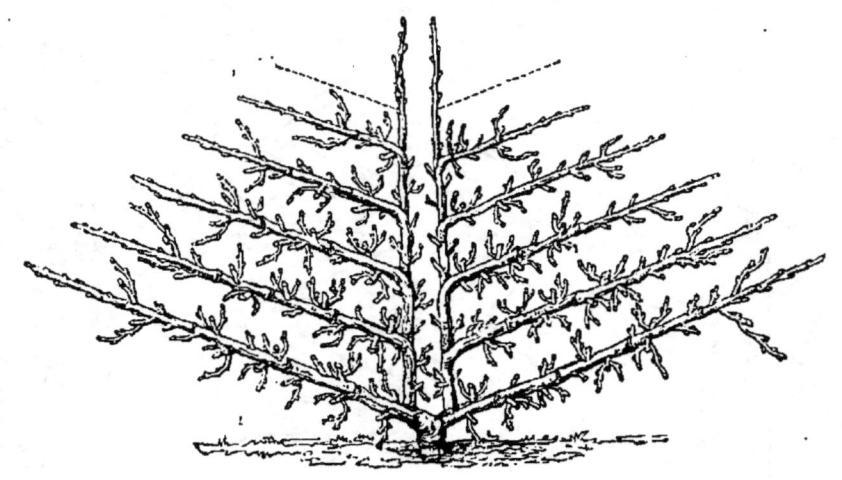

Fig. 23. — Poirier en palmette à double tige.

à environ 0^m,15 à 0^m,18 de longueur, suivant leur force et leur position, mais toujours sur un œil placé de manière à les prolonger le plus directement possible. S'il arrivait qu'un bourgeon de prolongement fût beaucoup plus vigoureux que l'autre, il faudrait, au palissage, l'incliner plus que les autres, de manière à rétablir l'équilibre.

L'éducation des Poiriers élevés sous la forme de palmette à double tige (*fig.* 23) doit avoir lieu d'après les principes suivis pour la palmette à tige simple.

Cette forme est adoptée maintenant par le plus grand nombre de cultivateurs de Poiriers, qui la préfèrent à toutes les autres.

Les Poiriers à tiges seront plantés à 5 ou 6 mètres l'un de l'autre, et, pendant les premières années, ils devront être taillés de manière que les branches qui doivent former la charpente de l'arbre soient également espacées. On surveillera leur développement pour favoriser celles qui seraient les moins vigoureuses, jusqu'à l'époque où les arbres pourront être abandonnés à eux-mêmes, c'est-à-dire environ deux ans après.

Lorsque les Poiriers sont très-vieux ou épuisés au point de ne plus produire de fruits, on peut encore en tirer un bon parti en les rabattant et en les greffant en couronne. (Voir l'article *Greffe*, p. 67.) On pose plus ou moins de greffes, suivant la force de l'arbre ; puis, lorsqu'elles sont bien reprises, on choisit les plus vigoureuses pour en former la nouvelle charpente.

Liste des meilleures variétés de poires admises par le Congrès pomologique.

ADÈLE DE SAINT-DENIS (Adèle de Saint-Céras, baronne de Mello). Fertile; moyen; bon; octobre (1).

BEAU PRÉSENT D'ARTOIS (Présent royal de Naples). Très-fertile; gros; assez bon ; commencement de septembre. (Entre-cueillir.)

BERGAMOTE D'ANGLETERRE (Gansel's bergamote, Bezy de Caissoy par plusieurs pépiniéristes.) Fertile; moyen; bon; septembre, octobre. (Greffer sur franc.)

BERGAMOTE ESPEREN. Très-fertile; moyen; très-bon; mars, mai.

BEURRÉ BEAUMONT (Beurré de Beaumont, Bezy Waët, Bezy de Saint-Waast, Belmont, Beymont). Fertile; moyen; bon; janvier.

BEURRÉ CAPIAUMONT (Beurré aurore). Très-fertile; moyen; bon; octobre. (Greffer sur franc; très-bon cuit.)

BEURRÉ CLAIRGEAU. Très-fertile; gros ou très-gros; bon; novembre, décembre.

---

(1) Le nom en PETITES CAPITALES indique le *nom définitif;* les noms *entre parenthèses* indiquent les *synonymes détruits;* le mot *fertile* s'applique à la fertilité de l'*arbre;* le mot *moyen*, à la grosseur du *fruit;* le mot *bon*, à la qualité de la *chair;* enfin, l'énonciation du mois de l'année fait connaître l'époque de la *maturité*.

Beurré d'Amanlis, Beurré d'Amanlis panaché (Wilhelmine, Hubard, Duchesse de Brabant, Poire Delbert ou d'Albert, Poire kessoise). Très-fertile ; gros ; septembre.

Beurré d'Aremberg (Orpheline d'Enghien, Colmar Deschamps, Beurré Deschamps, Beurré des orphelins, Délices des orphelins). Très fertile ; moyen ; très-bon ; décembre, janvier. (Greffer sur franc.)

Beurré d'Anjou (Ne plus Meuris, *Nec plus Muris*). Peu fertile ; assez gros ; très-bon ; décembre.

Beurré Davy (Beurré Spence, Beurré de Bourgogne, Beurré Saint-Amour, Belle de Flandre ou des Flandres, Nouvelle gagnée à Heuze, Beurré des bois, Fondante des bois, Boss père, Poire des bois, Boss pear, Beurré d'Elberg, Beurré Davis, B. Foidart). Fertile ; gros ou très-gros ; bon ; octobre.

Beurré d'Ardenpont (Beurré d'Arenberg par erreur, Glou morceau, Goulu morceau de Cambron, Beurré de Kent, Beurré Lombard, Beurré de Cambronne). Fertile ; gros ; très-bon ; janvier.

Beurré Diel (Beurré magnifique, Beurré incomparable, Beurré royal, Beurré des trois tours, Dry Toren, Melon de Knops, Poire melon, Graciole d'hiver, Fourcroy, Dorothée). Fertile ; gros ; très-bon ; novembre, décembre. (Recommandé.)

Beurré Giffart. Fertile ; moyen ; très-bon ; fin juillet.

Beurré Picquery (Urbaniste, Louis Dupont, Beurré Drapiez, Louise d'Orléans, Serrurier d'automne, Vergaline musquée). Peu fertile ; moyen ; très-bon ; octobre, novembre.

Beurré Quetelet (Beurré Dumortier). Très-fertile ; moyen ; très-bon ; septembre, octobre.

Bezy de Montigny (Non pas Doyenné musqué, vulgairement nommé Bezy de Montigny). Très-fertile ; moyen ; bon ; septembre.

Bon Chrétien Napoléon (Liard, Médaille, Mabille, Captif de Sainte-Hélène, Charles d'Autriche, Charles X, Beurré Napoléon, Bonaparte, Gloire de l'Empereur, Napoléon d'hiver). Très-fertile ; assez gros ; très-bon ; octobre, novembre.

Bon Chrétien William (Bartlett de Boston, de Lavault). Très-fertile ; gros ou très-gros ; très-bon ; septembre.

Bonne d'Ézée (Belle ou Bonne des Zées, Belle et Bonne des haies). Très-fertile ; gros ; bon ; septembre.

Calebasse monstre (Calebasse Carafon, Calebasse royale, Calebasse monstrueuse du Nord, Van Marum, Triomphe de Hasselt). Très-fertile ; très-gros ; assez bon ; octobre. (Greffer sur franc)

COLMAR D'ARENBERG (Kartoffel). Très-fertile; très-gros; assez bon; novembre.

DÉLICES D'HARDENPONT D'ANGERS (Poire-Pomme de Racqueingheim). Très-fertile; moyen; très-bon; novembre, décembre.

DOYENNÉ BOUSSOCH (Beurré de Mérode, Double Philippe, Nouvelle Boussoch). Fertile; gros; bon; septembre.

DOYENNÉ D'HIVER (Bergamote de la Pentecôte, Seigneur d'hiver, Doyenné de ou du Printemps, Dorothée royale, Poire Fourcroy, Canning d'hiver, Merveille de la nature, Pastorale d'hiver, Poire du Pâtre, Beurré roupé). Très-fertile; gros; bon; janvier, mai.

DUCHESSE D'ANGOULÊME (Poire de Pézénas, des Éparonnais, Duchesse). Très-fertile; très-gros; bon; octobre, novembre.

DUCHESSE DE BERRI D'ÉTÉ. Assez fertile; moyen; très-bon; fin août.

ÉPINE DU MAS (Belle Épine Dumas, Colmar du Lot, Duc de Bordeaux, Épine de Rochechouart, C. de Limoges). Fertile; moyen; bon; novembre.

FIGUE (Figue d'Alençon, Figue d'hiver, Bonissime de la Sarthe). Fertile; assez gros; très-bon; novembre, décembre.

FONDANTE DE CHARNEUX (Beurré ou Fondante des Charneuses, Duc de Brabant (Van Mons), Miel de Waterloo. Fertile; assez gros; très-bon; octobre. (Greffer sur franc.)

FONDANTE DE NOEL (Belle ou Bonne de Noël, Belle ou Bonne après Noël, Souvenir d'Esperen). Fertile; moyen: bon; décembre.

JALOUSIE DE FONTENAY (Jalousie de Fontenay-Vendée, Belle d'Esquermes). Très-fertile; assez gros; très-bon; septembre.

LOUISE BONNE D'AVRANCHES (Louise de Jersey, Bonne ou Beurré d'Avranches, Bergamote d'Avranches, Bonne de Longueval). Très-fertile; assez gros; très-bon; septembre.

MARIE-LOUISE DELCOURT (Marie-Louise Nova, Marie-Louise Nouvelle, Van Donkelaer, Vandonckelaër, Marie-Louise Van Mons). Très-fertile; moyen ou assez gros; très bon; octobre, novembre.

NOUVEAU POITEAU (Tombe de l'amateur). Fertile; gros; bon; novembre. (Blettit avant de jaunir.)

PASSE-COLMAR (Passe-Colmar gris, Passe-Colmar nouveau, Passe-Colmar ordinaire). Très-fertile; moyen; très-bon; décembre, février.

ROUSSELET D'AOUT (Gros Rousselet d'août, Van Mons). Très-fertile; moyen; très-bon; août.

SAINT-MICHEL-ARCHANGE. Fertile; assez gros; très-bon; octobre.

SAINT-NICOLAS (Duchesse d'Orléans). Très-fertile; moyen; très-bon; septembre, octobre.

Seigneur (Esperen). (Seigneur d'Esperen, Bergamote Fiévée, Bergamote lucrative, Lucrate, Brésilière, Beurré lucratif, Fondante d'automne, Arbre superbe). Très-fertile; moyen; assez gros; très-bon; septembre, octobre.

Soldat laboureur. Fertile; assez gros; bon; octobre, décembre.

Suzette de Bavay. Très-fertile; petit; bon; février, avril.

Triomphe de Jodoigne. Fertile; gros ou très-gros; assez bon; décembre.

Van Mons (Van Mons de Léon Leclerc). Fertile; gros; très-bon; novembre. (Greffer sur franc.)

Poiriers spécialement pour espaliers.

Bergamote Crassane (Cressane, Cressane d'automne, Beurré plat). Fertile; moyen; très-bon; novembre. (Contre un mur et au soleil.)

Beurré gris (Beurré doré, Beurré d'Amboise, Beurré roux, Beurré d'Isambart, Beurré du Roi, Isambart le bon, Beurré de Terwerenne). Fertile; moyen et gros; très-bon; septembre et octobre. (Contre un mur, avec avant-toit; levant, couchant; peut s'élever en haute tige.)

Bezy de Chaumontel (Beurré de Chaumontel, Chaumontel, Beurré d'hiver). Assez fertile; moyen et gros; assez bon; janvier. (Peut aussi s'élever en pyramide.)

Bon Chrétien de Rans (Beurré de Rance, Beurré de Flandre, Beurré Noirchain, Beurré noire chair, Hardenpont de printemps, Beurré de Pentecôte). Assez fertile; assez gros; assez bon; janvier, mars. (Sur franc, contre un mur; bonne exposition.)

Doyenné blanc (Beurré blanc, par erreur, Saint-Michel, Bonne ente, Doyenné picté, de Neige, du Seigneur, Citron de septembre, etc.). Très-fertile; moyen; très-bon; octobre. (Sur franc, contre un mur avec avant-toit; nord, levant, couchant.)

Doyenné gris (Doyenné roux, Doyenné crotté, Doyenné galeux, Doyenné jaune, Saint-Michel gris, Neige grise). Très-fertile; moyen; très-bon; octobre, novembre. (Sur franc, contre un mur avec avant-toit; terre légère; levant, couchant, nord.)

Saint-Germain d'hiver (Inconnue Lafare, Saint-Germain gris, Saint-Germain vert). Fertile; assez gros; très-bon; novembre, mars. (Contre un mur au soleil.)

Variétés dont les fruits sont à cuire.

Belle Angevine (Angora, Bolivar, Comtesse ou Beauté de Terweren, Royale d'Angleterre, Duchesse de Berri d'hiver, Abbé Mongein, Très-grosse de Bruxelles). Assez fertile ; énorme ; assez bon fin d'hiver. (Pyramide, mieux en espalier, contre un mur au midi.)

BON CHRÉTIEN D'HIVER (Poire d'angoisse, Poire de Saint-Martin, Bon Chrétien de Tours). Assez fertile ; gros ; bon ; mars, mai. Contre un mur à bonne exposition.

CATILLAC (Quenillat, Teton de Venus, Gros-Gillot, Bon Chrétien d'Amiens, Grand Monarque, Monstrueuse des Landes, Chartreuse, Abbé Mongein). Très-fertile ; très-gros ; bon ; février, mai. (Pyramide, mieux en espalier et haute tige.)

CERTEAU D'AUTOMNE (Cuisse-Dame, par erreur). Très-fertile ; moyen ; très-bon ; octobre, novembre. (Mieux en espalier et haute tige.)

CURÉ (Monsieur le Curé, de Monsieur, de Clio, Belle de Berri, Belle Andréanne ou Adrienne, Bon Papa, Pater Noster, Vicar of Wakefield, Belle Héloïse, Beurré Comice de Toulon, Belle Andréine). Fertile ; gros ; très-bon ; novembre, janvier. (Pyramide, espalier, haute tige.)

LÉON LECLERC. Fertile ; gros ; assez bon ; mars, mai. (Pyramide ; mieux, en espalier ; sur franc ; bonne exposition.)

MARTIN SEC (Rousselet d'hiver). Assez fertile ; petit ; très-bon ; décembre, janvier. (Mieux en haute tige.)

MESSIRE-JEAN (Mi-Sergent, Messire-Jean gris, Messire-Jean doré, Chaulis). Assez fertile ; moyen ; bon ; novembre. (Mieux en tige.)

Poiriers spécialement pour haute tige (Arbres de verger).

BERGAMOTE SYLVANGE (Poire Sylvange). Fertile ; moyen ; bon ; novembre.

BEURRÉ D'ANGLETERRE (Bec d'Oie, Amande, Poire d'Amande, Poire anglaise, Saint-François, Poire des Finnois). Très-fertile ; moyen ; assez bon ; septembre.

BEURRÉ GOUBAULT. Très-fertile ; moyen ; bon ; septembre. (Entre-cueillir.)

BLANQUET (Blanquet gros, Cramoisin, Cramoisine). Fertile ; petit ; assez bon ; juillet. (Entre-cueillir.)

CITRON DES CARMES (Petite Madeleine, Saint-Jean). Très-fertile ; petit ; assez bon ; juillet. (Entre-cueillir.)

COLMAR NÉLIS (Nélis d'hiver, Bonne ou Fondante de Malines). Fertile ; moyen ; bon ; novembre et décembre.

DOYENNÉ DE JUILLET (Roi Jolimont). Très-fertile ; petit ; très-bon ; juillet. (Entre-cueillir.)

ÉPARGNE (Beau-Présent, Cuisse-Madame, Grosse Madeleine; Saint-

Samson, Chopine, Beurré de Paris, Cueillette, de la Table des Princes). Très-fertile; moyen ou assez gros; bon; juillet, août. (Réussit en espalier.)

Joséphine de Malines. Peu fertile; moyen et petit; très-bon; janvier. (Réussit en espalier.)

Rousselet de Reims (Petit Rousselet, Rousselet musqué). Fertile; petit; bon; septembre. (Très-bon confit.)

Seckle (Shakespeare, Seckle pear). Fertile; petit; bon; octobre.

Pommier (*Pyrus malus*). — Tous les terrains, même ceux qui sont un peu frais, conviennent au Pommier; toutes les expositions, excepté le sud, lui sont favorables. On greffe les arbres à haute tige sur égrin et les nains sur doucin et sur paradis.

Ce que nous avons dit de la culture et de la taille des Poiriers peut, en toutes circonstances, s'appliquer également aux Pommiers. On peut facilement leur faire prendre toutes les formes. Ceux qu'on élève à haute tige sont les plus durables et ceux qui produisent le plus. Nous conseillons de les tailler pendant les premières années.

Si on les plante en lignes, on les met à 8 ou 10 mètres l'un de l'autre, et quelquefois plus, selon la nature du terrain. Dans les jardins, on ne plante ordinairement que des arbres nains, qui n'occupent que peu de place, et qui, bien dirigés, produisent beaucoup au bout de très-peu de temps.

Dans les terrains légers et chauds, on plantera de préférence les Pommiers greffés sur doucin, parce qu'alors leurs racines s'enfoncent plus profondément que lorsqu'ils sont greffés sur paradis. Dans ce dernier cas, ils s'élèvent peu, mais fructifient beaucoup, et les fruits en sont généralement très-beaux. Il faut les planter à environ $1^m,65$ les uns des autres.

Comme presque toutes leurs racines sont à la surface du sol, il ne faut leur donner que les binages.

Nous avons conseillé, à l'article *Poirier*, de placer un Pommier nain entre chaque quenouille; la forme la plus avantageuse à leur donner est celle d'un gobelet (*fig.* 24). La première année, on choisit cinq ou six bourgeons placés, autant que possible, à égale distance, pour établir la charpente de l'arbre, et on les palissera sur un cerceau. L'année suivante, on taillera les mères branches suivant leur force, et toujours sur un œil placé de manière à les prolonger dans la même direction.

Fig. 24. — Pommier en gobelet.

A l'ébourgeonnage, on pincera très-court les bourgeons qui se dirigeraient intérieurement, de manière à évider l'intérieur de l'arbre; puis on pincera aussi ceux qui pousseraient en dehors.

On placera un second cerceau qui devient nécessaire pour palisser le prolongement des branches, et par suite il faudra établir des branches pour remplir les vides qui résulteront de l'écartement des branches mères.

Généralement, il faudra tailler plus long et beaucoup plus tard les arbres qui pousseront trop vigoureusement.

Les bordures de buis du potager peuvent être avantageusement remplacées par de jeunes Pommiers paradis, que l'on plante à environ 2 mètres les uns des autres, et que l'on dirige horizontalement sur une seule branche (*fig.* 25.)

Avant de planter, on marque la place de chaque arbre par un piquet destiné à servir de support au fil de fer sur lequel on attache les Pommiers. Ces piquets doivent être enfoncés de manière que le fil de fer puisse être tendu à $0^m,40$ ou $0^m,50$ du sol.

Fig. 25. — Pommiers en cordons.

Après la plantation, on courbe la tige de chaque arbre avec précaution, on la maintient le long du fil de fer au moyen de quelques ligatures en osier, puis on coupe l'extrémité plus ou moins longue, suivant la vigueur de l'arbre.

Quand on veut obtenir deux branches sur chaque Pommier, il suffit, après la plantation, de couper la tige au-dessous du fil de fer, et l'année suivante on dirige une branche à droite et une branche à gauche.

Les années suivantes, on taille toutes les branches latérales le plus près possible de leur insertion, afin de favoriser le développement des boutons à fruits ; puis on prolonge les cordons de $0^m,40$ à $0^m,50$, suivant la vigueur de l'arbre, et cela jusqu'à ce qu'ils aient atteint une longueur qui permette de les greffer l'un sur l'autre, de manière à former un seul et même cordon.

Nous conseillons de former des haies de Pommiers

toutes les fois qu'on devra faire des clôtures dans les endroits où l'on n'aura pas à craindre la dévastation des fruits ; on prendra des arbres greffés sur doucin, et on les plantera à environ 1 mètre l'un de l'autre. Pendant les premières années, on maintiendra l'inclinaison des membres en les attachant sur des échalas placés de loin en loin. On greffera par approche toutes les branches principales qui se croiseront, et on entrelacera les autres.

A l'époque de l'ébourgeonnage, on pincera la haie sur les deux faces ; puis, par la taille et les ébourgeonnages, on tâchera d'éviter qu'elle ne se dégarnisse par le bas.

Variétés. — Api, — Calville blanc, — C. rouge, — Fenouillet gris, — Pigeonnet, — Potophe d'hiver, — Gros Rambour, — Reinette de Hollande, — R. franche, — R. du Canada, — R. d'Angleterre, — R. dorée, — R. grise, — R. de Bretagne, — R. d'Espagne, — R. de Granville.

PRUNIER (*Prunus*). — Les Pruniers, ayant des racines traçantes, n'exigent pas un terrain très-profond ; ils viennent assez bien presque partout, pourvu cependant que le sol ne soit ni trop sec ni trop humide. On les greffe sur le Prunier Saint-Jullien ou sur le Damas noir ; et, quoiqu'ils réussissent bien sous toutes les formes, on n'en plante guère en espalier que dans les contrées où les fruits mûrissent mal ; il faut alors les mettre à bonne exposition.

Il est beaucoup plus avantageux de planter des arbres à haute tige. Si l'on en forme des lignes, il faut les placer à 6 mètres l'un de l'autre. Plusieurs espèces peuvent aussi être plantées pour former des haies intérieures, ou dans les endroits où l'on n'a pas à craindre la dévastation des fruits. Il n'est pas absolument nécessaire de tailler les Pruniers, si ce n'est pendant les premières années, pour former la charpente de l'arbre.

De la culture forcée du Prunier. — On peut facilement

avancer la maturité de plusieurs variétés, telles que le Monsieur hâtif, la Mirabelle et la Reine-Claude. Pour cela, à l'automne, on plantera dans des pots de 0^m,30 de jeunes Pruniers élevés sous la forme de petites quenouilles; on les choisira aussi ramifiés que possible, et après l'empotage on enfoncera les pots à une bonne exposition. L'année suivante, en janvier, on les placera dans une serre vitrée dont on n'élèvera pas la température à plus de 12° ou 14°. On donnera de l'air au moment du soleil, et la nuit on couvrira la serre avec des paillassons. Les autres soins consistent à arroser ces arbres à propos et à les seringuer de temps à autre, après qu'ils sont défleuris; les fruits seront mûrs dans les premiers jours de mai. On peut chauffer les mêmes Pruniers deux ou trois années de suite.

Variétés. — Jaune hâtive, — Monsieur, — Royale de Tours, — Reine-Claude, — R.-C. Coëgolden drop, — R.-C violette, — R.-C. monstrueuse de Bavay, — Mirabelle grosse et petite, — Impériale blanche, — Surpasse-Monsieur, — Jefferson, — Drap d'or d'Esperen. — Washington, — Gros Damas, — Perdrigon rouge, — de Sainte-Catherine, — de Saint-Martin, — Pond's Seedling.

Vigne (*Vitis vinifera*). — La vigne vient dans presque tous les terrains, et il est peu de localités où l'on ne puisse en obtenir de beaux et bons produits, si elle est plantée à une exposition favorable et bien gouvernée : cependant le sol le plus propice est une terre franche, douce et profonde, amendée de temps à autre par des engrais bien consommés.

Avant de planter un espalier de Vigne, il faut arrêter la forme sous laquelle on la conduira, en tenant compte de l'emplacement : ainsi, pour garnir les trumeaux d'une orangerie ou d'un bâtiment quelconque, on peut élever la Vigne en palmette ; mais en toute autre circonstance, nous conseillons de la conduire à la Thomery (*fig.* 26), ce

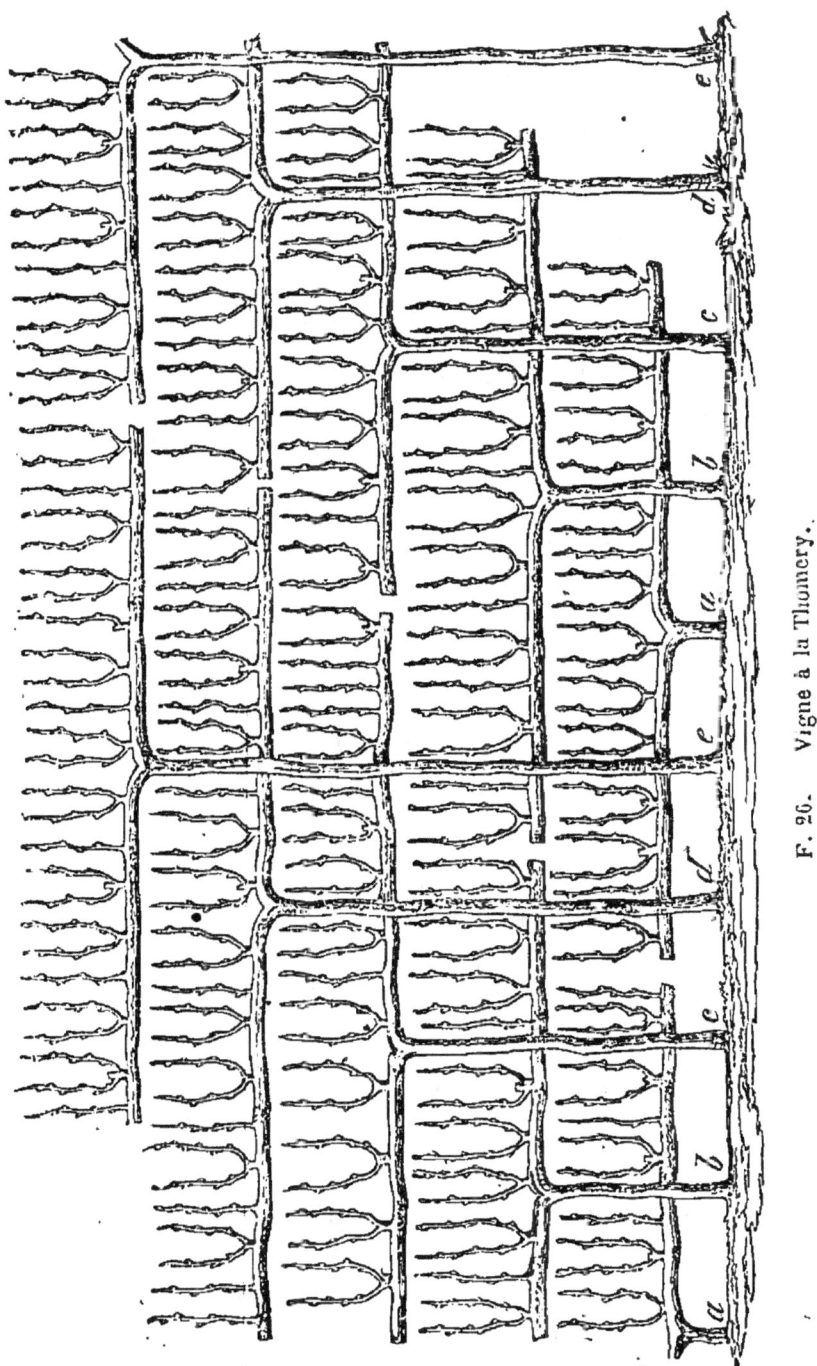

F. 26. — Vigne à la Thomery.

mode de plantation offrant tous les avantages désirables.

1. *Plantation*. — La distance à observer entre chaque pied de Vigne dépend de la nature du sol ; car, dans un terrain de peu de profondeur ou de médiocre qualité, il faut planter les Vignes plus près les unes des autres que dans une bonne terre, afin de donner moins d'extension à chaque membre ; enfin, dans les terrains où l'on peut espérer une végétation satisfaisante, on plantera de la manière suivante : tous les $0^m,65$, on fera une tranchée d'environ $0^m,33$ de largeur et $0^m,35$ de profondeur ; on la commencera $1^m,33$ ou $1^m,65$ du mur, suivant la longueur des marcottes, puis on la continuera jusqu'à $0^m,65$ du mur. En automne, on prendra des marcottes enracinées ou des crossettes (mais alors il faudrait une année de plus pour atteindre le mur) ; on ne laissera qu'un seul jet à chaque marcotte, mais garni de tous ses yeux, même sur la partie qui doit être couchée en terre. On placera la marcotte dans la tranchée, de telle façon que l'extrémité qui doit sortir de terre à $0^m,65$ du mur soit garnie de bons yeux, et, pour la faire sortir de terre, on la courbera avec beaucoup de précaution afin de ne pas la rompre.

Les racines devront être placées dans un sol bien meuble, puis recouvertes de bonne terre, ainsi que la partie couchée dans la tranchée. On mettra par-dessus un lit de bon fumier et on finira de remplir la tranchée avec la terre du sol.

En février ou mars, on taillera toutes les marcottes à deux ou trois yeux au-dessus de la terre, en ayant soin de ne tailler que quelques millimètres au-dessus de l'œil, et de faire que le biseau de la coupe soit toujours opposé à l'œil terminal.

Parmi les bourgeons qui se développeront, on choisira le plus vigoureux ; pour favoriser sa végétation, on supprimera les autres et on mettra un échalas à chaque pied.

On y attachera chaque bourgeon, en ayant soin d'enlever les faux bourgeons à mesure qu'ils se développeront.

2. *Taille.* — *Première année.* — A l'automne suivant, on continuera les tranchées jusqu'au mur et à la même profondeur que l'année précédente; puis on couchera chaque cep, que l'on amènera près du mur à la place qu'il doit occuper et qui aura dû être marquée d'avance.

A l'époque favorable, on taillera également tous les ceps à deux ou trois yeux au-dessus du sol. On palissera les bourgeons sur le mur à mesure qu'ils se développeront, en ayant soin d'enlever les faux bourgeons dès qu'ils auront $0^m,12$ ou $0^m,15$ de longueur. Comme il est probable, si l'année est favorable, que chaque bourgeon produira quelques grappes, il faudra, si elles étaient trop nombreuses, en supprimer quelques-unes, afin de ne pas trop fatiguer les jeunes Vignes.

Deuxième année. — On rabattra le bourgeon supérieur sur celui qui est placé au-dessous, à moins cependant qu'il ne soit trop faible, car il faut toujours tailler sur le plus vigoureux; puis on taillera toutes les tiges *a* sur un œil placé à quelques centimètres au-dessous du premier cordon, que l'on établira à $0^m,25$ du sol. Si les tiges *b*, à la hauteur du deuxième cordon, qui doit être à $0^m,75$ du sol, sont garnies d'yeux qui, par leur grosseur, promettent des bourgeons vigoureux, on les taillera comme les tiges *a*.

On taillera les tiges *c, d, e* d'après leur vigueur, et les années suivantes on établira les cordons des tiges *c* à $1^m,25$ du sol, ceux des tiges *d* à $1^m,75$, et enfin ceux des tiges *e* à $2^m,25$.

En général, pour rabattre sur de bons yeux, il faut tailler la pousse de l'année à la moitié de sa longueur, à moins cependant que le premier ou le deuxième œil au-dessus ne se trouve à la hauteur d'un cordon, sur la partie de la tige que l'on prolongera chaque année et jusqu'à ce qu'elle soit arrivée à la hauteur où elle doit former cordon. On laissera sur chaque tige trois ou quatre bourgeons qu'on choisira parmi ceux qui ont le plus de grappes ; on les palissera à mesure qu'ils se développeront, et, comme les autres années, on supprimera les faux bourgeons, puis on pincera très-court tous les autres bourgeons, et à la taille suivante on les démontera au rez de la tige.

Troisième année. — L'année suivante, on taillera le bourgeon vertical des tiges qui dès l'année précédente avaient été rabattues à la hauteur du cordon, à partir de son insertion sur le second œil, y compris celui du talon, ce qui donnera naissance à deux bourgeons, dont on formera les deux bras horizontaux; mais il ne faudra les amener que graduellement à la place qu'ils doivent occuper, et il vaudrait souvent mieux attendre à l'automne que de s'exposer à les casser. Pendant leur végétation on les attachera à mesure qu'ils se développeront, et on enlèvera les faux bourgeons, ainsi que tous les bourgeons placés devant et derrière et ceux qui se développent sur les tiges.

Quatrième année. — On taillera les deux branches qui forment le cordon à environ $0^m,35$ de longueur, suivant leur vigueur, mais toujours sur l'œil placé le plus favorablement pour prolonger le cordon dans la même direction. Puis, pour former les branches fruitières, on taillera les bourgeons placés sur la partie supérieure du cordon, en observant qu'ils doivent avoir entre eux une distance de $0^m,16$ à $0^m,20$.

Comme précédemment, on enlèvera tous les faux bourgeons, ainsi que les bourgeons mal placés, et l'on pincera ceux qui sont le plus près de l'extrémité, afin de favoriser la végétation des bourgeons de prolongement, ce qu'il faudra observer jusqu'à ce que le cordon ait atteint toute sa longueur. D'après l'écartement indiqué pour la plantation, chaque partie du cordon devra avoir 1m,60 de long de chaque côté.

Cinquième année. — On taillera les branches fruitières en courson sur deux yeux, puis on prolongera chaque part du cordon d'environ 0m,35 ; et comme, arrivés à ce point, les soins à donner à la Vigne pendant la végétation sont exactement les mêmes que ceux précédemment indiqués, nous croyons inutile de traiter ce sujet plus longuement.

Sixième année. — Pour cette taille et celles qui auront lieu successivement, on démontera toutes les branches fruitières sur le bourgeon le plus près du cordon, afin de les rajeunir chaque année ; et ensuite on taillera les coursons sur un ou deux yeux, ce que l'expérience indiquera ; car si, après avoir taillé sur un œil, on obtenait des bourgeons trop vigoureux, il faudrait l'année suivante tailler sur deux yeux. Lorsque chaque cordon est arrivé à remplir le cadre qui lui est assigné, il ne s'agit plus que de maintenir l'équilibre de la sève, afin d'avoir une végétation égale dans toute la longueur du cordon. Pour arriver à ce résultat, il faut surveiller la végétation des bourgeons placés vers l'extrémité (car ils sont toujours disposés à attirer vers eux une grande quantité de sève), et, par des pincements et le palissage, forcer la sève à refluer vers le centre.

Ces notions, quoique bien succinctes, suffisent pour faire connaître la série des opérations nécessaires à la conduite d'une treille, et l'étude attentive des dernières tailles servira à l'intelligence des autres.

3. *Vigne en palmette.* — Après avoir amené les Vignes à la place qu'elles doivent occuper, on les taille toutes à trois ou quatre yeux au-dessus de terre ; aussitôt après le développement des bourgeons, on choisit le plus vigoureux, on le dirige verticalement, et, pour en favoriser la

végétation, on pince ou l'on supprime les autres. L'année suivante, on rabat toutes les tiges à peu près à la moitié de leur longueur, plus ou moins, selon leur vigueur; après quoi, sur chacune, on fait choix d'un bourgeon pour prolonger la tige, puis on palisse les bourgeons placés à droite et à gauche, en ayant soin de les incliner plus ou moins, suivant qu'on voudra favoriser le développement de l'un ou restreindre celui de l'autre ; et, comme toujours, on supprime les bourgeons placés devant et derrière, ainsi que les faux bourgeons.

Les années suivantes, on taille les bourgeons à droite et à gauche en courson sur deux yeux, puis on rabat le bourgeon vertical de manière à obtenir chaque année quelques nouveaux bourgeons, et cela jusqu'à ce que l'on soit arrivé à garnir le mur dans toute sa hauteur.

4. *Vigne en contre-espalier*. — Pour former un contre-espalier, nous conseillons d'observer tout ce qui a été indiqué pour la treille à la Thomery, de manière à représenter les deux premiers cordons a, b (*fig*. 26).

Après la plantation, on enfoncera un pieu de loin en loin, et l'on tendra dessus un fil de fer pour guider chaque cordon, puis un autre entre les deux pour attacher les bourgeons du premier cordon, et enfin un quatrième à 0^m,28 au-dessus du second cordon, pour en attacher aussi les bourgeons Pour l'établissement des cordons et les soins à leur donner pendant leur végétation, on observera tout ce qui a été indiqué précédemment.

On peut chaque année en chauffer une partie, ainsi que nous l'avons indiqué dans le chapitre II, relatif à la disposition d'un jardin; mais on ne commencera qu'au bout de trois ou quatre ans de plantation, et alors on pourra chaque année chauffer le quart de la longueur, de sorte que lorsqu'on sera arrivé à reprendre la première partie, elle ait eu trois ans de repos.

5. *De la culture forcée de la Vigne.* — Vers la fin de décembre, dans le courant de janvier et même jusqu'en février, enfin suivant la maturité du bois, on taille la Vigne ; puis, suivant la position, on place devant elle soit des panneaux si elle est plantée le long d'un mur, soit une petite bâche mobile (1).

Si la Vigne est plantée en contre-espalier, on entoure le tout d'un réchaud de fumier qu'on remanie au besoin, puis on pose les panneaux ; mais on arrive à des résultats beaucoup plus prompts en faisant passer dans la bâche le tuyau d'un poêle ou mieux d'un thermosiphon. Ce mode de chauffage est très-favorable à la végétation, et nécessite beaucoup moins de surveillance pour arriver à un bon résultat. On règle la température comme il suit : à partir de l'époque où l'on commence à chauffer jusqu'à ce que la Vigne entre en végétation, on maintient une chaleur de 15° à 18° dans la bâche ; après quoi on augmente de 4° à 5°, température que l'on entretient jusqu'à ce que la grappe soit bien formée, et pendant la floraison on chauffe de 25° à 30° ; mais une fois que les grains sont bien formés on diminue graduellement la chaleur, de manière à n'avoir plus que 18° à 20° jusqu'à parfaite maturité.

La température est d'autant plus facile à régler, que cette bâche ne contient qu'une très-petite quantité d'air.

Pendant la nuit, on couvre les panneaux avec des paillassons qu'on enlève tous les jours ; et si, au moment du soleil, le thermomètre monte plus haut que nous ne l'avons indiqué, on donne un peu d'air en soulevant les panneaux par le haut. Pour entretenir l'humidité nécessaire à la

---

(1) Cette bâche se compose d'un coffre de 0m,80 de largeur sur 1m,33 de hauteur par derrière et de 0m,33 par devant. On maintient l'écartement au moyen de barres assemblées à queue d'aronde par le haut et par le bas, et placées de manière à servir de support aux panneaux.

Vigne, on donne des bassinages, qui doivent être plus ou moins fréquents, suivant la température et les progrès de la végétation. L'eau qu'on emploie pour ces arrosements doit être déposée sous la bâche quelque temps avant d'être employée, afin qu'elle soit, autant que possible, à la température de l'atmosphère dans laquelle on la répand.

La Vigne étant ainsi traitée, on aura des Raisins mûrs au bout de quatre mois ou quatre mois et demi, à partir de l'époque où l'on aura commencé à chauffer.

Pour utiliser la place qui reste au devant de la Vigne, on peut mettre quelques rangs des Fraisiers en pots, qui s'accommodent très-bien de la même température.

Variétés. — Madeleine noire, — M. blanche, — Chasselas de Fontainebleau, — Ch. de Bar-sur-Aube, — Ch. gros coulard, — Ch. musqué, — Ch. rose, — Muscat blanc, — M. violet, — M. d'Alexandrie, — Corinthe, — Panse commune, — Gromier du Cantal, — Frankental, — Cornichon, — Raisin cassis.

CHAPITRE XIV

Maladies des Arbres.

Les maladies qui attaquent les arbres et les font périr sont dues à deux causes distinctes : les unes, telles que le chancre et la gomme, sont le résultat de causes internes, tandis que les autres sont produites par des causes extérieures, et surtout par la présence des plantes parasites comme les Lichens, les Mousses et les Champignons.

Les premières, souvent mortelles, peuvent être guéries par l'amputation des parties maladives, si l'arbre n'en est attaqué que partiellement ou si les causes qui les ont produites sont passagères et n'ont pu détruire en lui tout germe de vie; mais quand il en est envahi tout entier et que sa végétation est modifiée au point que le dépérissement est journalier, l'arbre languit et meurt bientôt, sans que les secours du jardinier puissent le sauver.

Il n'en est pas de même des maladies dues à l'établissement de végétaux parasites sur l'épiderme de l'arbre; des lotions avec de l'eau de chaux et un nettoyage attentif avec une brosse ou un émoussoir suffisent ordinairement pour détruire les Lichens et les Mousses, et rendre la santé à l'arbre qui en était chargé.

Quant aux Champignons, il faut pour les détruire avoir recours à un moyen plus énergique, surtout pour celui de la Vigne nommé *Oïdium Tuckeri*; car l'eau de chaux a été reconnue insuffisante, et l'hydrosulfate de chaux (1), étendu dans la proportion de 1 litre pour 50 litres d'eau, est, jusqu'à présent du moins, le moyen le plus simple et le plus efficace que l'on ait encore trouvé.

Plus anciennement connue, la fleur de soufre appliquée après un bassinage détruit également bien le Champignon de la Vigne; mais, que l'on emploie la fleur de soufre ou l'hydrosulfate de chaux, l'important pour réussir est d'opérer à temps, c'est-à-dire aussitôt que l'on aperçoit les premières traces blanches qui caractérisent la maladie, car elle se propage avec une grande rapidité.

Si, malgré le soin apporté à l'opération, le Champignon n'était pas détruit par un premier traitement, il faudrait recommencer quelques jours après.

La fleur de soufre et l'hydrosulfate de chaux peuvent être également employés avec succès pour détruire le *blanc* ou *meunier*, qui fait tant de tort aux Pêchers.

(1) Pour faire de l'hydrosulfate de chaux, on prend 250 grammes de soufre en poudre et environ un demi-litre de chaux fraîchement éteinte; on fait du tout une pâte à laquelle on ajoute 3 litres d'eau.

On place cette préparation sur le feu, dans une marmite de fonte ou de terre vernie; on la fait bouillir pendant dix minutes environ, après quoi on la met en bouteilles.

C'est à ces notions insuffisantes que se borne notre science, et les seuls moyens que nous ayons pour prévenir les maladies sont des soins attentifs, des abris dans les mauvais temps, et le choix d'une bonne exposition.

Il est à regretter que cette partie importante de l'horticulture soit si négligée et que personne ne s'en occupe sérieusement.

CHAPITRE XV

Jardin d'agrément.

Nous ne pouvons, pour cette partie, qui est soumise à des modifications dépendant de la situation et de la forme du terrain, ainsi que du goût du propriétaire, entrer dans les mêmes détails que pour le potager, qui admet des règles plus fixes.

Quoique les murs soient pour tous les jardins le meilleur mode de clôture, ils ne sont pas indispensables pour un jardin d'agrément, qui peut être fermé par des haies vives.

Bien que l'Épine blanche (Aubépine) soit considérée comme l'arbre qui convient le mieux pour établir une haie, on peut, selon la nature du terrain, employer les essences suivantes : Acacia blanc (Robinier), Arbre de Judée, Acer campestre et Tataricum, Buplevrum fruticosum, Charme, Cornus sanguinea, Clavalier (Xanthoxylum), Caragana arborea, Celtis (Micocoulier) occidentalis et australis; Cerisier, Cyprès, Épine-Vinette, Eleagnus angustifolia, Frêne commun, Gleditschia Sinensis et triacanthos; Houx, Hêtre, If, Lilas, Lycium Barbarum; Maclura aurantiaca, Mûrier blanc, Noisetier, Orme, Prunus spinosa (Prunellier), incana, Mahaleb (Sainte-Lucie) et insititia (Prunier sauvage); Poirier commun, Pommier, Rhamnus catharticus (Nerprun), Paliurus, hybridus, sempervirens et Alaternus (Alaterne); Sureau commun, Troëne commun, Thuya, Viburnum lantana (Viorne).

Lorsqu'on établit une haie, il faut, pendant les premières années, la protéger au dehors par une haie morte ou un fossé assez large et assez profond pour la défendre contre la dent des bestiaux. Comme clôture, les haies sont d'un aspect moins désagréable que les murs, et elles permettent de profiter de chaque échappée de vue, avantage immense dans la composition d'un jardin d'agrément.

L'étude de la position du terrain doit avoir pour but de ménager tout ce qui peut contribuer à rendre la perspective agréable, et de masquer les endroits que l'on voulait cacher.

Rien de plus disgracieux dans un jardin d'agrément que la disproportion entre ses différentes parties; les allées, les pelouses, les massifs, les bassins, tout enfin doit être proportionné à l'étendue du terrain.

Les arbres plantés dans les massifs ne doivent pas être disséminés au hasard, mais dans l'ordre de leur élévation; il faut les distancer assez pour que la végétation n'en soit pas gênée. On doit les grouper en harmonisant les feuillages et les fleurs de manière à produire sur la vue une impression agréable.

Nous ne saurions trop recommander l'introduction dans les jardins d'agrément, au lieu d'arbres inutiles, des arbres fruitiers à haute tige, tels que Cerisiers, Abricotiers, Pruniers, Pommiers, Poiriers, Amandiers, Coignassiers, etc., en les plaçant de préférence à la pointe des massifs, pour qu'ils ne soient pas étouffés par la végétation des arbres voisins et qu'ils jouissent les premiers de l'air et du soleil.

Bien des personnes ont été arrêtées dans l'idée de plantation d'arbres fruitiers par la crainte de voir une partie de leur récolte dévorée par les oiseaux, et de n'avoir que des fruits de médiocre grosseur.

Cette considération ne doit pas être un motif d'exclusion : car, quelque mince que soit le produit de chaque arbre à fruit, il ne sera pas, comme pour les arbres d'ornement, complétement stérile ; de plus, les arbres fruitiers ne le cèdent pas aux arbres d'ornement, tant par la beauté de leur feuillage que par le coloris brillant et l'abondance de leurs fleurs, et ils ont, de plus que les autres, des fruits, qui flattent aussi agréablement la vue que la grappe du Sorbier, le fruit des Mespilus, de Sureaux, etc.

Les arbres verts et tous les arbres à feuilles persistantes qui font jouir, au milieu de l'hiver, d'une verdure sévère peut-être, mais qui rappelle les beaux jours, doivent aussi trouver place dans un jardin d'agrément.

Le Cèdre du Liban, le Mélèze, le Sapin épicéa, le Cyprès distique, les grands arbres de nos forêts, comme le Hêtre, le Bouleau, peuvent être plantés isolément et servir à rompre la monotonie des lignes droites.

En établissant un jardin d'agrément, il faut que l'allée qui en fait le tour ne soit pas trop près de la clôture, afin de cacher autant que possible l'étendue de la propriété.

Les allées principales doivent avoir plus de largeur que les autres, et l'on doit en les traçant éviter la régularité ; des courbures plus ou moins longues, des sinuosités qui dissimulent le parcours sont indispensables pour ôter à un jardin de cette espèce la monotone symétrie de nos anciens jardins publics.

On peut, suivant l'étendue du jardin, élever çà et là quelques constructions rustiques, ménager des salles de verdure où l'on arrive sans s'y attendre dans le cours de la promenade, et l'on ne doit pas négliger de placer des bancs de distance en distance, et surtout aux endroits où l'on a ménagé des échappées de vue.

Quelle que soit l'étendue du terrain, il faut toujours une partie de gazon devant la maison.

La pelouse devra avoir des contours gracieux et s'harmoniser avec les parties environnantes. On la creusera un peu au milieu, afin de produire un effet plus naturel, et l'on disposera sur les bords de petits massifs, placés de manière à concourir à l'effet général sans masquer la perspective.

Pour établir une pelouse, on emploie le plus souvent en France du *Rye-grass anglais*, auquel on ajoute une petite quantité de Trèfle blanc de Hollande ; mais en Angleterre on a depuis longtemps renoncé au *Rye-grass* pour semer du *Lawn's grass* (herbe à pelouse), mélange composé d'Agrostis traçante, de Crételle des prés, de Brome des prés, de Fétuque ovine, de Fétuque traçante, de Flouve odorante, de Paturin des prés, de *Rye-grass anglais*, de Mille-feuilles et de Trèfle blanc.

Mélangées dans des proportions raisonnées, ces plantes produisent un aussi bel effet que le *Rye-grass*, et elles ont l'avantage de durer beaucoup plus longtemps. Bien que ces mélanges conviennent à tous les terrains à peu près, on doit dans les terres fraîches remplacer les Fétuques ovine et traçante par de la Fétuque des prés, qui s'élève un peu plus, il est vrai, mais qui convient plus particulièrement que les autres espèces aux terrains humides.

Dans les terres sèches, on peut aussi, au lieu de *Rye-grass anglais*, semer du *Rye-grass d'Italie*, qui réussit dans les plus mauvaises conditions.

Sous les grands arbres, on sème de préférence du Paturin des bois, seul ou avec un peu d'Agrostis traçante, de Fétuque ovine, de Fétuque hétérophylle et de Fétuque des prés, graminées qui viennent également bien à l'ombre.

Dans les grands jardins, où les pelouses ont souvent

beaucoup d'étendue, on peut, après avoir consulté la nature du terrain, remplacer le gazon par une véritable prairie naturelle dont le foin peut être donné aux bestiaux ; mais il faut alors faire choix de plantes qui puissent convenir à la nature du sol auquel elles sont destinées.

L'époque la plus favorable pour semer une pelouse est le mois de septembre dans les terrains légers, ou bien le mois de mars dans les terres fortes ou humides ; mais quelle que soit l'époque, il faut, avant de semer, bien préparer le terrain, ce qui consiste à briser les mottes de terre et à extraire toutes les racines et les pierres ; puis, suivant la nature du sol, on fera le labour plus ou moins profond.

Si l'on détruit un vieux gazon pour en semer un autre, il faut le retourner à la bêche, de manière qu'il se trouve enterré à la profondeur de 0^m,35 au moins ; après le labour, il faut herser la terre à la fourche, puis enlever avec le râteau les pierres et les mottes qui se trouvent à sa superficie, afin que le sol soit parfaitement uni. Si la mauvaise qualité de la terre forçait d'ajouter des engrais, il ne faudrait les employer que bien consommés.

Le semis ne devra être fait que par un beau temps, à cause des opérations qui doivent le suivre. On sème à la volée, et aussitôt après le semis on herse légèrement à la fourche ; ensuite on passe le rouleau, ou, à défaut, on foule avec les pieds, si cependant l'étendue n'est pas trop considérable ; puis on recouvre les graines d'une très-légère couche de terre ou de terreau très-fin.

Pour conserver un gazon longtemps en bon état, il faut le couper souvent. On fera la première coupe au commencement de mai, et la dernière à la fin d'octobre ou au commencement de novembre. Il nous est impossible d'indiquer le nombre de celles qui devront être faites entre ces deux époques, car cela dépendra de l'état d'humidité dans lequel on les entretiendra. Pendant la sécheresse de l'été, les arrosements doivent être très-fréquents, et doivent se faire, le matin ou le soir, avec les arrosoirs à pomme.

Il faut après chaque coupe donner un coup de râteau, afin d'enlever tout ce qui pourrait occasionner de la pourriture ; puis après le nettoyage on passera le rouleau. Chaque année, après la dernière coupe, il faut enlever la mousse avec le râteau, et étendre partout une légère couche de terreau.

Comme, pour garnir de gazon les talus ou les bancs, le semis ne peut se faire qu'avec beaucoup de difficulté, il vaut mieux se servir de plaques de gazon levées dans les prairies ou sur le bord des chemins ; on les ajuste les unes à côté des autres ; on fixe avec de petites fiches de bois celles qui se trouvent dans une position verticale, après quoi on les appuie légèrement avec une petite batte. L'époque la plus favorable pour faire cette opération est ordinairement le mois de mars.

Pour les pelouses de peu d'étendue on peut, au lieu de semer des graminées, planter des Rosiers à fleur remontante, dont on fixe les branches sur le sol après les avoir étendues dans tous les sens. Lorsque le terrain est complétement couvert, il est impossible de voir quelque chose de plus ravissant qu'une pelouse de Rosiers, surtout quand les couleurs ont été bien variées dans la plantation.

Les arbustes qui fleurissent le plus longtemps possible doivent être massés sur les bords du gazon ; et l'on y pourra jeter, comme au hasard, quelques beaux arbres verts, comme Cèdre du Liban, Cèdre Deodora, Abies Pinsapo, Cryptomeria Japonica, Pinus Sabiniana, Pinus Lambertiana, Taxodium sempervirens, etc.

Un Saule pleureur, un Frêne pleureur, un Hêtre pourpre, un Negundo à feuilles panachées, etc., et, parmi les végétaux moins élevés, les Pivoines en arbre, les Gynerium argenteum, les Bambusa edulis et aurea, les Andropogon formosum, les Saccharum Maddeni, les Rheum, les Gunnera scabra, les Heracleum, les Caladium et les Wigandia, produisent également un bel effet sur les pelouses de gazon.

L'usage, actuellement fort répandu, d'établir dans le jardin d'agrément des massifs d'une ou plusieurs espèces de plantes d'ornement est de très-bon goût, en ce qu'il permet d'apprécier complétement la valeur ornementale d'une foule de plantes qui produisent tout leur effet seulement lorsqu'elles se produisent par groupes.

Les amateurs peu familiarisés avec les ressources que leur offre l'horticulture pour ce genre de décoration sont souvent embarrassés dans le choix des plantes de chaque saison dont on peut former des massifs. Voici, à cet égard, quelques indications qui pourront servir à les guider :

Première garniture.

Crocus de Hollande, Jacinthes de Hollande, Tulipes à fleur simple, Tulipes à fleur double, Anémones à fleur simple, Auricules, Primevères des jardins, Hépatiques printanières, Pensées à grande fleur, Aubrietia deltoidea, Cynoglosse omphalode, Corbeille d'or, Thlaspi vivace, Ellébore rose de Noël, Héliotrope d'hiver, *Tussilago suaveo'ens*, Saxifrage de Sibérie, Doronicum Caucasicum, Silene pendula, Nemophila, Phlox verna, Giroflées jaunes de diverses nuances, Pieds-d'alouette, Tourette printanière, Myosotis alpestris, Coquelicots à fleur double, Lunaire annuelle, Dielytra spectabilis et Iris Germanica.

Dans cette liste, on remarquera qu'il se trouve des plantes de hauteurs diverses, depuis les Crocus de Hollande, tout à fait nains, jusqu'aux Pieds-d'alouette et aux Coquelicots de moyenne grandeur ; il y a donc de quoi former des massifs de toutes dimensions, selon l'étendue et la situation du jardin dont ils doivent faire partie.

Pour ne citer qu'un seul exemple de ce que l'on peut faire avec ces plantes, nous dirons qu'un massif composé de Tourettes printanières, de Saxifrages de Sibérie et de Doroniques produit au printemps un charmant effet.

Deuxième garniture.

N.° 1. Ageratum du Mexique avec un double rang de Calcéolaires jaunes et de Verveines rouges.

Ces trois plantes, disposées en cercles concentriques, bleu-améthyste, jaune vif et rouge foncé, produisent un très-bel effet ; les autres listes sont calculées dans le même but d'association de forme et de couleur qui s'accordent le mieux entre elles, et flattent le plus agréablement la vue.

2. Calcéolaires jaunes avec un rang de Lobelia Erinus à fleurs bleues.

3. Capucines naines avec un rang de Verveines bleues.

4. Chrysanthèmes à fleurs blanches avec un rang de Geranium rouges ou de Verveines rouges.

5. Cuphea ignea avec un rang de Cerastium tomentosum.

6. Fuschia avec un rang de Geranium à feuilles panachées ou de Verveines blanches.

7. Geranium rouge avec un double rang de Petunia blanc et de Calcéolaires jaunes.

8. Geranium rouge avec un double rang de Petunia blanc et d'Ageratum Mexicanum.

9. Geranium rouge ou rose avec un rang de Verveines blanches.

10. Geranium à feuilles panachées avec un rang de Verveines bleues ou de Verveines rouges.

11. Lantana Camara avec un rang de Lantana delicatissima.

12. Menthes à feuilles panachées avec un rang de Verveines rouges.

13. Perilla Nankinensis avec un rang de Geranium à feuilles panachées ou de Verveines blanches.

14. Petunia roses avec un double rang de Chrysanthèmes à fleurs blanches et de Geranium rouge.

15. Salvia fulgens avec un rang d'Ageratum Mexicanium.

16. Souci de Trianon avec un double rang de Petunia blanc et de Geranium rouge.

17. Tagetes lucida ou Calcéolaires jaunes avec un double rang de Geranium rouges et de Nierembergia gracilis.

18. Verveines rouges avec un double rang de Nierembergia gracilis et de Lobelia Erinus à fleurs bleues.

19. Verveines blanches avec un rang de Lobelia Erinus à fleurs bleues.

20. Héliotrope du Pérou.

21. Coleus Werschaffelti avec un rang de Cineraria maritima ou de Centaurea candidissima.

22. Canna discolor.

23. Caladium esculentum.

24. Wigandia Caracasana.

25. Dahlias variés.

On peut également, dans les grands jardins, former des groupes de plantes annuelles que l'on sème immédiatement en place pour éviter les frais de culture.

En remplaçant successivement les plantes qui font partie de la seconde garniture par des Chrysanthèmes de la Chine, on peut avoir, en adoptant l'assolement que nous proposons, des massifs garnis de fleurs pendant toute l'année.

Comme les longues descriptions servent uniquement à

grossir un ouvrage, nous avons cru devoir suivre dans notre livre un plan différent de celui qui est adopté dans les autres traités de culture : nous avons préféré grouper les végétaux d'après la place qu'ils doivent occuper dans un jardin, en indiquant brièvement, pour chacun, d'eux, l'époque du semis, celle de la floraison, la couleur de la fleur et la hauteur de la plante. Cependant, nous avons consacré un article spécial aux plantes dont la culture demande des soins particuliers.

SECTION I. — Arbustes pour bordures.

BUIS A BORDURES. — Pour établir une bordure, on prend des touffes de *Buis*, que l'on divise en autant d'éclats qu'il est possible.

On plante ces éclats, en automne ou au printemps, en ligne mince et régulière, en ayant soin de ne laisser sortir de terre que l'extrémité des branches.

L'année suivante, en septembre ou en février, c'est-à-dire avant ou après la pousse, on taille le Buis en bordure, avec de grands ciseaux, opération qu'il faut faire chaque année; autrement, il prendrait un trop grand développement.

LIERRE GRIMPANT. — Pour planter sous les grands arbres, où il est toujours si difficile d'avoir de la verdure, il n'est rien qui convienne mieux que le *Lierre grimpant* ou l'une de ses variétés.

Toutes peuvent être cultivées en bordures ; mais la variété connue sous le nom de *Lierre d'Irlande* convient mieux que les autres, en raison de la beauté de son feuillage. Pour établir une bordure, on plante, en automne ou au printemps, de jeunes Lierres élevés en pots, ou, à défaut, des marcottes enracinées, que l'on dispose de manière à garnir le terrain. Pour faciliter le développement des racines sur toute la longueur des branches, on les fixe sur le sol au moyen de petites fiches de bois semblables à celles que l'on emploie pour marcotter les Œillets.

Une fois la reprise assurée, tous les soins consistent à couper ou fixer au sol toutes les jeunes pousses, afin d'avoir toujours des bordures régulières.

Rosiers. — Les rosiers-pompons et les variétés connues sous le nom de Rosiers de miss Lawrence, à fleurs blanches, roses ou cramoisies, peuvent être cultivés en bordures. Véritables miniatures, ces derniers ne s'élèvent pas à plus de $0^m,12$ à $0^m,15$. Plus vigoureux, les Rosiers-pompons doivent être préférés; car ils résistent mieux aux inconvénients de toutes sortes que les plantes à bordures ont à supporter.

2. *Plantes vivaces formant des touffes.*

Alysse Corbeille-d'or, Thlaspi jaune (*Alyssum saxatile*). — Fleurs jaunes, en avril et mai; multiplication d'éclats au printemps ou de graines semées aussitôt après la maturité.

Aubriétie deltoïde (*Aubrietia deltoidea*), Alysse deltoïde (*Alyssum deltoideum*). — Au printemps et pendant l'été, fleurs nombreuses de couleur bleu-clair. Les *Aubriéties* forment de larges touffes peu élevées, que l'on replante tous les deux ou trois ans.

Aspérule odorante (*Asperula odorata*). — Hauteur, $0^m,20$ à $0^m,30$; fleurs blanches odorantes, en mai; multiplication par séparation.

Aster Reversii. — En septembre, en octobre, fleurs blanches carnées, extrêmement abondantes. On multiplie cette charmante petite plante par la séparation des touffes, comme tous les autres Asters.

BERMUDIENNE à petites fleurs (*Sisyrinchium Bermudiana*). — Hauteur, 0^m,18 à 0^m,20; fleurs blanches, en juin et juillet; multiplication de graines ou par l'éclat des pieds.

BRUNELLE à grandes fleurs (*Brunella grandiflora*). — Fleurs bleues, pourpres, roses ou blanches, en juillet; multiplication de graines, semées en mars ou d'éclats en automne.

CAMPANULE gazonnante (*Campanula cespitosa*). — Tout l'été, fleurs bleues ou blanches, petites, mais nombreuses. Les *Campanula Carpathica* et *Bocconi* peuvent également être cultivées en bordures. Toutes se multiplient par la séparation des touffes.

CÉRAISTE cotonneux, ARGENTINE (*Cerastium tomentosum*). — En mai et juin, fleurs blanches; multiplication de graines ou de traces.

CYNOGLOSSE printanière (*Cynoglossum Omphalodes*). OMPHALODE printanière (*O. verna*). — Charmante petite plante que l'on peut placer à l'ombre. Fleurs bleues, en mars et avril. Multiplication de traces.

DORONIC du Caucase (*Doronicum Caucasicum*). — Fleurs jaunes, de mars en mai; multiplication de rejetons, en automne.

GENTIANE acaule (*Gentiana acaulis*). — Fleurs d'un très-beau bleu, en avril et mai; multiplication par l'éclat des pieds.

GRAMINÉES. — Le *Rye-gross anglais* est d'une des graminées les plus fréquemment employées pour semer en bordures. Cependant l'*Agrostis traçante*, la *Fétuque ovine* et la *Fétuque glauque* conviennent tout aussi bien pour cet usage que le *Rye-grass anglais*.

Hémérocalle du Japon, H. à feuilles en cœur (*Hemerocallis Japonica, Funkia subcordata*). — En août, fleurs blanches, très-odorantes. Variétés à fleurs bleues. Multiplication par séparation.

Hépatique printanière (*Anemone hepatica*). — De février en mars, fleurs blanches, roses ou bleues, simples ou doubles, selon la variété; multiplication d'éclats en automne.

Iris d'Allemagne (*Iris Germanica*). — Voir l'article relatif à la culture de cette plante.

Lippia repens. Plante vivace propre à gazonner les terrains en pente. Elle est rustique et donne de juin en octobre de nombreuses fleurs de couleur lilas. Multiplication d'éclats en toute saison.

Lychnide laciniée (*Lychnis flos cuculi*). — De juin en septembre, fleurs rouges ou blanches, semblables à de petits Œillets.
Variétés à fleurs doubles. Multiplication par la séparation des touffes, en février.

Œillet Mignardise (*Dianthus moschatus, D. plumarius*). — Fleurs rouges, blanches ou roses, simples ou doubles, en mai et juin; multiplication en août par marcottes, sans incision.

Ophiopogon du Japon, Herbe aux turquoises. Plante gazonnante, propre à faire des bordures dans les terrains secs. Multiplication d'éclats en automne ou au printemps.

Paquerette petite Marguerite (*Bellis perennis*). — Vivaces; fleurs doubles, blanches, roses, rouges ou panachées; replanter tous les ans après la floraison.

Phlox subulé (*Phlox subulata*). — Fleurs roses, marquées d'une étoile d'un pourpre violet, d'avril en mai ; multiplication par la division des touffes.

Phlox à feuilles étroites (*P. setacea*). — Fleurs roses ou pourpres, tachées de rouge, en juin ou juillet. Variétés à fleurs blanches ; même multiplication.

Primevère auricule, Oreille-d'ours (*Primula auricula*). — Fleurit en avril et mai ; variétés très-nombreuses obtenues par les semis, qui ont lieu en février et mars ; il faut peu recouvrir les graines.

Primevère des jardins (*P. veris*). — En mars ; fleurs simples ou doubles de toutes nuances ; multiplication d'éclats, en automne, ou de graines semées aussitôt après la maturité.

Pyrethrum inodorum. — En juin et juillet, fleurs blanches doubles, d'un très-bel effet ; multiplication de boutures ou d'éclats.

Sabline des montagnes (*Arenaria montana*). — Hauteur, 0^m,20 ; en juin, fleurs blanches ; multiplication de traces.

Sabline grandiflore (*A. grandiflora*). — Hauteur, 0^m,05 ou 0^m,06 ; fleurs blanches ; même multiplication.

Salvia *tricolor*, charmante variété de la *Salvia officinalis*, à feuilles panachées de rouge et de jaune. On la multiplie de boutures, d'une reprise facile.

Saxifrage ombreuse (*Saxifraga umbrosa*). — Fleurs blanches, en avril et mai ; on les multiplie toutes par séparation, en automne ou en février.

Saxifrage mousseuse, Gazon turc (*S. hypnoïdes*). — Fleurs blanches, en mai.

Saxifrage géranioïde (*geranioides*). — Fleurs blanches, en mai.

Sedum. — Tous les *Sedum* peuvent être cultivés en bordures ; ils sont rustiques et d'un bel effet, surtout le *Pulchellum*. Les *Sedum acre* et *cruciatum* conviennent également bien pour cet usage.

Staticé gazon d'Olympe (*Statice Armeria*), Armeria commun (*Armeria vulgaris*). — En mai, juin et juillet, fleurs rouges, blanches ou lilas.

En coupant les fleurs aussitôt qu'elles sont passées, on obtient une seconde floraison, souvent tout aussi abondante que la première.

Le *Statice bellidifolia* peut également être cultivé en bordures. On le multiplie, comme le *Statice Armeria*, d'éclats que l'on plante en automne ou au printemps.

Thlaspi vivace (*Iberis semperflorens*.) Fleurs blanches, en avril et mai ; multiplication en été, par boutures ou marcottes.

Tourrette printanière (*Turritis verna*,) Arabette printanière (*Arabis verna*). — Fleurs blanches, en mars et avril ; multiplication de traces, en automne.

Violette odorante (*Viola odorata*). — Fleurs bleu foncé, blanches ou roses, de février en avril ; multiplication de graines ou mieux d'éclats de pieds, en automne.

Vittadinia *triloba*. — Tout l'été, fleurs simples, blanches, rosées, exactement semblables à de petites Marguerites ; multiplication de boutures, faites en août et septembre, et hivernées sous châssis.

3. *Plantes bulbeuses pour bordures.*

Ail doré (*Allium moly*). — Fleurs d'un beau jaune, en juin ; variété à fleurs blanches ; multiplication par caïeux.

Amaryllis jaune (*Amaryllis lutea*). — Fleurs jaunes, en septembre.

Crocus, Safran printanier (*Crocus vernus*). — En février et mars, fleurs jaunes, bleues, blanches, ou blanches rayées de violet, selon les variétés, qui sont très-nombreuses; planter en automne, pour relever tous les trois ans.

Glaïeul commun (*Gladiolus communis*). — Fleurs blanches ou rouges, de mai en juin; planter en automne.

Narcisse des poëtes (*Narcissus poeticus*). — En mai, fleurs blanches à couronne pourpre; odeur suave. Variétés à fleurs doubles. Planter en octobre.

Narcisse des prés (*N. Pseudo-Narcissus*). — Fleurs jaunes, doubles, en avril; même multiplication.

Oxalide de Deppe (*Oxalis Deppei*). — Fleurs rouges, tout l'été; planter au printemps, pour les relever chaque année à l'automne.

4. *Plantes annuelles que l'on multiplie de graines.*

Campanule miroir-de-Vénus (*Campanula speculum*), Spéculaire miroir-de-Vénus (*Specularia speculum*). — En mai, juin et juillet, fleurs violettes ou blanches; semer en place, en septembre ou au printemps.

Collinsie de deux couleurs (*Collinsia bicolor*). — Fleurs lilas ou blanches, tout l'été; semer en place, en septembre ou au printemps.

Variétés. — Grandiflora, — Multicolor.

Collomie écarlate (*Collomia coccinea*). — Hauteur, $0^m,25$; fleurs d'un rouge écarlate, tout l'été; semer en place, en septembre ou au printemps.

Crépis rose (*Crepis rubra*) Barkhausie rouge (*Barkhausia rubra*). — Hauteur, $0^m,25$. Tout l'été, fleurs roses ou blanches; semer en place ou en pépinière, pour repiquer en automne ou au printemps.

Cynoglosse à feuilles de lin (*Cynoglossum linifolium*). — Bisannuelle; hauteur, 0^m,50; fleurs blanches, de juin en août; semer en place, en septembre ou au printemps.

Kaulfussie amelloïde, Charieis à feuilles variées (*Charieis heterophylla*). — Hauteur, 0^m,20; fleurs bleues, tout l'été; semer en place, au printemps.

Julienne de Mahon, Giroflée de Mahon (*Cheirantus maritimus*, *Malcolmia maritima*). — Fleurs d'abord rouges, ensuite violettes, en juin et juillet; variété à fleurs blanches; semer en place, en automne ou au printemps.

Leptosiphon androsace (*Leptosiphon androsaceus*), Gilie androsace (*Gilia androsacea*). — Hauteur, 0^m,25; fleurs bleues ou blanches; tout l'été, semer en place, en septembre ou au printemps.

Leptosiphon à fleurs denses (*L. densiflorus*), Gilie à fleurs denses (*Gilia densiflora*). — Hauteur, 0^m,30 à 0^m,35; tout l'été, fleurs d'un rose clair passant au bleu clair; même multiplication.

Leptosiphon aureus. — Touffe arrondie, semblable à celle des *Statice armeria*. Tout l'été, fleurs d'un jaune d'or du plus bel effet; multiplication de graines, que l'on sème en septembre en pots, que l'on hiverne sous châssis.

Linaire à fleurs d'Orchis (*Linaria bipartita*). — Hauteur, 0^m,45; fleurs d'un violet bleuâtre, en été; semer en septembre ou au printemps.

Lobélie Erine (*Lobelia Erinus*). — Charmante petite plante à fleurs bleues, blanches ou roses, formant de larges touffes couvertes de fleurs, qui se succèdent pendant tout l'été.

On sème les *Lobelia* en mars et avril, sur couche, ou mieux en septembre; puis on repique le plant en pots, que l'on hiverne sous châssis,

Némésie à fleurs nombreuses (*Nemesia floribunda*). — Hauteur, 0m,40; tout l'été, fleurs lilas, jaunes et blanches ; semer en place, en septembre ou au printemps.

Némophile remarquable (*Nemophila insignis*). — Hauteur, 0m,33; tout l'été, fleurs d'un beau bleu; semer en place, en septembre ou au printemps.

Némophile maculée (*N. maculata*). — Fleurs blanches, largement maculées de bleu; même culture.

Pied-d'alouette nain (*Delphinium Ajacis*). — Hauteur, 0m,35 à 0m,40. En mai, juin et juillet, fleurs doubles, de couleurs très-variées; on doit toujours supprimer les pieds à fleurs simples; semer en place, en automne ou en février et mars.

Reine-Marguerite hâtive (*Aster Sinensis, Callis'ephus hortensis*). — Hauteur, 0m,33; en fleur de juillet en septembre ; semer depuis mars jusqu'en juin, en pépinière pour repiquer ensuite en place.

Sanvitalia rampante (*Sanvitalia procumbens*). — Semer sur couche en mars. Cette plante, une fois repiquée, s'étend naturellement sur le sol et donne en abondance de charmantes fleurs jaunes à disque brun simples ou doubles.

Saponaire de Calabre (*Saponaria Calabrica*). — Tout l'été, fleurs roses ou blanches, plus petites que celles des *Silènes*, avec lesquelles elles ont beaucoup de rapport. Multiplication de graines, semées en septembre, en pépinière, ou en mars et avril.

Schizante étalé (*Shizanthus porrigens*). — Hauteur, 0m,30; fleurs lilas et jaunes, ponctuées de brun, tout l'été ; semer au printemps, en place ou en pépinière, pour être ensuite repiqué.

Silène à fleurs roses (*Silene bipartita*). — Hauteur,

0^m,22 à 0^m,28; fleurs roses, en juin et juillet; semer en septembre, en pépinière, ou au printemps, immédiatement en place.

Section II. — Plantes à garnir les massifs et les plates-bandes.

Plantes annuelles et bisannuelles.

Abronia umbellata, belle plante à fleurs rose lilacé, ayant quelque rapport avec la valériane. Multiplication de graines, semées en mars, sur couche.

Acroclinium roseum, nouvelle espèce d'immortelle, à fleurs d'un beau rose satiné, plus larges que celle du Rhodanthe Manglesii. Multiplication de graines, que l'on sème sur couche, en février et mars.

Adonide d'été (*Adonis æstivalis*). — Tiges de 0^m,30; fleurs rouge foncé, en juin et juillet; semer en place, en automne ou au printemps.

Ageratum Mexicanum. — Plante bisannuelle, à fleurs bleues, en corymbe terminal. Planté en mai, l'*Ageratum Mexicanum* donne des fleurs pendant une bonne partie de l'année; on le multiplie de graines ou de boutures, en août et septembre, et l'on hiverne sous châssis.

Cette charmante plante convient particulièrement pour garnir les massifs ou faire de larges bordures autour des Canna.

Ageratum cœruleum. — Plante annuelle également à fleurs bleues; on la sème sur couche en mars, ou en pleine terre en avril; elle sert aux mêmes usages que l'*Ageratum Mexicanum*.

Alyssum maritimum (*Koniga maritima*). — Touffe de 0^m,20 à 0^m,30, se couvrant de petites fleurs blanches, odorantes, en ombelle, depuis le mois de mai jusqu'en novembre. Semer en mars et avril, immédiatement en place ; propre à former des massifs.

AMARANTE queue-de-renard (*Amarantus caudatus*). — Tiges de 0^m,65 à 1 mètre. Tout l'été, fleurs en longues grappes, de couleur rouge et jaune. Semer en mars, sur couche, ou en place, en avril.

AMARANTE mélancolique (*A. melancholicus*). — Tige anguleuse de 0^m,75 à 1 mètre, feuilles glabres d'un rouge sanguin, fleurs d'un vert clair assez insignifiantes; même culture. La variété cultivée sous le nom d'*Amarantus melancholicus ruber* est colorée d'une teinte plus vive, elle est moins élevée que la précédente.

L'AMARANTUS BICOLOR et l'AMARANTUS TRICOLOR sont deux plantes remarquables par la riche coloration de leurs feuilles ; elles sont considérées comme des variétés de l'*Amarantus melancholicus ;* on la cultive de la même manière.

AMARANTE à feuilles rouges (*A. sanguineus*). — Tige de 0^m,90, lavée ou striée de pourpre, feuilles d'un rouge sanguin, fleurs purpurines en épis allongés ; même culture que les variétés précédentes.

ANAGALLIS à grandes fleurs (*Anagallis grandiflora*). — Tout l'été et l'automne, fleurs bleues, roses ou rouges. On sème les *Anagallis* au printemps, sur couche, ou en septembre ; puis on repique le plant en pots, que l'on hiverne sous châssis.

Cultivées comme plante de serre, les *Anagallis* peuvent être conservées pendant plusieurs années.

ARGÉMONE à grandes fleurs (*Argemone grandiflora*). — Hauteur, 0^m,60 à 1 mètre ; fleurs blanches, tout l'été ; semer en place, au printemps.

Balsamine des jardins (*Balsamina hortensis*), Impatiente Balsamine (*Impatiens Balsamina*). — Tiges succulentes, d'environ 0^m,50; de juillet en octobre, fleurs blanches, jaunâtres, rouges, roses, violettes, gris de lin, unicolores ou ponctuées. On en cultive une race à fleurs larges et très-doubles, que l'on nomme *Camellia*, et une autre race *naine*, à fleurs également doubles et variées : celles qu'on nomme Balsamine à *rameaux* sont beaucoup plus élevées que les autres. On les sème toutes sur couche, en mars, ou en pleine terre, en avril.

Les Balsamines n'exigent pas des soins particuliers; seulement, comme elles végètent avec une grande vigueur dans les bons terrains, il faut, pour avoir de belles fleurs, pincer l'extrémité des tiges quand on voit qu'elles dépassent les proportions ordinaires.

Balsamine glanduleuse (*I. glanduligera*). — Tige de 1 à 2 mètres; fleurs bleu violacé, en juillet; semer sur couche, au printemps, ou mieux, en pleine terre, aussitôt après la maturité des graines.

Bartonie dorée (*Bartonia aurea*). — Tiges rameuses d'environ 0^m,60; fleurs d'un beau jaune, tout l'été; semer en place, au printemps.

Belle-de-jour, Liseron tricolore (*Convolvulus tricolor*). — Hauteur, 0^m,33; fleurs bleues, blanches ou panachées, de juin en septembre; semer en place, en avril.

Belle-de-nuit Faux Jalap (*Mirabilis Jalappa, Nyctago hortensis*). — Tiges rameuses de 0^m,50; fleurs rouges, blanches, jaunes ou panachées, de juillet en septembre. Multiplication de graines, semées en avril, ou de racines, que l'on conserve comme celle des Dahlias.

Brachycome à feuille d'ibéris (*Brachycome iberidifolia*). — Hauteur, 0^m,25; tout l'été, fleurs bleues ou blanches;

semer en mars et avril, ou mieux en septembre, en pots, que l'on hiverne sous châssis.

BROUAILLE élevée (*Browallia elata*). — Hauteur, 0^m,65; fleurs bleues, de juillet en septembre; semer au printemps.

BROUAILLE à tige tombante (*B. demissa*). — Tiges rameuses de 0^m,33; fleurs d'un violet bleuâtre, de juillet en septembre; même culture

CACALIE à feuilles hastées (*Cacalia sagittata*), ÉMILIE à feuilles hastées (*Emilia sagittata*). — Hauteur, 0^m,40; fleurs d'un rouge orangé, de juillet en septembre; semer en mars, sur couche, ou en place en avril.

CARDE poirée du Chili (*Beta cycla*, *Var. chiliensis*). — Considérée à juste titre comme une excellente plante potagère, la poirée à carde du Chili n'en constitue pas moins une belle plante ornementale, que l'on peut admettre dans le jardin d'agrément au même titre que les choux frisés et panachés; on la multiplie de graines semées en avril et mai, en place ou en pépinière. Seulement il faut, dans un cas comme dans l'autre, faire en sorte que chaque plante soit espacée de 1 mètre en tous sens.

CALANDRINE en ombelle (*Calandrinia umbellata*). — Hauteur, 0^m,20 à 0^m,25; fleurs d'un beau rose-violet, tout l'été; semer au printemps. — Les *Calandrinia Lindleyana* et *speciosa* se cultivent de la même manière.

CAMPANULE à grosses fleurs, VIOLETTE marine (*Campanula medium*). — Bisannuelle; tige de 0^m,65; de juin en août, fleurs bleues, blanches, roses, simples ou doubles; semer en juin.

CAMPANULE pyramidale (*C. pyramidalis*). — Bisannuelle; hauteur, 1^m,30 à 1^m,60; fleurs bleues ou blanches, de juillet en septembre; semer aussitôt à la maturité.

CAPUCINE grande (*Tropœolum majus*). — Cultivée jusqu'à présent comme plante grimpante, la Capucine grande à fleurs jaunes et à fleurs brunes convient parfaitement pour garnir les massifs dans les grands jardins. Dans ce but, on sème les Capucines au printemps, par touffes; puis on laisse ramper les tiges sur le sol.

Capucine naine (*T. minus*). — Les variétés de cette plante connues sous le nom de Capucines Tom-Pouce conviennent beaucoup mieux que la Capucine grande pour composer des massifs.

On les cultive exactement de même.

Centranthus macrosiphon. — Valériane annuelle, à fleurs d'un beau rouge, que l'on sème en septembre, en place ou en pépinière. On peut aussi la semer au printemps. Elle fleurit en mai, et successivement jusqu'en juillet.

Célosie à crête, ou Amarante à crête de coq (*Celosia cristata*). — De juin en septembre, fleurs rouges, violettes ou jaunes, suivant la variété; semer sur couche, au printemps; repiquer en pépinière sur couche, pour ne remettre en pleine terre qu'en juin et juillet.

Célosie à épi (*Celosia species*). — Haute de $0^m,40$ à $0^m,50$, de juillet en octobre; fleurs roses, rouges ou jaunes en longs épis. Multiplication de graines, semées sur couche en février et mars.

La *Célosie à épi* est une plante véritablement remarquable par l'abondance et la fraîcheur de ses fleurs.

Centaurée odorante, Barbeau jaune (*Centaurea Amberboi*). — Tiges de $0^m,40$ à $0^m,50$; fleurs grosses, d'un beau jaune, de juillet en octobre; semer au printemps.

Centaurée d'Amérique (*C. Americana*). — Tiges rameuses, de 1 mètre; fleurs bleu lilacé, en août et septembre; même culture que la précédente.

CENTAURÉE musquée, BARBEAU musqué (*C. moschata*).—
Tiges de 0ᵐ,40; fleurs blanches purpurines, en août et septembre; même culture.

CENTAURÉE bluet, BARBEAU (*C. cyanus*). — Hauteur, 0ᵐ,65 à 1 mètre; variété de toutes couleurs, excepté le jaune; fleurit en juin et août; semer en place, en automne ou au printemps.

La *Centaurea depressa* est une espèce plus belle, que l'on cultive de la même manière.

CHÉNOSTOME à fleurs nombreuses (*Chenostoma polyanthum*). — Tout l'été, fleurs roses, peu apparentes.

On sème les *Chénostomes* sur couche, en mars et avril, et on repique le plant en ligne, sur le bord des massifs.

CHOUX à feuilles ornementales (*Brassica oleracea var.*). — Le Chou frisé vert, le frisé rouge, le panaché de rouge, le panaché de lilas, le lacinié et le palmier peuvent être considérés comme de véritables plantes d'ornement, par la beauté de leurs feuilles.

On les sème au printemps, comme tous les autres Choux; et, comme ils sont bisannuels, on peut n'en semer que tous les deux ans.

CHRYSANTHÈME des jardins (*Chrysanthemum coronarium*). — Tiges de 0ᵐ,65; fleurs blanches ou jaunes, de juillet en septembre; semer au printemps.

CHRYSANTHÈME à carène (*C. carinatum*).—Tiges d'environ 0ᵐ,40; fleurs jaunes, à disque brun; semer au printemps.

Les *Chrysanthemum Burridgeanum* et *Dunnetti* sont deux belles variétés du *Chrysanthemum carinatum*, que l'on cultive exactement de la même manière.

CLARKIA à pétales découpés (*Clarkia pulchella*). — Hauteur, 0^m,40. Tout l'été, fleurs rose rouge ou blanches ; semer en place, en septembre ou au printemps.

Variétés. — Marginata, — Pulcherrima, — Elegans.

Cléome piquante (*Cleome pungens*).—Hauteur, 1 mètre ; fleurs violacées ; semer sur couche, au printemps, et repiquer le plant en pleine terre.

Coquelicot (*Papaver rhœas*). — Moins élevé que le pavot, le Coquelicot donne, en juin et en juillet, des fleurs très-doubles, de couleur ponceau, unicolores ou bordées de rouge, de blanc ou de rose. On le sème en place, en automne ou au printemps.

Coquelourde rose du ciel (*Lychnis cœli rosa, Viscaria cœli rosa*). — Hauteur, 0^m,33 ; fleurs d'un beau rose, en juillet ; semer en place, au printemps.

Coquelourde des jardins, Lychnis des jardins (*L. coronaria*). — Bisannuelle ; tige de 0^m,50 ; fleurs rouges, pourpres ou blanches, de juin en septembre ; semer en juin.

Coréopsis élégant, C. des teinturiers (*Corcopsis tinctoria*) ; Calliopside des teinturiers (*Calliopsis tinctoria*). — Hauteur, 0^m,65 ; fleurs jaunes, à disque brun, de juin en octobre ; semer en automne ou au printemps, sans presque couvrir les graines ; produit souvent des variétés.

Coréopsis de Drummond, Calliopsis de Drummond (*C. Drummondi*). — Moins élevé ; fleurs plus grandes ; semer au printemps.

Cosmos bipinné (*Cosmos bipinnatus*). — Tige de 0^m,50 à 1 mètre ; fleurs rouge violacé, en automne ; semer sur couche, au printemps.

Le *Cosmos atrosanguineus*, récemment introduit sous le nom de *Bidens atrosanguinea*, se cultive de même.

Cuphéa silénoïde (*Cuphea silenoïdes*). — Tout l'été et l'automne, fleurs tubuleuses, pourpres, nuancées de brun.

Cynoglosse argentée (*Cynoglossum cheirifolium*). — Bisannuelle ; tige de 0^m,50 ; fleurs rouges, en juin et juillet ; semer en place, à l'automne.

Datura fastuosa (*Stramonium fastuosum*). — Tige de 1^m,30 ; tout l'été et l'automne, fleurs blanches ou violettes ; semer sur couche en avril.

Datura tuberiana. — Variété du précédent, remarquable par les proportions largement développées de ses fleurs blanches lilacées semi-doubles. Même culture.

Digitale pourprée (*Digitalis purpurea*). — Bisannuelle ; tige de 1 mètre ; fleurs pourpres ou blanches, en juillet et en août ; semer en juin.

Dracocéphale de Moldavie (*Dracocephatum Moldavicum*). — Tige de 0^m,65 ; fleurs purpurines ou blanches, en juillet ; semer en place, au printemps.

Énothère odorante (*OEnothera suaveolens*). — Tige de 1 mètre ; fleurs d'un beau jaune, à tube très-long, en juillet et août.

Énothère à longues fleurs (*OE. longiflora*). — Hauteur, 1 mètre ; fleurs jaunes, à tube très-long, en juillet et août.

Énothère à feuilles de Pissenlit (*OE. taraxacifolia*). — Hauteur, 0^m,40 ; fleurs d'un blanc carné, tout l'été.

Énothère de Lindley (*OE. Lindleyana*). — Hauteur, 0^m,40 à 0^m,50 ; fleurs d'un rose tendre, avec une large tache pourpre sur chaque pétale, de juillet en octobre.

Énothère agréable (*Œ. amœna*). — Hauteur, 0^m,40 à 0^m,50; fleurs d'un beau rose, en juillet et août.

Énothère pourpre (*Œ. purpurea*). — Hauteur, 0^m,50; fleurs pourpres, en juillet. — Toutes les Énothères se multiplient de graines semées en place, au printemps.

Érysimum de Pétrowski (*Erysimum Petrowskianum*). — Hauteur, 0^m,40 à 0^m,50. Tout l'été, fleur jaune safrané, légèrement odorantes; semer en automne ou au printemps.

Eucharidium élégant (*Eucharidium elegans*). — Tout l'été, fleurs rouge foncé, découpées comme celles des *Clarkia*; semer au printemps ou en septembre; puis on repique le plant en pots, que l'on hiverne sous châssis.

Escholtzie de Californie (*Escholtzia Californica*). — Bisannuelle; hauteur, 0^m,40 à 0^m,50; fleurs jaune safrané ou blanches, tout l'été; semer au printemps.

Eutoca visqueux (*Eutoca viscida*). — Tige rameuse de 0^m,80; fleurs bleues, tout l'été ; semer au printemps.

Ficoïde glaciale (*Mesembryanthemum cristallinum*). — Cette plante est chargée d'une si grande quantité de petites vésicules transparentes et pleines d'eau, qu'elle semble, au soleil surtout, comme couverte de givre. On sème sur couche, en avril, et on repique le plant également sur couche avant de le mettre en pleine terre.

La Ficoïde tricolore (*M. tricolor*) et la Ficoïde à fleurs jaunes (*M. pomeridianum*) sont deux charmantes plantes qu'on cultive de la même manière.

Gaura bisannuel (*Gaura biennis*). — Bisannuel; tige de 1^m,60; en juillet, et successivement jusqu'en novembre, fleurs roses passant au blanc ; multiplication par boutures ou mieux de graines, que l'on sème en juin ou en mars, sur couche.

Le *Gaura* de *Lindheimer* est une espèce nouvelle, que l'on cultive de la même manière.

Gilie à fleurs en tête (*Gilia capitata*). — Hauteur, 0^m,65; tout l'été, fleurs bleues ou blanches. Semer en place, au printemps.

Le *Gilia tricolor* et ses variétés à fleurs blanches et roses se cultivent de la même manière.

Giroflée jaune (*Cheiranthus Cheiri*). — Bisannuelle; fleurs jaunes, odorantes, au printemps; semer de mars en juin; variétés à fleurs doubles, qu'on multiplie de boutures aussitôt après que les fleurs sont passées.

Giroflée des jardins ou grosse espèce (*C. incanus*). — Bisannuelle; fleurs rouges blanches, roses ou violettes, de mai en octobre; semer en mai et juin; repiquer en pépinière, et en septembre les relever pour les mettre en pots, que l'on rentre dans la serre pendant les gelées.

Giroflée grecque, Kiris (*C. græcus*). — La giroflée grecque et ses variétés se cultivent comme la *Giroflée quarantaine*.

Giroflée quarantaine (*C. annuus*). — Les principales variétés sont : la rouge, la blanche, la rose et la violette. Semer sur couche en février et mars, en pleine terre en mai et juin et en août pour mettre en pots, que l'on hiverne sous châssis.

Gomphrène amarantoïde (*Gomphrena globosa*). — Tige de 0^m,35; fleurs rouges ou blanches, tout l'été. Semer sur couche, au printemps; culture des Amarantes à crête.

Gypsophile élégante (*Gypsophila elegans*). — Hauteur, 0^m,40; fleurs blanches, tout l'été; semer au printemps.

Hibiscus trionum (*Ketmie vésiculeuse*). — Hauteur, 0^m,50, de juin en septembre; fleurs nombreuses, d'un jaune sulfureux, à onglet brun. Semer en place, au printemps.

Hibiscus Africanus (*Ketmie d'Afrique*). — Fleurs de même couleur, mais beaucoup plus grandes. Même culture.

Helianthus argophyllus. — Variété du soleil annuel couverte d'une laine épaisse qui lui donne un bel aspect argenté; en juillet et août, fleurs jaunes à disque brun. Multiplication de graines, que l'on sème en place, en avril.

Humea élégant (*Humea elegans, Calomeria amarantoïdes*). — Bisannuel; hauteur, 1 mètre; de juin en septembre, fleurs d'un rouge-cuivre, en panicules, d'un très-bel effet. Semer en juin et juillet, en pots, que l'on hiverne sous châssis.

Hugélie bleue (*Hugelia cœrulea, Didiscus cœruleus, Trachymene cœrulea*). — Hauteur, 0^m,65; fleurs bleues, en août et septembre.

Semer sur couche au printemps, ou en pleine terre en septembre; puis on repique le plant en pots, que l'on hiverne sous châssis.

Immortelle annuelle (*Xeranthemum annum*). — Tiges de 0^m,65; de juillet en octobre, fleurs violettes, blanches ou pourpres, semblables à de petites *Marguerites* simples.

Semer en place, en automne ou au printemps.

Immortelle à bractées (*Helichrysum bracteatum*). — Hauteur, 1 mètre; tout l'été et une partie de l'automne, fleurs jaunes ou blanches; semer sur couche, au printemps ou en septembre; puis on repique le plant sous châssis pour passer l'hiver.

Immortelle à grandes fleurs (*Helichrysum macranthum*). — Fleurs rouges écarlates ou roses. Même culture.

Ipomopsis élégant, Gilie ponctuée (*Ipomopsis elegans, Cantua coronopifolia, Gilia coronopifolia*). — Hauteur, 1 mètre à 1 mètre 30 ; tout l'été, fleurs rouges écarlates ou jaunes.

On sème les *Ipomopsis* en juin et en automne ; on repique le plant en pots, que l'on hiverne sous châssis.

Lavatère à grandes fleurs (*Lavatera trimestris*). — Hauteur, 0^m,65 ; fleurs roses ou blanches, de juillet en septembre ; semer en place, au printemps.

Lin à grandes fleurs (*Linum grandiflorum*). — Tout l'été, fleurs rouge-amarante de la plus grande beauté.

On sème le *Linum grandiflorum* immédiatement en place, en avril et mai.

Cultivé dans une bonne terre de potager, le *Linum grandiflorum* végète beaucoup plus vigoureusement que dans la terre de bruyère, qu'on croyait devoir lui convenir plus particulièrement.

Lotier rouge (*Tetragonolobus purpureus*). — Tige de 0^m,33 ; fleurs rouge foncé, en juin ou juillet ; semer sur couche, en février et mars, ou en pleine terre, en avril.

Lunaire annuelle (*Lunaria annua*). — Tige de 1 mètre ; fleurs en grappes rouges, purpurines, blanches ou panachées, en avril et mai ; semer en juin et juillet.

Lupin annuel (*Lupinus annuus*). — Fleurs bleues, blanches, roses ou jaunes, suivant la variété ; semer en place, en avril.

Madia élégant (*Madia elegans*), Madaire élégante (*Madaria elegans*). — Hauteur, 1 mètre ; fleurs jaunes, tout l'été ; semer au printemps.

Maïs rubané du Japon (*Zea Japonica variegata*), belle

graminée à feuilles rubanées de vert et de blanc rosé que l'on multiplie de graines, comme tous les autres maïs. Depuis son introduction, cette belle plante a fourni plusieurs générations qui toutes ont conservé les caractères du type primitif.

MALOPE à grandes fleurs (*Malope grandiflora*). — Hauteur, 0^m,50 à 0^m,60 ; tout l'été, fleurs rouges ou blanches.

On sème les *Malopes* en septembre, en pots, que l'on hiverne sous châssis ; ou en place, en mars et avril.

MAUVE de Crée (*Malva Creena, Sphœralcea Creeana*). — Bisannuelle ; hauteur ; 0^m,40 à 0^m,50 ; fleurs roses ou rouge-cinabre ; semer en automne ou au printemps.

MAUVE campanulée (*Malva campanulata*). — Tout l'été, fleurs lilas tendre, à odeur de vanille. On la sème à la fin d'août, en pleine terre, ou au printemps, sur couche.

MARTYNIA FRAGRANS (*Craniolaria fragrans*). — Tout l'automne, fleurs pourpre-violacé, à odeur de vanille.

On sème le *Martynia fragrans* en avril, sur couche ; puis on repique le plant, également sur couche, avant de le mettre en pleine terre.

Le *Martynia lutea* est une espèce à fleurs jaunes, que l'on cultive de la même manière.

MÉLILOT bleu (*Melilotus cœrulea*). — Tige de 0^m,65 ; fleurs bleues et odorantes, en août ; semer en place, en avril.

MUFLIER des jardins (*Antirrhinum majus*). — Bisannuel ; hauteur ; 0^m,65 ; fleurs rouges ou blanches, de mai en août ; multiplication de graines, semées en automne ou au printemps ; on en obtient souvent de charmantes variétés.

Nigelle de Damas (*Nigella Damascena*). — Tige de 0ᵐ,50; fleurs bleues ou blanches, de juin en septembre; semer en place en avril.

Nigelle d'Espagne (*N. Hispanica*). — Fleurs plus grandes; même culture.

Némésie à fleurs nombreuses (*Nemesia floribunda*). — En juin et juillet, fleurs blanches, semblables à celle des Linaires. Semer en place, en avril et mai.

Nycterinia selaginoides. — Touffe basse, couverte tout l'été de petites fleurs roses, odorantes.

Cette charmante petite plante convient également pour former des massifs.

On la multiplie de graines semées sur couche, en mars et avril.

Œillet de la Chine (*Dianthus Sinensis*). — Bisannuel; hauteur, 0ᵐ,33; fleurs violettes, rouges ou pourpres, panachées ou ponctuées de blanc, de juillet en septembre; semer en septembre ou au printemps.

Variétés. — Heddewigii, — Laciniatus.

Oxalis à fleurs roses (*Oxalis rosea*). — On sème l'*Oxalis rosea* en avril sur couche, ou en mai et juin, immédiatement en place, en ligne, ou par petites touffes, sur le bord des massifs. — Au moyen des semis indiqués ci-dessus, on peut avoir des *Oxalis* en fleur pendant tout l'été et l'automne.

Pavot (*Papaver somniferum*). — Hauteur, 0ᵐ,65 à 1 mètre; variétés très-nombreuses; fleurs tout l'été; semer en place, en automne ou au printemps.

Pentapétès pourpre (*Pentapetes phœnicea*). — Tige de 0ᵐ,65 à 1 mètre; fleurs écarlates, en août; semer sur couche, au printemps.

Persicaire Indigotier (*Polygonum tinctorium*). — Hauteur, 1ᵐ,30; fleurs rouges tout l'automne; semer au printemps.

Pourpier à grandes fleurs (*Portulaca grandiflora*). — Tout l'été et l'automne, fleurs pourpre-violacé, rouge-écarlate, blanches rayées de carmin ou jaunes tachées de rouge. Semer sur couche, en mars et avril, pour mettre ensuite en pleine terre.

Cultivé en mélange et par groupes, le *Pourpier à grandes fleurs* forme un véritable gazon émaillé des couleurs les plus vives au moment du soleil.

Phacélie bipennée (*Phacelia congesta*). — Hauteur, 0ᵐ,30 à 0ᵐ,33; tout l'été, fleurs bleues, petites, disposées comme celles de l'Héliotrope; semer en place, à l'automne ou au printemps.

Phacélie à feuilles de Tanaisie (*P. tanacetifolia*). — Hauteur, 0ᵐ,30 à 0ᵐ,40; en mai, fleurs unilatérales, bleu clair, en épis terminaux. Même culture.

Phlox de Drummond (*Phlox Drummondi*). — Tout l'été et l'automne, fleurs blanches, roses ou pourpres, de nuances extrêmement variées.

On sème le *Phlox de Drummond* au printemps, sur couche, ou mieux en automne, aussitôt après la maturité des graines; lorsque le plant est assez fort, on le repique dans de petits pots, qu'on hiverne sous châssis.

En mai, quand on n'a plus de gelées à craindre, on procède à la plantation. Cultivé en lignes ou par groupes, il n'est véritablement pas de plantes plus gracieuses que ces charmants petits Phlox.

Pied-d'alouette grand (*Delphinium Ajacis*). — Hauteur, 0ᵐ,70. En mai, juin et juillet, fleurs de couleurs variées, comme celle de la race naine; semer en place, en automne, ou en février et mars.

Pied-d'alouette des blés (*Delphinium consolida*). — Hauteur, 1 mètre à 1ᵐ,30. Tout l'été, fleurs également très-variées, simples ou doubles, selon les variétés; semer en septembre, en place ou en pépinière, ou en février et mars, immédiatement en place.

Podolepis à fleurs carnées (*Podolepis gracilis*). — Hauteur, 0ᵐ,50 à 0ᵐ,60; fleurs de différentes nuances, du rose au blanc pur, tout l'été; semer au printemps.

Reine-Marguerite (*Aster Sinensis Callistephus hortensis*). — On possède un nombre considérable de variétés de toutes nuances, dont les plus remarquables se rapportent toutes à la race pyramidale connue sous le nom de Reine-Marguerite *Truffaut*, véritable perfection par la forme, la grosseur de la fleur et la bonne tenue des plantes.

Les unes ont les fleurs *planes*, comme la race ancienne, mais plus grandes et très-doubles; les autres ont les pétales légèrement recourbés vers le centre, ce qui donne aux fleurs une forme globuleuse, et leur a valu le nom de Reines-Marguerites *pivoines*.

On sème les Reines-Marguerites du 15 mars au 20 avril, sur couche ou en pleine terre, puis on repique chaque plant séparément. Bien qu'elles viennent à peu près dans tous les terrains, il faut, pour avoir de belles Reines-Marguerites, les cultiver dans une terre largement pourvue d'engrais consommé.

Pendant les premiers mois de leur végétation, les Reines-Marguerites n'ont pas besoin d'une grande quantité d'eau; mais une quinzaine de jours avant la floraison, il faut les arroser plus fréquemment et plus abondamment.

Réséda odorant (*Reseda odorata*). — Semer en place, au printemps et tout l'été.

Rhodanthe de Mangles (*Rhodanthe Manglesii*). — Hauteur, 0^m,35; fleurs roses, tout l'été; semer sur couche, en février et mars; planter à une exposition ombragée.

Ricin sanguin (*Ricinus sanguineus*). — Hauteur, 1^m,30; en juillet et août, fleurs en grappes, d'un rouge-pourpre. Multiplication de graines, que l'on sème en avril, sur couche, ou en mai, immédiatement en place.

Cette belle plante produit beaucoup d'effet, surtout cultivée isolément.

Rose trémière de la Chine (*Alcæa rosea Sinensis*). — Bisannuelle; tige de 1 mètre à 1^m,30; de juillet en octobre, fleurs pourpres, panachées de blanc; variété à fleurs rouges; semer sur couche, au printemps.

Sainfoin d'Espagne (*Hedysarum coronarium*). — Bisannuel; tiges de 0^m,65 à 1 mètre; fleurs d'un beau rouge, en juillet; semer en août.

Salpiglossis à feuilles sinuées (*Salpiglossis sinuata*). — Plusieurs variétés se rapportent à cette espèce, et toutes aujourd'hui sont cultivées sous le même nom.

On les sème en avril, sur couche, ou en mai, immédiatement en place. Elles fleurissent en juillet, et successivement jusqu'en septembre.

Cultivés en massifs, les *Salpiglossis* produisent plus d'effet que séparément; en ajoutant au semis un peu de graines de l'espèce à fleurs jaunes, nommée *aurea*, on aura toutes les couleurs que comporte ce beau genre.

Salvia horminum. — Pour jouir de toute la beauté de cette plante, si remarquable par ses fleurs à bractées rouges, roses ou violettes, il faut, au lieu de la cultiver par petites touffes, en faire de longs massifs.

On la sème en mars et avril, en place ou en pépinière.

Scabieuse fleur-de-veuve (*Scabiosa atropurpurea*). — Bisannuelle; tige de 0^m,65; fleurs d'un violet foncé velouté, en juillet et septembre; semer en automne.

Variétés. — Naine à fleurs roses, — Naine à fleurs pourpres.

Schizanthe émoussé (*Schizanthus retusus*). — Hauteur, 0^m,50 à 0^m,60. Tout l'été, fleurs roses, pourpres, lilas ou blanches, largement marquées de jaune au centre. On sème le *Schizanthus* dans la première quinzaine de septembre, et on repique les plants en pots, que l'on hiverne sous châssis. On peut aussi, ce qui est beaucoup plus simple, les semer en avril, immédiatement en place; mais jamais le plant semé à cette époque ne produit des plantes aussi belles que celui qu'on a semé en automne.

Schizanthus Grahami. — Le *Schizanthus Grahami* est une espèce également très-belle, que l'on cultive de la même manière.

Séneçon élégant (*Senecio elegans*). — Tige rameuse, de 0^m,30 à 0^m,40; de juin en août, fleurs pourpres, violettes ou blanches, simples ou doubles; semer sur couche, en mars, ou en pleine terre, en avril.

Silène à fleurs pendantes (*Silene pendula*). — Charmante petite plante à fleurs roses, avec laquelle on fait, depuis quelques années, dans le jardin des Tuileries et au Luxembourg, des corbeilles qui font, au printemps, l'admiration de tous les visiteurs.

Pour avoir de beaux Silènes, il faut les semer en juillet, en pépinière, ou au printemps, immédiatement en place.

Silène à bouquets (*Silene compacta*). — Hauteur, 0^m,50. Tout l'été, fleurs roses; semer en juin et juillet.

Silène attrape-mouche (*Silene armeria*). — Hauteur,

0^m,40. Tout l'été, fleurs roses ou blanches. Même culture que le *Silene compacte.*

Souci de Trianon, Souci anémone (*Calendula officinalis. var.*). — De juillet en octobre, fleurs jaunes très-doubles. Semer en place, en avril et mai.

Souci pluvial (*C. pluvialis, Dimorphotheca pluvialis*). — En juin et août, fleurs blanches en dedans, violettes en dehors ; même culture.

Sphénogyne élégante (*Sphenogyne speciosa*). — Hauteur, 0^m,30. De juillet en septembre, fleurs jaune pâle à pétales brun-violacé à la base ; semer en février ou mars, sur couche, ou en avril, en pleine terre, en place ou en pépinière.

Tagète étalé, Œillet d'Inde (*Tagetes patula*). — Tiges rameuses, de 0^m,40 ; fleurs orangées, rayées de jaune, en juillet et octobre ; semer d'avril en juin.

Tagètes maculé nain (*Tagetes signata pumila*). — Variété moins élevée que la précédente, tout aussi rameuse, littéralement couverte de fleurs d'un beau jaune-vif ; même culture.

Tagète élevé, Rose d'Inde (*T. erecta*). — Hauteur, 0^m,65 ; fleurs jaunes ; même culture.

Thlaspi, Ibéris à ombelles (*Iberis umbellata*). — Tiges de 0^m,33 ; fleurs blanches ou violettes, en mai, juin ou juillet ; semer en automne ou au printemps.

Trachélie bleue (*Trachelium cœruleum*). — Hauteur, 0^m,20 à 0^m,40 ; fleurs bleu-violacé, tout l'été ; multiplication de graines ou de boutures.

Valériane Corne-d'abondance (*Valeriana Cornucopiæ*). — Hauteur, 0^m,25 ; fleurs rouges, de mai en août ; semer en place, au printemps.

Verveine de Miquelon (*Verbena Aubletia*). — Bisannuelle; hauteur, 0^m,33; fleurs d'un violet-pourpre, de juillet en novembre ; semer au printemps.

Violette tricolore, Pensée à grandes fleurs (*Viola tricolor hortensis*). — Variétés très-nombreuses, fleurissant d'avril en septembre ; semer en août, repiquer en pépinière à l'automne, pour ne les planter en place qu'au printemps.

Viscaria à cœur pourpre (*Viscaria oculata*). — Hauteur, 0^m,40. En juin et juillet, fleurs blanches ou roses, à centre pourpre foncé ; semer en septembre, en pots, que l'on hiverne sous châssis, ou en avril, immédiatement en place.

Whitlavia grandiflora. — Hauteur, 0^m,40. En juin, juillet et août, fleurs d'un beau violet, en épi. Multiplication de graines, semées en place, en avril ; propre à former des massifs.

Zinnia multiflore (*Zinnia multiflora*). — Hauteur, 0^m,50 ; fleurs rouges, à disque jaune, de juillet en octobre; semer sur couche, en mars, ou en pleine terre, en avril et mai.

Zinnia élégant (*Z. elegans*). — Plus élevé que l'espèce précédente. Le *Zinnia elegans* a produit un grand nombre de variétés, que l'on cultive en mélange ou par couleurs séparées ; on le sème en mars, sur couche, comme le *Zinnia multiflora*, ou bien en avril et mai, en pleine terre, puis on repique le plant en lignes ou par groupes.

Variétés *à fleurs doubles* de mêmes couleurs que les variétés à fleurs simples.

Section III. — Plantes vivaces et bulbeuses de pleine terre.

Achillée dorée (*Achillea aurea*). — Hauteur, 0ᵐ,50 ; fleurs d'un jaune doré, de juillet en septembre ; pour tout ce genre, multiplication de graines, semées aussitôt la maturité ou par l'éclat des pieds.

Achillée à mille feuilles (*A. millefolium*). — Hauteur, 0ᵐ,65 ; tout l'été, fleurs pourpres ; variétés à fleurs roses.

Achillée rose (*A. rosea*). — Hauteur, 0ᵐ,65 à 1 mètre ; fleurs d'un rose-pourpre, tout l'été.

Achillée sternutatoire, Bouton d'argent (*A. ptarmica*). — Hauteur, 0ᵐ,65 à 1 mètre ; fleurs blanches, de juillet en septembre.

Aconit Tue-loup (*Aconitum lycoctonum*). — Hauteur, 1 mètre à 1ᵐ,30 ; fleurs jaune pâle, en juin et août.

Aconit Napel (*A. Napellus*). — Hauteur, 1 mètre ; fleurs d'un bleu foncé, en mai et juin ; variétés à fleurs blanches.

Toutes les espèces d'Aconit sont vénéneuses ; elles se multiplient de graines semées aussitôt après la maturité ou par l'éclat des pieds.

Espèces.— Anthora,— Eminens, — Rubicundum,— Speciosum.

Actéa des Alpes (*Actea spicata*). Hauteur, 1ᵐ,30 ; fleurs blanches, en juillet et août ; multiplication de graines semées aussitôt après la maturité, ou par la séparation des pieds.

Adonide printanière (*Adonis vernalis*). — Hauteur, 0ᵐ,25 à 0ᵐ,30 ; fleurs jaunes, en mars et avril ; multiplication de graines semées aussitôt après la maturité, ou par éclats ; couverture l'hiver.

ALSTRŒMÈRE à fleurs tachées, Lis des Incas (*Alstrœmeria pelegrina*). — Tiges de 0^m,35, ayant besoin de tuteurs; de juin en octobre, fleurs blanches marquées de taches purpurines et de plusieurs points d'un pourpre foncé.

ALSTRŒMÈRE du Chili. — On a fait depuis plusieurs années des semis d'Alstrœmère du Chili qui ont donné un grand nombre de variétés. Toutes peuvent être cultivées en pleine terre légère; il suffit, pendant l'hiver, de les couvrir de feuilles, qu'on enlève vers la fin de mars ou dans les premiers jours d'avril.

On multiplie les Alstrœmères de graines semées aussitôt après leur maturité, en place ou en pots, que l'on hiverne sous châssis.

Comme ces plantes végètent de très-bonne heure en automne, il faut les planter en septembre ou octobre ; autrement, elles ne fleuriraient pas l'année suivante.

AMARYLLIS. — Un grand nombre d'Amaryllis, considérées comme plantes de serre, peuvent, sous le climat de Paris, être cultivées en pleine terre, à l'air libre. M. Aimé, de Versailles, qui cultive spécialement ce beau genre, a, depuis 1845, plusieurs planches d'Amaryllis en pleine terre, qui végètent et fleurissent admirablement.

Pour cultiver les Amaryllis en pleine terre, on prépare une tranchée de 0^m,25 de profondeur, dont la longueur et la largeur soient proportionnées au nombre d'oignons qu'on veut planter. On met au fond une bonne couche de feuilles, et, après les avoir bien foulées, on achève de remplir la tranchée avec de la terre du sol si elle n'est pas trop compacte, de la terre de bruyère, ou, à défaut, du sable végétal et du terreau de feuilles bien consommées et mélangées par parties égales.

Cultivées en pleine terre, les Amaryllis doivent être plantées plus profondément qu'en pots, et il ne faut les arroser que lorsqu'elles sont en végétation. Après la floraison on supprime les arrosements, et à l'approche des gelées on les couvre d'une couche de feuilles, dont on augmente la quantité en raison de l'intensité du froid.

Toutes les variétés de l'Amaryllis *pulverulenta* et de l'Amaryllis *cinnamomea* peuvent être cultivées comme nous venons de l'indiquer.

AMARYLLIS à fleurs roses (*A. Belladona*). — De juillet en octobre, fleurs roses, mêlées de blanc ; multiplication par caïeux, qu'on enlève en septembre ou octobre, aussitôt après la floraison, et qu'il faut replanter tout de suite ; couverture l'hiver.

AMARYLLIS à longues feuilles (*A. longifolia*). — En juin et juillet, fleurs blanches ; variété à fleurs roses ; planter en automne ; couverture l'hiver.

AMARYLLIS, Lis Saint-Jacques (*A. formosissima*). — Plantes bulbeuses donnant en juillet et août des fleurs d'un rouge-pourpre foncé ; planter en pleine terre au printemps, ou en pots à l'automne ; multiplication de caïeux.

ANCOLIE commune (*Aquilegia vulgaris*). — Hauteur, 1 mètre ; en mai et juin, fleurs rouges, bleues, violâtres, blanches, roses, simples ou doubles, selon la variété ; multiplication de graines, semées aussitôt après la maturité, ou par l'éclat des pieds.

ANCOLIE du Canada (*A. Canadensis*). — Hauteur, 0^m,40 ; fleurs d'un rouge safrané.

ANCOLIE de Sibérie (*A. Sibirica*). — Hauteur, 0^m,40 ; fleurs d'un beau bleu.

ANÉMONE des fleuristes (*Anemone coronaria*). — Hauteur,

0^m.20 à 0^m,25 ; en mai et juin, fleurs simples, semi-doubles ou doubles, de toutes couleurs et variées. Elle aime une terre légère et substantielle. On la multiplie de graines et par tubercules. Les graines se sèment en septembre, soit en terrines, soit en pleine terre, dans une planche bien préparée ; on les couvre légèrement de terreau fin à l'approche des gelées. Il faut garantir le jeune plant avec des paillassons, que l'on étend sur des gaulettes disposées de telle sorte qu'ils soient élevés de quelques centimètres au-dessus du sol. On découvre toutes les fois que le temps le permet ; puis, arrivé au printemps, on sarcle et arrose au besoin ; lorsque les feuilles sont desséchées, on arrache les tubercules pour les traiter par la suite comme les plantes faites, ce qui consiste à planter en mars et avril, à environ 0^m,05 de profondeur et à 0^m,10 ou 0^m,15 les uns des autres, suivant la force de chacun. Quand on possède un assez grand nombre d'Anémones de force à fleurir, il est bien de n'en planter que la moitié, de manière que chaque tubercule ne fleurisse que tous les deux ans, car alors les fleurs en sont plus belles.

Anémone Œil-de-paon (*A. pavonina*). — Hauteur, 0^m,20 à 0^m,25 ; en avril et mai, fleurs rouges, bleuâtres au centre ; multiplication par la séparation des racines, ainsi que pour les suivantes.

Anémone à fleurs bleues (*A. Apennina*). — Fleurs bleues, en mars.

Anémone en ombelle (*A. narcissiflora*). — Hauteur, 0^m,33 ; fleurs blanches, en mai.

Anémone du Japon (*A. Japonica*). — Hauteur 0^m,50 ; d'août en octobre, fleurs semi-doubles, roses, pourpres ou blanches.

Cette charmante plante végète vigoureusement en

pleine terre ; elle s'accommode de tous les terrains et on la multiplie par l'éclat des touffes, qu'on divise au printemps.

Anémone pulsatille (*A. pulsatilla*). — Hauteur, 0^m,25 à 0^m,30 ; fleurs d'un violet foncé, en avril et mai.

Anthémis des teinturiers (*Anthemis tinctoria*). — Hauteur, 0^m,65 ; fleurs jaunes, en juin et novembre ; multiplication de graines ou par éclats.

Apocyn Gobe-mouche (*Apocynum androsœmifolium*). — Tige rameuse de 0^m,50 ; fleurs roses, en juillet et septembre ; multiplication de graines ou de traces, en mars.

Arum Attrape-mouche (*Arum crinitum*). — Hauteur, 0^m,40 à 0^m,50 ; en mars, spathe de 0^m,33 de longueur, violacé en dedans et maculée de vert en dehors. Son odeur infecte attire les mouches. Multiplication de graines ou de bulbes ; couverture d'hiver.

Arum Serpentaire (*A. dracunculus*). — Hauteur 0^m,65 à 1 mètre ; en juin et juillet, spathe d'un pourpre foncé en dedans, verte à l'extérieur ; même multiplication.

Asclépiade à la ouate (*Asclepias Cornuti*). — Hauteur, 1^m,30 à 1^m,60 ; fleurs blanches lavées de rouge, en juillet et août ; multiplication de graines, semées aussitôt après la maturité, d'éclats ou de traces ; les autres espèces se multiplient de même.

Asclépiade tubéreuse (*A. tuberosa*). — Tiges rameuses, de 0^m,50 ; fleurs en ombelles, d'un rouge-orangé, en juillet, août et septembre.

Asclépiade incarnate (*A. incarnata*). — Hauteur, 1 mètre à 1^m,30 ; en juillet et août, fleurs rouge-pourpre.

On multiplie les Asclépias de graines ou d'éclats.

Asphodèle Bâton-de-Jacob (*Asphodelus luteus*). — Hauteur, 1 mètre ; de mai en juillet, fleurs d'un beau jaune ; multiplication par graines, semées au printemps, par drageons ou par la séparation des racines.

Asphodèle rameux (*Asphodelus ramosus*). — Hauteur, 1 mètre ; fleurs blanches marquées de lignes roussâtres.

Aster (*Aster*). — Tiges de 0^m,35 à 1^m,60 ; depuis juillet jusqu'à la fin d'octobre, fleurs d'un bleu plus ou moins foncé, blanc-pourpre, ou roses, selon les espèces, qui sont très-nombreuses. Elles résistent très-bien à nos hivers. On les multiplie de graines, semées aussitôt après la maturité, ou mieux par l'éclat des touffes, en automne ou au printemps, opération qui doit se faire au moins tous les trois ans, afin de renouveler les pieds.

Espèces. — Alpinus, — Amelloïdes, — Bicolor, — Corymbosus, — Ericoïdes, — Floribundus, — Gracilis, — Grandiflorus, — Pendulus, — Versicolor.

Astragale varié (*Astragalus varius*). — Hauteur, 0^m,65 ; fleurs d'un pourpre-violet marquées de jaune, en juin et juillet.

Astrance à larges feuilles (*Astrantia major*). — Hauteur, 0^m,65 ; tout l'été, fleurs d'un blanc-rougeâtre, multiplication de graines ou d'éclats en automne.

Bétoine velue (*Betonica hirsuta*). — Hauteur, 0^m,33 ; fleur d'un rouge vif et foncé, en juillet ; multiplication de graines, semées en mars, ou par l'éclat des racines, en automne.

Bétoine à grandes fleurs (*B. grandiflora*). — Hauteur, 0^m,33 ; fleurs rouges.

Bocconie à feuilles en cœur (*Bocconia cordata*). —

Hauteur, 1^m,30 à 1^m,60 ; fleurs blanches, en juillet ; multiplication de graines et d'éclats ; couverture l'hiver.

Boltonie à feuille d'aster (*Boltonia asteroides*). — Hauteur, 1 mètre à 1^m,60 ; fleurs blanches, à disque jaune, d'août en octobre ; multiplication de graines, semées en place, ou par l'éclat des pieds.

Buglosse à larges feuilles (*Anchusa sempervirens*). — Hauteur, 1 mètre ; en mai, juin et juillet, fleurs bleues ; multiplication de graines, semées en juin et juillet, ou par éclat des pieds, en février ou mars.

Buglosse d'Italie (*A. Italica*). — Plus élevée que la précédente ; fleurs également d'un beau bleu ; même culture.

Bugrane élevée (*Ononis altissima*). — Hauteur, 1 mètre ; fleurs purpurines, en juillet ; multiplication de graines ou d'éclats.

Bugrane à feuilles rondes (*O. rotundifolia*). — Hauteur, 0^m,35 ; fleurs roses, en mai et juillet ; même multiplication ; couverture l'hiver.

Campanule à feuilles de Pêcher (*Campanula persicæfolia*). — Hauteur, 0^m,65 ; fleurs bleues ou blanches, simples ou doubles, de juillet en septembre.

Campanule à feuilles d'Ortie (*C. urticæfolia*). — Hauteur, 0^m,65 ; fleurs bleues, blanches ou tricolores, en juin et juillet.

Campanule à larges feuilles (*C. latifolia*). — Hauteur, 1 mètre ; fleurs bleues, variété à fleurs blanches, en juin et juillet.

Campanule à fleurs en tête (*C. glomerata*). — Hauteur, 0^m,33 ; fleurs bleues, blanches ou tricolores, en été.

Campanule à grandes fleurs (*C. grandiflora*).—Hauteur, 0^m,50 ; fleurs d'un beau bleu, en juillet.

Campanule noble (*C. nobilis*). — Hauteur, 1 mètre environ ; fleurs d'un beau violet-pourpre bordé de blanc, en juin et juillet.

On multiplie toutes les espèces de Campanule de graines, semées aussitôt après leur maturité, sans les recouvrir, ou par l'éclat des pieds, en automne ou en mars.

Cardamine des prés à fleurs doubles (*Cardamine pratensis*). — Hauteur, 0^m,35 à 0^m,40 ; fleurs blanches purpurines, en avril et mai.

Centaurée Jacée (*Centaurea Jacea*).— Hauteur, 0^m,65 à 1 mètre ; fleurs purpurines, en juin et juillet ; multiplication de graines, semées au printemps, ou par la séparation des touffes.

Centaurée de montagne (*C. montana*). — Hauteur, 0^m,50 fleurs bleues, blanches ou roses, de juin en août ; même multiplication.

Centaurée noire (*C. nigra*). — Hauteur, 0^m,50 ; fleurs purpurines, de mai en juillet ; multiplication de graines et d'éclats.

Chrysanthème des Indes (*Chrysanthemum Indicum, Pyrethrum Indicum*). — Tiges de 0^m,65 à 1^m,30 ; d'octobre en janvier, fleurs de toutes les nuances de pourpre, de blanc et de jaune, suivant les variétés, qui sont très-nombreuses ; multiplication de boutures ou d'éclats, en avril ; on les plante en pleine terre ou en pots. On les arrose de temps à autre afin de favoriser la reprise ; mais, une fois qu'ils sont bien enracinés, on modère les arrosements. Dans le courant de juin, on pince l'extrémité de chaque tige, afin d'avoir des touffes bien garnies et peu élevées.

Dès l'approche des gelées, il faut rentrer dans les serres les pieds en pots, si l'on veut jouir de toute la beauté de leur floraison, car elle est tellement tardive qu'il est rare qu'elle ne soit point surprise par les gelées.

On divise les nombreuses variétés de cette plante en deux races. L'une est cultivée sous le nom de Chrysanthème pompon.

CHRYSOCOME à feuilles de lin (*Chrysocoma linosyris*). — Hauteur, 0^m,65 ; fleurs jaunes, d'août en octobre ; multiplication de graines ou d'éclats.

COLCHIQUE d'automne (*Colchicum autumnale*). — En septembre, fleurs rouge-purpurin pâle, semblables à celles des Crocus ; variétés à fleurs doubles, blanches, rouges, roses et panachées ; multiplication par caïeux, qu'on replante en juillet.

COMMÉLINE tubéreuse (*Commelina tuberosa*). — Hauteur, 0^m,33 ; fleur d'un beau bleu, de juin et septembre ; multiplication de graines, semées sur couche au printemps, ou par la séparation des pieds ; couverture l'hiver.

CONSOUDE à feuilles rudes (*Symphytum asperrimum*). — Hauteur, 1 mètre à 1^m,30 ; fleurs azurées, en mai et juin ; multiplication de graines et d'éclats, à l'automne ou au printemps.

CONSOUDE à fleurs pourpres (*S. purpureum*).— Hauteur, 0^m,40 à 0^m,50 ; fleurs pourpre-violacé, d'avril en septembre ; même multiplication.

CORÉOPSIS auriculé (*Coreopsis auriculata*). — Hauteur, 1 mètre à 1^m,30 ; fleurs d'un beau jaune, d'août en septembre ; multiplication de graines et déclats, en automne ou au printemps.

Coréopsis à trois ailes (*C. tripteris*). — Hauteur, 1 mètre à 1ᵐ,30; fleurs jaunes, à disque brun, d'août en septembre; même multiplication.

Corydale bulbeuse (*Corydalis formosa*). — Hauteur, 0ᵐ,15 à 0ᵐ,18; en avril, fleurs blanches, pourpres ou gris de lin, selon la variété; multiplication par la séparation des racines.

Cupidone bleue (*Catananche cœrulea*). — Hauteur, 0ᵐ,35, fleur bleu de ciel, de juillet en octobre; variété à fleurs blanches; multiplication de graines ou d'éclats; couverture l'hiver.

Cyclamen d'Europe (*Cyclamen Europœum*). — Plante très-basse; fleurs blanches ou pourpres, en avril; multiplication de graines, semées en terrines ou par la division des tubercules, ayant soin qu'il y ait un œil à chaque partie séparée; couverture l'hiver.

Cyclamen à feuilles de lierre (*C. hederœfolium*). — En avril, fleurs blanches, roses ou rouges, odorantes; même culture.

Dahlia. — Tiges de 0ᵐ,50 à 2 mètres; depuis le mois de juin jusqu'aux gelées, fleurs blanches, jaunes, roses, pourpres, et passant de ces couleurs à leurs nuances les plus délicates et les plus foncées. Tout terrain leur convient; mais la floraison est plus belle dans une terre légère que dans une terre compacte ou trop fumée. Multiplication par semis, séparations, boutures et greffes sur tubercules.

1. *Semis*. — On sème sur couche tiède, en mars et avril; dans le courant de mai, l'on repique le plant en pleine terre, à environ 1 mètre de distance; puis on le traite dans les autres Dahlias.

2. *Séparation.* — On place les Dahlias sur couche, en mars ou avril, et lorsqu'ils entrent en végétation on divise les touffes, en ayant soin que chaque tubercule détaché soit muni d'un germe reproducteur.

3. *Boutures.* — On peut commencer les boutures peu de temps après que les Dahlias sont en végétation et continuer jusqu'en juin ; mais, quelle que soit l'époque, il ne faut prendre que de jeunes bourgeons, qu'on enlève dès qu'ils ont atteint $0^m,06$ ou $0^m,08$ de longueur ; après avoir supprimé les feuilles inférieures, on les repique séparément dans de petits pots que l'on enfonce sur une couche tiède. On les arrose légèrement, puis on les couvre d'une cloche, qu'il faut ombrager au moment du soleil. Ces soins doivent être continués jusqu'à ce qu'on soit certain de la reprise des boutures ; alors on soulève la cloche graduellement, pour l'enlever quand elles supporteront l'air sans se faner.

4. *Greffes.* — Il faut que les greffes, comme les boutures, soient faites assez à temps pour qu'il se forme des tubercules qui puissent passer l'hiver. Pour l'opération manuelle, on observera ce qui a été indiqué à l'article *Greffe herbacée*, page 74.

Plantation. — C'est vers la fin de mai seulement que nous conseillons de planter les Dahlias : car, plantés plus tôt, il arrive souvent qu'ils sont épuisés de fleurs dès le mois de septembre, époque la plus favorable à leur beauté. Il faut les placer dans une position bien aérée, et à environ $1^m,65$ les uns des autres. On les plante au milieu d'un bassin de $0^m,40$ à $0^m,50$ de diamètre ; après quoi l'on étend autour de chaque pied un bon paillis de fumier à moitié consommé, afin de conserver l'eau des arrosements, qui doivent être modérés pendant les premiers temps, puis plus fréquents à mesure que la sécheresse augmente. Lorsque les Dahlias ont environ $0^m,30$ à $0^m,40$ de hauteur, s'il y a plusieurs tiges sur chaque pied, il faut choisir la plus vigoureuse et supprimer les autres. On l'assujettit immédiatement à un tuteur. Lorsqu'elle a 0^m,60 à 0,70, on supprime les rameaux placés trop près de terre ou ceux qui se croisent, de manière à ne laisser que six ou huit branches bien disposées autour de la tige principale ; s'il arrivait qu'à la hauteur indiquée la tige fût sans ramification, il faudrait pincer l'extrémité, ce qui retarde un peu la floraison ; mais ce retard est moins désagréable que l'inconvénient d'avoir des Dahlias très-élevés et sur une seule tige.

En juillet ou août, lorsque les Dahlias auront à peu près atteint le maximum de leur développement, on commencera à les ébourgeonner, opération qui consiste à détacher les bourgeons secondaires qui naissent entre les feuilles ; il en résulte que, débarrassée d'une multitude de bourgeons inutiles, chaque touffe produira une belle et abondante floraison. Vers la fin d'octobre ou au commencement de novembre, dès les premières gelées, il faut arracher les Dahlias. Si le temps est favorable, on les laisse un peu se ressuyer, puis on les dépose soit dans l'orangerie, sous le gradin de la serre aux Géraniums, soit dans une cave bien sèche, pour passer l'hiver.

DATURA METELOIDES. — Hauteur, 0^m,80 ; de juillet en novembre, fleurs blanches bordées de bleu lilacé, longues de 0^m,20, odorantes.

Les racines sont charnues, et se conservent en hiver, comme celles du Dahlia.

DELPHINIUM ELATUM (*Pied d'alouette vivace*). — Hauteur, 1^m,30 ; en juin et juillet, fleurs bleues, simples ou doubles. Multiplication de graines semées en juin et juillet, ou d'éclats du pied, au printemps.

DELPHINIUM AZUREUM. — Hauteur, 1 mètre ; en juin et

juillet, fleurs simples ou doubles, d'un beau bleu d'azur ; multiplication d'éclats du pied, au printemps.

Delphinium Barlowi. — Hauteur, 1^m,30 ; en juin et juillet, fleurs bleues, semi-doubles, plus larges que celles des espèces ci-dessus ; même culture.

Delphinium hybridum. — Hauteur, 1^m,30 ; en juin et juillet, fleurs bleues, plus pâles que celles du *D. Barlowi*, semi-doubles ; même culture.

Le *Delphinium Hendersoni* et l'espèce nommée *formosum*, l'une des plus belles du genre, sont d'une culture tout aussi facile.

Dielytra spectabilis. — Cette charmante plante a les feuilles découpées exactement comme celles de la Pivoine en arbre. Elle donne, en mai et juin, une grande quantité de fleurs disposées en longues grappes, d'un beau rose.

On la multiplie de boutures, qui, une fois bien enracinées, peuvent être cultivées en pleine terre, comme le plus grand nombre de nos plantes vivaces.

Dodécathéon de Virginie (*Dodecatheon Meadia*). — Hauteur, 0^m,20 à 0^m,25 ; fleurs rose pourpre, au printemps ; variété à fleurs blanches. Multiplication de graines, semées aussitôt après la maturité, ou par la division des racines.

Doronic à feuilles en cœur (*Doronicum pardalianches*). — Hauteur, 0^m,65 ; fleurs jaunes, en mai et juin ; multiplication de rejetons.

Dracocéphale de Virginie (*Dracocephalum Virginianum*). — Hauteur, 0^m,65 à 1 mètre ; fleurs roses, de juillet en septembre.

Tous les Dracocéphales se multiplient de graines ou par la séparation des drageons.

Echinops boulette azurée (*Echinops ritro*). — Hauteur, 0ᵐ,65 ; fleurs d'un joli bleu ; variété à fleurs blanches. Multiplication de graines, semées au printemps.

Enothère frutiqueuse (*Œnothera fruticosa*). — Hauteur, 1 mètre ; fleurs d'un beau jaune, en juillet et août ; multiplication de graines, semées sur couche, d'éclats de touffes ou de boutures.

Enothère superbe (*Œ. speciosa*). — Hauteur, 1ᵐ,30 ; fleurs blanches, odorantes, en juillet et août ; même multiplication.

Epervière orangée (*Hieracium aurantiacum*). — Hauteur, 0ᵐ,50 ; fleurs d'un jaune orangé, de juin en septembre ; multiplication de graines, semées au printemps, ou par rejetons.

Ephémère de Virginie (*Tradescantia Virginica*). — Hauteur, 0ᵐ,40 ; fleurs bleu purpurin ou blanches, de mai en octobre ; multiplication par la séparation des pieds en automne.

Ephémère rose (*T. rosea*). — Hauteur, 0ᵐ,20 ; fleurs roses, tout l'été ; même multiplication.

Epilobe à épi, Laurier Saint-Antoine (*Epilobium spicatum*). — Hauteur, 1ᵐ,30 à 1ᵐ,60 ; fleurs rouge purpurin, de juillet en septembre ; variété à fleurs blanches ; multiplication de graines et de rejetons.

Epimède des Alpes (*Epimedium Alpinum*). — Hauteur, 0ᵐ,35 ; fleurs jaunes et rougeâtres, en avril et mai ; multiplication par l'éclat des touffes en automne.

Erigéron des Alpes (*Erigeron Alpinum*). — Hauteur, 0ᵐ,20 ; fleurs bleues, à disques jaunes, en juillet ; variété à fleurs doubles ; multiplication de graines, semées aussitôt après la maturité, ou par la division des pieds. Toutes les espèces d'Erigéron se multiplient de même.

Erigéron presque nu (*E. glabellum*). — Hauteur, 0^m,50; fleurs lilacées, à disque jaune, tout l'été.

Erigéron à grandes fleurs (*E. speciosum*). — Même hauteur ; fleurs lilas foncé, à disque jaune, en août et septembre.

Erine des Alpes (*Erinus Alpinus*). — Hauteur, 0^m,16 ; fleurs purpurines ou blanches, de mars en juin ; multiplication de graines ou par éclats, en automne.

Erodium des Alpes (*Erodium Alpinum*). — Hauteur, 0^m,35 ; fleurs bleues, tout l'été ; multiplication de graines et d'éclats.

Erodium de Rome (*E. Romanum*). — Feurs purpurines, tout l'été ; même multiplication.

Eupatoire agératoïde (*Eupatorium ageratoïdes*). — Hauteur, 0^m,65 ; fleurs blanches, en septembre.

Eupatoire pourpre (*E. purpureum*). — Hauteur, 0^m,65 ; fleurs purpurines, de septembre en octobre.

On multiplie tous les Eupatoires de graines, semées aussitôt après la maturité, ou par la séparation des pieds, en automne.

L'Eupatoire à fleurs blanches (*E. glechonophyllum*) et l'Eupatoire à fleurs bleues (*E. cœlestinum*), sont deux charmantes plantes d'orangerie, que l'on peut cultiver en pleine terre pendant toute la belle saison.

On les multiplie toutes deux de boutures, que l'on hiverne sous châssis.

Farfugium grande. — Cette plante, remarquable par ses larges feuilles maculées de jaune, doit, pour produire de l'effet, être cultivée par groupes sur les pelouses de gazons.

On la multiplie de boutures de racines.

FRAXINELLE d'Europe (*Dictamnus albus*). — Hauteur, 0^m,65 à 1 mètre ; fleur d'un brun rougeâtre, en juin et juillet ; variété à fleurs blanches ; multiplication de graines, semées aussitôt après la maturité ; car, semées plus tard, elles ne lèvent que la seconde année ; on peut aussi les multiplier par éclats.

FRITILLAIRE damier (*Fritillaria Meleagris*). — Hauteur, 0^m,33 ; en mars et avril, fleurs pourpres marquées de petits carreaux de couleurs différentes ; multiplication de caïeux, en août ; il faut les replanter aussitôt, ainsi que les bulbes principaux ; couverture l'hiver.

FRITILLAIRE couronne impériale (*F. imperialis*). — Hauteur, 0^m,65 à 1 mètre ; en mars et avril, fleurs rouges, simples ou doubles, jaunes, simples ou doubles, orangées et à feuilles panachées de jaune ou de blanc ; multiplication par caïeux, en août ; il faut les replanter immédiatement, à 0^m,15 de profondeur, ainsi que les bulbes principaux.

FUMETERRE bulbeuse (*Fumaria bulbosa*). — Hauteur, 0^m,18 à 0^m,20 ; de février en avril, fleurs blanches, pourpres ou gris de lin, suivant la variété ; on les multiplie toutes de graines ou par la séparation des touffes, en automne.

FUMETERRE jaune (*F. lutea*). — Hauteur, 0^m,33 ; fleurs blanches et jaunes, d'avril en novembre ; couverture l'hiver.

FUMETERRE odorante (*F. nobilis*). — Hauteur, 0^m,50 ; fleurs d'un jaune pâle, pourprées au sommet, en avril.

GAILLARDE peinte (*Gaillardia picta*). — Hauteur, 0^m,35 à 0^m,40 ; au printemps et à l'automne, fleurs d'un jaune orangé, pourprées à la base, disque brun ; on les multiplie toutes de graines, d'éclats ou de boutures.

Variétés. — Nana, — Grandiflora, — Alba marginata.

GALANE glabre (*Chelone glabra*). — Hauteur, 1 mètre ; fleurs blanches, ou pourpres, en août et septembre ; toutes se multiplient de graines ou d'éclats.

Espèce. — Barbata.

GALANTHE d'hiver ou PERCE-NEIGE (*Galanthus nivalis*). — Hauteur, 0^m,15 à 0^m,18 ; fleurs blanches tachées de vert, en février ; variété à fleurs doubles ; multiplication par caïeux replantés en automne.

GALÉGA officinal (*Galega officinalis*). — Hauteur, 1 mètre à 1^m,30 ; fleurs bleues ou blanches, en juin et juillet ; multiplication de graines.

GALÉGA oriental (*G. orientalis*). — Même hauteur ; fleurs bleues, en juin ; même multiplication.

GENTIANE croisette (*G. cruciata*). — Hauteur, 0^m,20 à 0^m,25 ; fleurs bleues, en juin et juillet ; même multiplication.

GENTIANE pourpre (*G. purpurea*). — Hauteur, 0^m,65 fleurs jaunes ponctuées de pourpre, en juillet ; même multiplication.

GENTIANE jaune (*G. lutea*). — Hauteur, 1 mètre à 1^m,30 ; fleurs jaunes, en juillet ; même multiplication.

GÉRANIUM sanguin (*Geranium sanguineum*). Hauteur, 0^m,35 ; fleurs d'un rouge violet, en juin et juillet.

GÉRANIUM noirâtre (*G. phœum*). — Hauteur, 0^m,65 ; fleurs d'un violet noir, d'avril en juin.

GÉRANIUM des prés (*G. pratense*). — Hauteur, 0^m,65 ; fleurs blanches, rayées de violet, en mai et juin ; variété à fleurs doubles.

GÉRANIUM à grandes racines (*G. macrorhizum*). — Hauteur, 0^m,40 ; fleurs rouges, de mai en juillet.

GÉRANIUM strié (*G. striatum*). — Hauteur, 0^m,33 ; fleurs blanches veinées de pourpre, en mai et septembre ; couverture l'hiver.

GÉRANIUM à grandes fleurs (*G. Ibericum*). Hauteur, 0^m,50 ; fleurs disposées en bouquets, passant du violet au bleu d'azur des plus purs.

Il faut aux Géraniums une terre meuble ; tous se multiplient de graines ou d'éclats, au printemps.

GEUM COCCINEUM. — Hauteur, 0^m,50 ; fleurs écarlates, tout l'été ; multiplication de graines semées en place, ou par la séparation des touffes ; les autres espèces se multiplient de même.

Espèces. — Rivale, — Montanum.

GLADIOLUS (*Glaïeul*). — On cultive les *Gladiolus* en terre légère mélangée de terreau de feuilles. On les plante en pleine terre, en mars et avril ; ils fleurissent en juillet et août, puis on les relève en octobre. On peut aussi les planter en pots, en automne ; mais alors il faut les mettre sous châssis pour passer l'hiver, et ils fleurissent dès le mois de mai. On les multiplie de graines ou de caïeux.

GLADIOLUS CARDINALIS. — Hampe de 0^m,50 ; en juillet et août, fleurs écarlates, marquées d'une tache blanche. Les bulbes de ce Glaïeul étant continuellement en végétation, il ne faut jamais les laisser hors de terre.

GLADIOLUS BLANDUS OU FLORIBUNDUS. — Hampe de 0^m,30 ;

en août, fleurs blanc pur ou blanc rosé, marquées d'une bande longitudinale pourpre violacé.

Gladiolus ramosus. — Hampe de $0^m,70$ à 1 mètre ; en juillet et août, fleurs roses, marquées d'une tache blanche entourée d'azur.

Cette admirable plante a produit un grand nombre de belles variétés.

Gladiolus gandavensis. — On possède maintenant un nombre si considérable de variétés de cette plante, qu'il est matériellement impossible d'en donner la nomenclature.

Toutes peuvent être cultivées en pleine terre, comme l'espèce type.

Gunnera scabra. — Cette plante, si remarquable par la beauté de son feuillage, ressemble beaucoup aux Rhubarbes. Elle doit être cultivée isolément pour produire tout son effet. Bien qu'elle soit rustique, il faut la couvrir l'hiver.

Gynerium argenteum. — Graminée ornementale, à feuilles linéaires inclinées en tous sens ; en septembre, fleurs soyeuses, argentées, en panicules d'un très-bel effet. Multiplication de rejetons, que l'on sépare au printemps.

Variétés. — A fleur rose, — à fleur pourpre.

Gypsophile paniculée (*Gypsophila paniculata*). — Hauteur, $0^m,65$; fleurs blanches en juin et juillet ; multiplication de graines semées au printemps. On cultive de même les *Gypsophila acutifolia, altissifolia, altissima, pubescens, Gmelini, perfoliata, fastigiata* et *dichotoma*.

Hélénie d'automne (*Helenium autumnale*). — Hauteur, $1^m,60$ à 2 mètres ; fleurs d'un beau jaune, d'août à novembre ; multiplication par racines.

Hellébore noir, Rose de Noël (*Helleborus niger*). — Hauteur, $0^m,20$ à $0^m,25$; fleurs d'un blanc rosé, de décembre en février; multiplication de graines, semées aussitôt après la maturité ou par éclats.

HELLÉBORE d'hiver (*H. hyemalis*). — Hauteur, 0^m,10 à 0^m,15; fleurs jaunes; multiplication par la séparation des pieds en automne.

HEMÉROCALLE jaune ou LIS jaune (*Hemerocallis flava*). — Hauteur, 1 mètre; fleurs odorantes d'un beau jaune, en juin; multiplication par la séparation des pieds en automne.

HÉMÉROCALLE fauve (*H. fulva*). — Plus élevée que la précédente; fleurs d'un rouge fauve, en juillet.

HERACLEUM WILLEMSII. — Bien supérieure, par la beauté de ses feuilles, à l'espèce type connue sous le nom d'*Heracleum sphondylium*, Berce commune, Acanthe d'Allemagne, Angélique sauvage. Cette plante produit beaucoup d'effet, sur les pelouses de gazon.

On la multiplie de semis, ou par la séparation des pieds.

HIBISCUS ROSEUS. — Hauteur, 1^m,38; en août et septembre, fleurs roses, semblables à celles de Rose trémière simple. Cette belle plante exige une exposition chaude et beaucoup d'eau pendant l'été; on la multiplie de boutures et de graines.

Variétés. — Palustris, — Moschatus, — Sanguineus.

HOTEIA du Japon (*Hoteia Japonica*). — Hauteur, 0^m,50 à 0^m,60; fleurs blanches, en juin et juillet; multiplication d'éclats, au printemps.

IMMORTELLE blanche (*Gnaphalium margaritaceum*). — Hauteur, 0^m,50; fleurs jaunes, à involucre blanc, de juillet en septembre; multiplication de traces.

IRIS d'Allemagne ou FLAMBE (*Iris Germanica*). — Les

nombreuses variétés de cette plante méritent d'occuper une place distinguée dans les jardins ; car, soit en bordure, soit en massif, elles produisent un effet charmant à l'époque de leur floraison, qui a lieu en mai et en juin, surtout si l'on a convenablement mélangé les couleurs, et leur rusticité est un titre de plus à la faveur des amateurs. On les multiplie de graines ou par la séparation des pieds, en septembre ; on en possède déjà plus d'une centaine de belles variétés.

Iris bulbeuse, Xiphium, ou d'Angleterre. — On en cultive un grand nombre de variétés de toutes les couleurs ; fleurs remarquables par le peu de largeur de toutes leurs divisions ; elles fleurissent en juin ; on les multiplie de caïeux, qu'on plante en automne ; couverture l'hiver.

Iris xiphioïde ou d'Espagne. — Comme la précédente, cette espèce offre un grand nombre de variétés ; même culture.

Jacinthe (*Hyacinthus orientalis*). — En avril, fleurs simples ou doubles, de toutes les couleurs, suivant les variétés, qui sont très-nombreuses ; multiplication de graines ou de caïeux. Les Jacinthes aiment une terre douce, substantielle, et d'autant plus légère que le climat est froid et humide. Pour obtenir une belle végétation, il faut planter dans un terrain bien fumé ; mais le fumier doit être enterré assez profondément pour que les racines seules puissent l'atteindre, car autrement, il arrive presque toujours que les oignons pourrissent peu de temps après avoir été arrachés. L'époque la plus favorable pour la plantation est la fin de septembre et le commencement d'octobre ; cependant il vaudrait mieux retarder d'une quinzaine de jours que de planter par un temps pluvieux. On procède à la plantation de la manière suivante. Après avoir bien préparé le terrain, on trace avec la binette un sillon de 0^m,10 de profondeur ; on place les oignons à environ 0^m,15 les uns des autres sur la ligne, et on les enfonce de manière qu'ils soient recouverts de 0^m,10 de terre ; puis on ouvre les autres sillons successivement, et à 0^m,15 de distance. Après la plantation, on étend un bon paillis sur le tout, et les autres soins consistent à arracher les mauvaises herbes. Si le froid devenait assez intense pour que l'on craignît que la terre ne gelât jusqu'aux racines, il faudrait les couvrir de feuilles ou de litière sèche, que l'on enlèvera en février ; s'il survenait du mauvais temps, on les recouvrirait, mais plus légèrement. Quand elles seront défleuries et aussitôt que les feuilles commenceront à jaunir, on en coupera les feuilles et les hampes rez terre, et vers la fin de juin on les arrachera avec précaution, ce qu'il ne faudra faire que par un beau temps. Dès qu'elles seront arrachées, on les déposera dans un endroit sec et bien aéré, sans qu'elles soient exposées au soleil ; au bout de quelques jours on détachera les caïeux et les racines, puis, avant de les déposer sur les tablettes, on les nettoiera avec une brosse douce, de manière à enlever tout ce qui pourrait engendrer la pourriture.

Pour garnir le terrain en attendant que les oignons soient bons à relever, on peut, au printemps, semer un peu de graine de Pied-d'alouette, de Némophile ou de Silène qui succède aux Jacinthes sans nuire en rien à la maturité des oignons, quand il est semé clair.

Plantations en pots. — Les Jacinthes dont on veut avancer la floraison doivent être plantées en pots, et à la même époque qu'en pleine terre. La terre qu'on emploiera pour l'empotage doit être légère et substantielle, et les pots proportionnés à la grosseur des oignons. Après la plantation, on enfoncera ces pots à côté les uns des autres, de telle sorte qu'ils soient recouverts de 0^m,03 de terre. On pourra en placer une partie au midi, et l'autre au nord, afin qu'elles ne fleurissent pas toutes à la même époque. S'il survenait de fortes gelées, il faudrait les couvrir de feuilles ou de litière, afin que la terre des pots ne gelât pas ; et dans le courant de janvier on pourrait commencer à en mettre une partie sous châssis ou dans une serre chauffée, mais toujours le plus près possible des vitres. Elles seront en fleurs environ un mois après l'époque où l'on aura commencé à les chauffer ; il ne faut en forcer que successivement, de manière à prolonger la floraison aussi longtemps que possible. Dès qu'elles seront défleuries, on enfoncera les pots en pleine terre, afin de laisser mûrir les oignons, qu'on pourra planter en terre l'année suivante.

Julienne des jardins (*Hesperis matronalis*). — Hauteur, 0^m,65 à 1 mètre ; fleurs doubles, odorantes, blanches ou violettes, de mai en juillet ; multiplication de boutures ou d'éclats en avril. Variété vivace à fleurs doubles, blanches ou violettes. Terre franche substantielle ; autrement la plante périt.

Lamier orvale (*Lamium orvala*). — Hauteur, 0^m,65 ; fleurs blanches lavées et tachées de rose foncé, d'avril en juin ; multiplication de graines ou par l'éclat des pieds à l'automne.

Lin vivace (*Linum perenne*). Hauteur, 0^m,65 ; fleurs d'un joli bleu, de juin en août ; multiplication de graines, semées en automne ou au printemps, ou d'éclats, en automne. Variété à fleurs blanches.

Lin visqueux (*L. viscosum*). — Espèce à fleurs roses, que l'on peut également cultiver en pleine terre, à la condition toutefois de la couvrir pendant l'hiver.

On peut, pendant l'été, cultiver en pleine terre le lin à fleurs jaunes, nommé *Linum flavum*.

Linaire à grandes fleurs (*Linaria triornithophora*). — Hauteur, 0m,65; fleurs violettes, tout l'été; multiplication de graines, semées au printemps; couverture l'hiver.

Lis blanc (*Lilium candidum*). — Hauteur, 1 mètre; fleurs blanches, en juin et juillet; variétés à fleurs doubles, à fleurs panachées de rouge et à feuilles panachées. Tous les Lis se multiplient de graines ou par leurs caïeux, qu'on enlève aussitôt après la floraison, et qu'il faut replanter immédiatement, ainsi que les bulbes principaux, si l'on veut qu'ils fleurissent l'année suivante.

Lis blanc à longues fleurs (*L. longiflorum*). — Hauteur, 1 mètre à 1m,30; fleurs blanches, beaucoup plus grandes que celles du Lis blanc.

Lis à feuilles en fer de lance (*L. lancifolium*, *L. speciosum*). — Hauteur, 1 mètre; en septembre, fleurs blanches, ponctuées de pourpre, ou rouge pâle, également ponctuées.

On les plante au printemps, en terre de bruyère pure ou dans une terre composée de terre de bruyère, de terreau de fumier et de feuilles bien consommé, mélangés par parties égales; puis on les relève en automne pour les mettre en pots, qu'on dépose sous un châssis ou sur une tablette de la serre tempérée ou dans l'orangerie, et on les laisse pendant tout l'hiver sans leur donner d'eau.

Lis à bandes dorées (*Lilium auratum*). — Hauteur, 0m,50 à 0m,60; fleurs très-odorantes, longues de 0m,18 à 0m,20, blanches maculées de pourpre, avec de larges bandes d'un beau jaune.

Cette plante, remarquable par la grandeur, le coloris et l'odeur de ses fleurs, n'exige pas plus de soin que la précédente.

Lis bulbifère (*L. bulbiferum*). — Hauteur, 0m,65 à 1 mètre; fleurs grandes, d'un rouge safrané, en juin; variétés à fleurs doubles, à feuilles panachées.

Lis de Pomponne (*L. Pomponium*). — Hauteur, 0m,65 ; fleurs jaunes ponctuées de rouge brun, en mai ; variété à fleurs d'un beau rouge ponceau.

Lis orangé (*L. croceum*). — Hauteur, 1 mètre à 1m,30 ; fleurs d'un rouge safrané ponctué de noir en juin.

Lis de Catesby (*L. Catesbœi*). — Hauteur, 0m,35 ; fleurs d'un rouge orangé, le milieu des pétales jaune ponctué de brun, en juillet et août.

Lis tigré (*L. tigrinum*). — Hauteur, 0m,65 à 1 mètre ; fleurs d'un beau rouge orangé, ponctuées de pourpre noir, en juillet.

Lis Martagon (*L. Martagon*). — Hauteur, 0m,65 à 1 mètre ; en juillet, fleurs rouges, safranées, jaunes, blanches, pourpres, piquetées de blanc ou de pourpre, selon les variétés, qui sont très-nombreuses ; même culture que le Lis blanc ; couverture l'hiver.

Lis superbe (*L. superbum*). — Hauteur, 1 mètre à 1m,33 ; en juin et juillet, fleurs d'un rouge orangé, ponctuées de pourpre ; terre de bruyère ; couverture l'hiver.

Lobélie cardinale (*Lobelia cardinalis*). — Hauteur, 0m,70 à 1 mètre. En juillet et successivement jusqu'aux gelées, fleurs en épis rouge écarlate. Multiplication de graines, semées en pots, au printemps, sur couche, ou en juin et juillet également en pots, mais à froid, ou bien encore d'éclats de pied, au printemps ; couverture l'hiver.

Lobelia Queen Victoria. — Hauteur, 1m,30. En août, septembre et octobre, fleurs en longs épis d'un rouge vif. Multiplication d'éclats de pied ; couverture l'hiver.

Lobelia Douglasii. — Hauteur, 1m,30. En août, septembre et octobre, fleurs rouges, plus larges que celles de l'espèce ci-dessus. Même culture.

Lobelia cœlestis. — Tiges plus élevées que celles des autres espèces ; fleurs également en épis, d'un beau bleu céleste. Même culture.

Lupin polyphylle (*Lupinus polyphyllus*). — Hauteur, 1 mètre ; fleurs bleues, en mai ; variété à fleurs blanches ; multiplication de graines, semées aussitôt après la maturité ; terre légère, siliceuse ou de bruyère.

Lychnide de Chalcédoine, Croix de Jérusalem (*Lychnis Chalcedonica*). — Hauteur, 0^m,65 ; en juin et juillet, fleurs écarlate vif, simples ou doubles ; variété à fleurs blanches ; multiplication de graines, de boutures, faites en juin, ou d'éclats, à l'automne ou en février.

La variété à fleurs doubles veut être garantie du froid.

Lychnide visqueuse (*L. viscaria*). — Hauteur, 0^m,35 ; fleurs purpurines, de mai en juillet ; variété à fleurs doubles ; multiplication par la séparation des touffes, en février.

Lychnide dioïque, Jacée (*L. dioica*). — Hauteur, 0^m,50 ; de mai en juillet, fleurs rouges ou blanches, simples ou doubles ; même multiplication.

Lychnide de Bunge (*L. Bungeana*). — Hauteur, 0^m,50 ; en juin et juillet, fleurs d'un rouge vif ; multiplication de boutures ou d'éclats.

Lychnide à grandes fleurs (*L. grandiflora*). — Hauteur, 0^m,65 à 1 mètre ; fleurs écarlates, en juin et juillet ; multiplication de graines ou d'éclats.

Lychnide éclatante (*L. fulgens*). — Hauteur, 0^m,35 ; fleurs d'un rouge éclatant ; même multiplication ; exposition à mi-soleil.

Matricaire Mandiane (*Matricaria parthenioides*). — Hauteur, 0^m,50 ; fleurs blanches très-doubles, tout l'été et l'automne ; multiplication de boutures ou d'éclats, en février et mars. Il faut en mettre quelques pieds en pots, qu'on rentre dans l'orangerie pour passer l'hiver, afin d'avoir des boutures au printemps.

MENTHE poivrée (*Mentha piperita*). — Hauteur, 0m,50 ; fleurs rougeâtres, en août ; cultivée particulièrement pour l'odeur des feuilles, dont l'essence sert à parfumer les pastilles : variété à feuilles panachées. Multiplication de drageons.

MÉRENDÈRE bulbocode (*Merendera bulbocodium*). — Hauteur, 0m,06 à 0m,08 ; fleurs blanches, puis purpurines, en mars ; multiplication par caïeux, qu'on replante en juillet et août.

MOLÈNE purpurine (*Verbascum phœniceum*). — Hauteur, 0m,50 à 0m,60 ; fleurs pourpres, de mai en juillet ; variétés à fleurs rose plus ou moins vif ; multiplication de graines, semées aussitôt après la maturité.

MONARDE à fleurs rouges, THÉ d'Oswégo (*Monarda didyma*). — Hauteur, 0m,50 ; fleurs d'un écarlate foncé, de juin en août. Multiplication de drageons, en automne ; couverture l'hiver. On en cultive plusieurs autres variétés, qui ne diffèrent de la précédente que par la couleur des fleurs.

MORINE à longues feuilles (*Morina longifolia*). — Hauteur, 0m,65 à 1 mètre ; fleurs d'un blanc rose, en juin et juillet ; multiplication de graines et d'éclats.

MORÉE de la Chine, IRIS tigré (*Moræa Sinensis*). — Hauteur, 0m,50 ; fleurs safranées, ponctuées de rouge, en juin et juillet ; multiplication de graines ou par la séparation des pieds.

MUGUET de mai (*Convallaria maialis*). — Fleurs blanches, simples ou doubles, en mai ; variété à fleurs roses ; multiplication de rejetons, en automne.

MUSCARI monstrueux, LILAS de terre (*Muscari monstruosum*). — Plante bulbeuse ; fleurs bleu violacé, en juin, multiplication de caïeux, qu'il faut replanter en automne, ainsi que les bulbes.

MUSCARI odorant (*M. moschatum*). — Fleurs rougeâtres, odorantes, en mai ; même multiplication.

MYOSOTIS ALPESTRIS. — Semé en juillet, le Myosotis Alpestris donne, en avril et en mai, de charmantes fleurs bleues ou blanches, suivant ses variétés. Repiquée par couleurs séparées, cette plante peut servir à composer de délicieux massifs, en attendant que les plantes de serre soient bonnes à mettre en pleine terre.

NARCISSE à bouquet (*Narcissus Tazetta*). — Fleurs jaunes, odorantes, en mai ; multiplication de caïeux, plantés en octobre. Cette espèce a produit un grand nombre de variétés, dont les plus remarquables sont : *Constantinople*, *Soleil d'or*, *Multiflore* et *Grand Monarque* ; mais comme elles ne peuvent pas supporter nos hivers et succombent à 4 degrés de froid, il faut les planter en pots ou les mettre sur des carafes remplies d'eau, avec quelques grains de sel ; elles fleurissent en janvier et février.

NARCISSE jonquille (*N. Jonquilla*). — Fleurs jaunes, odorantes, simples ou doubles, en avril. Il faut une terre douce et substantielle ; car, dans toute autre condition, non-seulement il ne fleurit pas, mais il périt promptement. On plante les Jonquilles en septembre, à $0^m,05$ ou $0^m,06$ de profondeur, puis on les relève lorsque les feuilles sont desséchées. Multiplication de caïeux, plantés à cette époque.

ŒILLET des fleuristes (*Dianthus caryophyllus*). — Cette

espèce a produit un nombre considérable de variétés, qui toutes peuvent se reporter à deux races principales : 1° les *flamands*, dont les caractères sont : pétales parfaitement arrondis, sans dentelures et avec de larges bandes de diverses couleurs sur un fond blanc ; 2° de *fantaisie ;* on les classe dans l'ordre suivant :

1re Série. *Ardoisés.* Ils sont unicolores, striés ou rubanés.

2° Série. *Avranchains.* Fond jaune, plus souvent nankin, avec flammes plus ou moins intenses.

3° Série. *Anglais.* Le fond des pétales est d'un blanc pur; ils ne sont ni laciniés ni crénelés, mais brodés d'un liséré.

4° Série. *Fond blanc.* Pétales fond blanc strié, quelquefois aussi bordés en même temps.

5° Série. *Saxons.* Pétales à fond jaune strié, quelquefois bordés en même temps.

6° Série. *Bichons.* Les couleurs ne sont apparentes que sur la superficie des pétales.

On les multiplie de marcottes ou de graines, qu'on peut semer aussitôt après la maturité ; mais comme ils ne fleurissent pas tous l'année suivante, on ne sème ordinairement les *Œillets* qu'en avril soit en pleine terre, soit en terrines, et dans le courant de juin ; enfin, lorsque le plant est assez fort, on le repique en pépinière et à $0^m,12$ ou $0^m,15$ d'écartement. On aide à la reprise par quelques arrosements ; puis, vers la fin d'août, on les plante, soit dans les plates-bandes, soit par planches, et à environ $0^m,40$ les uns des autres. Aussitôt après la plantation on étend sur le terrain un paillis de fumier à moitié consommé, et les autres soins se bornent à quelques binages et à des arrosements au besoin.

Les jeunes Œillets sont ordinairement très-vigoureux, et capables de supporter de fortes gelées sans souffrir ; cependant, il est plus prudent de les couvrir en hiver, afin de les garantir de la neige et du givre, qui leur sont très-nuisibles. Au printemps suivant, et dès qu'il sera nécessaire, on leur mettra des tuteurs ; puis, afin d'avoir des fleurs parfaites, au moment où apparaissent les boutons, on en réduit le nombre avant qu'ils soient trop avancés. A la fin de juin ou au commencement de juillet, époque de la floraison, on fera choix de ceux qui méritent d'être conservés, et dans le courant de juillet on les marcottera, en ayant soin d'observer pour cette opération tout ce que nous avons indiqué au chapitre *Marcottes*. Mais comme il se trouve quelquefois des branches placées tellement haut sur les tiges qu'il n'est pas possible de les marcotter de cette manière, il faut alors les enlever et en faire des boutures, que l'on traite de la manière suivante : après les avoir coupées bien net au-dessous d'un nœud, on fait une petite incision en remontant de manière à diviser la bouture en deux ; après quoi on les repique en terre légère, à une exposition ombragée, et on les recouvre de cloches, qu'on enlève lorsque les boutures commencent à pousser.

Quand celles-ci auront assez de racines, on les empotera, puis on les traitera, comme les marcottes enracinées, ainsi que nous allons l'indiquer. Au commencement d'octobre, on sèvre les marcottes, c'est-à-dire qu'on les sépare des vieux pieds, pour les planter dans des pots d'environ $0^m,08$ à $0^m,10$; la terre que l'on emploiera pour l'empotage devra être saine et composée de deux tiers de bonne terre franche et d'un tiers de terreau de feuilles bien consommé, le tout bien mélangé et passé à la claie. Aussitôt après l'empotage, on place les pots à l'abri d'un mur, et on leur donne de temps à autre quelques légers arrosements. A l'approche des gelées, il faut les rentrer, afin de garantir les Œillets du froid et de l'humidité. S'il arrivait qu'on manquât de place sous les châssis, il faudrait faire une tranchée d'environ $0^m,20$ de profondeur sur 1 mètre de largeur ; puis on dispose les gaulettes de manière à supporter des paillassons, que l'on place au besoin, et qu'on enlève toutes les fois que le temps le permet ; et s'il survenait des froids plus rigoureux, il suffirait toujours d'étendre les feuilles ou de la litière sur les paillassons. Vers le mois d'avril enfin, quand les giboulées ne sont plus à craindre, on plante les Œillets en pleine terre ou bien on les rempote plus grandement, si on veut les conserver en pots.

Œillet remontant. — Variété de l'œillet des fleuristes, bien supérieur au type par la longue durée de ses fleurs ; même culture.

Œillet de poëte, Œillet barbu (*Dianthus barbatus*).— Tiges de 0^m,30 à 0^m,40 ; en juin et juillet, fleurs rouges, roses, blanches ou panachées, simples ou doubles ; multiplication de boutures, marcottes, ou graines semées en août.

Œillet Flon. — Quelles que soient les conditions dans lesquelles on le cultive, cet Œillet justifie pleinement, par l'abondance et la longue durée de ses fleurs, le nom de *Dianthus semperflorens* qu'on lui donne en France et celui de *Dianthus hybridus multiflorus*, qu'on lui donne en Angleterre ; ses fleurs sont roses, rouges, blanches ou blanches panachées de rose, semi-doubles et odorantes.

Sans exiger rien de plus que les autres Œillets, il donne des fleurs depuis le mois de juin jusqu'en novembre. Rentrés dans la serre, les pieds que l'on cultive en pots continuent de fleurir pendant tout l'hiver.

On le multiplie de boutures, en août et septembre.

Ornithogale pyramidale, Épi de la Vierge (*Ornithogalum pyramidale*). — Plante bulbeuse ; hauteur, 0^m,50 ; fleurs blanches, fin de juin ; multiplication de caïeux, plantés en octobre.

Orobe printanier (*Orobus vernus*). — Hauteur, 0^m,33; fleurs purpurines, en avril; variétés à fleurs azurées. Multiplication de graines, semées aussitôt après la maturité, ou d'éclats en automne.

Pavot de Tournefort (*Papaver Orientale*). — Hauteur, 0^m,60 à 0^m,80; fleurs rouge orangé, en juin; multiplication de graines, semées aussitôt après la maturité, ou de rejetons, en février.

Pavot à bractées (*P. bracteatum*). — Fleurs plus grandes et plus vives de couleur; même multiplication.

Pentstémon à feuilles de Gentiane (*P. gentianoides*). — Hauteur, 0^m,50. Tout l'été, fleurs pourpres, roses ou blanches, disposées en longues grappes unilatérales. Multiplication de graines que l'on sème en juin.

Variétés. — Argutus, — Ovatus, — Digitalis.

Phalangère, Lis Saint-Bruno (*Phalangium liliastrum*). — Hauteur, 0^m,35; fleurs blanches, en juin; multiplication par la séparation des racines, en automne, avec la précaution de ne pas les rompre, car elles sont très-fragiles.

Phlomis tubéreux (*Phlomis tuberosa*). — Hauteur, 1^m,30; fleurs violâtres, de juillet en septembre; multiplication par la séparation des tubercules, tous les trois ans, ou de graines semées en pots.

Phlox ligneux. — Tiges de 0^m,30 à 1^m,20; en juillet, août et septembre, fleurs roses, pourpres, lilas, gris de lin, blanc pur ou blanc lamé de différentes couleurs, selon les variétés, qui sont très-nombreuses.

On les multiplie de graines, semées aussitôt après la récolte de boutures ou par la séparation des touffes.

Variétés. — Hébé, — La Candeur, — Le Vésuve, — Le Lion, — Liervalii, — Mme La Croix, — Mme de Wendel, — Mme Lierval, — Mars, — Parmentier, — Raphaël, — Victor Hugo.

Pigamon à feuilles d'Ancolie (*Thalictrum aquilegifolium*).
— Hauteur, 0^m,65 à 1 mètre ; en mai, fleurs vertes, à étamines blanches ; variétés à étamines lilas et rose vif ; multiplication de graines, semées au printemps, ou par la séparation des pieds en automne.

Pivoine officinale (*Pæonia officinalis*). — Hauteur, 0^m,65 ; en mai, fleurs rouges, simples ou doubles ; variétés à fleurs roses ou à fleurs carnées d'abord, puis blanches ; toutes se multiplient de graines, semées en août, ou par la séparation des tubercules munis d'yeux ; on les plante en septembre, et de manière qu'ils ne se trouvent recouverts que d'environ 0^m,02 ou 0^m,03 de terre. Ces variétés garnissent les plates-bandes et les parterres, où elles produisent un très-bel effet.

Pivoine de Chine (*Pæonia Sinensis*). — Hauteur, 0^m,65 ; fleurs blanches, très-doubles, en juin.

Variétés. — Alba sulfurea, — Anemonæflora, — Striata, — Clarisse, — Comte de Cussy, — Faust, — Festiva, — Hericartiana, — Lutea variegata, — Magnifica, — Pulcherrima, — Reine des Français, — Victoire Modeste.

Plumbago Larpentæ. — Plante traçante, que l'on peut cultiver à l'ombre. Placée dans des conditions favorables, elle forme de larges touffes et donne pendant tout l'automne une grande quantité de fleurs bleues, de la plus grande beauté. On la multiplie de boutures et d'éclats.

Polémoine bleu, Valériane grecque (*Polemonium cœruleum*). — Hauteur, 0^m,65 ; fleurs bleues, de mai en juillet ; variété à fleurs blanches ; multiplication de graines, qui se sèment d'elles-mêmes, ou par la séparation des touffes. Tout terrain.

Potentilla. — On cultive un grand nombre d'espèces de Potentilles. Elles ressemblent toutes un peu au Fraisier par leur feuillage. Les fleurs roses, rouges, pourpres, jaunes ou blanches de ces plantes, se succèdent pendant tout l'été. Multiplication de graines et d'éclats.

Variétés. — Atrosanguinea, — Aurantiaca, — Mac-Nabbiana, — Nepalensis, — Obwoodiana, — Alba, — Purpurea, — Smoutii, — Versicolor.

Pulmonaire de Virginie (*Pulmonaria Virginica*). — Hauteur, 0^m,65 ; de mars en mai; fleurs bleues, quelquefois rouges ou blanches : multiplication par la séparation des touffes en automne.

Pyrethrum roseum, Camomille rouge. — Hauteur, 0^m,30 à 0^m,40 ; en juin et juillet, fleurs simples d'un rose vif; multiplication de graines ou par la séparation des pieds.

C'est avec les fleurs de cette plante que l'on prépare la poudre insecticide, connue sous le nom de poudre de pyrèthre.

Variétés *à fleurs doubles*. — Rouges, — roses ou carnées.

Renoncule des jardins (*Ranunculus Asiaticus*). — Hauteur, 0^m,20 à 0^m,25 ; variétés très-nombreuses, simples, semi-doubles ou doubles, de presque toutes les couleurs. On les plante à 0 m. 05 de profondeur, vers la fin de décembre, dans les terres légères, puis en février et mars, dans toutes autres circonstances ; elles sont en fleurs de la fin d'avril au commencement de juin.

Pour la culture et la multiplication, on observera tout ce que nous avons indiqué pour les Anémones.

Rose trémière (*Alcœa rosea*). — Hauteur, 2 mètres à 2^m,65 ; de juillet en septembre, fleurs simples, semi-doubles ou doubles, offrant presque toutes les nuances ; multiplication de graines semées en juin ; on repique les plantes en pépinière en juillet et on les plante en automne;

on peut aussi les multiplier au moyen de leurs drageons. Plantées en ligne, les Roses trémières produisent un effet charmant. Pour éviter qu'elles ne soient rompues par le vent, il faut leur donner des tuteurs ou les attacher sur des lattes de treillage fixées sur des pieux qu'on enfonce de loin en loin. Pour celles qui sont plantées isolément, il faut mettre un tuteur à chacune ; et lorsque les touffes sont fortes, on place un cerceau au milieu des tiges, puis on les fixe dessus. Cette disposition produit un fort bon effet.

Pour avoir des Roses trémières moins élevées, il suffit de pincer l'extrémité des tiges, lorsqu'elles sont arrivées à la hauteur à laquelle on veut soumettre les plantes que l'on cultive.

RUDBECKIA pourpre (*Rudbeckia purpurea*). — Hauteur, 1 mètre ; fleurs d'un pourpre rosé, disque pourpre noirâtre, de juillet en septembre ; multiplication par la séparation des pieds, en automne ou en mars.

Variétés. — Hirta, — Laciniata, — Drummondi, — Speciosa.

SAINFOIN du Caucase (*Hedysarum Caucasicum*). — Hauteur, $0^m,50$; de mai en juillet, fleurs pendantes, d'un beau violet pourpre. Multiplication de graines et d'éclats.

SAPONAIRE officinale (*Saponaria officinalis*) — Hauteur, $0^m,30$; fleurs roses, odorantes, en juillet ; variété à fleurs doubles ; multiplication de traces.

SAXIFRAGE cotylédon (*Saxifraga cotyledon*), S. pyramidale (*S. pyramidalis*). — Hauteur, $0^m,50$ à $0^m,60$; fleurs d'un blanc pur, de mai en juillet ; multiplication de graines, ou par la séparation des rosettes, qu'on repique en automne ou en février.

SAXIFRAGE de Sibérie (*S. crassifolia, Megasea crassifolia*).

— Hauteur, 0ᵐ,33 ; fleurs d'un beau rose, en mars et avril ; multiplication de drageons.

SCABIEUSE du Caucase (*Scabiosa Caucasica*). — Hauteur, 0ᵐ,50 ; fleurs d'un bleu tendre, de juin en août ; multiplication de graines et d'éclats.

SCILLE agréable (*Scilla amœna*). — Plante bulbeuse ; hauteur, 0ᵐ,25 ; fleurs d'un joli bleu, en avril.

SCILLE d'Italie, LIS-JACINTHE des jardiniers (*S. Italica*). — Hauteur, 0ᵐ,16 ; en avril et mai, fleurs d'un joli bleu, odorantes.

SCILLE campanulée (*S. campanulata*). — Hauteur, 0ᵐ,30 ; fleurs d'un joli violet, en juin ; variété à fleurs blanches.

SCILLE du Pérou (*S. Peruviana*). — Hauteur, 0ᵐ,33 ; fleurs d'un joli bleu, en mai ; variété à fleurs blanches.

Moins rustique que les autres espèces, la *Scille du Pérou* exige d'être couverte pendant l'hiver.

On les multiplie toutes de caïeux, que l'on plante en octobre, ainsi que les bulbes.

SCUTELLAIRE à grandes fleurs (*Scutellaria macrantha*). — Hauteur, 0ᵐ,20 à 0ᵐ,25 ; fleurs d'un beau bleu, de juin en octobre ; multiplication de graines ou d'éclats.

SEDUM TELEPHIUM RUBRUM. — Plante grassse à feuilles charnues, dont les fleurs, disposées en larges ombelles d'un beau rose, produisent un effet très-ornemental ; essentiellement de pleine terre, cette belle plante n'exige pas de soins particuliers ; seulement elle craint l'humidité, surtout à l'état de repos.

SÉNEÇON à feuilles d'Adonis (*Senecio adonidifolium*). — Hauteur, 0ᵐ,65 à 1 mètre ; fleurs jaunes, en juillet et août ; on le multiplie de graines ou d'éclats.

Silène de Virginie (*Silene Virginica*). — Hauteur, $0^m,25$ à $0^m,30$; fleurs écarlates, en juillet; multiplication de graines en automne; couverture l'hiver.

Soleil multiflore (*Helianthus multiflorus*). — Hauteur, 1 mètre à $1^m,30$; fleurs jaunes, d'août en septembre; tous se multiplient par la séparation des pieds, en automne.

Variétés. — Mollis, — Orgyalis.

Spirée reine des prés (*Spiræa Ulmaria*). — Hauteur, $0^m,65$ à 1 mètre; fleurs blanches, simples ou doubles, en juin et juillet; variété à feuilles panachées; arrosements fréquents en été; multiplication d'éclats.

Spirée barbe de bouc (*S. Aruncus*).— Hauteur, 1 mètre à $1^m,30$; fleurs blanches, en juin et juillet; même culture. Mi-soleil.

Spirée Filipendule (*S. Filipendula*). — Hauteur, $0^m,50$; fleurs blanches, simples ou doubles, en juin et juillet; même culture.

Spirée à feuilles lobées (*S. lobata*). — Hauteur, 1 mètre; fleurs roses, odorantes, en juillet; variété à feuilles panachées; même culture.

Stenactis agréable (*Stenactis speciosa*). — Hauteur, $0^m,65$; fleurs pourpre violacé, à disque jaune, tout l'été; multiplication de graines ou par la division du pied.

Stevia pourpre (*Stevia purpurea*). — Hauteur, $0^m,50$; fleurs roses, disposées en corymbe, en juillet et août: multiplication de graines semées au printemps ou d'éclats; couverture l'hiver.

Stevia à feuilles en scie (*S. serrata*).— Même hauteur; fleurs blanches, odorantes, en juillet et août; même culture.

Tanaisie commune (*Tanacetum vulgare*). — Hauteur,

1^m,30; fleurs d'un beau jaune, en août ; multiplication de drageons.

TIGRIDIE à grandes fleurs (*Tigridia pavonia*). — Plante bulbeuse ; hauteur, 0^m,40 à 0^m,50 ; fleurs jaunes ou écarlates, ponctuées de pourpre foncé ; elles se succèdent de juillet en août, mais elles ne durent chacune que huit ou dix heures ; multiplication par caïeux, que l'on sépare en mars et avril, et que l'on replante de suite, ainsi que les bulbes, à 0^m,05 de profondeur.

TOURNEFORTIE couchée (*Tournefortia heliotropioïdes*). — Hauteur, 0^m,35 ; tout l'été, fleurs bleuâtres que l'on hiverne sous châssis ; multiplication de graines et de boutures.

TUBÉREUSE des jardins (*Polianthes tuberosa*). — Plante bulbeuse ; hauteur, 1 mètre à 1^m,30 ; de juillet en septembre, fleurs blanches à odeur très-suave, simples ou doubles ; multiplication des caïeux, qu'on ne sépare qu'au printemps, pour les planter sur couche. La plantation des bulbes à fleurs doit avoir lieu au mois de mars, et en pots, qui sont placés sur une couche et sous châssis. Tant que l'oignon ne pousse pas, il ne faut lui donner que peu d'eau ; mais dès qu'il a quelques feuilles, il faut l'arroser fréquemment.

TULIPE de Gessner ou des Fleuristes (*Tulipa Gessneriana*). — Cette espèce a fourni, par le semis, un nombre considérable de variétés, aux nuances des couleurs les plus vives. Elles aiment une terre douce et substantielle, rendue légère par des engrais très-consommés. On les multiplie de graines, semées en pleine terre, depuis septembre jusqu'en novembre, ou de caïeux qu'on replante en septembre au plus tard. La plantation des oignons à fleurs doit avoir lieu à la fin d'octobre ou au commencement de novembre. Après avoir bien préparé le terrain, on le divise ordinairement par plates-bandes d'environ 1 mètre de largeur, on trace un rang au milieu, puis deux de chaque côté, les disposant de manière qu'ils soient à égale distance, et les deux premiers à $0^m,12$ ou $0^m,15$ du bord, et, comme pour les Jacinthes, on ouvre un sillon avec la binette, en commençant la plantation par le rang du milieu, pour lequel on choisit les plantes les plus élevées ; car, en admettant qu'on ne possède pas une collection classée par noms et couleurs, elle doit au moins être rangée par hauteurs. On place les Tulipes à environ $0^m,15$ les unes des autres sur la ligne, et on les appuie légèrement de manière qu'elles soient recouvertes d'environ $0^m,08$ de terre ; puis on rapproche la terre, afin qu'il n'existe aucun vide. On procédera de même pour chaque rang, en ayant soin de placer les oignons en échiquier. Après la plantation, on étend sur le tout un bon paillis de fumier à moitié consommé, et jusqu'à la floraison tous les soins consistent à donner quelques binages, à arracher les mauvaises herbes, et en quelques bassinages au printemps si la température l'exige.

La floraison est ordinairement dans toute sa beauté vers les premiers jours de mai. Si l'on veut prolonger la durée des fleurs et jouir de tout leur éclat, il faut, vers la fin d'avril, élever une petite charpente sur laquelle on étend une toile au moment du soleil. Aussitôt après que les Tulipes sont défleuries, on étête celles dont on ne veut pas conserver la graine, afin que la séve reste concentrée dans l'oignon, ce qui augmentera sa vigueur pour la floraison de l'année suivante. On laisse les oignons en terre jusqu'à leur parfaite maturité, qui a lieu ordinairement vers la fin de juin ; mais pour les arracher il faut choisir un beau temps, et à mesure qu'on les retire de terre, on détache les caïeux et les vieilles racines, puis, en frottant légèrement avec le pouce on enlève les vieilles écailles. Mais il faut surtout éviter de laisser les oignons exposés au soleil, car le plus grand nombre seraient perdus. On place chaque rang immédiatement dans une case avec un numéro d'ordre, puis l'on dépose tous les oignons dans un lieu bien aéré, mais où ils ne puissent pas être atteints par la gelée.

Comme nous l'avons indiqué pour les Jacinthes, on peut semer au printemps un peu de graines de Pied-d'Alouette dans les planches de Tulipes, pour garnir le terrain en attendant l'époque d'enlever les oignons.

Tussilage odorant, Héliotrope d'hiver (*Tussilago fragrans*). — Hauteur, 0^m,30 ; de novembre en janvier, fleurs d'un blanc purpurin, à odeur d'Héliotrope ; multiplication de drageons.

Valériane rouge (*Valeriana rubra*).—Hauteur, 0^m,65 à 1 mètre ; fleurs rouges ou blanches, de juin en octobre ; toutes se multiplient de graines, semées en place en automne ou au printemps, ou par la séparation de leurs pieds.

Varaire blanc, Hellébore blanc (*Veratrum album*). — Hauteur, 1 mètre ; fleurs blanches, en juin et août ; multiplication de graines et de bulbes.

Varaire noir (*V. nigrum*). — Plus haut que le précédent ; fleurs brunâtres, de juin en août ; même multiplication.

Vélar de Barbarie, Herbe de Sainte-Barbe (*Erysimum Barbarea*).— Hauteur, 0^m,65 ; en mai, fleurs jaunes, simples ou doubles ; multiplication d'éclats, en automne.

Verge d'or du Canada (*Solidago Canadensis*).— Hauteur, 0^m,65 ; fleurs d'un jaune brillant, de juillet en septembre. On la multiplie de graines, semées aussitôt après la maturité, ou par la séparation des pieds, en automne.

Vernonie (*Vernonia prœalta*). — Hauteur, 2 mètres, en octobre et novembre, fleurs pourpre violacé disposées en corymbe terminal. Multiplication par l'éclat des pieds.

Véronique à épis (*Veronica spicata*). — Hauteur, 0^m,50 ; fleurs bleues, blanches ou roses, de juin en août. Multiplication de graines, semées en juin, ou par la séparation des pieds, en automne.

Zauschnéria de Californie (*Zauschneria Californica*). — Charmante petite plante à fleurs rouge écarlate, qu'on multiplie de boutures ou de graines semées en juillet en pépinière.

On hiverne le jeune plant sous châssis, et au printemps on le plante en pleine terre par groupes comme les Verveines et les Pétunies.

Section IV. — Plantes de serre que l'on peut cultiver en pleine terre pendant l'été.

Pour les soins généraux à donner aux plantes de serre cultivées en pleine terre, pendant l'été, voir page 91.

Alternanthera spatulata. — Plante herbacée, touffue ; haute de 0^m,10 à 0^m,15, feuilles en forme de spatule, d'un vert clair irrégulièrement panachée de rose, de saumon et de jaune.

Traitée comme les Coleus, cette charmante plante peut être employée exactement aux mêmes usages.

Begonia. — Cultivés en pleine terre pendant l'été, les Begonias produisent un charmant effet, par la beauté de leurs feuilles, l'abondance et la longue durée de leurs fleurs.

On les plante, dans la seconde quinzaine de mai, en terre de bruyère, en lignes ou en massif. On les multiplie de boutures que l'on hiverne dans la serre chaude.

Variétés. — Fuchsioïdes, — Ingrami, — Lucida, — Prestoniensis.

CALADIUM ESCULENTUM. — Bien que cette plante soit de serre chaude, on peut la cultiver en pleine terre pendant l'été. C'est même à en juger d'après le développement que prennent les Caladium esculentum, cultivés en pleine terre, le mode de culture qui leur convient le mieux. Comme tous les végétaux doués d'une grande vigueur, les Caladium esculentum veulent de bons engrais consommés et de copieux arrosements pendant les chaleurs.

On les plante dans la seconde quinzaine de mai isolément ou en massif, puis on les relève à l'approche des gelées pour les hiverner dans la serre chaude.

CALCÉOLAIRE ligneuse. — Beaucoup plus rustiques que les Calcéolaires herbacées, les Calcéolaires ligneuses peuvent être cultivées en pleine terre pendant l'été. Le beau jaune des fleurs de ces plantes produit un charmant effet, au centre d'un massif de Géranium rouge ou de Lobelia erinus à fleurs bleues.

On multiplie les Calcéolaires ligneuses de boutures, faites sous cloches en août et septembre, et hivernées sous châssis. Ces boutures sont bonnes à mettre en pleine terre dans le courant de mai (1).

CANNA INDICA. — Cette plante, plus remarquable par

---

(1) *Calcéolaires herbacées.* — On sème les Calcéolaires herbacées en août et en septembre en terre légère, composée de terre de bruyère, de terre franche et de terreau, sous châssis, à une exposition ombragée. Lorsque le plant a trois ou quatre feuilles, on le repique dans de petits pots que l'on replace sous châssis pour passer l'hiver.

En février ou en mars, on donne des pots plus grands aux Calcéolaires de semis, après quoi on peut les mettre dans la serre tempérée pour jouir de la beauté de leurs fleurs.

ses feuilles que par ses fleurs, peut être cultivée en pleine terre, pendant l'été. Avec de la chaleur, de l'eau et des engrais, les Canna dépassent par leur vigueur tout ce que notre climat permet d'espérer.

Pour avoir des Canna semblables à ceux que l'on voit, chaque année, dans les squares de Paris, il faut les mettre sur couche, dans la seconde quinzaine de mars. Quand les drageons qui partent du pied ont environ 0^m,10 de longueur, on les détache avec une portion de tubercule, puis on les plante dans des pots que l'on tient sur couche jusqu'en mai, époque à laquelle on peut mettre les Canna en pleine terre.

Après avoir joui de la beauté de cette plante, pendant toute la belle saison, on la relève à l'approche des gelées, pour la conserver dans une cave bien sèche, ou sur le gradin de la serre tempérée, exactement comme les Dahlias.

Quant aux variétés qui ne produisent pas de tubercules, on doit, après les avoir arrachées, les mettre dans des pots que l'on hiverne dans la serre chaude.

On multiplie les Canna de drageons, comme nous avons indiqué de le faire, ou de graines, que l'on sème sur couche au printemps.

Variétés. — Annei, — Discolor, Edulis, — Gigantea, — Indica, — Indica superba, — Leptophylla, — Liliiflora, — Lutea, — Peruviana, — Zebrina, — Warscewczii.

Cassia.—Les Cassia sont de beaux arbrisseaux, à fleurs jaunes disposées en corymbe, que l'on peut placer sur les pelouses de gazon, pendant l'été.

Jeunes, ils produisent peu d'effet; mais comme, cultivés en pleine terre, ils végètent vigoureusement, on peut, à défaut de forts exemplaires, en planter de moyens; on les plante en mai, puis on les relève, à l'approche des gelées, pour les conserver dans l'orangerie jusqu'au printemps suivant.

Variétés. — Floribunda, — Corymbosa, — Tomentosa.

CHAMÆROPS HUMILIS (*Palmier nain*). — Malgré la rusticité bien connue de cette plante, on doit sous le climat de Paris la cultiver en pot.

Disposés par groupe sur les pelouses de gazon, les Chamærops humilis produisent pendant l'été un effet tout nouveau, par l'aspect de leurs feuilles, si différentes de celles des autres végétaux.

Hiverné dans l'orangerie, le Chamærops humilis est facile à conserver.

CHEIRANTHUS DELILIANUS. — Charmante petite giroflée à fleurs rouge violacé, d'une longue durée, que l'on peut cultiver en pleine terre pendant l'été.

On la multiplie de boutures, que l'on hiverne sous châssis.

CHEIRANTHUS MARSHALLII. — Tout aussi recommandable, cette plante diffère du Cheiranthus Delilianus par la couleur de ses fleurs, qui sont d'un beau jaune; elle se cultive exactement de même.

CHRYSANTHÈME frutescent (*Chrysanthème à fleurs blanches*). — Cette plante, dont les fleurs ressemblent un peu aux marguerites des prés, convient tout particulièrement, par la rusticité et la longue durée de ses fleurs, pour garnir les massifs.

On la multiplie de boutures faites sous cloche en août et septembre. Hivernés sous châssis, les Chrysanthèmes frutescents peuvent être livrés à la pleine terre dans le courant de mai (1).

COLEUS VERSCHAFFELTI. — Tous les Coleus sont remar-

(1) *Cinéraires hybrides.* — Pour avoir de belles Cinéraires, il faut

quables par la riche coloration de leurs feuilles, mais ils sont délicats. Seule, l'espèce nommée Verschaffelti peut être cultivée en pleine terre pendant l'été comme les Lantana, les Héliotropes et les Salvia.

Rien ne peut donner une idée de la beauté de cette plante, quand elle a reçu à propos tous les soins qu'elle réclame.

On multiplie les Coleus Verschaffelti de boutures, que l'on hiverne dans la serre chaude.

Cuphea. — Les Cuphea doivent, conformément à leur taille peu élevée, être placés sur le bord des massifs. Cultivées en pleine terre pendant l'été, ces charmantes petites plantes donnent des fleurs jusqu'aux gelées ; on les multiplie de semis ou de boutures que l'on hiverne sous châssis.

Variétés. — Platycentra, — Ignea, — Strigulosa.

Érythrina. — Comme toutes les plantes qui végètent vigoureusement, les Erythrina ont besoin de beaucoup de nourriture pour donner de belles fleurs. Aussi, à moins que le sol qu'on leur destine ne soit froid et humide, il vaut mieux les cultiver en pleine terre pendant l'été que de les conserver en pots.

Cet arbuste est digne, par la beauté de ses grandes fleurs rouges, de figurer dans tous les jardins. On peut le planter isolément ou en massif. On le rentre pendant l'hiver dans l'orangerie où il doit rester jusqu'au printemps.

Variétés. — Crista galli, — Bellengerii, — Floribunda, — Madame Bellengé, — Marie Bellengé, — Ruberrima.

leur donner une terre légère, composée de terre de bruyère, de terre franche et de terreau.

On les sème en août et septembre, sous châssis, à une exposition ombragée. Repiquées, puis rempotées à propos, les Cinéraires de semis peuvent, au printemps, faire l'ornement des serres et des appartements.

Eucalyptus globulus. — Grand et bel arbre de l'Australie que l'on peut cultiver en pleine terre pendant l'été; doué d'une vigueur peu commune, l'Eucalyptus globulus est susceptible d'acquérir 5 mètres d'élévation dans une année; ses feuilles, couvertes d'une poussière blanchâtre dans leur jeunesse, diffèrent essentiellement de celles que donnent les arbres de nos jardins. Multiplication de graines, semées vers la fin de l'été, afin d'avoir des plants bons à mettre en pleine terre l'année suivante.

Datura arborea. — Le Datura arborea est sinon la première plante de serre que l'on ait cultivée en pleine terre pendant l'été, du moins l'une des premières; ses fleurs, longues souvent de $0^m,32$, sont pendantes, blanches et très-odorantes.

Dans de grands jardins, on peut composer des massifs de Datura arborea; mais partout ailleurs, il est préférable de cultiver cette belle plante isolément.

On multiplie le Datura arborea de boutures, que l'on hiverne dans l'orangerie, comme les vieux pieds.

Fuchsia. — Cultivés en pleine terre pendant l'été, les Fuchsia donnent des fleurs jusqu'aux gelées, sans exiger d'autres soins que des arrosements proportionnés à l'état de la température.

On les multiplie de semis, ou de boutures que l'on hiverne en serre ou sous châssis.

Variétés. — A fleurs rouge plus ou moins foncé, ou blanches avec la corolle rouge.

Héliotropes. — Pour avoir de beaux Héliotropes, il faut les cultiver en pleine terre pendant l'été.

On les multiplie de semis, ou mieux de boutures, faites sur couches, en janvier et février.

Plantées dans le courant de mai, les boutures d'Héliotrope prennent en peu de temps un grand développement et donnent des fleurs jusqu'aux gelées.

Quelques pieds d'Héliotropes hivernés dans la serre chaude suffisent, chaque année, pour avoir autant de boutures qu'il en faut pour garnir un jardin.

Variétés. — Du Pérou, — Triomphe de Liége, — Gloire des massifs, — Anna Thurell.

LANTANA. — Les Lantana sont de charmantes petites plantes à fleurs en corymbes, d'abord jaunes, puis rouges ou lilas, avec lesquelles on peut composer de délicieux massifs.

On multiplie les Lantana de semis ou de boutures, faites sur couche en janvier et février. En donnant à ces boutures la chaleur dont elles ont besoin, elles peuvent être livrées à la pleine terre dans la seconde quinzaine de mai.

Il faut aux Lantana une terre légère, largement pourvue d'engrais consommé.

Variétés. — Aurantiaca, — Delicatissima, — Mutabilis.

LOBELIA RAMOSA. — Plante à bordures, à fleurs d'un beau bleu.

Cultivé en pleine terre pendant l'été, le Lobelia ramosa donne des fleurs jusqu'aux gelées. On le multiplie de semis, on de boutures en août et septembre.

Hivernées sous châssis, les boutures de Lobelia ramosa peuvent être livrées à la pleine terre dans le courant de mai.

MIMULUS. — La difficulté de conserver les Mimulus pendant l'hiver fait que l'on doit se contenter de les cultiver comme des plantes annuelles.

Semés sur couche en février et mars, les Mimulus peuvent être livrés à la pleine terre, dans la seconde quinzaine de mai. Cultivés en terre légère mélangée de terreau, les

Mimulus forment de larges touffes, quand on pince à propos l'extrémité des tiges.

Variétés. — Variegatus, — Cardinalis.

Le Mimulus musqué est une espèce rampante à petites fleurs jaunes, que l'on peut cultiver à l'ombre, en terre de bruyère.

NICOTIANA WIGANDIOIDES. — Plante vivace d'orangerie que l'on peut cultiver en pleine terre pendant l'été, exactement comme les Datura. Placé dans des conditions favorables le Nicotiana wigandioides constitue une belle plante à feuilles ornementales que l'on multiplie de graines et de boutures.

NIEREMBERGIA GRACILIS. — La Nierembergia gracilis, convient tout particulièrement, pour faire des bordures, en couchant les branches sur le sol. Cultivée en pleine terre pendant l'été, elle donne des fleurs jusqu'aux gelées. On la multiplie de semis, ou mieux de boutures, que l'on hiverne sous châssis.

Beaucoup plus vigoureux, le *Nierembergia frutescent* mérite la préférence à tous égards.

PELARGONIUM ZONALE. — Beaucoup plus connue sous le nom de Geranium, que sous celui de Pelargonium, cette plante fait aujourd'hui le plus bel ornement de nos jardins.

Tout aussi recommandable par sa rusticité que par l'éclat, l'abondance et la longue durée de ses fleurs, le Geranium zonale convient tout particulièrement pour garnir les vases et les massifs. On le multiplie de semis, ou mieux de boutures faites sous cloches en août et septembre.

Hivernés en serre ou sous châssis, les Geranium zonale peuvent être livrés à la pleine terre dans le courant de mai. Comme ils prennent en peu de temps un grand développement, il est beaucoup plus simple de planter chaque année de jeunes Geranium, que de conserver les vieux pieds.

Variétés. — A fleurs rouges, — roses, — blanches, ou rouges à feuilles panachées de blanc.

L'espèce connue sous le nom de *Geranium à feuilles de lierre* peut être cultivée en bordure pendant l'été.

Petunia. — Ayant reconnu depuis longtemps qu'il était beaucoup plus simple de cultiver les Petunia comme des plantes annuelles que de conserver les vieux pieds, on les sème maintenant en mars sur couche, puis on les repique, aussitôt que le plan est assez avancé, ou bien on les sème en avril, immédiatement en place.

Quant aux variétés à fleurs doubles, que l'on veut conserver, il faut en faire des boutures, en août et septembre, et les hiverner sous châssis.

Cultivés en pleine terre pendant l'été, les Petunia donnent des fleurs jusqu'aux gelées. Aussi, de toutes les plantes qui servent à l'ornementation des jardins, il n'en est pas qui conviennent mieux que les Petunia pour garnir les vases et les massifs, ou faire des bordures, en couchant les branches sur le sol (1).

Salvia splendens. — Bien que les fleurs de cette belle plante apparaissent un peu tard, on ne doit pas en négliger la culture, car livrée à la pleine terre, dans le courant de juin, elle donne, pendant tout l'automne, de longs épis

---

(1) Primula Sinensis. — La Primula Sinensis est une des plantes qui conviennent le mieux pour orner les serres et les appartements pendant l'hiver.

On la sème en mars et avril sous châssis, puis on la repique en pots. Il lui faut de la terre de bruyère mêlée d'un quart de terreau.

de fleurs rouges, d'un éclat tel, qu'il est impossible de les fixer longtemps.

On multiplie le Salvia splendens de semis, ou mieux de boutures, faites sur couche en mars et avril. Quelques pieds de Salvia splendens, hivernés dans la serre chaude, suffisent, chaque année, pour avoir autant de boutures qu'il en faut pour garnir un jardin.

Solanum. — Considérés au point de vue ornemental, les Solanum présentent un immense intérêt. Cultivées en pleine terre pendant l'été, certaines espèces produisent un effet remarquable par la beauté de leurs feuilles.

On peut en composer des massifs ; cependant il est préférable de les placer isolément sur les pelouses de gazon.

On multiplie les Solanum de semis, ou de boutures, que l'on hiverne dans la serre chaude.

Variétés. — Atropurpureum, — Betaceum, — Callicarpum, — Marginatum, — Purpureum, — Pyracanthum, — Robustum.

Senecio cineraria (*Cineraria maritima*). — Plante rameuse à feuilles pennées recouverte de même que les tiges, d'un duvet tamenteux. Disposée en lignes, autour des massifs de Coleus ou de toute autre plante de couleur vive, la Cineraria maritime produit un charmant effet ; elle peut au besoin passer l'hiver dehors ; cependant, il est préférable de faire des boutures chaque année, afin de remplacer les vieux pieds, qui finissent par prendre un trop grand développement.

La *Centaurea candidissima* peut être employée dans les mêmes circonstances ; elle est même d'un plus beau blanc que la Cineraria maritime, seulement elle est moins rustique.

Statice latifolia. — Cette plante vivace, à feuilles radicales, tiges rameuses à ramifications, disposées en corymbe paniculé ; fleurs bleues, de juillet en septembre.

Multiplication de graines, en juin et juillet ; bien que rustique, la Statice latifolia doit être cultivée en pot, que l'on hiverne sous châssis.

TAGETES LUCIDA. — Les fleurs de cette plante sont d'un beau jaune. Elles sont petites, mais très-nombreuses et d'une longue durée. Au besoin, le Tagetes lucida peut remplacer la Calcéolaire ligneuse dans la composition des massifs, où l'on veut avoir des fleurs jaunes. On le multiplie de semis ou de boutures, que l'on hiverne sous châssis.

TRADESCANTIA zebrina. — Plante rampante, propre à garnir, pendant l'été, la surface des massifs consacrés à la culture des plantes de serre chaude.

Les conditions tout exceptionnelles dans lesquelles prospère le Tradescantia zebrina, ajoutent encore à l'intérêt que présente cette charmante plante si remarquable déjà par la beauté de ses feuilles.

On multiplie le Tradescantia zebrina de boutures que l'on hiverne en serre chaude.

VERVEINES hybrides. — Les graines que donnent ces charmantes petites plantes, produisent chaque année un nombre considérable de variétés de toutes nuances. Semées en février et mars sur couche, les Verveines hybrides peuvent être repiquées en pots, ou immédiatement en place, comme toutes les plantes annuelles que l'on sème au printemps.

Malgré la simplicité de ce mode de culture, on multiplie le plus souvent les Verveines de boutures, en août et septembre ; hivernés sous châssis, les boutures de Verveines sont bonnes à mettre en pleine terre en avril et mai.

L'éclat, la fraîcheur et la longue durée des fleurs de Verveines permettent de recommander particulièrement ces plantes, pour composer des massifs, ou faire des bordures, en couchant les branches sur le sol.

Véroniques ligneuses. — Les Véroniques ligneuses sont des plantes qu'il ne faut pas confondre avec les Véroniques vivaces dont les tiges meurent chaque année. Disposées en longues grappes rouges, roses ou lilas, les fleurs de Véroniques ligneuses passent successivement au blanc.

On les multiplie de semis ou de boutures, faites sous cloches, en août et septembre. Hivernées sous châssis, les boutures de Véroniques ligneuses peuvent être livrées à la pleine terre dans le courant de mai.

Variétés. — Andersoni, — Lindleyana, — Splendida.

Wigandia Caracasana. — De toutes les plantes de serre cultivées pour la beauté de leurs feuilles il n'en est pas de plus ornementales que le Wigandia Caracasana.

On le multiplie de semis ou de boutures, de racines, en septembre et octobre; hivernées en serre ou sous châssis, les boutures de Wigandia Caracasana peuvent être livrées à la pleine terre vers la fin de mai.

Pour obtenir tout l'effet que cette belle plante peut produire, il faut lui réserver une place sur les pelouses de gazon et lui donner une terre légère largement pourvue d'engrais consommés.

Section II. — Plantes pour l'ornement des eaux.

1. *Plantes à feuilles flottantes.*

Alisma flottant (*Alisma natans*). — Fleurs blanches.

Cornifle à fruits épineux (*Ceratophyllum demersum*). — Fleurs herbacées, en juin et juillet; variété à fruits lisses.

Fléchière aquatique (*Sagittaria sagittifolia*). — Fleurs blanches, en juin; multiplication de graines.

Macre flottante, châtaigne d'eau (*Trapa natans*). — Fleurs blanches, en juin ; multiplication de graines.

Ményanthe Trèfle d'eau (*Menyanthes trifoliata*). — Fleurs blanches, en juillet.

Morrêne grenouillette (*Hydrocharis morsus ranœ*). — Fleurs blanches, en juin.

Nénuphar blanc, Lis d'étang (*Nymphœa alba*). — Fleurs blanches ou jaunes, en juin, juillet et août.

Nénuphar odorant (*N. odorata*). — Fleurs blanches, doubles, odorantes, en juillet.

Renouée amphibie (*Polygonum amphibium*). — Fleurs rouges, en juillet.

Villarsie à feuilles de Nénuphar, Ményanthe (*Villarsia nymphoides*). — Fleurs jaunes, en juillet.

2. *Plantes s'élevant au-dessus de la surface des eaux.*

Acore odorant (*Acorus calamus*). — Hauteur, 1 mètre à 1^m,50 ; fleurs odorantes, en chatons, en juillet.

Iris des marais, Glaieul des marais (*Iris Pseudo-Acorus*). — Hauteur, 1^m,33 ; fleurs d'un beau jaune, en juin.

Massette à larges feuilles (*Typha latifolia*). — Tiges de 1^m,65 à 2 mètres, terminées par un épi de fleurs brunes, en juillet.

Massette à feuilles étroites (*T. angustifolia*). — Moin élevée que la précédente.

Naiade à feuilles lancéolées (*Naias monosperma*). — Hauteur, 0^m,15 ; fleurs herbacées, en août et septembre ; multiplication de graines, qui se resèment d'elles-mêmes.

Patience aquatique (*Rumex hydrolapathum*). — Hauteur, 1ᵐ,50 à 2 mètres ; fleurs verdâtres, en juillet.

Pontédérie à feuilles en cœur (*Pontederia cordata*). — Fleurs bleues, en mai. On peut également cultiver cette belle plante sur le bord de l'eau.

Pesse d'eau (*Hippuris vulgaris*). — Hauteur, 0ᵐ,15 à 0ᵐ,20 ; fleurs d'un blanc sale, en mai.

Renoncule à feuilles longues, Grande Douve (*Ranunculus lingua*). — Tiges de 1 mètre ; fleurs jaunes, en juin, et successivement jusqu'en octobre.

Salicaire effilée (*Lythrum virgatum*). — Hauteur, 1 mètre à 1ᵐ,33 ; fleurs d'un rose pourpre, en juillet et août.

Toutes les Salicaires peuvent également être cultivées sur le bord de l'eau.

Saurure penché (*Saururus cernuus*). — Hauteur, 0ᵐ,40 ; fleurs blanches, disposées en une longue grappe courbée au sommet.

Scirpe des étangs (*Scirpus lacustris*). — Plante très-élevée, donnant en juillet des fleurs disposées en épis terminaux.

Sparganium flottant, Ruban d'eau (*Sparganium natans*). — Hauteur, 0ᵐ,33 ; fleurs en chatons, en juillet.

Toutes ces plantes peuvent être cultivées dans de grands pots ou dans des baquets que l'on plonge dans l'eau.

3. *Plantes propres à la décoration du bord de l'eau.*

Alisma plantain d'eau (*Alisma plantago*). — Hauteur, 0ᵐ,65 ; fleurs blanches ou rougeâtres, en juillet.

Arundo donax. — Cette plante, remarquable par la

puissance de sa végétation, doit, comme tous les roseaux, être cultivée isolément; chaque année, on coupe les tiges de l'Arundo donax rez de terre, puis on le couvre de feuilles pendant les hivers rigoureux.

Variétés. — A feuilles panachées de blanc, — A feuilles panachées de jaune.

La variété à feuilles panachées de blanc doit être rentrée l'hiver. Celle à feuilles panachées de jaune peut rester en place.

BAMBUSA AUREA. Originaire du nord de la Chine, cette belle plante résiste, sans souffrir, aux froids les plus rigoureux. Comme tous les bambous, elle fournit de nombreuses tiges ligneuses d'un effet véritablement très-pittoresque. Multiplication par boutures de racines.

BUTOME ombellé, JONC fleuri (*Butomus umbellatus*). — Hauteur, 1 mètre; fleurs roses, en juillet; variété à feuilles panachées.

LINAIGRETTE à gaines (*Eriophorum vaginatum*). — Hauteur, $0^m,33$; en mars et avril, épis couverts de longues soies blanches.

LYSIMACHIE à feuilles de saule (*Lysimachia ephemerum*). — Hauteur, 1 mètre; fleurs blanches, de juillet en septembre; multiplication de graines semées sur couches, fréquemment arrosées, ou de l'éclat des pieds.

LYSIMACHIE thyrsiflore, NAUMBURGIA thyrsiflore (*L. thyrsiflora*). — Hauteur, $0^m,33$; fleurs jaunes, en juin et juillet; multiplication de graines et d'éclats.

LYSIMACHIE ponctuée (*L. punctata*). — Hauteur, $0^m,65$; fleurs jaunes, en juillet.

PARNASSIE des marais (*Parnassia palustris*). — Hauteur, $0^m,25$ à $0^m,30$; fleurs blanches tachées de jaune, en juin et juillet.

PHALARIS rubané, ROSEAU ruban (*Phalaris arundinacea*

picta). — Hauteur, 1 mètre; feuilles rubanées de jaune; fleurs disposées en panicule spiciforme, blanchâtre du côté de l'ombre, pourpre du côté du soleil; multiplication par traces.

Populage des marais, Souci des marais (*Caltha palustris*). —Hauteur, 0^m,33; en avril et mai, fleurs d'un beau jaune, simples ou doubles.

Renoncule flamme (*Ranunculus flammula*).—Hauteur, 0^m,40; fleurs jaunes, en juin et juillet.

Scorpione des marais, Souvenez-vous-de-moi (*Myosotis palustris*).— Tiges de 0^m,20 à 0^m,26; fleurs d'un bleu céleste, d'avril en août; multiplication de graines, semées au printemps, de boutures ou par l'éclat des pieds.

Spirées (*Spiræa*). — Presque toutes les espèces herbacées se plaisent sur le bord des eaux et produisent un effet agréable.

4. Arbres et arbustes.

Airelle veinée (*Vaccinium uliginosum*). — Tiges rampantes; fleurs blanches ou carnées, en mai et juin.

Airelle caneberge (*V. Oxycoccos*). — Tiges comme la précédente; fleurs rouges, en mai; baies rouges avec des points pourpre.

Aune (*Alnus*). — Tous aiment une terre humide, marécageuse ou même submergée. (*V. Arbres d'agrément.*)

Céphalanthe d'Amérique, Bois-bouton (*Cephalantus occidentalis*).—Hauteur, 1^m,30 à 1^m,65; fleurs blanches, en août et septembre.

Chionanthe de Virginie, Arbre de neige (*Chionantus Virginica*).—Hauteur, 2^m,65 à 4 mètres; fleurs blanches, en juin.

Cyprès chauve de la Louisiane (*Cupressus disticha*, *Schubertia disticha*). (*V. Arbres d'agrément.*)

Dirca des marais, Bois-cuir (*Dirca palustris*). — Hauteur, 1ᵐ,33 à 2 mètres ; fleurs d'un blanc jaunâtre, en mars et avril.

Galé, Piment royal (*Myrica Gale*). — Hauteur, 1 mètre à 1ᵐ,33 ; fleurs en chatons, en mai.

Galé de Pensylvanie (*M. Pennsylvanica*). — Hauteur, 1ᵐ,65 à 2 mètres ; fleurs comme le précédent.

Hamamélis de Virginie (*Hamamelis Virginica*). — Hauteur, 1ᵐ,33 à 1ᵐ,65; fleurs d'un blanc jaunâtre, en automne.

Peupliers (*Populus*). — Ils se plaisent dans les terrains humides et tous sont propres à la décoration des pièces d'eau et des rivières. (V. *Arbres d'agrément.*)

Saules (*Salix*). — Tous les saules conviennent aux sites aquatiques des jardins paysagers et peuvent être avantageusement placés aux bords des eaux, où ils produisent un effet très-pittoresque. (V. *Arbres d'agrément.*)

Tamarix de Narbonne (*Tamarix Gallica*). — Hauteur, 2ᵐ,65 à 3ᵐ,33; fleurs d'un blanc purpurin, de mai en octobre.

Tamarix d'Allemagne (*T. Germanica*). — Hauteur, 2ᵐ,33 à 2ᵐ,65; fleurs d'un pourpre pâle ou rose, de juin en septembre.

Tupélo velu (*Nyssa villosa*). — Grand et bel arbre, à fleurs verdâtres, en juin; fruit bleu.

Variétés. — Aquatique, — des forêts.

Viorne obier, Sureau aquatique (*Viburnum opulus*). — Hauteur, 1 mètre à 1ᵐ,65; fleurs blanches, en mai et juin; baies rouges.

Section VI. — Plantes pour rocailles.

AUBRIETIA DELTOIDEA. — Petite plante formant de larges touffes, à fleurs d'un bleu clair, pendant tout le printemps.

ARABIS VERNA. — Petite plante en touffes; fleurs blanches, en mars.

CAMPANULES. — Les *Campanula cespitosa* et *Carpathica*, déjà recommandées comme plantes à bordures, conviennent également bien pour garnir les rochers.

CRUCIANELLA RUBRA. — Tiges étalées, longues de 0^m,25 à 0^m,30; fleurs roses, tout l'été.

EPINEDIUM ALPINUM. — Tiges de 0^m,35; fleurs rouges et jaunes, en avril et mai.

ERINUS ALPINUS. — Petite plante en touffes; fleurs purpurines ou blanches; en mars et avril.

FOUGÈRES. — Les *Athyrium fœmina, Adianthum pedatum, Aspidium lobatum, astræa, recurva, Blechnum spicans, Osmunda regalis, Onoclea sensibilis, Pteris aquilina, Scolopendrium officinarum, Struthiopteris Germanica*, peuvent être placés entre les pierres des rochers, surtout de ceux qui se trouvent dans un endroit frais et abrité.

IRIS GERMANICA. — Il n'est pas de plante plus rustique et qui convienne mieux que les *Iris Germanica* pour garnir les rochers.

LINARIA CYMBALARIA. — Tiges rampantes; fleurs bleues, tout l'été.

ŒTHIONEMA CORDIFOLIA. — Tiges étalées, longues de 0^m,15 à 0^m,20; fleurs d'un beau rose, en avril et mai.

POTENTILLA REPTANS. — Tiges rampantes; fleurs jaunes, tout l'été.

Primevères.—Toutes les variétés du *Primula veris* peuvent être employées pour garnir les rochers.

Saponaria ocimoides.—Tiges étalées, longues de 0^m,15 à 0^m,20; fleurs purpurines, en juin et juillet.

Saxifrages. — Les *Saxifraga granulata*, *hypnoides* et *sarmentosa* conviennent tout particulièrement pour garnir les rochers.

Sedum.—Tous les Sedum sont propres à garnir les rochers, et particulièrement les *Sedum acre*, *elegans*, *hirsutum*, *populifolium*, *Sieboldii* et *Telephium rubrum*.

Sempervivum tectorum.—Hauteur, 0^m, 33; fleurs purpurines, de juillet en septembre.

Tussilago farfara, *foliis variegatis*. — Plante remarquable par la beauté de ses larges feuilles, panachées de jaune; fleurs jaunes en février et mars.

Vinca major (Pervenche grande). — Tiges d'environ 0^m,65, les unes droites, les autres couchées; fleurs bleues tout l'été; variété à feuilles panachées.

Vinca minor (Pervenche petite).—Fleurs bleues, simples ou doubles; variété à fleurs blanches.

Arbres et arbrisseaux.

Airelle anguleuse (*Vaccinium myrtillus*). — Hauteur, 0^m,65; fleurs d'un blanc rosé, en mai; baies d'un bleu noirâtre.

Astragale adragant (*Astragalus tragacantha*). — Hauteur, 0^m,33; fleurs blanches, en juin et juillet.

Caprier commun (*Capparis spinosa*). — Hauteur, 1 mètre à 1^m,33; fleurs blanches, en juin et juillet; couverture l'hiver.

Chêne kermès (*Quercus coccifera*). — Hauteur, 1 mètre; glands ovales, ne mûrissant que la seconde année.

Cotoneaster buxifolia. — Arbrisseau peu élevé, à rameaux inclinés; en avril et mai, fleurs blanches. Fruits rouges, en automne.

Les *Cotoneaster microphylla comptus* et *marginatus*, conviennent également pour garnir les rochers et les terrains en pente.

Fontanesia à feuilles de Filaria (*Fontaniesa phyllireoides*). — Hauteur, $2^m,65$; fleurs blanches, puis rougeâtres, en mai.

Groseillier stérile (***Ribes sterile***). — Fleurs jaunes, en avril.

Jasmin jaune (*Jasminum fruticans*). — Hauteur, 1 mètre à $1^m,33$; fleurs jaunes, de mai en septembre; baies noirâtres.

Lyciet de la Chine (***Lycium Sinense***). — Hauteur, $2^m,65$ à $3^m,33$; fleurs d'un violet purpurin, tout l'été; baies rouges.

Lyciet à feuilles étroites, Jasminoide (*L. barbarum*). — Il diffère du précédent par ses feuilles un peu plus larges, et par ses fleurs d'un blanc pourpre.

Lyciet d'Europe (*L. Europeum*). — Hauteur, 2 mètres à $2^m,65$; fleurs blanchâtres.

Millepertuis à grandes fleurs (*Hypericum calycinum*). — Hauteur, $0^m,34$; fleurs d'un beau jaune, de juin en septembre.

Ronce commune (***Rubus fruticosus***). — On en cultive plusieurs variétés les plus remarquables sont:

Ronce à fleurs blanches doubles.—Fleurs semblables à de petites roses, de juin en novembre.

Ronce à feuilles découpées. — Fleurs roses, de juillet en septembre.

Ronce à fleurs roses. — Fleurs roses très-doubles.

Section VII. — Plantes grimpantes pour garnir les murs, berceaux, tonnelles.

1. *Plantes annuelles et vivaces.*

Calystegia pubescens. — Tout l'été, fleurs doubles, d'un rose tendre, nuancé de rose plus vif.

Calystegia sepium (var. *incarnatum*). — Fleurs simples, d'un rose tendre.

Les Calystégia conviennent tout particulièrement pour garnir les berceaux, les rochers et la tige des grands arbres que l'on veut dissimuler; on les multiplie par tronçons de racines.

Capucine grande (*Tropœolum majus*). — Fleurs jaune orangé, tout l'été; variété à fleur brune; semer en place, en avril.

Capucine des Canaries. (*Tropœolum peregrinum*).—Tout l'été, fleurs jaune serin; même culture.

Cobée grimpante (*Cobea scandens*). Fleurs violettes, tout l'été; semer sur couche, en mars. Dès que les plants ont quelques feuilles, on les repique dans de petits pots, qu'on laisse sur couche jusqu'à la fin d'avril ou au commencement de mai, époque où on les met en pleine terre.

Courge vivace (*Cucurbita perennis*). — Cette courge est extrêmement remarquable par sa rusticité, la beauté de ses feuilles veloutées et l'odeur agréable de ses fleurs. Les tiges de la courge vivace meurent pendant l'hiver, mais elles repoussent au printemps avec une grande vigueur; on la multiplie de graines, de marcottes et de rejetons, que l'on replante au printemps.

La courge, connue sous le nom de *Tladiantha dubia*, produit des tubercules qui servent à sa reproduction.

Courges annuelles. — Toutes les courges annuelles peuvent être cultivées comme plantes grimpantes.

On les sème en mars, sur couche, ou en mai, immédiatement en place; à cet effet, on prépare un bon trou, que l'on remplit de fumier, on place la terre provenant de la fouille sur le fumier, puis on fait un bassin, au centre duquel on sème les graines de courge.

Les courges pèlerine, poire à poudre, plate de Corse, massue, siphon, métulifère, dipsaceus, myriocarpus (courge groseille), melanosperma et toutes les coloquintes peuvent être traitées comme nous venons de l'indiquer.

Gesse odorante, Pois de senteur (*Lathyrus odoratus*). — Fleurs violettes, roses, rouges ou blanches, odorantes; semer en place, en automne ou au printemps.

Gesse de Tanger (*L. Tingitanus*). — Fleurs d'un rouge pourpre foncé, de juillet en octobre; semer en place au printemps.

Gesse à larges feuilles, Pois vivace (*L. Latifolius*). — Plante vivace; fleurs d'un rose pourpre, de juillet en septembre; semer en place, en automne ou au printemps.

Haricot d'Espagne (*Phasœlus coccineus*). — Fleurs rouge écarlate, tout l'été; variétés à fleurs blanches et à fleurs bicolores; semer en place, en avril.

Ipomée pourpre, Volubilis (*Convolvulus purpureus, Ipomœ purpurea*). — Pendant l'été, fleurs blanches, rouges, roses, bleues ou panachées. Toutes les variétés se sèment en place, en avril et mai.

Ipomée Nil ou de Michaux (*I. Nil, C. Nil.*) — Fleurs d'un bleu azuré, tout l'été.

Ipomée écarlate, Quamoclit écarlate (*I. coccinea*). — Fleurs écarlates, tout l'été.

Thunbergia à pétioles ailés (*Thunbergia alata*). — Fleurs jaunes avec le centre pourpre, tout l'été ; variété à fleurs blanches ; semer sur couche, au printemps, et repiquer le plant en pleine terre.

2. *Plantes grimpantes de serre tempérée que l'on peut mettre en pleine terre tout l'été.*

Boussingaultia Baselloides. — Grande plante sarmenteuse, à fleurs blanches, petites, très-odorantes. Multiplication de boutures, qui s'enracinent facilement et par les tubercules ; couverture l'hiver.

Capucines tubéreuses. — On cultive plusieurs espèces de Capucines à racines tubéreuses, mais elles exigent la serre. Plus rustique que les autres, l'espèce connue sous le nom de *Tropæolum pentaphyllum* peut être plantée en pleine terre, en avril ou mai.

A l'approche des froids, on relève les tubercules, que l'on conserve dans de la terre sèche jusqu'au moment de les replanter.

Dioclée glycinoïde (*Dioclea glycinoides*). — Fleurs d'un rouge très-vif, en automne ; multiplication de boutures.

Eccremocarpus rude (*Eccremocarpus scaber*). — Fleurs écarlates, en juillet et août ; semer aussitôt après la maturité.

Ipomée de Léar (*Ipomæa Learii*). — Fleurs grandes, d'un beau bleu, tout l'été et l'automne ; multiplication de boutures.

Loasa à fleurs rouges (*Laosa lateritia*). — Fleurs rouge brique, tout l'été; multiplication de graines ou de boutures.

Loasa à fleurs orangées (*L. aurantiaca*). — Fleurs jaune orangé, tout l'été; même multiplication.

Lophosperme à fleurs roses (*Lophospermum erubescens*). — Fleurs roses, tout l'été; multiplication de graines et de boutures.

Lophosperme volubile (*L. rhodochiton*). — Moins élevée que la précédente; fleurs roses, tout l'été; même multiplication.

Maurandie toujours fleurie (*Maurandia semperflorens*). — Fleurs d'un rose pourpre, tout l'été. On la multiplie de graines, semées sur couche au printemps, et de boutures.

Maurandie à fleurs de Muflier (*M. antirrhiniflora*). — Fleurs lilacées, tout l'été.

Maurandie de Barclay (*M. Barclayana*). — Fleurs d'un beau bleu, tout l'été.

3. *Arbrisseaux* (1).

Aristoloche siphon (*Aristolochia sipho*). — En mai et juin, fleurs d'un pourpre obscur, en forme de pipe.

Variétés. — Tomenteuse, — * Sempervirens.

Atragène des Alpes (*Atragene Alpina*). — Fleurs bleu clair, en juin et juillet.

Atragène de Sibérie (*A. Sibirica*). — Fleurs blanches.

Atragène de l'Inde (*A. Indica*). — Fleurs d'abord ver-

---

(1) Les plantes marquées d'un astérisque sont à feuillage persistant.

dâtres, puis blanches, d'avril en novembre; couverture l'hiver.

ATRAGÈNE à vrilles (*A. cirrhosa*). — Fleurs d'un blanc verdâtre, en automne.

BIGNONE, JASMIN de Virginie (*Bignonia radicans*). — Fleurs grandes, d'un rouge écarlate, en juillet et août.

BIGNONE à grandes fleurs (*B. grandiflora*). — Fleurs safranées.

BIGNONE à vrilles (*B. capreolata*). — En juin, fleurs d'un jaune orangé au sommet, pourpre à la base.

CÉLASTRE grimpant, BOURREAU des arbres (*Celastrus scandens*). — Fleurs verdâtres, en mai et juin; fruit rouge.

CHÈVREFEUILLE des jardiniers (*Lonicera Caprifolium*). — En mai et juin, fleurs à odeur suave, roses en dedans, plus ou moins rouges en dehors. Variété à fleurs blanches et à feuilles panachées.

Variétés. — Flava, — Japonica, — Sempervirens, — Sinensis.

CLÉMATITE odorante (*Clematis flammula*). — En juillet et août, fleurs blanches, disposées en grappes, très-odorantes.

Variétés. — Azurea, — Bicolor, — Florida, — Hendersoni, — Montana, — Sophia, — Viticella, — Viticella venosa.

DÉCUMAIRE sarmenteux (*Decumaria barbata*). — Fleurs blanches, d'une odeur suave, en août et septembre.

GLYCINE de la Chine (*Glycine Sinensis*). — Fleurs grandes, d'un bleu pâle ou blanches, à odeur suave, en avril. Comme tous les arbustes vigoureux, les Glycines de la Chine peuvent être taillées. Seulement, il faut, contrairement à ce qui se fait ordinairement, les tailler dans le courant de juin, autrement elles ne donnent pas de fleurs l'année suivante.

Glycine frutescente (*G. frutescens*). — Fleurs violettes, de juin en septembre.

Variétés. — Backousiana, — Floribunda.

Grenadille bleue, Fleur de la Passion (*Passiflora cœrulea*). — Fleurs blanches, bleues et purpurines, de juillet en octobre; couverture l'hiver.

Grenadille incarnate (*P. incarnata*). — Fleurs blanches, purpurines, violettes et noires, en juillet et en août; couverture l'hiver.

Houblon cultivé (*Humulus lupulus*). — Fleurs jaunes, en cône écailleux, de juin en août.

Jasmin blanc (*Jasminum officinale*). — Fleurs blanches, à odeur suave, tout l'été.

Jasmin triomphant (*J. revolutum*). — Fleurs d'un jaune très-vif, très-odorantes; couverture l'hiver.

Lierre grimpant (*Hedera helix*). — Fleurs petites, verdâtres, en septembre et octobre; baies noires; variété à feuilles panachées ou maculées de blanc ou de jaune.

Lierre d'Irlande (*H. Hibernica*). — Feuilles plus grandes; produit plus d'effet.

Ménisperme du Canada (*Menispermum Canadense*). — Fleurs petites, verdâtres, de juin en juillet.

Variétés. — De la Caroline, — de Virginie.

Morelle grimpante, Vigne de Judée (*Solanum dulcamara*). — Fleurs violettes, en juin et juillet; baies rouges.

Variétés. — A feuilles panachées, — A feuilles de jasmin.

Périploca de Grèce (*Periploca Græca*). — Fleurs pourpre noirâtre, en juin et juillet.

4. *Rosiers.*

Des Alpes. — Boursault, fleurs roses, semi-doubles, — Calypso, fleurs blanches, nacrées, — Reversa, fleurs pourpres, — Inermis, fleurs rose pâle.

Banks. — A fleurs blanches, — A fleurs jaunes.

A bractées. — Ayrschyres, fleurs doubles, carnées, à odeur de thé, — Macartney, fleurs blanches, — Maria-Leonida, fleurs blanches, — Triomphe de Machetteau, fleurs roses, striées de blanc.

Des champs. — A fleurs roses, — A grandes fleurs blanches.

Multiflore. — A fleurs roses, doubles, — A fleurs rouges, doubles, — Gaulhie, fleurs blanches, — Laure Davoust, fleurs carné vif.

Muscat. — Blanches simples, — Blanches doubles, — Comtesse Plater, fleurs blanc jaunâtre, — Princesse de Nassau, fleurs blanches, — Dupont, fleurs blanches simples, — Éponine, fleurs blanches doubles.

Noisette. — Chromatella jaune foncé, — Euphrosine, roses et jaunâtres, odorant, — Noisette ordinaire, fleurs couleur de chair, — Desprez, fleurs jaune rosé, — Lamarque, fleurs blanches, — Labiche, fleurs blanches, cœur rose, — Solfatare, jaune soufre.

Toujours vert. — Scandens, fleurs blanches, — Adélaïde d'Orléans, fleurs blanches, — Princesse Marie, fleurs rose tendre, — Félicité-Perpétue, fleurs blanc carné.

Les Rosiers grimpants, que l'on veut tailler, doivent être soumis à cette opération aussitôt après la floraison; autrement, ils ne donnent pas de fleurs l'année suivante.

SCHIZANDRE cocciné (*Schizandra coccinea*). — Fleurs coccinées, en juillet; couverture l'hiver.

VIGNE vierge (*Cissus quinquefolia*). — Arbrisseau recommandable par sa vigueur et sa rusticité; fleurs verdâtres, en automne.

Variétés. — D'Orient, — Hétérophylle.

Section VIII. — Arbrisseaux et arbustes à feuilles caduques (1).

Chaque fois que la culture des arbrisseaux, arbustes et arbres n'offrira rien de particulier, nous n'entrerons dans aucun détail à ce sujet. Tous se multiplient de graines, de greffes, de boutures ou de marcottes ; mais nous n'avons pas jugé nécessaire d'indiquer le mode de reproduction de chacun, car ce n'est guère que dans les pépinières qu'on peut se livrer à leur éducation avec avantage. Quant à l'époque de la plantation, on devra toujours tenir compte de la nature du terrain et observer tout ce qui est indiqué pour les arbres fruitiers.

AMANDIER nain (*Amygdalus nana*). — Hauteur, 0^m,65 à 1 mètre ; fleurs d'un beau rose, en avril ; variété à fleurs doubles.

Variétés. — De Géorgie, — de Perse, — A feuilles panachées.

AMELANCHIER du Canada (*Cratægus Canadensis*). — Hauteur, 3^m,33 à 4 mètres ; fleurs blanches, en avril ; fruits presque noirs.

AMELANCHIER à grappes (*C. racemosa*). — Hauteur, 2^m,65 à 3^m,33 ; fleurs blanches, en avril et mai ; fruits noirs.

ALEMANCHIER à épis (*C. spicata*). — Hauteur, 2 mètres à 2^m,65 ; fleurs blanches, en mai ; fruits rouges.

AMORPHA frutescent, FAUX-INDIGO (*Amorpha fruticosa*). — Hauteur, 2 mètres à 2^m,65 ; fleurs d'un bleu violâtre, en juin et juillet.

Variétés. — Lewesii, — Glabra, — Crispa.

---

(1) En procédant à la plantation des espèces marquées d'un astérisque, il faut garnir, dans le principe seulement, les racines de terre de bruyère, afin de favoriser leur reprise.

Argousier rhamnoïde (*Hippophae rhamnoides*). — Hauteur, 2 mètres à 2^m,33 ; rameaux épineux ; feuilles blanchâtres, tachées de roussâtre ; fleurs verdâtres, en avril ; baies orangées.

* Assiminier de Virginie, Anone à trois lobes (*Assiminia virginiana*). — Hauteur, 3^m,33 à 4 mètres ; fleurs d'un pourpre très-brun, en mai et juin.

Variétés. — A grandes fleurs, — A petites fleurs.

* Azédarach bipenné, Arbre saint (*Melia Azedarach*). — Hauteur, 3^m,33 à 4 mètres ; en juillet, fleurs d'un lilas tendre, à odeur suave ; couverture l'hiver.

Baguenaudier ordinaire (*Colutea arborescens*). — Hauteur, 3 à 4 mètres ; fleurs jaunes, tout l'été ; fruits vésiculeux.

Baguenaudier du Levant (*C. orientalis*). — Hauteur, 2 mètres ; fleurs rouge safrané, en juin et juillet.

Baguenaudier d'Alep (*C. Alepica*). — Hauteur, 1^m,33 à 1^m,65 ; fleurs jaunes, tout l'été.

Bourgène (*Rhamnus frangula*). — Hauteur, 2^m,65 à 4 mètres ; fleurs verdâtres, en avril et mai ; baies noires.

Variétés. — Des Alpes, — A larges feuilles.

Bugrane frutescente (*Ononis fruticosa*). — Hauteur, 1 mètre ; fleurs roses, en mai et juin ; variété à fleurs blanches.

* Calycanthe de la Caroline, Pompadoura, Arbre aux Anémones (*Calycanthus floridus*). — Hauteur, 2 mètres à 2^m,65 ; de mai en août, fleurs d'un rouge brun, exhalant une odeur très-agréable.

Variétés. — Fragrans, — Occidentalis.

Caragana arborescent (*Caragana arborescens, Robinia*

Caragana). — Hauteur, 2 mètres à 3^m,33 ; fleurs jaunes, en mai.

CARAGANA frutescent (*C. frutescens*). — Hauteur, 1 mètre ; fleurs jaunes, en mai.

CARAGANA argenté (*C. argenteo*). — Hauteur, 1^m,33 à 1^m,65 ; fleurs d'un rose pâle, en avril et mai.

Variétés. — Altagana, — Chamlagu, — Grandiflora, — Pygmæa.

CERISIER odorant, Bois de Sainte-Lucie (*Cerasus Mahaleb, Prunus Mahaleb*). — Hauteur, 4 à 5 mètres ; fleurs blanches odorantes, en mai ; fruits noirs.

CESTREAU à baies noires (*Cestrum Parqui*). — Hauteur, 1^m,65 ; tout l'été, fleurs jaunes, exhalant une agréable odeur pendant la nuit.

CHAMÉCERISIER de Tartarie (*Chamœcerasus (Lonicera) Tatarica*). — Hauteur, 2^m,65 ; fleurs roses en dehors, blanches en dedans ; baies rouges.

Variétés. — Des Pyrénées, — Ledebour, — de Standish.

* CLETHRA à feuilles d'Aune (*Clethra alnifolia*). — Hauteur, 1^m,65 à 2 mètres ; fleurs petites, blanches, odorantes, en août.

Variétés. — Cotonneux, — Acuminé, — Paniculé.

COIGNASSIER de la Chine (*Cydonia Sinensis*). — Hauteur, 1 mètre ; fleurs d'un beau rouge, odeur suave, en avril et mai.

* COMPTONIE à feuilles de Fougère (*Comptonia aspleniifolia*). — Hauteur, 0^m,65 à 1 mètre ; fleurs en chatons, de mars en mai.

CORÈTE du Japon (*Kerria Japonica, Spiræa Japonica*). — Hauteur, 1^m,65 à deux mètres ; fleurs jaunes, très-doubles, tout l'été et l'automne.

Coronille des jardins (*Coronilla Emerus*). — Hauteur, 1^m,33; fleurs d'un beau jaune, tachées de rouge, d'avril en juin.

Cornouiller sanguin (*Cornus sanguinea*). — Hauteur, 2^m,65 à 4 mètres; rameaux d'un beau rouge; fleurs blanches, en juin, baies noires.

Variétés. — De la Floride, — A feuilles alternes.

Cytise à feuilles sessiles, Trifolium (*Cytisus sessilifolius*). — Hauteur, 1^m,65 à 2 mètres; fleurs jaunes, en mars et juin.

Cytise à épis (*C. nigricans*). — Hauteur, 1 mètre à 1^m,33; fleurs jaunes, odorantes, en juin et juillet.

Cytise à fleurs en tête (*C. capitatus*). — Hauteur, 0^{m}65; fleurs d'un jaune aurore, en juin et juillet.

Variétés. — Adami, — A fleurs blanches, — A fleurs pourpres, — Biflore.

Daphné Bois-Joli (*Daphne Mezereum*). — Hauteur, 0^m,65 à 1 mètre; de décembre en février, fleurs rose vif ou blanches, odorantes.

Daphné des Alpes (*D. alpina*). — Hauteur, 0^m,65; fleurs blanches odorantes, en mai et juin.

Deutzie crénelée (*Deutzia scabra*). — Hauteur, 1 mètre; fleurs blanches, tout l'été.

Deutzie à tiges effilées (*D. gracilis*). — Plus élevée que la précédente; en mai et juin, fleurs disposées en petites grappes, d'un beau blanc.

Variétés. — Canescens, — Corymbosa.

Dierville jaune (*Diervilla lutea*). — Hauteur, 0^m,65 à 1 mètre; fleurs jaunes, de juin en novembre.

Épine-Vinette (*Berberus vulgaris*). — Hauteur, 2 mètres

à 2^m,65; fleurs jaunes, en mai; fruits rouges dans la maturité.

Variétés. — A feuilles pourpres, — A feuilles panachées, — Du Canada, — Du Népaul.

FORSYTHIA SUSPENSA. — Arbuste du Japon, à rameaux sarmenteux. Fleurs jaunes, nombreuses, en février et mars.

FUSAIN commun, BONNET de prêtre (*Evonymus Europœus*). — Hauteur, 3^m,33 à 4 mètres; fleurs blanchâtres, en mai; fruits d'un beau rouge.

Variétés. — Atropurpureus, — Latifolius, — Verrucosus.

GATTILIER commun (*Vitex agnus castus*). — Hauteur, 2^m,65 à 4 mètres; fleurs violettes ou blanches, en été.

Variétés. — Hybride, — A feuilles incisées.

GENÊT d'Espagne (*Genista juncea*). — Hauteur, 2 mètres; fleurs d'un beau jaune, à odeur suave, en juillet et août; variétés à fleurs doubles inodores.

Variétés. — A fleurs blanches, — De Sibérie, — Des teinturiers.

* GORDONIA à feuilles glabres (*Gordonia lasianthus*). — Hauteur, 4 mètres; fleurs blanches, en septembre et octobre.

GORDANIA pubescent (*G. pubescens*). — Moins élevé que le précédent; fleurs blanches, en août et septembre.

GOSEILLIER doré (*Ribes aureum*). — Hauteur, 2 à 3 mètres; fleurs jaunes, odorantes, en avril.

GROSEILLIER à fleurs rouges (*R. sanguineum*). — Hauteur, 1 à 2 mètres; fleurs d'un rose vif, en avril.

Variétés. — Malvaceum, — Gordonianum, — Sanguineum, — Sanguineum flore pleno, — Flore albo, — Speciosum.

HALÉSIE à quatre ailes (*Halesia tetraptera*). — Hauteur, 4 à 5 mètres; fleurs blanches, nombreuses, en mai.

Halésie à deux ailes (*H. diptera*). — Cette espèce ne diffère de la précédente que par ses feuilles, un peu plus larges, et ses graines.

Hydrangea japonica. — Port de l'Hortensia; en août, fleurs d'un blanc rosé teinté de bleu ; variétés à feuilles panachées de blanc ; propre à former de charmants massifs.

* Hydrangée de Virginie (*Hydrangea arborescens*). — Hauteur, 1 mètre à 1^m,33 ; fleurs blanches, en juillet.

Idigofera Dosua. — Cet arbuste, digne à tous égards de figurer au premier rang dans les massifs du jardin d'agrément, donne en mai, et successivement jusqu'aux gelées, de charmantes fleurs, d'un rose pourpre, disposées en longues grappes, semblables à celles de l'Acacia blanc. L'espèce nommée *Indigofera decora* est également recommandable par l'abondance de sa floraison.

Itea de Virginie (*Itea Virginica*). — Hauteur, 1 mètre à 1^m,33 ; fleurs blanches, en juin.

Itea à grappes (*I. racemiflora*). — Hauteur, 5 à 6 mètres; fleurs blanches, en juin.

Ketmie des jardins, Althæa Frutex (*Hibiscus Syriacus*). — Hauteur, 2 mètres à 2^m,33; en août et septembre, fleurs rouge pourpre, violettes ou blanches, avec onglets d'un rouge vif, suivant la variété.

Variétés. — A fleurs doubles, — A feuilles panachées.

Leycestérie élégante (*Leycesteria formosa*). — Hauteur, 1^m,65 à 2 mètres; fleurs d'un blanc rosé, tout l'été ; couverture pendant les fortes gelées.

Lilas commun (*Syringa vulgaris*). — Hauteur, 3 à 4 mètres; en avril et mai, fleurs violettes, rouges, pourpres ou blanches, suivant les variétés, qui sont nombreuses maintenant, par suite des semis que l'on fait chaque année.

Lilas de Perse (*S. Persica*). — Fleurs rouges, pourpres ou blanches, plus petites que celles du Lilas commun.

Lilas Josika (*S. Josikœa*). — Fleurs de couleur violâtre, plus tardives que celles des autres espèces.

* Magnolia discolore (*Magnolia discolor*). — Hauteur, 1 mètre à 4 mètres; fleurs pourpres en dehors, blanches en dedans, d'avril en juin.

Magnolia glauque (*M. glauca*). — Hauteur, 5 mètres; fleurs blanches, à odeur très-suave, de juillet en septembre.

Merisier à grappes (*Cerasus Padus*). — Hauteur, 4 à 5 mètres; fleurs blanches, en mai; fruits noirs.

Millepertuis fétide (*Hypericum hircinum*). — Hauteur, 1 mètre; fleurs jaunes, tout l'été.

Variétés. — Élevé, — Prolifique, — A feuilles oblongues, — A feuilles de Kalmia, — A feuilles de Romarin.

Murier multicaule (*Morus multicolis*). — Feuilles grandes et gaufrées, d'un bel effet; il craint les gelées, mais on peut le rabattre chaque année et couvrir le pied en hiver.

Noisetier d'Amérique (*Corylus Americana*). — Hauteur, 1 mètre à 1^m,65; fleurs en mars et avril; fruits petits et de peu de valeur.

Variétés. — A feuilles pourpres, — A feuilles laciniées.

Paliure porte-chapeau (*Paliurus aculeatus*). — Hauteur, 2^m,65; rameaux très-épineux; fleurs jaunes, très-petites, en juin et juillet; fruits d'une forme singulière.

Pivoine en arbre. — Toutes les Pivoines en arbre supportent très-bien nos hivers avec un léger abri; mais comme elles entrent en végétation de très-bonne heure, il faut avoir soin de les garantir contre les gelées du printemps.

Variétés. — Athlète, — Blanche de Noisette, — Comte de Flandres, — Comte de Rambuteau, — Impératrice Joséphine, — Moutan, — Mme de Vatry, — Triomphe de Malines.

POINCILLADE de Gillies (*Poinciana Gilliesii*). — Hauteur, 1 à 2 mètres; fleurs en grappes, grandes, jaunes, étamines d'un beau pourpre violacé; couverture l'hiver.

POTENTILLE frutescente (*Potentilla fruticosa*). — Hauteur, 1 mètre; fleurs d'un beau jaune, tout l'été.

PRUNIER épineux, PRUNELLIER (*Prunus spinosa*). — Hauteur, $2^m,65$; rameaux épineux : fleurs blanches, en mars et avril; fruits petits, très-acerbes. Cet arbrisseau est propre à faire des haies impénétrables.

Variétés. — A fleurs doubles, — A fleurs panachées.

PTÉLÉA trifolié, ORME à trois feuilles (*Ptelea trifoliata*). — Hauteur, 3 à 4 mètres; fleurs verdâtres, en juin.

ROSIERS. — Ce beau genre est très-nombreux en espèces, et grâce aux variétés remontantes, on peut jouir maintenant une bonne partie de l'année de la beauté de ses charmantes fleurs. Les Rosiers aiment une terre franche, un peu fraîche, amendée de temps à autre avec des engrais consommés; on les multiplie de graines, de rejetons, de marcottes, de boutures et de greffes.

1. *Semis.* — Ce mode de multiplication n'est employé que lorsqu'on désire avoir des variétés nouvelles. On sème les graines aussitôt après la maturité, soit en terrines, qu'on rentre l'hiver, soit dans une plate-bande au levant, en ayant soin de couvrir les semis pendant les gelées.

2. *Rejetons*. — On les enlève en automne, on les met en jauge pour les replanter en février ou mars; ils sont d'une reprise facile; il n'est même pas nécessaire qu'ils aient beaucoup de racines; il suffit souvent d'un bon talon.

3. *Marcottes*. — On marcotte les espèces à bois tendre par incision, en mai et juin, soit en pleine terre, soit dans des pots à marcotte, et pour les espèces à rameaux ligneux on les marcotte par cépée. (*Voyez* l'article *Marcottes*.)

4. *Boutures*. — Presque tous peuvent être multipliés de boutures, mais sur couche et étouffées. Les Bengales et les Iles-Bourbon peuvent seuls se passer de ces soins.

C'est principalement par la greffe en écusson que l'on multiplie les espèces qu'on veut élever à tige; on leur donne l'Églantier à fruits longs pour sujet, puis le Rosier Quatre-Saisons ou le Bengale ordinaire pour les espèces qui ont quelque affinité avec ces derniers, et dans le cas où l'on ne veut que des tiges peu élevées.

On greffe les Rosiers en juillet et août, en ayant soin, comme nous l'avons indiqué à l'article *Greffes*, de profiter du moment où les sujets sont le plus en séve.

Quant au choix des espèces, chacun doit les prendre à son goût, et la seule recommandation que nous ayons à faire aux personnes qui ont des rosiers à greffer, c'est de prendre toujours de préférence des espèces qui puissent supporter sans souffrir les rigueurs de nos hivers.

Indépendamment des Rosiers greffés, on cultive un grand nombre de variétés franches de pied, avec lesquelles on forme de charmants massifs. Mais comme beaucoup souffrent de nos hivers, il faut, pour les conserver, les butter à l'approche des froids, puis les couvrir de feuilles ou de litière, s'il survient de fortes gelées. En février enfin, lorsque les gelées ne sont plus à craindre, on découvre ces Rosiers et l'on détruit les buttes. Par ce moyen, l'on peut sans crainte livrer à la pleine terre toutes les variétés qu'on cultive ordinairement en pots.

On peut facilement avancer la floraison des espèces, telles que Quatre-Saisons, du Roi, Bengale ordinaire et quelques-unes de ses variétés. Pour cela, il faut avoir des Rosiers plantés en pots de l'année précédente ; on les taille en automne, et dès le mois de janvier on peut commencer à en forcer une partie, soit en les plaçant dans une serre chauffée, toujours le plus près possible des vitraux, ou bien sous châssis ; mais alors il faut creuser une bonne tranchée autour du coffre ; puis on élève un réchaud de fumier neuf, que l'on remanie plus ou moins souvent, suivant l'époque. On couvre les châssis la nuit, et l'on donne un peu d'air au moment du soleil.

Tous les Rosiers cultivés en pleine terre fleurissent en juin ; plus tard ceux d'espèce remontante donnent une seconde floraison ; mais il y a nécessairement interruption entre la première et la seconde floraison. Pour remédier à cet inconvénient, il suffit tout simplement de supprimer les boutons à fleurs d'un certain nombre de Rosiers remontants.

Un instant arrêtés dans leur développement, ces Rosiers ne tardent pas à produire de nouveaux rameaux, dont les fleurs succèdent aux premières Roses. Vient ensuite la seconde floraison naturelle, de manière que par ce moyen on a des Roses pendant toute la belle saison.

La culture des Rosiers n'offre rien de particulier ; il suffit de les tailler en mars, plus ou moins court, selon leur vigueur, et pendant leur végétation de pincer l'extrémité des branches qui poussent trop vigoureusement ; puis d'enlever avec soin toutes celles qui partent du pied ou qui se développent sur la tige.

Pour garnir la tige des Rosiers greffés un peu haut, on peut planter au pied des *Pétunias* blancs et violets, ou bien des *Gladiolus*, qui produisent également un bel effet. On peut aussi, dans le même but, semer au printemps un peu de graine de *Pied-d'alouette nain* entre ceux qui sont cultivés en massif.

Variétés. Rosiers thés ou indica. — Adam, pl. rose clair, — Bougère, rose tendre, — Comte de Paris, rose très-clair, — Devoniensis, blanc jaunâtre, — Duc de Magenta, rose cuivré, — Louise de Savoie, jaune soufre, — Madame Bravy, blanc lég. rosé, — Id. Mélanie Willermoz, blanc, centre jaunâtre, — Narcisse, jaunâtre, — Pactole blanc, cœur jaune, — Safrano, jaune pass. au bl. jaunâtre. — Sombreuil, blanc lég. rosé, — Souvenir d'un Ami, ou Queen Victoria, beau rose, — Vicomtesse de Cazes, jaune cuivré passant au jaune pâle.

Rosiers bengale. — Archiduc Charles, rose pass. au cramoisi, — Camélia blanc, — Cels, multiflore, carné, — Cramoisi supérieur, cramoisi vif, — Madame Bréon, beau rose, — Prince Charles, cerise vif.

Rosiers noisette. — Aimé Vibert, blanc pur, — Chromatella, jaune pass. au jaune clair, — Desprez, rose et jaunâtre, — Lamarque, blanc jaunâtre, — Madame Deslonchamps, blanc carné légèrement jaunâtre, — Ophirie, aurore cuivré, — Solfatare, gr. pl. jaune soufre bien prononcé, — Triomphe de Rennes, jaune canari.

Rosiers ile Bourbon. — Acidalie, moy. ou gr. pl. blanc légèr. carné, — Apolline, rose tendre fortement nuancé, — Comice de Tarn-et-Garonne, carmin brillant, — Comtesse de Barbantane, blanc carné, — Docteur Leprestre, rouge velouté vif, — Gloire de Dijon, blanc carné à centre jaunâtre, — Guillaume le Conquérant, rose clair, — Hermosa, rose tendre, — Louise Odier, rose vif, — Marquis de Moyria, rose vif, — Mistriss Bosanquet, carné tendre, tr. florifère, — * Monsieur Gourdau, pourpre foncée, — Paxton, rose vif nuancé feu, — Reine des îles Bourbon, carné jaunâtre, — Souvenir de la Malmaison, blanc légèrement carné, — Id. de l'Arquebuse, gr. pl. rouge vif, cerise vif, — Victor-Emmanuel, rouge pourpre variable.

Rosiers hybrides remontants. — Alexandrine Bachmeteff, rouge vif, — Alphonse Karr (Cherpin), rose vif, — Anna de Diesbach, beau rose carm., — Auguste Mie, rose éclatant, — Baronne Hallez de Claparède, rouge vif, — Baronne Prévost, beau rose, — Caroline de Sansal, carné clair, centre rosé, — Cardinal Patrizzi, rouge ébl. nuancé pourpre, — Comte de Nanteuil, rose vif, — Comtesse Cécile de Chabrillant, rose vif glacé, — Cornet, rose tendre, — Deuil de la reine des Belges, rouge foncé, — Duchesse de Cambacérès, rose vif, — Id. d'Orléans, rose hortensia, — Id. Sutherland, carné, — Empereur de Maroc, pourpre velouté nuancé, — François Arago, amarante velouté nuancé, — François Ier, rouge cerise nuancé de rouge foncé, — François Lacharme, carmin vif passant au rouge, — Géant des batailles, rouge éclatant, — Général Jacqueminot, carmin vif, — Id. Washington, rouge vif, — Jules Margottin, carmin clair pourpre, — Lion des combats, rouge foncé nuancé de feu, — Lord Raglan, centre feu vif pourpre, violet à la circonférence, — Louis Bonaparte, rose vif, — Louis XIV, rouge cramoisi velouté éclatant, — Louise Odier, beau rose vif, — Madame Boll, beau rose vif, — Id. Charles Crapelet, rose cerise glacé, — Id. Ducher, rose tend. presq. blanc, — Id. Furtado, rose carminé, — Id. Hilaire, rose, revers des pét. blanc, — Id. Knorr, beau rose vif à bords rose clair, — Id. Laffay, rose clair, — Id. Vidot, blanc carné nuancé de rose vif, — Mère de saint Louis, blanc passant au rose tr. tendre, — Pæonia, rouge cramoisi, — Pie IX, cramoisi, — Id. Léon Kotschoubey, rouge vif, — Rose de la Reine, rose satiné lilacé, — Sénateur Vaïsse, rouge éclatant, — Souvenir de la reine d'Angleterre, beau rose vif, — Id. de Leweson, Gower, rouge foncé passant au rouge clair, — Sidonie, rose, — Triomphe de l'Exposition, rouge vif, — Vicomte Vigier, rouge violacé, — Victor Verdier, rose nuancé de carmin vif.'

Rosiers hybrides de noisette. — Impératrice Eugénie, blanc lég. rosé passant au blanc pur, — Virginale, blanc pur.

Rosier capucine. — Persian yellow.

Rosiers cent feuilles. — Des peintres, — Unique panachée, — Mousseuse rose, — Mousseuse blanche.

Seringa odorant (*Philadelphus coronarius*). — Hauteur, 2 mètres à 2^m,60; fleurs blanches, très-odorantes, en juin ; variété à feuilles panachées.

Variétés. — Inodorus, — Latifolius, — Mexicanus, — Grandiflorus, — Speciosus, — Gordonianus.

Spiræa. — Les *Spiræa* sont de charmants arbustes à

fleurs blanches ou à fleurs roses, en ombrelles, en corymbes ou en panicules, que l'on doit comprendre dans la composition de tous les massifs; ils demandent une terre légère et fraîche pour prospérer.

Variétés. —Ariæfolia, — Bella, — Billardi, — Callosa, — Douglasi, — Eximia, — Lanceolata, — Lindleyana, — Pruuifolia, — Pubescens, — Reevesi, — Salicifolia, — Fortuneii.

STAPHYLÉ à feuilles ailées, FAUX PISTACHIER (*Staphylea pinnata*). — Hauteur 4 à 5 mètres; fleurs blanches, en avril et juin.

STAPHYLÉ à feuilles ternées (*S. trifoliata*). — Moins élevé que le précédent; fleurs plus grandes et d'un blanc plus pur, en mai et juin.

SUMAC fustet (*Rhus cotinus*). — Hauteur, 0^m,33 à 2 mètres; fleurs petites blanchâtres; pédoncules très-longs, formant un panache très-pittoresque.

SUREAU à grappes (*Sambucus racemosa*). — Hauteur, 2 mètres à 2^m,65; fleurs blanches, en avril et mai; baies rouges.

SUREAU du Canada (*S. canadensis*). — Hauteur, 2 mètres à 2^m,65; fleurs blanches, en juillet; baies noires.

Variétés. — Commun, — A feuilles argentées, — A feuilles laciniées, — A feuilles rondes, — Hétérophylle.

SYMPHORINE à petites fleurs (*Symphoricarpos parviflora*). — Hauteur, 1^m,33 à 1^m,65; en août, fleurs petites, roses, peu apparentes; fruits rouges.

SYMPHORINE à grappes (*S. racemosa*). — Hauteur, 1 mètre à 1^m,65; fleurs semblables à la précédente, en août; fruits produisant un effet charmant.

SYMPHORINE du Mexique (*S. Mexicana*). — Hauteur, 1 mètre à 1^m,33; fleurs roses, tout l'été; fruits blancs, pictés de violet.

Troëne commun (*Ligustrum vulgare*). — Hauteur, 2^m,65 à 4 mètres; fleurs blanches, en juin et juillet; baies noires. Variété à feuilles panachées. On en forme des bordures et des haies susceptibles d'être taillées.

Viorne commune (*Viburnum lantana*). — Hauteur, 2^m,65; fleurs blanches, en juillet; baies rouges, puis noires.

Viorne obier (*V. opulus*). — Même hauteur que la précédente; fleurs blanches, en mai; baies noires.

Viorne stérile, Boule de neige (*V. stérile*). — Variété de la précédente; hauteur, 2 mètres à 2^m,65; fleurs blanches, en mai.

Weigelia rosea. — Charmant arbrisseau du nord de la Chine, assez semblable au Seringa. En mai, fleurs roses, nombreuses et très-élégantes. Terre légère ordinaire.

Xanthorhize à feuilles de Persil (*Xanthorhiza apiifolia*). — Hauteur, 0^m,65 à 1 mètre; fleurs d'un violet brun, en mars et avril.

Section IX. — Arbrisseaux et Arbustes d'ornement à feuillage persistant.

Ajonc du Népaul (*Ulex Nepalensis*). — Hauteur, 1 mètre; fleurs jaunes, en avril et mai.

Alaterne (*Rhamnus alaternus*). — Hauteur, 3 à 4 mètres; fleurs jaunâtres, odorantes, en avril; variété à feuilles étroites.

Variétés. — A feuilles panachées de blanc; — A feuilles panachées de jaune.

Alisier luisant (*Cratægus glabra*). — Hauteur, 2 mètres à 3^m,33; fleurs petites, blanches, lavées de rose.

Variétés. — Glauque, — de la Chine.

AUCUBA du Japon (*Aucuba Japonica*). — Hauteur, 1 mètre à 1^m,33; feuilles d'un vert luisant, marbrées de jaune; fleurs brunes, petites en avril, nombreuses en mai et juin. Depuis l'introduction de l'Aucuba à fleur mâle, l'Aucuba à fleur femelle le seul que l'on possédait autrefois donne de nombreux fruits de couleur écarlate qui ajoute énormément à la valeur ornementale de ce charmant arbuste, l'expérience ayant prouvé qu'un seul Aucuba à fleur mâle suffisait pour féconder tous les Aucuba à fleur femelle d'une plantation; rien, n'est plus facile, comme on le voit, d'avoir maintenant des fruits sur tous les Aucuba de nos jardins.

BUDDLEIA LINDLEYANA. — Arbuste rustique, propre à l'ornement des massifs. Tout le printemps, fleurs en épis, disposés par bouquets, d'un pourpre violacé.

BUIS arborescent (*Buxus sempervirens*). — Hauteur, 4 à 5 mètres; fleurs blanches, peu apparentes, en avril; variété à feuilles panachées de blanc ou de jaune.

BUIS de Mahon (*B. Balearica*). — Hauteur, 3^m,33; fleurs jaunes, en avril.

BUISSON ardent (*Mespilus pyracantha*). — Hauteur, 1^m,65 à 2 mètres; fleurs blanches, très-nombreuses en mai et juin; fruits écarlates.

BUPLÈVRE Oreille de lièvre (*Buplevrum fruticosum*). — Hauteur, 1^m,33 à 1^m,65; fleurs petites, jaunes, en juillet et août.

CAROUBIER à siliques (*Ceratonia siliqua*). — Arbre d'une taille moyenne, fleurs pourpre foncé, en août; silique de 0^m,33 de longueur, contenant une pulpe rougeâtre bonne à manger; exposition du midi.

CHÊNE vert (*Quercus ilex*). — Ces chênes sont moins élevés que les chênes communs, ont les feuilles plus petites, fermes et coriaces, à dents plus ou moins piquantes;

ils sont sensibles aux froids rigoureux, et il faut les couvrir en hiver pendant leur jeunesse.

Variétés. — De la Caroline, — De la Caroline à feuilles panachées, — Coccifère, — Hétérophylle, — Liége, — Yeuse.

FILARIA à larges feuilles (*Phillyrea latifolia*). — Hauteur, 4 mètres; fleurs d'un blanc verdâtre, peu apparentes, en mars; baies noires; variété à feuilles étroites.

FUSAIN DU JAPON (*Evonymus Japonicus*). — Cet arbuste a produit deux variétés à feuilles larges bordées l'une de blanc, l'autre de jaune, avec lesquelles on peut composer de beaux massifs.

HOUX commun (*Ilex aquifolium*). — Hauteur, 6 à 8 mètres; fleurs petites, blanches, en mai et juin; baies rouges, jaunes ou blanches, suivant la variété.

Variétés. — Altaclarense, — Balearica, — Canadensis, — Cuninghamii, — Ferox, — Flammea, — Laurifolia, — Longifolia, — Marginata, — Serratifolia.

LAURIER cerise ou amande (*Cerasus laurocerasus*). — Hauteur, 4 à 5 mètres; fleurs petites, blanches, en mai.

Variétés. — A feuilles étroites, — A feuilles panachées, — De la Colchide.

LAURIER franc, à sauce (*Laurus nobilis*). — Hauteur, 5 à 6 mètres; fleurs jaunâtres, en mai; baies noires; variété à feuilles panachées; couverture l'hiver.

LAURIER de Portugal, Azaréro (*Cerasus Lusitanica*). — Hauteur, 5 mètres; fleurs petites, blanches en mai; baies noires.

LAURIER tin (*Viburnum tinus*). — Hauteur, 2 mètres à $2^m,65$; fleurs blanches, en mars et avril; couverture l'hiver.

Variétés. — A larges feuilles, — A feuilles panachées.

LIERRE en arbre (*Hedera arborescens*). — Espèce non

grimpante, dont on peut tirer bon parti dans la composition des massifs du jardin d'agrément.

Magnolia à grandes fleurs (*Magnolia grandiflora*). — Grand et bel arbre, à fleurs blanches, odorantes. Sans être difficile sur le choix du terrain, le Magnolia craint l'humidité.

On le plante en avril et mai; autrement il perd ses feuilles et reprend difficilement. L'espèce cultivée sous le nom de *Magnolia Oxoniensis* fleurit plus jeune, mais elle est plus délicate, et souvent on la perd sous le climat de Paris.

Mahonie à feuilles de Houx (*Mahonia aquifolium*). — Hauteur, 1 à 2 mètres; fleurs jaunes, en avril et mai.

Variétés. Fascicularis, — Intermedia, — Nervosa, — Nepalensis, — Trifoliata, — Pallida, — Darwinii, — Bealii, — Fortunei, — Japonica.

Néflier du Japon (*Mespilus Japonica*). — Hauteur, 2 mètres à $2^m,65$; fleurs blanches, odorantes, en automne et quelquefois en mai; il faut le garantir du froid pendant les hivers rigoureux.

Phlomis frutescent (*Phlomis fruticosa*). — Hauteur, $0^m,65$ à 1 mètre; fleur jaune éclatant, de juillet en septembre.

Séneçon en arbre (*Coniza halimifolia*). — Hauteur, 2 mètres à $3^m,33$; fleurs blanches, en octobre et novembre.

Troëne du Japon (*Ligustrum Japonicum*). — Hauteur, 4 à 5 mètres; fleurs blanches, en juin et juillet.

Variétés. — A feuilles panachées, — Du Népaul.

Yucca nain (*Yucca gloriosa*). — Hauteur, $0^m,65$ à 1 mètre; en août et septembre, fleurs blanches, assez grandes et nombreuses.

Variétés. — Aloefolia, — Glauca, — Glaucescens, — Pendula, — Filamentosa, — Flaccida.

Section X. — Arbuste de terre de bruyère.

Andromède (*Andromeda*). — Arbuste assez rustique; hauteur, 0^m,65 à 1^m,65; fleurs blanches ou rouges, de juin en août; terre de bruyère fraîche, à l'exposition du nord ou du levant.

Variétés. — Axillaris, — Lucida, — Hendersonii, — Poliifolia, — Racemosa, — Cassinefolia, — Rollisonii, — Arborea.

Arbousier commun (*Arbutus unedo*). — Hauteur, 4 à 5 mètres; fleurs blanches, de septembre en décembre; fruits rouges, charnus, semblables à la fraise.

Arbousier andrachné (*A. andrachne*). — Plus délicat que le précédent; fleurs blanches, en mars et avril, fruits rouges.

Azalée (*Azalea à feuilles caduques*). — Arbrisseau très-rustique; hauteur, 0^m,65 à 2 mètres; tout le printemps et l'été, fleurs charmantes, soit blanches, rouges, roses ou jaunes, suivant les variétés. On en cultive en pleine terre trois espèces principales, qui ont produit chacune un grand nombre de variétés. Nous indiquerons seulement les plus remarquables. Il leur faut, comme aux Andromèdes, une exposition ombragée.

Azalea nudiflora. — Hauteur, 1 mètre; fleurs blanches ou rouges en mai et juin.

Variétés. — Alba, — Alba plena, — Bicolor, — Blanda, — Carnea, — Coccinea, — Crispa, — Incana, — Incarnata, — Mirabilis, — Partita, — Purpurea, — Rosea, — Rubicunda, — Rubra, — Rutilans, — Versicolor.

Azalea viscosa. — Hauteur, 1^m,33 à 1^m,65 ; fleurs blanches, odorantes, en avril et mai.

Variétés. — Dealbata, — Fissa, — Glauca, — Odorata, — Rubescens, — Serotina, — Variegata, — Vittata.

Azalea Pontica. — Hauteur, 1^m,65 à 2 mètres ; fleurs jaunes, en mai et juin.

Variétés. — Albiflora, — Aurantiaca, — Calendulacea, — Crocea, — Cuprea, — Flammea, — Grandiflora, — Ignescens, — Pallida, — Speciosa, — Splendens, — Sinensis lutea, — Tricolor, — Triumphans.

Daphne Cneorum, Thymelée des Alpes. — Tiges rampantes ; fleurs rose foncé, d'une odeur agréable, en avril et mai.

Variétés. — A fleurs blanches, — A feuilles panachées.

Daphne collina. — Hauteur, 0^m,65 ; fleurs rose tendre, à odeur suave, d'avril en juin.

Daphne Pontica. — Hauteur, 0^m,65 à 1 mètre ; fleurs jaunes, odorantes, en mars et avril.

Daphne dauphin. — Hauteur, 0^m,65 ; fleurs d'un rose pourpre, de novembre en avril.

Erica arborea. — Hauteur, 1^m,33 à 2 mètres ; fleurs petites, blanches, en février et mars.

Erica mediterranea. — Hauteur, 1 mètre à 1^m,33 ; fleurs roses, en mars et avril.

Erica multiflora. — Hauteur, 0^m,65 ; fleurs d'un pourpre clair, d'août en octobre.

Fothergille à feuilles d'Aune (*Fothergilla alnifolia*). —

Hauteur, 0^m,65; fleurs petites, en épis, blanches, d'une odeur agréable, en avril.

Gaulthérie du Canada (*Gaultheria procumbens*). — Hauteur, 0^m,20 à 0^m,25; fleurs d'un rouge vif, à différentes époques; baies rouges.

Hortensia à feuilles d'obier (*Hortensia opulifolia*). — Hauteur, 1 mètre à 1^m,33; de juin en novembre; fleurs d'un rouge purpurin, bleues dans certains terrains; couverture d'hiver.

Kalmie (*Kalmia*). — Superbe arbrisseau; hauteur, 0^m,50 à 2 mètres; de mai en juillet, fleurs rouges, roses, blanches ou carnées, suivant les variétés; terre de bruyère fraîche, à l'exposition du nord ou du levant.

Variétés. — Latifolia, — Augustifolia, — Glauca, — Oleifolia.

Menziezia à feuilles de Polium (*Menziezia poliifolia*). — Tiges rampantes, peu élevées, fleurs pourpres, en été; variétés à fleurs blanches.

Prinos verticillé, Apalanche vert (*Prinos verticillatus*). — Hauteur, 1^m,65 à 2 mètres; fleurs blanches, en juillet et août; fruits rouges.

Prinos glabre (*P. glaber*). — Hauteur, 0^m,65; fleurs blanches, en août.

Rhododendrum Ponticum. — Hauteur, 2 mètres à 2^m,65; en mai, fleurs grandes, d'un pourpre violacé plus ou moins foncé. Il a produit un grand nombre de variétés : les plus remarquables sont :

Variétés. — Album, — Bullatum, — Elegantissimum, — Guttatum, — Heterophyllum, — Hyacinthæflorum, — Monstrosum, — Nivaticum, — Nazarethii, — Roseum superbum, — Rubrum, — Vervaenneanum.

Rhododendrum maximum. — Hauteur, 1^m,65 à 2 mètres; fleurs rose plus ou moins vif, en mai et juin; variétés.

Variétés. — Album, — Roseum.

Rhododendrum Catawbiense. — Hauteur, 1 mètre; fleurs grandes, d'un rose tendre, en mai et juin.

Variétés. — Bicolor, — Purpureum, — Pardolaton, — Speciosum.

Rhododendrum arboreum. — Le *Rhododendrum arboreum*, si remarquable par la beauté de ses fleurs, a produit plusieurs variétés qui peuvent être cultivées en pleine terre. Comme tous les arbustes de terre de bruyère, les *Rhododendrum arboreum* doivent être placés au nord de préférence; ils fleurissent quelque temps après ceux qui sont cultivés en serre, de manière que l'on peut par ce moyen avoir des fleurs pendant plusieurs mois.

Les variétés suivantes ont déjà supporté plusieurs hivers en pleine terre sans souffrir.

Variétés. — Altaclanense, — Charles Truffaut, — Curninghami, — Elegantissima, — Lady Warander, — Louis-Philippe, — Madame Bertin, — Nobilianum, — Russelianum, — Smithi elegans, — Superbissima, — Triumphans.

Section XI. — Arbres d'ornement à feuilles caduques.

Ailante glanduleux, Vernis du Japon (*Ailantus glandulosa*). — Arbre élevé, d'un beau port et d'une végétation vigoureuse; fleurs verdâtres, en août.

Alizier à feuilles larges ou de Fontainebleau (*Cratægus latifolia*). — Hauteur, 8^m,33; feuilles blanchâtres en dessous; fleurs blanches, en mai et juin; fruits d'un écarlate safrané.

Variétés. — Blanc, — De Laponie.

Aralie épineuse (*Aralia spinosa*). — Hauteur, $2^m,65$ à $3^m,33$; tige épineuse; fleurs blanches, odorantes, de mars en septembre.

Aune commun (*Alnus communis*). — Arbre très-élevé, à tige ou en buisson, d'une végétation vigoureuse dans les terrains humides; fleurs en chaton, en juillet.

Variétés. — A feuilles laciniées, — Argenté.

Bonduc, Chicot du Canada (*Gymnocladus Canadensis*). — Arbre d'un beau port; fleurs blanches, en juin.

Bouleau commun (*Betula alba*). — Arbre rustique très-élevé, à rameaux flexibles; feuillage très-léger; fleurs en chaton, en juillet.

Variétés. — A feuilles laciniées, — Noir, — A papier, — Odorant.

Broussonetia, Murier à papier (*Broussonetia papyrifera*). — Hauteur, 5 mètres à $6^m,65$; feuilles de différentes formes; fleurs en chatons grisâtres, de mars en septembre.

Variétés. — A feuilles panachées, — A feuilles en capuchon.

Catalpa (*Bignonia Catalpa*). — Hauteur, 10 mètres; feuilles grandes, d'un beau vert; fleurs blanches, marquées de points pourpres, en août. Ce bel arbre mérite d'être placé isolément, afin qu'on puisse jouir de l'agrément de sa vue.

Cerisier à fleurs doubles (*Cerasus flore pleno*). — Variété du Cerisier commun; fleurs d'un beau blanc, en avril.

Variétés. — De Virginie, — A feuilles de Pêcher.

CHALEF à feuilles étroites, OLIVIER de Bohême (*Elœagnus angustifolia*). — Hauteur, 5 mètres à 6^m,65; rameaux couverts d'un duvet blanc; feuilles blanchâtres, cotonneuses; fleurs petites, jaunâtres, très-odorantes, en juin et juillet.

CHARME commun (*Carpinus betulus*). — Arbre très-élevé et rustique; fleurs en chaton, de mars en mai. Planté jeune, il sert à former des palissades nommées charmilles; en le soumettant à une tonte régulière, il prend facilement toutes les formes que l'on désire. On place aussi dans les jardins paysagers les variétés suivantes :

Variétés. — A feuilles panachées, — A feuilles de Chêne, — D'Amérique, — De Virginie.

CHATAIGNIER d'Amérique, CHINCAPIN (*Castanea Americana*). — Grand arbre, à feuilles lancéolées, bordées de dents aiguës; fleurs en chaton, en juillet et août.

Variétés. — A feuilles panachées, — Hétérophylle.

CHÊNE commun (*Quercus pedunculata*). — C'est sans contredit le plus bel arbre de nos forêts; il est à regretter que ses proportions gigantesques ne permettent pas toujours de le placer dans les jardins.

Parmi les espèces de l'Europe et celles d'Amérique, il en est plusieurs qui méritent à tous égards d'être employées à l'ornement des jardins paysagers. Nous citerons les plus remarquables.

1. *Chênes d'Europe*. — A feuilles panachées, — A feuilles de fougère, — Pyramidal, — Chevelu, — Chevelu à feuilles panachées.

2. *Chênes d'Amérique*. — Blanc, — A très-gros fruits, — Bicolore, — Rouge, — Des montagnes, — Des marais, — Quercitron, — Cocciné, — A feuilles de Saule.

CLAVALIER à feuilles de Frêne (*Xanthoxylum fraxineum*). — Hauteur, 4 mètres; rameaux épineux, fleurs peu apparentes, en mars et avril ; capsules d'un beau rouge.

Coignassier de la Chine (*Cydonia Sinensis*). — Arbre de moyenne grandeur ; feuilles lisses ; fleurs roses, odorantes, en avril et mai.

Cornouiller mâle (*Cornus mas*). — Hauteur, 4 à 5 mètres ; fleurs jaunes, petites, en février ; baies rouges ou jaunes, suivant la variété.

Cornouiller à grandes fleurs (*C. florida*). — Hauteur, 10 mètres ; fleurs jaunes, petites, en mai ; baies rouges.

Cytise des Alpes, Faux ébénier (*Cytisus laburnum*).— Hauteur, 5 mètres, à tige ou en buisson ; rameaux longs et pendants ; fleurs jaunes, nombreuses, en mai et juin.

Variétés. — Odorant, — Pleureur, — A feuilles de Chêne, — D'Adam.

Épine blanche, Aubépine (*Mespilus oxyacantha*).—Hauteur, 6 mètres à 6^m,65 ; rameaux épineux ; fleurs blanches, très-odorantes, en mai ; fruits rouges ou jaunes. Élevée en buisson, on en forme des haies très-solides.

Variétés.—A fleurs blanches doubles,— A fleurs roses simples, — A feuilles panachées, — Parasol.

Épine d'Espagne, Azerolier (*M. Azarolus*).— Plus élevée que la précédente ; fleurs blanches, en juin ; fruits en pomme, rouges ou jaunes, ou en poire, selon la variété.

Épine ergot de coq (*M. crus galli*). — Hauteur, 6^m,65 ; rameaux garnis d'épines semblables aux ergots de coq ; fleurs blanches, en mai et juin ; fruits d'un beau rouge.

Érable sycomore (*Acer pseudo-platanus*). — Arbre très-élevé ; feuilles palmées ; fleurs jaunâtres, en avril et mai.

Érable negundo (*A. negundo*). — Grand arbre à rameaux roides et cassants; écorce d'un vert lisse; fleurs vertes, petites, en avril. Variété à feuilles panachées de blanc.

Rien ne peut donner une idée exacte de l'effet que produit un massif de Negundo à feuilles panachées de blanc, dans lequel on place quelques plantes annuelles à feuilles rouges.

Érable jaspé (*A. Pensylvanicum*). — Arbre de moyenne grandeur; feuilles larges, arrondies; écorce d'un vert glauque strié de lignes blanches; fleurs verdâtres, en mai.

Érable rouge (*A. rubrum*). — Grand et bel arbre; feuilles dentées, blanches en dessous; fleurs rouges, en avril et mai; fruits rouges.

Les Érables japonais *ornatum*, *Friederici Guillelmi* et *sanguineum* sont de charmants arbres à feuilles ornementales dignes de figurer dans tous les jardins d'agrément.

Févier d'Amérique. Acacia triacanthos (*Gleditschia triacanthos*). — Hauteur, 10 à 12 mètres; épines nombreuses, souvent très-longues; fleurs peu apparentes, d'un blanc sale, en mai et juin; gousse très-longue.

Variétés. — Sans épines, — Pleureur.

Févier de la Chine (*G. Sinensis*, *G. horrida*). — Hauteur, 10 à 12 mètres; épines nombreuses, en fuseau; fleurs verdâtres, en juin et juillet.

Févier de la mer Caspienne (*G. Caspica*). — Arbre élevé, à épines très-longues et recourbées.

Frêne commun (*Fraxinus excelsior*). — Arbre très-élevé, à feuillage léger; fleurs jaunâtres, en avril et mai. On en cultive plusieurs variétés, toutes propres à la décoration des jardins paysagers.

Frêne à fleurs (*F. ornus*).—Hauteur, 10 mètres; feuilles d'un vert foncé; fleurs blanches, en mai et juin.

Variétés. — Argentea, — Aurea, — Pendula, — Scolopendrifolia, — Jaspidœa, — Americana, — Juglandifolia, — Sambucifolia, — Latifolia, — Variegata.

Ginkgo biloba, Arbre aux Quarante-Écus (*Salisburia adiantifolia*). — Arbre très-élevé, à port pyramidal, remarquable pour la forme de ses feuilles; fleurs jaunâtres, en chaton; fruits semblables à de petites prunes; amandes bonnes à manger.

Hêtre commun (*Fagus sylvatica*). — Grand et bel arbre très-rustique; fleurs en chaton, en avril et mai; fruit nommé faîne, ayant la saveur de la noisette, et dont on retire une huile très-estimée.

Variétés. — Pleureur, — A feuilles pourpres, — A feuilles cuivrées, — A feuilles panachées, — A feuilles de fougère, — A feuilles crispées.

Kœlreuteria paniculé, Savonnier (*Kœlreuteria paniculata*). — Arbre de moyenne grandeur; port agréable; fleurs d'un beau jaune, de juin en août.

Liquidambar copal (*Liquidambar styraciflua*). — Hauteur, 10 à 12 mètres; feuilles palmées; fleurs verdâtres, odorantes, au printemps.

Liquidambar imberbe (*L. imberbe*). — Même hauteur que le précédent, mais plus rustique.

Maclure épineux (*Maclura aurantiana*). — Bel arbre à rameaux épineux; fleurs verdâtres, en chaton, en juin et juillet; fruits verts, sphériques, à écorce rude.

Magnolia acuminé (*Magnolia acuminata*). — Arbre très-élevé, rustique; feuilles très-grandes; fleurs d'un jaune verdâtre, larges de $0^m,10$, en mai et juin.

Magnolia à feuilles en cœur (*M. cordata*). — Cette espèce a beaucoup de rapport avec la précédente.

Magnolia auriculé (*M. auriculata*). — Hauteur, 10 mètres; fleurs grandes, blanches, odorantes, en avril et mai.

Magnolia glauque (*M. glauca*). — Hauteur, 5 mètres; très-rustique; feuilles d'un vert glauque en dessous; fleurs blanches, odorantes, de juillet en septembre.

Magnolia de Thompson (*M. Thompsoniana*). — Tige pyramidale; fleurs blanches, larges de $0^m,15$.

Magnolia à grandes feuilles (*M. macrophylla*). — Hauteur, $6^m,65$ à 10 mètres; feuilles de $0^m,65$ de long; fleurs blanches, larges de $0^m,15$.

Magnolia Yulan (*M. conspicua*). — Hauteur, 10 à 12 mètres; feuilles de $0^m,20$ de long; fleurs blanches, odorantes, en avril.

Magnolia parasol (*M. umbella*). — Hauteur, $6^m,65$ à 10 mètres; feuilles de $0^m,50$ de long; fleurs grandes, blanches, en mai et juin.

Magnolia de Soulange (*M. Soulangeana*). — Hauteur, 3 à 4 mètres; fleurs odorantes, blanches en dedans, pourpres en dessus, en avril.

Marronnier d'Inde (*Æsculus hippocastanum*). — Bel arbre, très-élevé et rustique; fleurs blanches, panachées de rouge, en mai.

Marronnier rubicond (*Æ. rubicunda*). — Moins élevé que le précédent; feuillage plus vert; fleurs d'un beau rouge, en mai et juin.

Marronnier Pavier jaune (*Pavia lutea, Æsculus flava*).

— Arbre moins élevé que le Marronnier d'Inde; fleurs d'un jaune pâle, en mai.

MARRONNIER rouge (**P. rubra**). — Hauteur, 5 mètres à 6^m,65; fleurs d'un beau rouge foncé, en mai.

MARRONNIER de l'Ohio (**P. Ohiotensis**).—Hauteur, 6^m,65 à 8^m,33; fleurs blanches, en mai.

MARRONNIER à longs épis (**P. macrostachya**). — Fleurs blanches, odorantes, en juillet et août; fruits petits, bons à manger.

MARRONNIER de deux couleurs (**P. discolor**). — Arbre peu élevé; fleurs rouges et jaunes, en mai.

MICOCOULIER de Provence (*Celtis australis*). — Arbre d'un beau port; fleurs petites, verdâtres, en mai; fruits noirs.

Variétés. — De Tournefort, — A feuilles en cœur, — De Virginie, — Du Mississipi.

MURIER blanc (*Morus alba*). — Arbre d'un port agréable, digne de figurer dans les jardins paysagers; fleurs en chaton, en juin; baies blanchâtres.

Variétés. — Rouge du Canada, — Moretti.

NÉFLIER parasol (*Mespilus linearis*). — Cet arbrisseau étend ses branches latéralement, et, greffé en tête sur l'Épine blanche, il est très-propre à former de belles allées couvertes; fleurs blanches, en mai et juin.

NOISETIER du Levant (*Corylus colurna*). — Arbre très-élevé; port pyramidal; fleurs en chaton, en mars et avril; fruits petits, aplatis.

NOISETIER de Byzance (**C. Byzantina**). — Semblable au précédent, mais un peu moins élevé.

Noyer noir d'Amérique (*Juglans nigra*). — Arbre très-élevé, d'une végétation vigoureuse ; fleurs en chaton, en avril et mai ; fruits petits, ronds, à coque très-dure.

Variétés. — Cendré, — Blanc, — A feuilles de Frêne, — Hétérophylle.

Orme commun (*Ulmus campestris*). — Arbre très-élevé, remarquable par sa rusticité ; fleurs blanchâtres, en faisceau écailleux, en avril.

Orme à feuilles étroites (*U. stricta*). — Variété du précédent ; on en forme des palissades très-rustiques.

Variétés. — A larges feuilles, — A feuilles panachées, — Pleureur, — Pyramidal.

Orme d'Amérique (*U. Americana*). — Arbre plus élevé que l'Orme commun ; rameaux rougeâtres, recourbés vers leur extrémité.

Paulownia imperialis. — Arbre du Japon, introduit en 1834 ; port du Catalpa ; végétation remarquable ; feuilles très-grandes, surtout chez les jeunes individus ; fleurs bleues, en avril. Pour jouir de toute la beauté de son feuillage, il faudrait le rabattre chaque année, afin d'avoir de jeunes rameaux, sur lesquels les feuilles sont toujours beaucoup plus larges.

Pêcher à fleurs doubles (*Amygdalus Persica flore pleno*). — Arbre admirable pendant sa floraison, qui a lieu en mars et avril ; on l'élève à tige ou en buisson.

Variétés. — Alba plena, — Rubra plena, — Versicolor, — Flore pleno, — Camelliæflora, — Dianthiflora.

Peuplier (*Populus*). — Tous les Peupliers sont des arbres élevés et d'une végétation rapide ; ils se plaisent dans les terrains humides et sont propres à la décoration des jardins paysagers ; les plus remarquables sont :

Variétés. - Nivea, — Angulata, — Balsamifera, — Canadensis, — Pyramidalis, — Grandidentata, — Heterophylla, — Ontariensis, — Tremula, — Molinifera.

PLANERA CRENATA, Orme de Sibérie. — Tout aussi rustique que l'orme commun, avec lequel il a beaucoup de rapport, le *Planera crenata* a, sur ce dernier, l'avantage de ne jamais être attaqué par les insectes.

PLAQUEMINIER LOTUS ou d'Italie (*Diospyros lotus*). — Hauteur, 8^m,33 à 10 mètres; feuilles lancéolées, d'un beau vert; fleurs verdâtres, peu apparentes, en juin et juillet; fruits jaunâtres, bons à manger.

PLAQUEMINIER de Virginie (*D. Virginiana*). — Plus élevé que le précédent; fruits bons à manger.

PLATANE d'Orient (*Platanus orientalis*). — Arbre très-élevé, d'un beau port; feuilles palmées; fleurs en chaton globuleux, en avril et mai.

PLATANE d'Occident (*P. occidentalis*). — Port du précédent; seulement il a les feuilles plus larges.

Variétés. — A feuilles d'Érable, — A feuilles laciniées, — Ondulé, — Étoilé.

POIRIER à fleurs doubles (*Pyrus communis flore pleno*). — Variété du poirier commun; hauteur, 4 mètres; fleurs blanches doubles, en avril.

POIRIER cotonneux (*P. Polveria*). — Hauteur, 5 mètres; feuille et rameaux couverts d'un duvet blanc; fleurs blanches, en mai.

POMMIER à fleurs doubles (*Malus communis flore pleno*). — Variété du Pommier commun; hauteur, 4 mètres, fleurs blanc rosé, en mai.

POMMIER baccifère ou de Sibérie (*M. Baccata*). — Hauteur, 2^m,65 ; fleurs grandes, d'un blanc rosé, en avril ; fruits rouges, en forme de baie.

Pommier de la Chine ou à bouquets (*M. spectabilis*). — Hauteur, 4 mètres, fleurs d'un beau carmin avant leur épanouissement, puis blanc lavé de rose, en mai ; fruits très-petits.

Pommier toujours vert (*Malus sempervirens*). — Feuilles presque persistantes ; fleurs d'un beau rose avant leur épanouissement, puis presque blanches, en mai.

Pommier odorant (*M. coronaria*). — Fleurs grandes, d'un beau blanc, odorantes, en mai.

Prunier à fleurs doubles (*Prunus flore pleno*). — Variété du Prunier commun, cultivée pour la beauté de ses fleurs.

Variétés. — Sinensis alba plena, — Sinensis rosea plena, — Trilobata, — Blanc.

Prunier mirobolan (*P. mirobolana*). — On en cultive deux variétés, l'une à fruits rouges, l'autre à fruits jaunes.

Robinier blanc, Acacia blanc (*Robinia pseudo-acacia*). — Arbre élevé, à feuillage élégant ; rameaux épineux ; fleurs blanches, très-odorantes, en mai et juin.

Variétés. — Pyramidalis, — Pendula, — Flore luteo, — Amœna, Decaisneana. — Les variétés sans épines, cultivées sous le nom de Spectabilis, Inermis, Crispa, sortent également du Robinier blanc.

Robinier visqueux (*R. viscosa*). — Port de l'Acacia blanc ; arbre épineux dans sa jeunesse ; rameaux visqueux ; fleurs rose pâle, en juin et juillet.

Robinier rose (*R. hispida*). — Hauteur, 4 mètres ; rameaux très-cassants, couverts de poils rougeâtres ; fleurs d'un beau rose, de juin en août. En le greffant rez terre, il forme un charmant arbrisseau.

Saule pleureur (*Salix Babylonica*). — Arbre d'un aspect très-pittoresque ; rameaux longs et flexibles, pendants jusqu'à terre ; feuilles lancéolées ; fleurs en chaton, en avril et mai.

Variétés. — A feuilles de laurier, — A feuilles de Romarin, — Argenté, — En anneau.

Tous les saules peuvent être placés avantageusement dans les jardins paysagers : ils se plaisent particulièrement dans les terrains humides.

Sophora du Japon (*Sophora Japonica*). — Grand et bel arbre ; feuilles d'un vert foncé ; rameaux un peu pendants ; fleurs blanchâtres, en juillet. Variété à rameaux pendants.

Sorbier des oiseleurs (*Sorbus aucuparia*). — Hauteur, 5 à 6 mètres ; rameaux longs et souvent pendants ; fleurs blanches, en mai ; fruits d'un beau rouge.

Sorbier domestique (*S. domestica*). — Beaucoup plus élevé que le précédent ; fleurs blanches en mai ; fruits pyriformes, rougeâtres.

Variétés. — Hybride, — D'Amérique, — A feuilles de Sureau.

Tilleul d'Europe (*Tilia Europœa*). — Arbre élevé et rustique ; port pyramidal. Cet arbre se couvre de feuilles dès les premiers jours du printemps, mais il les perd beaucoup plus tôt que tous les autres. On l'emploie pour former les avenues. Il est facile à diriger et peut être soumis à une tonte régulière. Fleurs blanchâtres, odorantes, de mars en juin.

Variétés. — Corail, — Pleureur, — A feuilles laciniées, — A feuilles panachées.

TILLEUL argenté (*T. argentea*). — Port du Tilleul d'Europe, seulement un peu moins élevé; feuilles d'un vert foncé en dessus, blanches et cotonneuses en dessous.

TILLEUL d'Amérique (*T. Americana*). — Arbre très-élevé; feuilles très-grandes et dentées.

TULIPIER de Virginie (*Liriodendron tulipifera*). — Arbre d'un beau port, remarquable par la forme de ses feuilles et par ses fleurs, d'un jaune verdâtre mêlé de rouge, semblables à une Tulipe pour la forme et la grandeur; fleurs en juin et en juillet. La plantation des Tulipiers ne doit avoir lieu qu'au printemps, et il faut éviter, autant que possible, de couper aucune branche, car les amputations leur sont très-nuisibles, surtout pendant leur jeunesse.

Variétés. — A feuilles entières, — A fleurs jaunes.

VIRGILIER à bois jaune (*Virgilia lutea*). — Hauteur, 10 mètres environ; fleurs blanches très-belles, en juin.

SECTION XII. — Arbres résineux.

Les arbres résineux, vulgairement nommés arbres verts, doivent être plantés jeunes et de préférence en avril et en mai, époque où ils commencent à végéter. Si l'on se trouvait forcé de planter en automne, il faudrait le faire dès la fin de septembre; autrement on risque de perdre un grand nombre de sujets.

Les Ifs, les Thuias et le Sequoia sempervirens peuvent être taillés; quant aux autres, on doit éviter de les couper; et si jamais il devenait nécessaire de supprimer quelques branches, il faudrait les couper à quelques centimètres de la tige, afin d'éviter une perte de séve, toujours préjudiciable.

On multiplie les arbres verts de graines, semées en avril, ou par la greffe herbacée, en leur donnant pour sujets les variétés les plus ordinaires.

Araucaria imbricata. — Arbre d'une forme pyramidale, très-gracieux; rameaux couverts de feuilles lancéolées, piquantes au sommet.

Cèdre du Liban (*Cedrus Libani*). — Arbre très-élevé, pyramidal; rameaux horizontaux; cônes ovales oblongs, sans aspérités. On doit toujours le planter isolément, afin de jouir de son effet majestueux.

Cèdre deodora (*Cedrus deodora*). — Cet arbre, si remarquable par ses rameaux pendants et le beau vert glauque de ses feuilles, est d'une croissance rapide et susceptible d'atteindre une grande élévation.

Cryptomeria Japonica. — Cet arbre diffère essentiellement des autres arbres verts, par ses feuilles et la disposition de ses rameaux. Pour jouir de toute la beauté des Cryptomeria, il faut les planter isolément.

Cyprès (*Cupressus*). — Ces arbres, d'un vert peu sombre, conviennent tous au jardin d'agrément; on les plante en lignes ou isolément, suivant la forme qu'ils affectent. Seul, le Cupressus disticha exige un terrain frais pour prospérer.

Variétés. — Sempervirens (pyramidal), — Funebris, — Lawsoniana, — Lambertiana, — Disticha (chauve).

Genévrier commun (*Juniperus communis*). — Arbrisseau de 4 à 5 mètres de hauteur; rameaux diffus, feuilles piquantes; baies sphériques, d'un bleu noirâtre.

Variétés. — De Virginie, — D'Orient.

If commun. (*Taxus baccata*). — Arbre rustique, très-rameux ; baies rouges. On peut lui faire prendre différentes formes, en le tondant annuellement.

Variétés. — A feuilles panachées, — Pyramidal.

Mélèze d'Europe (*Larix Europæa*). — Arbre très-élevé, d'une forme pyramidale ; branches horizontales ; feuilles caduques ; cônes très-petits.

Variétés. — A rameaux pendants, — Noir d'Amérique.

Pins (*Pinus*). — Arbres très-élevés, rustiques, toujours verts, précieux pour l'ornement des jardins paysagers ; on les place isolément ou par groupes, et leur nuance sombre contraste agréablement avec le feuillage des autres arbres.

Variétés. — Sylvestris (d'Écosse), — Laricio (de Corse), — Austriaca, — Benthamiana, — Lambertiana, — Pinaster, — Ponderosa, — Pyrenaica, — Strobus, — Sabiniana.

Sapins (*Abies*). — Les Sapins sont généralement des arbres de haute taille ; ils diffèrent des Pins par leur forme pyramidale. Tous peuvent être cultivés dans les grands jardins.

Variétés. — Alba (Sapinette blanche), — Excelsa (Épicéa), — Canadensis (Hemlock), — Cephalonica, — Cilicica, — Balsamea (Baumier), — Douglasii, — Morinda, — Nobilis, — Nordmanniana, Pectinata (S. argenté), — Pinsapo.

Sequoia sempervirens (*Taxodium sempervirens*). — Grand et bel arbre de la Californie, d'une croissance rapide et d'une grande rusticité. On peut laisser le Sequoia s'élever naturellement, ou bien le tailler comme les Ifs, qualités essentielles, qui doivent le faire rechercher avec empressement.

Sequoia gigantea (*Wellingtonia gigantea*). — Également

originaire de la Californie, cet arbre est susceptible d'acquérir des proportions gigantesques.

Pour produire tout son effet, il doit être cultivé isolément.

Thuia du Canada (*Thuia orientalis*). — Hauteur, 8^m,33 ; cime pyramidale ; branches verticales ; feuilles plates, imbriquées, d'un beau vert.

Thuia de la Chine (*T. occidentalis*).—Plus élevé que le précédent ; branches flexibles, feuillage vert roussâtre.

Variétés. — Aurea, — Pendula, — Gigantea, — Lobbii

CHAPITRE XVI

Destruction des animaux nuisibles.

Le potager, le verger et le jardin d'agrément sont, trop fréquemment pour l'horticulteur, exposés aux ravages des oiseaux, des petits mammifères et des insectes, qui, à toutes les époques de leur vie, depuis leur sortie de l'œuf jusqu'à leur métamorphose, vivent aux dépens des végétaux que nous élevons pour notre utilité ou pour notre agrément. Des piéges, des boulettes empoisonnées servent à la destruction des petits rongeurs tels que souris, rats, loirs, lérots, etc. Des piéges, des épouvantails et quelques coups de fusil éloignent les oiseaux ; mais le cultivateur doit savoir distinguer ses amis et ses ennemis, et excepter de cette proscription les fauvettes et autres becs fins, les hirondelles et les oiseaux insectivores, qui à toutes les époques de l'année vivent d'insectes, et l'hiver de graines ou de quelques petites baies restées sur les buissons. A l'époque de l'éducation des petits, les moineaux et les autres granivores détruisent une quantité prodigieuse d'insectes, et on doit les ménager pendant cette saison ; c'est vers juillet qu'il faut commencer à leur faire une chasse impitoyable.

Quant aux insectes, qui sont si nombreux, et qui par leur multiplicité et leur petitesse échappent à nos moyens de destruction, le nombre en est bien diminué, il est vrai, par la chasse active que leur font les oiseaux ; mais leur multiplication est si rapide, qu'ils bravent ces mauvaises chances et semblent n'en devenir que plus incommodes. Il a été proposé un grand nombre de moyens pour les faire disparaître, mais peu d'entre eux réussissent ; et de tous ceux qu'on a employés, la recherche attentive et persévérante est sans contredit le plus long, mais le plus certain. On élève dans les jardins des hérissons, des tortues de terre, de petits oiseaux de nuit, la chevêche, entre autres, qui dévorent une grande quantité d'insectes, et de tous ce sont les derniers qui en détruisent le plus ; leur utilité est d'autant plus grande qu'ils ne chassent que la nuit, et c'est surtout à cette époque de la journée que beaucoup d'insectes exercent leurs ravages. Nous conseillons donc aux horticulteurs d'avoir dans leur jardin un de ces animaux, qui ne coûtent rien et rendent de grands services. Il faut aussi se garder de détruire les chauves-souris, qui ne se nourrissent que de papillons crépusculaires et de phalènes.

Il est bien aussi quelques insectes qui, tels que les coccinelles ou bêtes à bon Dieu, les syrphes, les calosomes, les ichneumons et les sphex, détruisent un grand nombre d'insectes et de chenilles : ainsi les coccinelles, les syrphes mangent les pucerons, et on peut les laisser se multiplier sans crainte ; mais il arrive souvent que certains insectes carnassiers deviennent nuisibles à leur tour quand ils n'ont plus rien à manger. Les ichneumons, les sphex et les syrphes doivent en être exceptés : ils sont toujours utiles et ne nuisent jamais. On peut encore compter les épéires (araignées de jardin) parmi les animaux qui rendent de grands services.

ABEILLES, GUÊPES.—Les fruits mûrs sont souvent attaqués par ces insectes, qui causent des dégâts considérables dans les espaliers. On les détruit en suspendant aux branches de petites fioles remplies d'eau miellée, dans lesquelles ils viennent se noyer; on recherche les nids de guêpes, et l'on asphyxie leurs habitants par la fumée de soufre ou par l'eau bouillante.

ACARUS, vulgairement appelé la *grise*. — Au nombre des causes de destruction des arbres de nos vergers, il faut compter, comme une des plus dangereuses, les piqûres de l'acarus, qui attaque les pêchers et les fait périr. Il s'attache sous les feuilles, en suce le parenchyme, et, malgré sa petitesse, il est si multiplié, qu'il tue l'arbre le plus vigoureux. Le soufre en poudre, appliqué après un bassinage, est le remède le plus efficace que l'on puisse employer pour détruire la grise du pêcher. Les Melons, les Concombres, les Fèves et les Choux attaqués par cette arachnide peuvent être également traités par le même moyen.

ARAIGNÉES. — Si la grosse araignée est inoffensive, il n'en est pas de même des petites, qui courent rapidement sur le sol : elles attaquent les jeunes semis, particulièrement ceux des carottes, en piquent la tige, en sucent la séve et les font périr. On les éloigne en répandant de la suie en poudre sur la terre, et, quand le temps le permet, on fait des bassinages.

COURTILIÈRES. — Ces insectes, qui sont fort gros, et par ce moyen faciles à découvrir, font de grands ravages dans les plantes potagères, et plus particulièrement dans les couches. Les divers moyens de destruction indiqués sont d'arroser la terre avec une eau chargée de savon noir ou d'huile, de planter en terre des pots à demi pleins d'eau dans la direction des galeries des courtilières, afin de les y noyer. Les jardiniers les écrasent simplement à mesure qu'ils les trouvent en retournant les couches, et leur livrent de petits tas de fumier dans lesquels elles viennent se nicher.

Chenilles et Larves. — Dans les vergers, l'échenillage attentif est un des moyens les plus infaillibles, car il détruit à la fois les œufs et les générations suivantes; et si quelques nids échappent, il faut, comme le conseille M. Samuel Curtis, habile amateur anglais, saupoudrer les arbres avec de la chaux vive au moment où les feuilles commencent à se développer, et avant l'épanouissement des fleurs.

M. le docteur Bailly dit aussi qu'on peut facilement détruire les chenilles, lorsqu'elles sont rassemblées, en les aspergeant, à l'aide d'un balai, avec de l'eau mêlée de savon noir : il paraît qu'aussitôt touchées elles sont instantanément frappées de mort; il dit même que l'acide prussique n'agit pas avec plus de promptitude.

Les larves des insectes du genre *Tenthrède* font le désespoir des amateurs de Rosiers : elles attaquent, de concert avec les autres ennemis de cet arbuste, les jeunes rameaux, et font avorter la fleur. C'est au printemps, dans le mois d'avril, qu'il faut s'attacher à les détruire. L'époque de la journée la plus favorable est le matin, avant qu'elles aient commencé à se disperser; il faut les chercher dans l'extrémité des rameaux, qui sont gonflés par leur présence, et les écraser par la pression, ou bien même fendre la branche avec la pointe d'un canif et en extraire la larve. Quand le mal est trop avancé, il faut couper les rameaux malades.

Les larves de l'*Hylotoma rosæ* rongent les feuilles des Rosiers, il est facile de les détruire en les écrasant.

Quant aux chenilles qui dévorent les plantes potagères et se tiennent cachées sous les feuilles des plantes ou dans la terre, il faut, après les autres moyens naturels de destruction, essayer pour les tuer les décoctions de suie et de brou de noix, mais compter plus encore sur la recherche qu'on en fait. Les horticulteurs attentifs devront détruire sans pitié tous les papillons, qui sont les propagateurs des ennemis de leurs récoltes.

Fourmis. — L'incommodité de ces petits insectes est bien connue : ils nuisent aux racines en soulevant la terre dans laquelle ils pratiquent leur demeure ; ils attaquent les feuilles et les fruits et ils échappent à beaucoup de moyens de destruction par leur petitesse et leur agilité. Pour les empêcher de monter aux arbres, il faut entourer le pied avec un cordon de laine bien cardée ; on les éloigne des pots et des caisses en les entourant d'eau, soit par un support, soit par de petits vases que l'on entretient constamment pleins. Des bouteilles d'eau miellée suspendues aux arbres attirent les fourmis, et elles y trouvent la mort en nombre considérable. Enfin on peut les détruire, comme les courtilières, avec de l'eau mêlée de savon noir ou d'huile.

Kermès, Cochenilles, Gallinsectes. — Les kermès font un tort considérable au pêcher et en général aux arbres à fruits. Au printemps, ils adhèrent si fortement aux branches, qu'il faut le secours d'une brosse rude pour les en détacher. C'est au mois d'avril qu'on doit en faire la recherche, avant la ponte, et avant qu'ils aient quitté les branches où ils ont passé l'hiver, pour se disperser sur les feuilles des arbres. Il y a plusieurs espèces de kermès toutes généralement appliquées aux branches comme de petites verrues.

Limaçons (*Hélices jardinières*). — Pour s'en débarrasser, on n'a rien de mieux à faire que de les ramasser à mesure qu'on les rencontre, surtout le matin ou après la pluie ; on doit aussi chaque fois qu'on rencontre des œufs les détruire avec soin.

Limaces (ou *Buhottes*). — Elles font beaucoup de tort aux végétaux, qu'elles dévorent avec une incroyable voracité. Le meilleur moyen de les détruire est sans contredit l'emploi de la chaux hydratée réduite en poudre. Pour la répandre, on se place sous le vent et on la jette à la main, en rasant le sol aussi vivement et aussi régulièrement que possible, afin de la répandre bien également.

Lombrics, Vers de terre. — Les lombrics ne font d'autre tort aux plantes que de soulever la terre pour creuser leur galerie, et ce n'est que dans les planches où ont été faits de jeunes semis qu'on doit les détruire. On les fait sortir en battant la terre ou en y enfonçant un bâton que l'on agite en tous sens : ils sortent alors de terre ; on les met dans un pot et on les noie, on les écrase, ou mieux encore on les donne à la volaille.

Perce-oreilles ou Forficules. — Comme tous les insectes qui sortent particulièrement la nuit, les perce-oreilles s'attaquent aux feuilles des végétaux, aux fleurs et aux fruits, qu'ils percent afin de s'y loger. Les Œillets, les Dahlias, les Roses trémières sont la proie de leur voracité. Pour les détruire, le moyen le plus simple consiste à placer sur des bâtons de petits pots à fleurs renversés, au fond desquels on met un peu de mousse ; on visite les piéges tous les matins, et, pour détruire les perce-oreilles qui s'y sont réfugiés, on les plonge dans un baquet plein d'eau.

Pucerons. — Les pucerons, dont on connaît un grand nombre d'espèces, s'attaquent à toutes les plantes en général. Qu'ils soient gris comme les pucerons lanigères, verts comme ceux des Rosiers, etc., ils causent les mêmes ravages et font périr les végétaux par les succions répétées qu'ils exercent sur leurs feuilles ; les fourmis, qu'ils attirent, viennent ajouter aux dégâts qu'ils commettent. On les détruit en nettoyant une à une les branches ou les feuilles qui en sont chargées, en enlevant celles qui ont été trop profondément altérées, ou en les enfumant avec du tabac un peu humide, au moyen de l'appareil nommé *fumigateur*, ou bien en lavant les plantes avec une légère eau de savon noir ; la poudre de pyrèthre, recommandée pour la destruction des pucerons, peut être avantageusement remplacée par le tabac en poudre.

Taupes. — On fait encore une chasse active à ce petit quadrupède insectivore, quoiqu'il ne nuise guère que par ses galeries, car il ne vit que d'insectes et de vers ; mais il remue tout le sol, le bouleverse et coupe les racines qui se trouvent dans la direction de ses couloirs. La taupe travaille trois fois le jour : le matin, à midi, et le soir au coucher du soleil ; il faut profiter de ce moment pour l'enlever d'un coup de bêche, pendant qu'elle rétablit sa galerie qu'on a d'abord enfoncée avec le pied. On place encore dans la galerie, qu'on débouche, un piége amorcé avec des noix bouillies dans de la lessive, et dont la taupe est très-friande. On met aussi dans l'eau des vers de terre coupés en morceaux et saupoudrés de noix vomique.

Tiquets (Altise bleue). — Ces petits insectes, d'une agilité extrême, et qui échappent par un bond à la main qui veut les saisir, font des ravages considérables dans les semis de Choux, Radis, Navets, etc. On n'a guère de moyens de les détruire ; mais on les éloigne en arrosant les végétaux avec une décoction de tabac ou de plantes âcres.

Vers blancs (larve des hannetons.) — Ces insectes, nuisibles aux arbres à fruits, à la Vigne, aux arbustes d'agrément et aux plantes potagères, sont difficiles à détruire, non pas à cause de leur agilité, puisqu'à l'époque de leur vie de larve ils rampent avec lenteur sous le sol, mais parce qu'ils exercent leurs ravages cachés dans le sein de la terre et qu'on ne s'aperçoit de leur présence que quand le mal est irréparable. Dès qu'on voit se flétrir les feuilles d'une plante, il faut fouiller au pied, et l'on est sûr d'y trouver un ou deux vers blancs. Lorsqu'on veut soustraire à leur voracité des plantes auxquelles on attache du prix, comme les arbres à fruits ou les jeunes plantations, il faut planter près d'eux des Fraisiers, des Laitues, etc., dont les vers blancs sont très-friands. Une autre précaution à prendre est de poursuivre les hannetons avec le plus grand soin et de les détruire aussitôt qu'ils paraissent. Il faut faire cette chasse le matin : les hannetons, engourdis par la fraîcheur de la nuit, sont alors faiblement attachés aux branches et tombent facilement à terre.

M. Duval, qui paraît avoir étudié avec soin les mœurs du hanneton, prétend que de simples binages suffisent, pour détruire les larves de cet insecte. Seulement les binages doivent être pratiqués à propos. Selon lui, c'est après la ponte que l'on doit biner les terrains ordinairement ravagés par le ver blanc, afin de ramener à la surface du sol les œufs qui se trouvent dans la terre. A cette époque, l'action de la lumière suffit, d'après ce qu'il a observé, pour détruire tous les œufs que l'on peut atteindre.

CHAPITRE XVII

Vocabulaire des principaux termes de jardinage.

Accot. Fumier qu'on élève autour de couches pour empêcher le froid d'y pénéter.

Ados. Terrain en pente tournée du côté du soleil. Les ados servent à faire des semis et repiquer le jeune plant.

Amender. Améliorer une terre par les engrais.

Annuel. On donne ce nom aux plantes qui dans l'année germent, fleurissent, portent graines et meurent.

Aouté. Se dit des jeunes branches qui ont atteint la consistance nécessaire pour résister à l'hiver.

Arroser. Synonyme de mouiller.

Bassiner. Arroser légèrement avec la pomme de l'arrosoir, de manière que l'eau tombe en forme de pluie.

Bifurqué. Qui se divise en deux branches.

Biner. C'est diviser la superficie du sol avec la binette, afin qu'elle ne se durcisse pas.

Bisannuel. Les plantes qui durent deux ans.

Bourgeons. Feuilles et tiges qui commencent à se développer.

Boutons. Yeux placés dans l'aisselle des feuilles et au bout des rameaux.

Boutons adventifs. Ceux qui naissent ailleurs que dans l'aisselle des feuilles et au bout des rameaux.

BRINDILLE. Branche à fruits mince et courte.

BULBE. Oignon de plante.

BUTTER. Relever la terre autour du pied des plantes pour les préserver de la gelée, les faire blanchir ou favoriser le développement des tubercules.

CADUQUES (feuilles). Qui tombent chaque année.

CAÏEU. Bourgeon qui se forme sur le côté des gros oignons.

CHARGER UNE COUCHE. C'est placer dessus la terre ou le terreau nécessaire au besoin des plantes qu'on veut cultiver.

COLLET. Espèce de nœud placé entre la racine et la tige.

CONTRE-ESPALIER. Arbres plantés parallèlement à l'espalier et dont les branches s'attachent sur un treillage peu élevé.

CONTRE-PLANTER. Cette opération consiste à planter entre les rangs d'une planche garnie de plants à moitié ou aux trois quarts venus, des plants qui leur succéderont.

CÔTIÈRE. Planche plus ou moins large, abritée par un mur ou un brise-vent, où l'on cultive des légumes qui viennent plus tôt qu'en plein jardin.

COTYLÉDON. Lobes séminaux ou feuilles séminales.

COURSON. Branches taillées court.

DRAGEONS. Jeunes pousses qui partent des racines.

ÉCLAIRCIR. C'est arracher du plant lorsqu'on l'a semé trop dru, de manière que celui qui reste profite davantage.

Eclater. Séparer les racines d'une plante qui pousse plusieurs tiges.

Espalier. Arbre dont les branches sont étendues contre un mur.

Étêter. Couper avec les ongles la tige principale d'une plante, de manière à faciliter le développement des branches inférieures.

Forcer. C'est obliger une plante ou un arbre à produire plus tôt qu'il ne le ferait naturellement.

Frappé. Se dit d'un melon qui, arrivé à sa grosseur, commence à changer de couleur et de teinte.

Germe. Partie de la semence dont se forme la plante.

Gobter. Couvrir les meules à champignons avec de la terre légère.

Hale. Vent sec et desséchant.

Herbacées. Se dit des tiges vertes, molles, succulentes.

Herser. Cette opération consiste à briser les mottes de terre avec la fourche, après le labour.

Jauge. On nomme jauge le fossé provenant de la terre qu'on doit enlever avant de commencer à labourer.

Larder. Introduire le blanc dans les meules à champignons.

Ligneux. Qui tient de la nature du bois.

Meuble. Se dit d'une terre bien divisée par les labours.

Mouiller. Synonyme d'arroser.

Nouer. Se dit des fleurs qui passent à l'état de fruit.

Œil. Petite pointe qui paraît dans l'aisselle des feuilles

et au bout des rameaux. Cette petite pointe, au printemps suivant, devient un bouton à bois ou à fruit.

Œilletons. Rejetons que produisent certaines plantes, et qui servent à la propagation de l'espèce.

Ombrer. Étendre une toile ou du paillis sur les châssis, pour atténuer l'intensité des rayons solaires.

Pailler. Étendre du fumier court sur le sol, afin d'empêcher l'évaporation rapide de l'eau des arrosements.

Palisser. Cette opération consiste à fixer seulement les branches et les bourgeons des arbres cultivés en espalier.

Persistants, persistantes. On appelle persistantes les feuilles qui restent plusieurs années sur l'arbre.

Pincer. Couper avec les ongles l'extrémité des jeunes rameaux, pour favoriser le développement des branches inférieures.

Rameau. Petite branche qui est une division des plus grandes.

Ratisser. Couper l'herbe entre deux terres avec la ratissoire, dans les allées et dans les plantations.

Réchaud. Fumier neuf qu'on élève autour des couches pour réchauffer ou entretenir la chaleur.

Remontants. Les rosiers et autres végétaux qui fleurissent deux fois dans la même année.

Repiquer. Le repiquage consiste à planter au plantoir le jeune plant provenant de semis.

Rustique. Plant de culture facile, qui résiste aux intempéries de l'hiver.

Sarcler. Arracher les mauvaises herbes qui naissent dans les planches en culture.

Sentier. Chemin étroit qu'on laisse entre chaque planche.

Terreauter. C'est étendre une couche de terreau sur un semis.

Tracer. Faire des lignes dans le sens de la longueur des planches, pour semer ou planter.

Tubercules. Parties charnues et arrondies d'où partent ordinairement de petites racines fibreuses.

Turion. Œil ou bouton naissant immédiatement sur les racines.

Vivace. On nomme plantes vivaces tous les végétaux qui subsistent au delà de trois ans, qu'ils perdent ou non chaque année leurs feuilles ou leurs tiges.

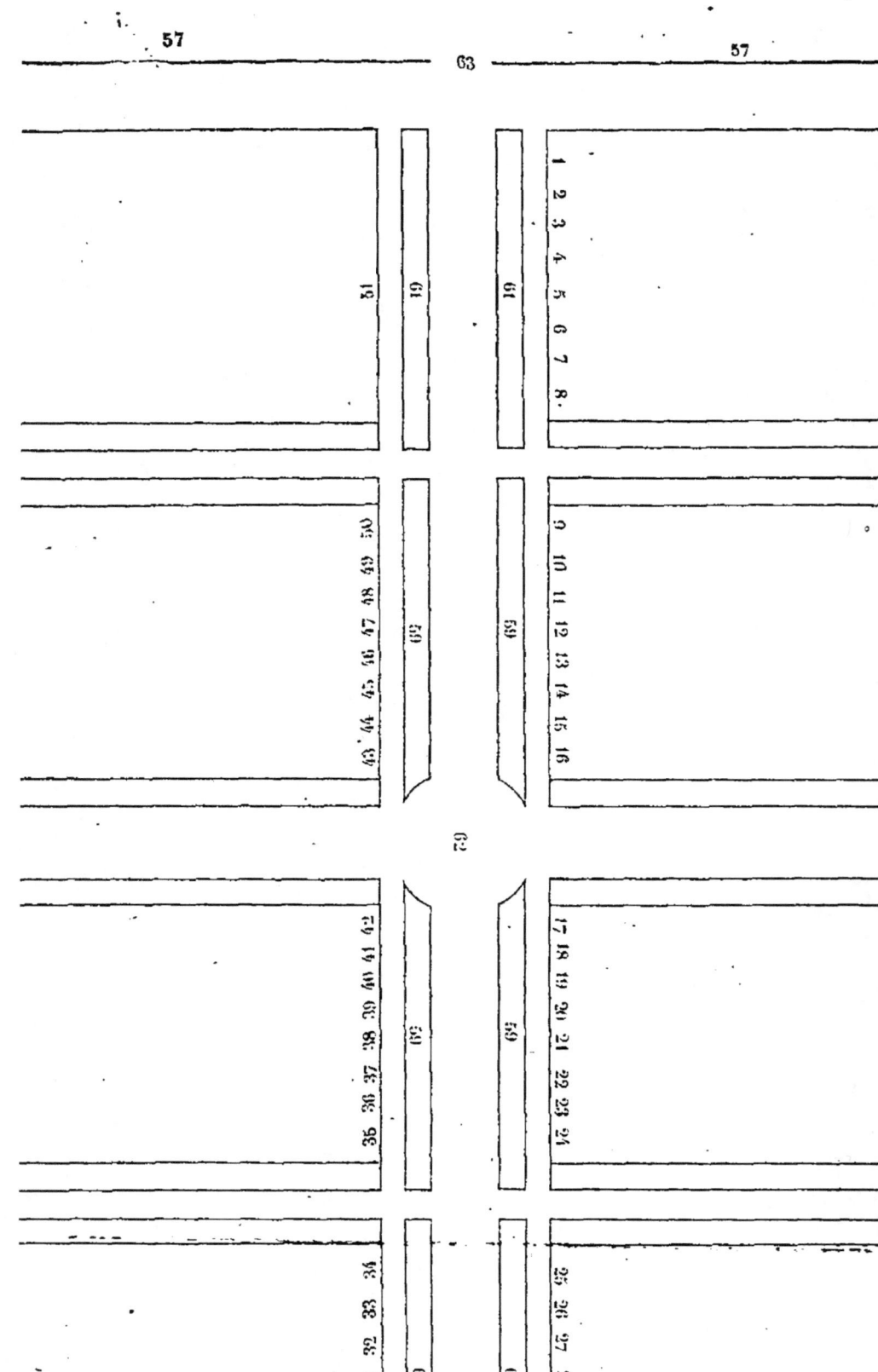

TABLE DES MATIÈRES.

CHAPITRE PREMIER
Disposition générale d'un jardin potager.................... 1

CHAPITRE II
Calendrier 5
— Août.. 6
— Septembre... 8
— Octobre... 11
— Novembre.. 14
— Décembre.. 17
— Janvier... 19
— Février... 22
— Mars.. 25
— Avril... 29
— Mai... 31
— Juin.. 34
— Juillet... 37

CHAPITRE III
Instruments de jardinage...................................... 39
§ 1. Outils propres aux labours et plantations............... 39
2. Outils propres au transport.............................. 41
3. Instruments servant aux arrosements 42
4. Instruments propres à la taille et à l'élagage des arbres 43

CHAPITRE IV
Défoncements et labours....................................... 44

CHAPITRE V
Fumiers et engrais.. 47

CHAPITRE VI
Des arrosements... 49

CHAPITRE VII
Des couches.. 54

CHAPITRE VIII
Multiplication des plantes................................ 56
  § 1. Semis.. 56
     I. Semis sur couche.............................. 57
    II. Semis en pleine terre......................... 57
       1. Semis à la volée............................ 57
       2. Semis en lignes ou en rayons............. 58
       3. Semis en pochets........................... 58
  § 2. Repiquage... 59
   3. Oignons... 59
   4. Caïeux.. 60
   5. Bulbiles.. 60
   6. Tubercules... 60
   7. Griffes ou pattes................................. 61
   8. Œilletons... 61
   9. Séparations des racines........................ 61
  10. Stolons ou Coulants............................ 61
  11. Marcottes.. 62
     1. Marcottes simples........................... 62
     2. Marcottes par strangulation................ 62
     3. Marcottes par incision...................... 62
     4. Marcottes par cépée......................... 63
     5. Marcottes de racines........................ 63
  12. Boutures... 64
     1. Boutures à l'air libre........................ 64
     2. Boutures sous cloches et sous châssis.... 64
     3. Boutures par tronçons de racine........... 66

CHAPITRE IX
De la greffe... 67
  1. Greffe en écusson................................ 68
  2. Greffe en anneau................................. 70
  3. Greffe en fente................................... 71
  4. Greffe en fente sur tubercule.................. 72
  5. Greffe en placage................................ 73
  6. Greffe de la vigne............................... 73
  6 *bis*. Greffe herbacée........................... 74
  6 *ter*. Greffe en couronne (Pline)............... 76
  7. Greffe ordinaire par approche.................. 77
  8. Greffe par approche compliquée................ 78

CHAPITRE X

De la conservation des plantes. — Cloches. — Châssis. — Paillassons. — Orangerie 78
§ 1. De la rentrée des plantes d'orangerie et de leur traitement en hiver.................... 82
  2. De la sortie des plantes d'orangerie et de leur traitement pendant l'été.................... 83
  3. Composition de la terre qu'il faut donner aux plantes ci-après désignées.................... 85
  4. De la rentrée des plantes de serre tempérée et de leur traitement en hiver.................... 87
  5. De la sortie des plantes de serre tempérée et de leur traitement en été.................... 90
  6. Rempotage.................... 92
  7. Composition de la terre qu'il faut donner aux plantes ci-après désignées.................... 94

CHAPITRE XI

Jardin potager.................... 95

CHAPITRE XII

Maladies des plantes potagères.................... 180

CHAPITRE XIII

Jardin fruitier.................... 181
§ 1. Plantation.................... 182
  2. Taille.................... 184
    1. Arbres à fruits à noyaux.................... 186
    2. Arbres à fruits à pepins.................... 188
  3. Ebourgeonnage.................... 189
  4. Palissage.................... 189
  5. Fruitier.................... 19
  6. Culture des meilleures espèces de fruits.................... 191
Culture forcée du Cerisier.................... 193
— — du Figuier.................... 196
— — du Groseillier.................... 198
— — du Pêcher.................... 212
— — du Prunier.................... 230
— — de la Vigne.................... 238

CHAPITRE XIV

Maladies des arbres.................... 239

CHAPITRE XV

Jardin d'agrément..	241
Section Iʳᵉ. Plantes pour bordures...	250
1. Arbustes..	250
2. Plantes vivaces formant des touffes.................................	251
3. Plantes bulbeuses...	255
4. Plantes annuelles que l'on multiplie de graines..................	256
Section II. Plantes à garnir les massifs et les plates-bandes. Plantes annuelles et bisannuelles..	259
Section III. Plantes vivaces et bulbeuses de pleine terre....	279
Section IV. Plantes de serre tempérée que l'on peut cultiver en pleine terre l'été..	319
Section V. Plantes pour l'ornement des eaux.............................	330
1. Plantes à feuilles flottantes...	330
2. Plantes s'élevant au-dessus de la surface des eaux...	331
3. Plantes propres à la décoration du bord de l'eau....	332
4. Arbres et arbustes...	334
Section VI. Plantes pour rocailles...	336
Arbres et arbrisseaux..	337
Section VII. Plantes grimpantes pour garnir les murs, berceaux, tonnelles...	339
1. Plantes annuelles et vivaces...	339
2. Plantes grimpantes de serre tempérée que l'on peut mettre en pleine terre tout l'été.....................................	341
3. Arbrisseaux...	342
Section VIII. Arbrisseaux et arbustes à feuilles caduques...	346
Section IX. Arbrisseaux et arbustes d'ornement à feuillage persistant...	359
Section X Arbustes de terre de bruyère...................................	363
Section XI. Arbres d'ornement à feuilles caduques.................	366
Section XII. Arbres résineux...	378

CHAPITRE XVI

Destruction des animaux nuisibles..	381

CHAPITRE XVII

Vocabulaire des principaux termes de jardinage.................	389
Table des matières..	394
Table alphabétique..	399
Table des figures...	410

FIN DE LA TABLE DES MATIÈRES.

TABLE ALPHABÉTIQUE

Abies, *voir* Sapins.
Abricotiers, 191.
Abronia umbellata, 259.
Acacia blanc, *voir* Robinier.
Acer, *voir* Erable.
Achillea, 279.
Aconit, 279.
Aconitum, *voir* Aconit.
Acorus, 331.
Acroclinium roseum, 259.
Actæa spicata, 279.
Adonide, 259, 279.
Adonis, *voir* Adonide.
Æsculus, *voir* Marronnier.
Æthionema coridifolium, 336.
Ageratum, 259.
Ail, 95.
Ail doré, 255.
Ailantus, 366.
Airelle, 334, 337.
Ajonc, 359.
Alaterne, 359.
Alcea, *voir* Rose Trémière.
Alizier, 359, 366.
Alisma, 330.
Alnus, *voir* Aune.
Alstrœmeria, 280.
Althæa, *voir* Hibiscus.
Alternanthera spatula, 319.
Alyssum, 251, 259.
Amandier, 192, 346.
Amarante, 260.
Amarante à crète, *voir* Celosia à crète.
Amarantoïde, 268.
Amarantus, *voir* Amarante.
Amaryllis, 255, 280.
Amelanchier, 346.
Amorpha, 346.
Amygdalus, *voir* Amandier.
Anagallis grandiflora, 260.
Ananas, 96.
Anchusa, *voir* Buglosse.
Ancolie, 281.
Andromeda, 363.
Anémone, 281.
Anona, *voir* Asimina.
Anthemis des teinturiers, 283.
Antirrhinum majus, *voir* Muflier.
Apalanche vert, *voir* Prinos verticillata.
Apocyn, 283.
Apocynum, *voir* Apocyn.
Aquilegia, *voir* Ancolie.
Arabis verna, *voir* Tourrette printanière.
Aralia, 367.
Arbousier, 363.
Arbre aux quarante écus, *voir* Gingko biloba.
Arbre aux Anémones, *voir* Calycanthus.
Arbre de neige, *voir* Chionanth.
Arbre saint, *voir* Azedarach.
Arbre aux fraises, *voir* Arbutus unedo.
Arbutus, *voir* Arbousier.
Araucaria, 379.

Arenaria, *voir* Sabline.
Argemone grandiflora, 260.
Argentine, *voir* Cerastium tomentosum.
Argousier, 347.
Aristoloche, 342.
Arroche des jardins, 101.
Artichaut, 101.
Arum, 283.
Arundo donax, 332.
Asclepias, 283.
Asimina virginica, 347.
Asperges, 103.
Asperula odorata, 251.
Asphodèle, 284.
Asphodelus, *voir* Asphodèle.
Aster, 251, 284.
Aster Sinensis, *voir* Reine-marguerite.
Astragale, 284, 337.
Astrantia, 284.
Atragène, 342.
Aubépine, *voir* Epine blanche.
Aubergine, 108.
Aubrietia deltoida, 251, 336.
Aucuba, 360.
Auricule, *voir* Primevère auricule.
Aune, 334, 367.
Azalea, 363.
Azarero, *voir* Cerasus Lusitanica.
Azédarach, 347.
Azerolier, *voir* Epine d'Espagne.

Baguenaudier, 347.
Balisier, *voir* Canna Indica.
Balsamine, 261.
Bambusa, 333.
Barbe de capucin, *voir* Chicorée sauvage.
Barbeau, *voir* Centaurées.
Barkhausia rubra, *voir* Crepis rubra.
Bartonia aurea, 261.
Baselle, 109.
Basilic, 109.
Begonia, 319.
Belle-Dame, *voir* Arroche.
Belle-de-jour, 261.
Belle-de-nuit, 261.
Bellis perennis, *voir* Pâquerette.
Berberis, *voir* Epine vinette.
Bermudienne, 252.

Betonica, 284.
Betterave, 109.
Betula, *voir* Bouleau.
Bidens atrosanguinea, *voir* Cosmos
Bignonia, 343.
Blé de Turquie, *voir* Maïs.
Bleuet, *voir* Centaurée.
Bocconia, 284.
Bois-bouton, *voir* Cephalanthus.
Bois-cuir, *voir* Dirca.
Bois de Sainte-Lucie, *voir* Cerisier odorant.
Bois-joli, *voir* Daphne mezereum.
Boltonia, 285.
Bonduc, 367.
Bonne-Dame, *voir* Arroche.
Bonnet de Prêtre, *voir* Fusain commun.
Bouleau, 367.
Boulette azurée, *voir* Echinops ritro.
Boule de neige, *voir* Viorne stérile.
Bourgène, 347.
Bourrache, 110.
Bourreau des arbres, *voir* Celastrus scandens.
Boussingaultia baselloides, 341.
Bouton-d'argent, *voir* Achillea ptarmica.
Brachycome, 261.
Brassica, *voir* Choux.
Broualle, 262.
Broussonetia, 367.
Browallia, *voir* Broualle.
Brunella grandiflora, 252.
Buddleia Lindleyana, 360.
Buglose, 285.
Bugrane, 285, 347.
Buis, 250, 360.
Buisson ardent, 360.
Buplevrum, 360.
Butomus umbellatus, 333.
Buxus, *voir* Buis.

Cacalia sagittata, 262.
Caladium, 320.
Calandrinia umbellata, 262.
Calcéolaires, 320.
Calendula, *voir* Souci.
Calliopsis, *voir* Coreopsis.

TABLE ALPHABÉTIQUE.

Callistephus hortensis, *voir* Reine-marguerite.
Calomeria, *voir* Humea.
Caltha palustris, *voir* Populage des marais.
Calycanthus, 347.
Calystegia, 339.
Camomille rouge, *voir* Pyrethrum roseum.
Campanule, 252, 256, 262, 285, 336.
Canna Indica, 320.
Cantua coronopifolia, *voir* Ipomopsis elegans.
Câprier, 337.
Capucines, 110, 262, 339.
Capucine tubéreuse, 341.
Caragana, 347.
Cardamine pratensis, 286.
Carde poirée, *voir* Poirée à carde.
Cardon, 110.
Carotte, 111.
Caroubier, 360.
Carpinus, *voir* Charme.
Cassia, 320.
Cassis, *voir* Groseillier à fruit noir.
Castanea, *voir* Châtaignier.
Catalpa, 367.
Catananche cærulea, *voir* Cupidone bleue.
Cèdre, 379.
Celastrus scandens, 343.
Céleri, 112.
Celosia, 263.
Celtis, *voir* Micoulier.
Centaurea, 263, 286.
Centranthus macrosiphon, 263.
Cephalanthus, 334.
Céraiste, 252.
Cerastium, *voir* Céraiste.
Cerasus, *voir* Cerisier.
Ceratonia, *voir* Caroubier.
Ceratophyllum, *voir* Cornifle.
Cerfeuil, 114.
Cerfeuil bulbeux, 114.
Cerisiers, 193.
Cerisier odorant, 348.
Cerisier à fleurs doubles, 367.
Cestrum, 348.
Chænostoma polyanthum, 264.
Chalef, 368.
Chamæcerasus, 348.
Chamærops, 322.
Champignon comestible, 115.

Charieis heterophylla, *voir* Kaulfussia amelloïdes.
Charme, 368.
Châtaigne d'eau, *voir* Macre.
Châtaignier, 368.
Cheiranthus, 268, 322.
Cheiranthus maritimus, *voir* Julienne de Mahon.
Chelone, *voir* Galane.
Chêne, 338, 360, 368.
Chenillette, 118.
Chervis, 118.
Chèvrefeuille, 343.
Chicorée, 118.
Chicot du Canada, *voir* Bonduc.
Chincapin, *voir* Castanea Americana.
Chionanthus, 334.
Chirouis, *voir* Chervis.
Choux, 121.
Chou-rave, 124.
Chou-navet, 124.
Chou brocoli, 126.
Chou marin, 127.
Choux à feuilles ornementales, 264.
Choux-fleurs, 124.
Chrysanthème, 264, 286, 322.
Chrysocoma, 287.
Ciboule, 128.
Ciboulette, 129.
Cinéraires hybrides, 322.
Cissus quinquefolia, *voir* Vigne vierge.
Civette, *voir* Ciboulette.
Clavalier, 368.
Clarkia, 264.
Clématite, 343.
Cléome, 265.
Clethra, 348.
Cobæa scandens, 339.
Cœlestina cærulea, *voir* Ageratum cæruleum.
Coignassier, 194, 348.
Coignassier de la Chine, 369.
Colchicum, *voir* Colchique.
Colchique, 287.
Coleus, 322.
Collinsia, 256.
Collomia, 256.
Colutea, *voir* Baguenaudier.
Commelina tuberosa, 287.
Comptonia aspleniifolia, 348.
Concombre, 129.

Coniza, *voir* Seneçon en arbre.
Conservation des Patates, 166.
Conservation des Choux-fleurs, 126.
Conservation des Choux cabus, 122.
Consoude, 287.
Convallaria maialis, *voir* Muguet de mai.
Convolvulus, *voir* Ipomæa.
Convolvulus tricolor, *voir* Belle-de-jour.
Coquelicot, 265.
Coquelourde, 265.
Corbeille d'or, *voir* Alyssum.
Corbeille d'argent, *voir* Thlaspi vivace et Tourette printanière.
Coréopsis, 265, 287.
Corète du Japon, 348.
Cornichon, *voir* Concombre.
Cornifle, 330.
Cornouiller, 349, 369.
Cornus, *voir* Cornouiller.
Coronilla emerus, 349.
Corydalis formosa, 288.
Corylus, *voir* Noisetier.
Cosmos bipinnatus, 265.
Cotoneaster, 338.
Courges, 130, 339.
Couronne impériale, *voir* Fritillaria imperialis.
Crambe maritima, *voir* Chou marin.
Craniolaria fragrans, *voir* Martynia fragrans.
Cranson, *voir* Raifort.
Cratœgus, *voir* Alizier.
Crepis rose, 256.
Crosson, 131.
Crocus vernus, 256.
Croix de Jérusalem, *voir* Lychnis.
Crucianella, 336.
Cryptomeria, 379.
Cucurbita, *voir* Courge.
Cuphea, 266.
Cupidone bleue, 288.
Cupressus, *voir* Cyprès.
Cyclamen, 288.
Cydonia, *voir* Coignassier.
Cynoglossum, *voir* Cynoglosse.
Cynoglosse, 252, 257, 266.
Cyprès, 379.
Cyprès chauve, 335.
Cytise, 349, 369.

Dahlia, 288, 364.
Daphné, 349.
Datura, 266, 290, 324.
Decumaria barbata, 343.
Delphinium, *voir* Pied-d'Alouette.
Dent-de-lion, *voir* Pissenlit.
Deutzia, 349.
Dianthus, *voir* Œillet.
Dictamnus albus, *voir* Fraxinelle.
Didiscus cæruleus, *voir* Hugelia cærulea.
Dielytra spectabilis, 290.
Diervilla lutea, 349.
Digitale pourpre, 266.
Dimorphotheca pluvialis, *voir* Calendula pluvialis.
Dioclea glycinoides, 341.
Dioscorea batatas, *voir* Igname de la Chine.
Diospyros, *voir* Plaqueminier.
Dirca palustris, 335.
Dodecatheon meadia, 291.
Doronic, 252, 291.
Dracocephalum, 266, 291.

Eccremocarpus scaber, 341.
Echalote, 133.
Echinops ritro, 292.
Elœagnus, *voir* Chalef.
Emilia sagittata, *voir* Cacalia sagittata.
Enothères, 266, 292.
Epervière, 292.
Ephémère, *voir* Tradescantia.
Epi de la Vierge, *voir* Ornithogalum pyramidale.
Epilobium, 292.
Epimedium, 292, 336.
Epinard, 133.
Epinard d'été, *voir* Tétragone étalée.
Epine, 369.
Epine-vinette, 194, 349.
Erable, 369.
Erica, 364.
Frigeron, 292.
Erinus, 293, 336.
Eriophorum, *voir* Linaigrette.
Erodium, 293.
Erysimum, 267.
Erysimum barbarea, *voir* Velar.
Erythrina, 322.

Escholtzia Californica, 267.
Estragon, 134.
Eucalyptus globulus, 324.
Eucharidium elegans, 267.
Eupatoire, 293.
Eupatorium, *voir* Eupatoire.
Eutoca viscida, 267.
Evonymus, *voir* Fusain.

Fagus, *voir* Hêtre.
Farfugium, 293.
Faux Ebénier, *voir* Cytise.
Faux Indigo, *voir* Amorpha.
Faux Jalap, *voir* Belle-de-nuit.
Faux Pistachier, *voir* Staphylea.
Fenouil, 134.
Fenouil marin, *voir* Perce-pierre.
Fève, 134.
Févier, 370.
Ficoïde, 267.
Figuier, 195.
Filaria, 361.
Fléchière, 330.
Fleur de la Passion, *voir* Passiflora.
Fontanesia, 338.
Forsythia suspensa, 350.
Fothergilla, 364.
Fougères, 336.
Fraisiers, 135.
Frambroisiers, 196.
Fraxinelle d'Europe, 293.
Fraxinus, *voir* Frêne.
Frêne, 370.
Fritillaria, 293.
Fumaria, *voir* Fumeterre.
Fumeterre, 293.
Funkia subcordata, *voir* Hemerocallis Japonica.
Fusain, 350, 361.
Fuchsia, 324.

Gaillardia, 295.
Galane, 295.
Galanthus nivalis, 295.
Galé, 335.
Galega officinalis, 295.
Gattilier, 350.
Gaultheria, 365.
Gaura biennis, 267.

Gazon turc, *voir* Saxifrage.
Genêt, 350.
Genévrier, 379.
Genista, *voir* Genêt.
Gentiana, 252, 295.
Géranium, 295.
Géranium rouge, *voir* Pelargonium zonale.
Gesse, 340.
Geum coccineum, 296.
Gilia, 268.
Gilia androsacea, *voir* Leptosiphon androsaceus.
Gilia coronopifolia, *voir* Ipomopsis elegans.
Gilia densiflora, *voir* Leptosiphon densiflorus.
Ginkgo bibola, 371.
Giroflée, 268.
Giroflée de Mahon, *voir* Julienne de Mahon.
Gladiolus, 256, 296.
Glaïeul des marais, *voir* Iris des marais.
Gleditschia, *voir* Févier.
Glycine, 343.
Gnaphalium margaritaceum, *voir* Immortelle.
Gomphrena globosa, *voir* Amarantoïde.
Gordonia, 350.
Graminées à bordures, 252.
Grande douve, *voir* Ranuncul.
Grenadille, 344.
Groseillier, 197, 338, 350.
Gunnera scabra, 297.
Gymnocladus, *voir* Bonduc.
Gynerium argenteum, 297.
Gypsophila, 268, 296.

Helesia, 350.
Hamamelis, 335.
Haricot, 139.
Haricot d'Espagne, 340.
Hedera, *voir* Lierre.
Hedysarum, *voir* Sainfoin.
Helenium autumnale, 297.
Helianthus, *voir* Soleil.
Helianthus argophyllus, 269.
Helichrysium, *voir* Immortelle.
Héliotrope d'hiver, *voir* Tussilago fragrans.

Héliotrope, 324.
Heliotropium, *voir* Héliotrope.
Hellebore, 297.
Hellebore blanc, *voir* Varaire.
Hémérocalle, 253, 298.
Hemerocallis, *voir* Hémérocalle.
Hépatique printanière, 253.
Heraclum, 298.
Herbe aux turquoises, *voir* Ophiopogon du Japon.
Herbe de Ste-Barbe, *voir* Velar.
Hesperis matronalis, *voir* Julienne des jardins.
Hêtre, 371.
Hibiscus, 268, 298, 351.
Hieracium aurantiacum, *voir* Epervière.
Hippophæ rhamnoides, *voir* Argousier.
Hippuris vulgaris, *voir* Pesse d'eau.
Hortensia, 365.
Hoteia Japonica, 298.
Houblon, 344.
Houx, 361.
Hugelia cærulea, 269.
Humea elegans, 269.
Humulus lupulus, *voir* Houblon.
Hyacinthus orientalis, *voir* Jacinthe..
Hydrangea, 351.
Hydrocharis, *voir* Morrène.
Hypericum, *voir* Millepertuis.

Iberis, *voir* Thlaspi.
If, 380.
Igname de la Chine, 142.
Ilex, *voir* Houx.
Immortelle, 269, 298.
Impatiens balsamina, *voir* Balsamine.
Indigofera, 351.
Ipomœa, 340.
Ipomopsis elegans, 270.
Iris, 253, 278, 331, 336.
Itea, 351.

Jacée. *voir* Lychnis dioica.
Jacinthe, 299.
Jasmin, 338, 344.

Jasmin de Virginie, *voir* Bignonia radicans.
Jonc fleuri, *voir* Butomus umbellatus.
Jonquille, *voir* Narcissus Jonquilla.
Juglans, *voir* Noyer.
Julienne de Mahon, 257.
Julienne des jardins, 301.
Juniperus, *voir* Genévrier.

Kalmia, 365.
Kaulfussia amelloïdes, 257.
Kerria Japonica, *voir* Corète du Japon.
Ketmie, *voir* Hibiscus.
Kœlreuteria, 371.
Koniga, *voir* Alyssum maritima.

Laitues, 144.
Lamium orvala, 301.
Lantana, 325.
Larix, *voir* Mélèze.
Lathyrus, *voir* Gesse.
Laurier, 361.
Laurier Saint-Antoine, *voir* Epilobium spicatum.
Laurus, *voir* Laurier.
Lavatère à grandes fleurs, 270.
Lawn's-grass, 244.
Lentilles, 147.
Leptosiphon, 257.
Leycesteria, 351.
Lierre, 250, 344, 361.
Ligustrum, *voir* Troëne.
Lilas, 351.
Lilas de terre, *voir* Muscari monstrosum.
Lilium, *voir* Lis.
Limaçon, 118.
Lin à grandes fleurs, 270.
Lin vivace, 301.
Linaigrette, 333.
Linaire, 257, 302, 336.
Linum perenne, *voir* Lin vivace.
Lippia repens, 253.
Liquidambar, 371.
Liriodendron, *voir* Tulipier.
Lis, 302.
Lis des Incas, *voir* Alstrœmeria pelegrina.

TABLE ALPHABÉTIQUE.

Lis Saint-Bruno, *voir* Phalangium liliastrum.
Liseron tricolore, *voir* Belle-de-jour.
Loasa, 342.
Lobelia, 257, 303, 325.
Lonicera, *voir* Chèvrefeuille.
Lophospermum, 342.
Lothier rouge, 270.
Lunaire annuelle, 270.
Lunaria annua, *voir* Lunaire annuelle.
Lupin, 270, 304.
Lupinus, *voir* Lupin.
Lychnide, 253, 304.
Lychnis, Coquelourde, *voir* Lychnide.
Lycium, 338.
Lysimachi, 333.
Lythrum virgatum, *voir* Salicaire.

Mâche, 147.
Maclura, 371.
Macre, 331.
Madaria elegans, *voir* Madia elegans.
Madia elegans, 270.
Magnolia, 352, 362, 371.
Mahonia, 362.
Maïs, 147, 270.
Malcolmia maritima, *voir* Julienne de Mahon.
Malope grandiflora, 271.
Malus, *voir* Pommier.
Malva, *voir* Mauve.
Marronnier, 372.
Martynia, 271.
Massette, 331.
Matricaria mandiana, 304.
Maurandia, 342.
Mauves, 271.
Megasea crassifolia, *voir* Saxifraga crassifolia.
Mélèze, 380.
Melia, *voir* Azedarach.
Mélilot, 271.
Mélilotus, *voir* Mélilot.
Mélongène, *voir* Aubergine.
Melons, 148.
Melon d'eau, 158.
Menispermum Canadense, 344.

Mentha piperita, *voir* Menthe poivrée.
Menthe poivrée. 305.
Menyanthes, 331.
Menziezia, 365.
Merendera bulbocodium, 305.
Merisier, 352.
Mesembryanthenum, *voir* Ficoïdes.
Mespilus Germanica, *voir* Néflier.
Micocoulier, 372.
Mignardise, *voir* OEillet mignardise.
Millepertuis, 338, 352.
Mimulus, 325.
Mirabilis Jalapa, *voir* Belle-de-nuit.
Molène purpurine, 305.
Monarda didyma, 305.
Moræa Sinensis, 305.
Morelle grimpante, 344.
Morina longiflora, 305.
Morrène, 331.
Morus, *voir* Mûrier.
Mullier des jardins, 271.
Muguet de mai, 305.
Mûrier, 198, 352, 373.
Mûrier à papier, *voir* Broussonetia.
Muscari, 306.
Myosotis, 306, 334.
Myrica, *voir* Galé.

Naïade, 331.
Narcisse, 256, 306.
Narcissus, *voir* Narcisse.
Naumburgia, *voir* Lysimachia.
Navet, 159.
Néflier, 199, 362, 373.
Negundo, *voir* Érable negundo.
Nemesia floribunda, 258, 272.
Nemophila, 258.
Nénuphar, 331.
Nierembergia, 326.
Nicotiana wigandioïdes, 326.
Nigelle, 272.
Noisetier, 200, 352, 373.
Noyer, 200.
Noyer d'Amérique, 374.
Nyctago hortensis, *voir* Mirabilis Jalapa.
Nycterinia selaginoïdes, 272.

Nympæa, *voir* Nénuphar.
Nyssa, *voir* Tupélo.

OEillet, 306.
OEillet mignardise, 253.
OEillet de la Chine, 272.
OEillet de poëte, 309.
OEillet flon, 309.
OEillet d'Inde, *voir* Tagetes.
OEnothera, *voir* Enothère.
Oignon, 159.
Olivier de Bohême, *voir* Chalef.
Omphalode printanière, *voir* Cynoglossum omphalodes.
Onomis, *voir* Brugrane.
Ophiopogon du Japon, 253.
Oreille d'Ours, *voir* Primevère auricule.
Oreille de lièvre, *voir* Buplevrum.
Orme, 374.
Orme à trois feuilles, *voir* Ptelea trifoliata.
Ornithogalum pyramidale, 309.
Orobe printanier, 310.
Orobus vernus, *voir* Orbe printanier.
Oseille, 162.
Oseille épinard, 162.
Oxalis, 163, 256, 272.

Pæonia, *voir* Pivoine.
Paliurus, 352.
Panais, 163.
Papaver, *voir* Pavot.
Pâquerette, 253.
Parnasia palustris, 333.
Passiflora, *voir* Grenadille.
Pastèque, *voir* Melon d'eau.
Patate douce, 164.
Patience des Jardins, 162.
Patience aquatique, 332.
Paulownia, 374.
Pavia, *voir* Marronnier.
Pavot, 272, 310.
Pêchers, 201.
Pêches à fleurs doubles, 374.
Pelargonium zonale, 326.
Pensée à grandes fleurs, 278.
Pentapetes phœnicea, 272.
Pentstemon, 309.

Perce-neige, *voir* Galanthus nivalis.
Perce-pierre, 166.
Periploca, 344.
Persicaire, 272.
Persil, 167.
Pervenche, 337.
Pesse d'eau, 332.
Petite-Marguerite, *voir* Bellis perennis.
Petunia, 327.
Peuplier, 335, 374.
Phacelia, 273.
Phalangère, 310.
Phalangium, *voir* Phalangère.
Phalaris, 333.
Phascolus, *voir* Haricot.
Philadelphus, *voir* Seringat.
Phlomis, 310, 362.
Phlox, 254, 273, 310.
Phlox Drummundii, 273.
Pied-d'alouette, 258.
Pied-d'alouette grand, 273.
Pied-d'alouette des blés, 274.
Pied-d'alouette vivace, 290.
Pigamon, 311.
Piment, 167.
Pimprenelle, 167.
Pins, 380.
Pinsapo, *voir* Sapins.
Pinus, *voir* Pins.
Pissenlit, 167.
Pivoine herbacée, 311.
Pivoine en arbre, 352.
Planera 375.
Plantain d'eau, *voir* Alisma.
Plaqueminier, 375.
Platane, 375.
Platanus, *voir* Platane.
Plumbago Larpentæ, 311.
Podolepis gracilis, 274.
Poinciana Gilliesii, 353.
Poireau, 168.
Poirée blonde, 168.
Poirée à cardes, 169, 262.
Poiriers, 213, 375.
Poiriers à fleurs doubles, 375.
Pois, 169.
Pois de senteur, *voir* Gesse odorante.
Pois vivace, *voir* Gesse à larges feuilles.
Poivre loug, *voir* Piment.

Polémoine bleu, 311.
Pelemonium cæruleum, *voir* Polémoine.
Polianthes, *voir* Tubéreuse.
Polygonum *voir* Persicaire.
Pomme-d'amour, *voir* Tomate.
Pommes de terre, 172.
Pommiers, 227, 375.
Pommiers à fleurs doubles, 375.
Pompadoura, *voir* Calycanthus.
Pontederia cordata, 332.
Populage des marais, 334.
Populus, *voir* Peuplier.
Porte-Chapeau, *voir* Paliurus.
Portulaca, *voir* Pourpier.
Potentilla, 311, 353.
Potiron, *voir* Courge.
Pourpier, 174.
Pourpier à grandes fleurs, 273.
Primevère, 254, 327.
Primevère auricule, 254.
Primula, *voir* Primevère.
Prinos, 365.
Prunellier, *voir* Pruniers épineux.
Pruniers, 230, 376.
Pruniers épineux, 353.
Pruniers à fleurs doubles, 376.
Prunus, *voir* Pruniers.
Prunus mahaleb, *voir* Cerasus mahaleb.
Ptelea trifoliata, 353.
Pulmonaire, 312.
Pulmonaria, *voir* Pulmonaire.
Pyrethrum, 254, 312.
Pyrethrum Indicum, *voir* Chrysanthème.
Pyrus, *voir* Poirier.

Quercus, *voir* Chêne.

Radis, 174.
Raifort, 175.
Raiponce, 175.
Ranunculus, *voir* Renoncule.
Raves, 175.
Régence, *voir* Mâche d'Italie.
Reine-Marguerite, 258, 274.
Renoncule, 312, 352, 334.
Renouée, 334.
Réséda, 274.

Rhamnus, *voir* Bourgène, Alaterne.
Rhodanthe Manglesii, 275.
Rhododendron, 365.
Rhubarbe, 176.
Rhus, *voir* Sumac.
Ribes, *voir* Groseillier.
Ricin, 275.
Ricinus, *voir* Ricin.
Robinier, 376.
Romaines, *voir* Laitues.
Ronce, 338.
Rose trémière, 275, 312.
Rose de Noël, *voir* Helleborus niger.
Rose d'Inde, *voir* Tagetes erecta.
Rose du ciel, *voir* Coquelourde-Rose-du-Ciel.
Rosiers, 251, 345, 353.
Ruban-d'eau, *voir* Sparganium natans.
Roseau à Quenouille, *voir* Arundo donax.
Roseau ruban, *voir* Phalaris arundinacea.
Rubus, *voir* Ronce.
Rudbeckia, 313.
Rumex, *voir* Oseille.
Ray grass, anglais, 244.

Sabline, 254.
Safran printanier, *voir* Crocus vernus.
Sagittaria, *voir* Fléchière.
Sainfoin d'Espagne, 275.
Sainfoin du Caucase, 313.
Salicaire effilée, 332.
Salisburia, *voir* Gingko biloba.
Salix, *voir* Saules.
Salpiglossis sinuata, 275.
Salsifis blanc, 176.
Salsifis noir, *voir* Scorsonère.
Salvia, 254, 275, 327.
Sambucus, *voir* Sureau.
Sanvitalia, 258.
Sapins, 380.
Saponaire, 258, 313, 337.
Sariette, 177.
Sauge, *voir* Salvia.
Saules, 335, 377.
Saururus cernuus, 332.
Savonnier, *voir* Kœlreuteria.

Saxifrage, 254, 313, 337.
Scabieuse, 276, 314.
Scabiosa, *voir* Scabieuse.
Scaroles, *voir* Chicorée.
Schizandra coccinea, 345.
Schizanthus, 258, 276.
Schubertia desticha, *voir* Cyprès chauve.
Scille, 314.
Scirpus lacustris, 332.
Scorsonère d'Espagne, 177.
Scutellaria macrantha, 314.
Sedum pyramidale, *voir* Saxifraga pyramidalis.
Sedum, 255, 314, 337.
Sempervivum, 337.
Senecio, *voir* Séneçon.
Séneçon, 276, 314, 328.
Séneçon en arbre, 362.
Sequoia, 380.
Seringat, 357.
Silène, 258, 276, 315.
Sisyrinchium, *voir* Bermudienne.
Solanum, 328.
Soleil, 315.
Solidago, *voir* Verge d'or.
Sophora, 377.
Sorbier, 377.
Sorbus, *voir* Sorbier.
Souci des marais, *voir* Populage des marais.
Souci, 277.
Souvenez-vous-de-moi, *voir* Myosotis palustris.
Sparganium natans, 332.
Specularia speculum, *voir* Campanula speculum.
Sphenogyne speciosa, 277.
Spiræa Japonica, *voir* Kerria Japonica.
Staphylea, 358.
Statice, 255, 328.
Stenactis speciosa, 315.
Stevia, 315.
Stramonium fastuosum, *voir* Datura fastuosa.
Sumac, 358.
Sureau, 358.
Sureau aquatique, *voir* Viorne obier.
Symphorine, 358.
Sycomore, *voir* Erable sycomore.

Symphoricarpos, *voir* Symphorine.
Symphytum, *voir* Consoude.
Sisyrinchium, *voir* Bermudienne.
Syrnga, *voir* Lilas.

Tagetes, 277, 329.
Tagetes patula, *voir* OEillet d'Inde.
Tagetes erecta, *voir* Rose d'Inde.
Tamarix, 325.
Tanacetum, *voir* Tanaisie.
Tanaisie, 315.
Taxodium, *voir* Sequoia.
Taxus, *voir* If.
Tétragone étalée, 177.
Tétragonolobus purpureus, *voir* Lotier rouge.
Thalictrum, *voir* Pigamon.
Thé d'Oswego, *voir* Monarda didyma.
Thlaspi, 277.
Thlaspi jaune, *voir* Alyssum saxatile.
Thlaspi vivace, 255.
Thrachymene cærulea, *voir* Hugelia cærulea.
Thuia, 381.
Thunbergia, 341.
Thymélée des Alpes, *voir* Daphne Cneorum.
Tigridia, 316.
Tilleul, 377.
Tilia, *voir* Tilleul.
Tomate, 178.
Tournefortia, 316.
Tourrette printanière, 255, 336.
Trachelium cæruleum, 277.
Tradescantia, 292, 329.
Trapa natans, *voir* Macre.
Trèfle d'eau, *voir* Menyanthes trifoliata.
Triacanthos, *voir* Févier d'Amérique.
Trifolium, *voir* Cytisus sessilifolius.
Troëne, 359, 362.
Tropœolum, *voir* Capucines.
Tubéreuse, 316.
Tulipe, 316.
Tulipier, 378.
Tupelo, 335.
Turritis verna, *voir* Tourrette printanière.
Tussilage, 318, 337.

Tussilago, *voir* Tussilage.
Typha, *voir* Massette.

Ulex, *voir* Ajonc.
Ulmus, *voir* Orme.

Vaccinium, *voir* Airelle.
Valériane, 277.
Valériane grecque, *voir* Polémoine.
Varaire, 318.
Velar de Barbarie, 318.
Veratrum, *voir* Varaire.
Verbascum phœniceum; *voir* Molène purpurine.
Verbena, *voir* Verveine.
Verge d'or, 318.
Vernis du Japon, *voir* Ailantus glandulosa.
Véroniques, 319, 330.
Vernonia, 319.
Vers, 118.
Verveine, 277, 329.
Viburnum, *voir* Viorne.
Vigne de Judée, *voir* Morelle grimpante.
Vigne vierge, 345.
Vigne, 231.
Villarsia, 331.

Vinca, *voir* Pervenche.
Viola tricolor, *voir* Pensée.
Violette marine, *voir* Campanule à grosses fleurs.
Viorne, 335, 359.
Violette odorante, 255.
Viola odorata, *voir* Violette odorante.
Virgilia, 378.
Viscaria, 278.
Vitex, *voir* Gattilier.
Vitadinia, 255.
Volubilis, *voir* Ipomæa purpurea.

Wellingtonia, *voir* Sequoia.
Witlavia grandiflora, 278.
Weigelia rosea, 359.
Wigandia, 330.

Xanthorhiza, 359.
Xanthoxylum, *voir* Clavalier.
Xeranthemum annuum, *voir* Immortelle.

Yucca, 362.

Zauschneria, 319.
Zea, maïs, *voir* Maïs.
Zinnia, 278.

FIN DE LA TABLE ALPHABÉTIQUE.

TABLE DES FIGURES

Fig. 1. Plan du jardin potager....................... 5
— 2. Thermosiphon......................... 53
— 3. Greffe en écusson..................... 69
— 4. — en anneau...................... 70
— 5. — en fente........................ 72
— 6. — en placage..................... 73
— 7. — en couronne................... 76
— 8. — par approche.................. 77
— 9. Châssis................................ 79
— 10. Serre à Ananas..................... 96
— 11. Melon, 1re taille.................... 150
— 12. — 2e taille........................ 151
— 13. — 3e taille........................ 152
— 14. Pêcher, 2e année.................... 204
— 15. — 3e année....................... 206
— 16. — 4e année....................... 208
— 17. — 5e année....................... 210
— 18. — en V............................ 211
— 19. Serre à forcer....................... 212
— 20. Poiriers en quenouille............... 214
— 21. — en éventail.................... 218
— 22. — en palmette................... 220
— 23. — en palmette à double tige..... 221
— 24. Pommier en gobelet................. 228
— 25. — en cordons.................... 229
— 26. Vigne à la Thomery................. 233

FIN DE LA TABLE DES FIGURES.

ENSEIGNEMENT PROFESSIONNEL

BIBLIOTHÈQUE

DES

PROFESSIONS INDUSTRIELLES ET AGRICOLES

FONDÉE PAR

E. LACROIX ✻

Ex-Officier de marine, Ingénieur civil

Membre de la Société industrielle de Mulhouse, de l'Institut royal
des Ingénieurs hollandais
de la Société des Ingénieurs de Hongrie, etc.

AVEC LA COLLABORATION

de MM. les Rédacteurs des *Annales du Génie civil*

ET CELLE

d'Ingénieurs, de Professeurs et de Savants français et étrangers

TABLE DES MATIÈRES:

	Pages.
Avertissement.	3
Table par ordre alphabétique des noms d'auteurs.	7
Catalogue par ordre alphabétique des matières.	17
Catalogue par ordre méthodique de matières ou de séries.	25
Catalogue général des ouvrages publiés par la librairie Lacroix, autres que ceux qui font partie de la bibliothèque.	71

BIBLIOTHÈQUE

DES

PROFESSIONS INDUSTRIELLES ET AGRICOLES

Publiée par Eugène LACROIX

AVERTISSEMENT

Depuis 1816, c'est-à-dire depuis soixante ans que notre maison est fondée (1), nos prédécesseurs ont publié, et nous continuons à publier des ouvrages sur les sciences appliquées à l'industrie, aux arts et métiers, à l'agriculture. L'ensemble de ces publications forme une collection très-variée : donc, nous avions crée par le fait une *Bibliothèque des professions industrielles et agricoles*. Mais l'étendue de quelques-uns de ces ouvrages, l'enseignement plus ou moins scientifique ou plus particulièrement pratique qu'ils contiennent, la forme typographique, différente pour le plus grand nombre, et enfin le prix élevé

---

(1) Réunion (en 1856) des anciennes maisons Malher et Ce (fondée en 1816), Aug. Mathias (fondée en 1827), Comptoir des Imprimeurs-unis (fondé en 1842), G. Comon (fondée en 1848).

de quelques-uns ne permettaient pas de les comprendre par séries dans une encyclopédie accessible, par la forme, par le fond et par le prix, aux personnes qui ont le plus souvent besoin d'indications pratiques sur la profession dont elles font l'apprentisage, ou danslaquelle elles veulent devenir plus intelligemment habiles.

A ces personnes, dont le nombre est très-grand, il faut des *guides pratiques* exacts, d'un format commode, d'un prix modéré, rédigés avec clarté et méthode, comme est clair et méthodique l'enseignement direct du professeur à l'élève ou celui du maître à l'apprenti. Telle a été notre pensée en commençant, en 1863, la publication de la *Bibliothèque des professions industrielles et agricoles*.

Nous atteindrons le but que nous nous sommes proposé, nous en avons aujourd'hui l'assurance, par la vente soutenue des séries déjà publiées, par le nombre et le mérite, soit comme savants, soit comme praticiens, des collaborateurs acquis à l'œuvre, et par les adhésions qui nous arrivent de tous côtés et sous toutes les formes.

Notre publication s'adresse à l'ingénieur, à l'industriel, à l'ouvrier mécanicien, dans chacune des professions spéciales, à l'artisan de tous les métiers, à l'instituteur, à l'agriculteur; certaines séries conviennent à l'homme du monde qui désire satisfaire utilement sa curiosité, ou qui veut augmenter les notions déjà acquises, par des connaissances particulières sur les professions qui procurent à la société entière es éléments du bien-être matériel, base indispensable du progrès moral.

C'est donc à un très-grand nombre de lecteurs ou plutôt de travailleurs que nous offrons un concours efficace pour l'étude et les applications des questions d'utilité privée ou publique. Nous leur faisons un appel direct, en leur rappelant qu'il n'y a pas possibilité d'abaisser le prix de vente d'un livre qu'à la condition de pouvoir imprimer ce livre à un très-grand nombre d'exemplaires, en prévision d'un grand nombre d'acheteurs : en effet les premières dépenses, c'est-à-dire la gravure des bois et des planches, la composition typographique du texte et le travail de l'auteur sont les mêmes pour un exemplaire que pour mille, dix mille, etc. Dans l'espoir que le nombre des adhérents à notre œuvre ne cessera pas d'augmenter, — que rédacteurs et souscripteurs nous prêteront leur appui, de plus en plus efficace, — nous continuerons à publier les volumes annoncés, le plus promptement qu'il nous sera possible.

Le prix de vente de chacun d'eux sera fixé d'après le chiffre des frais occasionnés par sa fabrication.

Cette Bibliothèque est composée de *neuf Séries,* qui se subdivisent comme suit :

Série A. — Sciences exactes	9 vol.
» B. — Sciences d'observation.	24 »
» C. — Constructions civiles.	29 »
» D. — Mines et Métallurgie.	20 »
» E. — Machines motrices.	6 »
» F. — Professions militaires et maritimes.	9 »
» G. — Professions industrielles	67 »
» H. — Agriculture, Jardinage, etc.	57 »
» I. — Économie domestique, Comptabilité, Législation, Mélanges	29 »
Total.	250 vol.

Les volumes de cette collection sont publiés dans le format grand in-18, la plupart d'entre eux sont illustrés de gravures qui viennent mieux faire comprendre le texte ; des atlas renferment les dessins qui exigent d'être représentés à grandes échelles et avec plus de détails.

CATALOGUE

PAR ORDRE ALPHABÉTIQUE DES NOMS D'AUTEURS

DES VOLUMES PUBLIÉS

DE LA BIBLIOTHÈQUE LACROIX

Octobre 1871

	Pages.
Série G, n° 26. **Barbot.** Joaillerie. 1 vol. avec 101 fig. 10 fr.	50
— H — 9. **Basset.** Chimie agricole. 1 vol., 4 fr.	57
— G — 1. — Culture et alcoolisation de la betterave. 1 vol. avec fig., 4 fr.	45
— C — 2. **Birot.** Guide pratique du Conducteur des Ponts et Chaussées et de l'Agent-Voyer. 1 vol. et 1 atlas, 10 fr.	31
Se subdivise en 4 parties qui se vendent séparément 3 fr.	
1° Plans et nivellements;	»
2° Routes et chemins;	»
3° Ponts et aqueducs;	»
4° Constructions en général et devis.	»

	Pages.

Série H, n° 45. **Bona.** Jardins d'agrément. 1 vol., 3 fr. 50 c.   63

— H — 57. — Constructions rurales. 1 vol., 5 fr.   66

— G — 1. — Préparation et tissage des étoffes. 1 vol. et un atlas, 10 fr.   45

        La 1re partie. Draperie-nouveauté. 1 vol. et atlas se vend séparément, 6 fr.   »

— F — 2. **Bousquet.** Architecture navale. 1 vol. avec fig. 3 fr.   43

— C — 20. **Bouniceau.** Constructions à la mer. 1 vol. avec fig. et 1 atlas, 18 fr.   33

— H — 50. **Bourgoin d'Orli.** Culture de la canne à sucre du caféier et du cacaoyer, suivi de la fabrication du chocolat. 5 fr.   64

        Se vend séparément :

— H — 46. — Culture du caféier et du cacaoyer. 3 fr.   63

— H — 50. — Culture de la canne à sucre. 3 fr.   »

— B — 12. **Brun.** Fraudes et maladies du vin. 1 vol., 3 fr.   29

— G — 60. **Cailletet.** Huiles, essais et dosage. 1 vol., 4 fr.   53

— H — 20. **Carbonnier.** Pisciculture. 1 vol., 3 fr.   59

— C — 3. — Carnet de l'Ingénieur. 1 vol., 4 fr.   31

— G — 9. **Chateau.** Corps gras industriels. 1 vol., 5 fr.   48

SCIENCES INDUSTRIELLES ET AGRICOLES.

			Pages.
Série C,	n° 16.	**Chauvao de la Place.** Chemins de fer (courbes de raccordement. 1 vol., 6 fr.	32
— B	—	5. **Chevalier.** Photographie. 1 vol. avec fig., 4 fr.	28
— B	—	2. **Clausius.** Théorie mécanique de la chaleur. 2 vol. avec fig., 15 fr.	27
— C	—	4. **Cornet.** Album des chemins de fer, cours de l'École centrale, 10 fr.	31
— H	—	41. **Courtois-Gérard.** Jardinage. 1 vol. avec fig., 5 fr.	62
— H	—	28. —Culture maraîchère. 1 vol. avec fig., 5 fr.	60
— C	—	10. **Demanet.** Maçonnerie. 1 vol. avec 20 planches doubles, 6 fr.	32
— D	—	1. **Demanet** (fils). Exploitation de la houille. 1 vol. avec fig., 6 fr.	37
— D	—	5. **Dessoye.** Acier. 1 vol., 4 fr.	»
— E	—	6. **Dinée.** Engrenages. 1 vol. avec 17 planches doubles, 5 fr.	4
— I	—	16. **D'Omalius d'Halloy.** Ethnographie. Etudes sur les races humaines. 1 vol. avec une planche en couleur, 4 fr.	69
— F	—	1. **Doneaud.** Droit maritime. 1 vol., 3 fr.	43
— D	—	15. **Drapiez.** Minéralogie. 1 vol., 3 fr.	39
— G	—	5. **Dromart.** Pin maritime. 1 vol. avec 3 planches doubles, 4 fr.	46
— G	—	50. **DuLief.** Traité de la fabrication des liqueurs, 5 fr.	52

			Pages.
Série I,	n° 4.	**Dubief.** Liquoriste des dames. 1 v., 3 fr.	68
— I	— 1.	— Vins factices. 1 vol., 2 fr.	67
— G	— 48 bis.	— Le Féculier et l'Amidonnier. 1 vol., 5 fr.	52
— I	— 21.	— L'Immense trésor des Vignerons et des marchands de vin. 1 vol., 5 fr.	70
— H	— 14	**Dubos.** Choix des vaches laitières. 1 vol. avec fig., 3 fr.	57
— I	— 6.	**Dufrené.** Droit des inventeurs, brevets. 1 vol., 3 fr.	68
— C	— 21.	**Emion.** Traité de l'exploitation des chemins de fer. 1 fort vol., 8 fr.	33
		Deux parties se vendent séparément.	
		1° Voyageurs et bagages. 1 vol., 3 fr. 50.	»
		2° Marchandises. 1 vol., 3 fr. 50.	»
— I	— 12.	— Expropriations. 1 vol., 1 fr.	68
— I	— 7.	— Courtage des marchandises. 1 vol., 2 fr.	»
— D	— 4.	**Fairbairn.** Métallurgie du fer. 1 vol. avec fig., 6 fr.	37
— G	— 12.	**Flamm.** Appareils économiques de chauffage, 1 vol. avec 4 planches, 4 fr.	48
— H	— 40.	**Fleury-Lacoste.** Vigneron. 1 vol., 3 fr.	61

SCIENCES INDUSTRIELLES ET AGRICOLES.

Pages.

Série G, n° 14. — **Fol.** Nouveau manuel complet du Teinturier, préparation et application des matières tinctoriales. 1 fort vol. avec nombreuses figures. *sous presse. Pour les souscripteurs*, 8 fr. 50

— H — 2. **Forney.** Taille du rosier, sa culture, etc. 1 vol., 3 fr. 55

— H — 52. **Fraiche.** Ostréiculture, ou culture des huîtres. 1 vol. avec fig., 4 fr. 64

— C — 8. **Francon.** Cubage des bois. 1 vol., 4 fr. 31

— B — 10. **Frésénius.** Potasses, soudes, cendres, acides, etc., 1 vol. avec fig., 3 fr. 28

— B — 17. **Garnault** Electricité. 1 vol. avec fig., 3 fr. 30

— H — **Gaudry.** Machines à vapeur rurales. 1 vol. 107 p. Nouvelle édition sous presse. »

— H — 4. **Gayot.** Traité pratique de construction des habitations des animaux, pour le bon aménagement et l'hygiène. 1 fort vol. avec nombreuses fig., 7 fr. 55

Deux parties se vendent séparément.

— H — 4   1° Ecuries et étables. 1 vol., 3 fr. 56
— H — 4   2° Bergeries, porcheries, etc., 1 vol., 3 fr. 55

— H — 49. **Gobin** (H.). Entomologie et destruction des insectes nuisibles. 1 vol. avec fig., 4 fr. 64

				Pages.
Série H,	n°	32.	**Gobin** (A.). Traité de la culture des plantes fourragères. 1 très-fort vol. avec fig., 8 fr.	60
			Deux parties se vendent séparément.	
—	H	— 32.	1° Prairies naturelles. 3 fr.	61
—	H	— 33.	2° Prairies artificielles. 3 fr. 50	»
—	H	— 1.	— Agriculture générale. 1 vol. avec fig., 4 fr.	55
—	H	— 11.	**Gossin**. Conférences agricoles. 1 vol., 1 fr.	57
—	D	— 12.	**Guettier**. Alliages des métaux. 1 vol., 4 fr.	38
—	C	— 1.	**Guy**. Géomètre arpenteur. 1 vol., 183 fig., 4 fr.	31
—	H	— 25.	**Hamet**. Apiculture ou culture des abeilles. 1 vol. avec fig., 5 fr.	59
—	G	— 7.	**Jaunez**. Manuel du Chauffeur. 1 vol. avec fig., 3 fr.	47
—	G	— 3.	**Kaeppelin**. Impression des tissus avec échantillons et planches, 1 vol., 10 fr.	46
—	H	— 8.	**Kielmann**. Drainage. 1 vol avec fig., 1 fr.	56
—	H	— 42.	**Koltz**. Culture du saule. 1 vol. avec fig., 3 fr.	62
—	H	— 3.	**Laffineur**. Guide de l'Ingénieur agricole, hydraulique, desséchement, irrigations, lois, décrets, etc. et un traité d'hydraulique urbaine et agricole. 1 vol. avec 5 planches oblongues, 6 fr.	55
			Deux parties se vendent séparément :	

SCIENCES INDUSTRIELLES ET AGRICOLES.

Pages.

Série H,	n° 3.	— **Laffineur.** 1° Hydraulique, desséchement. 1 vol., 4 fr.	55
— H	— 31.	2° Hydraulique urbaine. 1 vol., 3 fr.	60
— E	— 1.	Roues hydrauliques. 1 vol. avec planches, 3 fr. 50.	41
— G	— 4.	**Laterrière** (de). Literie. 1 vol. avec fig.. 2 fr.	46
— H	— 56.	**Lérolle** (Léon). Botanique appliquée à la culture des plantes. 1 vol. avec fig., 6 fr.	65
— I	— 9.	**Lescure.** Géographie à l'usage des écoles d'architecture, des arts et métiers, des artistes, etc. 1 v., 3 fr.	68
— B	— 11.	**Liebig.** Introduction à l'étude de la chimie. 1 vol., 2 fr. 50.	29
— I	— 25.	**Lincol.** Comptabilité des entreprises industrielles et commerciales. 1 vol., 5 fr.	70
— G	— 44.	**Lunel.** Epicerie. 3 fr.	54
— I	— 2.	— Economie domestique. 2 fr.	67
— G	— 43.	— Parfumerie. 5 fr.	51
— H	— 48.	— Acclimatation. 3 fr.	63
— I	— 14.	— Hygiène et médecine usuelle. 2 fr.	69
— D	— 18.	**Malo.** Asphaltes, bitumes. 1 vol. avec 7 planches, 5 fr.	39
— D	— 17.	**Marcel de Serres.** Traité des roches. 1 vol., 5 fr.	»
— II	— 18.	**Mariot-Didieux.** Basse-cour : Education lucrative des poules des oies et canards, etc. 1 vol. avec fig., 6 fr. Deux parties se vendent séparément.	58

			Pages.
Série H, n° 18 bis. — **Mariot-Didiéux**. Les Poules. 1 vol., 4 fr.			58
— H — 19. — Oies et canards. 1 vol., 2 fr.			»
— H — 17. — Education lucrative du lapin. 1 vol. 2 fr. 50.			»
— H — 21. — Traitement des maladies du chien. 1 vol., 3 fr.			59
— G — 13. **Merly**. Guide du charpentier. 1 vol. avec 130 planches, 6 fr.			49
— B — 4. **Miége**. Télégraphie électrique. 1 vol. avec fig., 3 fr.			27
— G — 48. **Monier**. Analyse des sucres. 1 vol. avec fig., 2 fr.			52
— G — 23. **Moreau**. Bijoutier. 1 vol. avec fig. col., 2 fr.			50
— G — 10. **Mulder**. Guide du brasseur. 1 fort vol. 6 fr.			48
— B — 14. **Noguès**. Minéralogie appliquée. 2 vol. avec fig., 12 fr.			29
— G — 6. **Ortolan**. L'ouvrier mécanicien ou la mécanique de l'atelier. 1 fort vol. et atlas de 52 planches doubles, 12 fr.			47
— A — 6. — **Mesta**. Dessin linéaire appliqué aux écoles industrielles et professionnelles. 1 vol. et atlas de 41 planches doubles, 6 fr.			25
— C — 27. **Perdonnet**. Chemins de fer. (Notions générales.) 1 vol. avec fig., 15 fr.			34
— C — 26. **Pernot et Tronquoy**. Dictionnaire du Constructeur. 1 vol., 6 fr.			34

SCIENCES INDUSTRIELLES ET AGRICOLES.

			Pages.
Série C,	n° 17.	**Peronne**. Tracé des courbes sur le terrain, 1 vol., 3 fr.	32
— H	— 6 et 7.	**Pouriau**. Traité des sciences physiques appliquées à l'agriculture, 2 fort vol., 14 fr.	56
		Deux parties se vendent séparément.	
— H	— 6.	1° Chimie inorganique. 7 fr.	»
— H	— 7.	2° Chimie organique. 7 fr.	»
— H	— 55.	— Chimiste agriculteur. 1 vol. avec fig., 7 fr.	65
— G	— 35.	**Prouteaux**. Fabrication du papier et du carton. 1 vol. avec 7 planches oblongues, 5 fr.	51
— I	— 5.	**Rambosson**. La science populaire. 1 vol. avec nombreuses fig. dans le texte, 14 fr.	68
— H	— 38.	**Reynaud**. Culture de l'olivier. 1 vol., 4 fr.	61
— G	— 11.	**Roux** (L.). Armes et poudres de chasse. 1 vol., 3 fr.	48
— A	— 3.	**Rozan**. Leçons de géométrie élémentaire à l'usage des écoles professionnelles. 1 vol. et atlas de 31 planches doubles, 6 fr.	25
— B	— 1 et 1 bis.	**Sacc**. Élément de Chimie. 2 vol., ensemble, 6 fr.	27
		Se vendent séparément :	
		1° Chimie minérale ou synthétique. 1 vol., 3 fr.	»
		2° Chimie organique ou asynthétique, 1 vol., 3 fr.	»
— I	— 3.	**Sébillot**. Mouvement industriel et commercial. 1 vol., 2 fr.	67

			Pages.
Série A,	n° 1.	**Sella.** Théorie et emploi de la règle à calcul. 1 vol. avec planches, 4 fr.	25
— H	— 43.	**Sicard.** Culture et préparation du coton. 1 vol. avec fig., 3 fr.	63
— D	— 19.	**Soulié.** Gisement, exploitation, emploi du pétrole. 1 vol. avec fig., 3 fr.	40
— F	— 4.	**Steerk.** Fabrication des poudres et salpêtres ; — feux d'artifice. 1 vol. avec fig., 6 fr.	43
— H	— 22.	**Tarade** (E. de). Traité de l'élevage et de l'éducation du chien. 1 v., 4 fr.	59
— D	— 11.	**Tissier** (Ch. et A.). Aluminium, propriétés, procédés, extraction. 1 vol. avec planches, 5 fr.	38
— I.	— 8.	**Tondeur.** Sténographie, 1 fr.	»
— H	— 52 bis.	**Touchet.** Vidange agricole. 1 vol. avec fig., 2 fr.	65
— C	— 25.	**Vanalphen.** Poids des métaux. 1 vol., tableaux et 2 planches, 5 fr.	34
— G	— 8.	**Violette.** Fabrication des vernis. 1 vol. avec fig., 6 fr.	47
— F	— 6.	**Vincent.** Guide du commandant de navires à vapeur. 1 vol. et 2 planches, 5 fr.	43
— B	— 9.	**Will.** Analyse qualitative. 1 vol., 3 fr.	28
— H	— 53.	**Wolff.** Fumiers de ferme et engrais en général. 1 vol., 3 fr.	65

CATALOGUE

PAR ORDRE ALPHABÉTIQUE DES MATIÈRES

POUR LES VOLUMES PUBLIÉS

Acclimatation des animaux domestiques, par le Dr B. LUNEL. 1 vol., 185 p. 3 fr.
Acier (son emploi et ses propriétés), par G.-B.-J. DESSOYE, avec introduction et Notes, par E. GRATEAU. 1 vol., 309 pages 4 fr.
Agent-voyer (Guide de l'), par BIROT. 1 vol et atlas. 10 fr.
Agriculture. Guide pratique d'agriculture générale, par A. GOBIN. 1 vol., x 448 p., avec fig. 4 fr.
Alcoolisation. V. *Betterave*.
Alliages métalliques, par A. GUETTIER, directeur de fonderie. 1 vol., 343 p. 4 fr.
Aluminium et métaux alcalins (Recherche, extraction et fabrication), par C.-H. et A. TISSIER. 1 vol., 228 p. avec 1 pl. et de nombreuses figures dans le texte. 5 fr.
Amidon (fabrication de l'), par DUBIEF. 1 vol. 5 fr.
Analyse des vins. V. *Vins*.
Analyse des sucres. V. *Sucres*.
Analyse qualitative, par H. WILL, traduit par W. BICHON. 1 vol., 259 p. avec tableaux dans le texte. 3 fr.
Animaux domestiques. V. *Habitations*.
Animaux nuisibles : leur destruction, par H. Gobin. 3 fr.
Apiculture (culture des abeilles), par H. HAMET. 1 vol., 336 p. avec figures. 5 fr.
Appareils économiques de chauffage pour les combustibles solides et gazeux, par P. FLAMM. 1 v., 157 p., 4 pl. 4 fr.
Architecture navale. (Guide pratique), par G. BOUSQUET. 1 vol., VI-102 p. avec fig. 3 fr.
Architecture rurale, par T. BONA. 1 vol. 4 fr. 50.
Armes et poudres de chasse. 1 vol., 138 p. 3 fr.
Artifice (Feux d') V. *Poudres et salpêtres*.
Asphaltes, bitumes, par Malo. 1 v., III-319 p., 7 pl. 5 fr.
Basse-cour, éducation lucrative des poules, oies et canards, etc. par MARIOT-DIDIEUX. 1 fort vol. avec fig. 6 fr.
Betterave (Culture et Alcoolisation), par BASSET. 1 vol., 284 p. 4 fr.

Bijoutier. Application de l'harmonie des couleurs, par L. MOREAU. 1 vol., 108 p., 2 pl. col. 2 fr.
Bois. Tarif de cubage des bois, par A. FRANCON. 1 vol., 402 p. 4 fr,
Botanique appliquée à la culture des plantes, par LÉON LEROLLE, 1 vol. 464 p., avec nombr. fig. dans le texte 6 fr.
Brasseur (Guide du), par MULDER. 1 vol. 6 fr.
Brevets. Droit des inventeurs, par H. DUFRENÉ. 3 fr.
Carton (Fabrication du), par PROUTEAUX. 1 vol. avec planches. 5 fr.
Caféier, cacaoyer et de la canne à sucre (Culture et exploitation du), par BOURGOIN D'ORLI. 1 vol., 260 p. 5 fr.
Canards, par MARIOT-DIDIEUX. 1 vol. 1 fr. 50
Carnet de l'ingénieur. Aide manuel de l'ingénieur, etc. 1 vol., 290 p. avec fig. et table. 4 fr.
Chaleur (Théorie mécanique de la chaleur), par CLAUSIUS, traduit par FOLIE. 2 vol., ensemble 748 p. avec fig. 15 fr.
Charpentier (Livre de poche du). Collection de 150 épures, avec texte explicatif en regard, par J.-F. MERLY. 1 v., 287 p. 6 fr.
Chasseur médecin (Traité complet sur les maladies du chien), par F. CLATER, traduit par MARIOT-DIDIEUX. 1 vol., 195 p. 3 fr.
Chauffage (Appareils de), par FLAMM. 1 vol. 4 fr.
Chauffeur (Manuel du), par JAUNEZ. 1 vol. avec fig. 3 fr.
Chemins de fer. Traité d'Exploitation par Victor EMION, avec préface de Jules FAVRE. 1 fort vol. 787 pages. 8 fr.
Chemins de fer (Notions générales), par A. PERDONNET.
— Album des chemins de fer, cours de l'École centrale. 1 vol., texte et 74 pl. 10 fr.
1 vol., 458 p. 15 fr.
— Courbes sur le terrain, par PERONNE. 3 fr.
— Courbes de raccordement, par CHAUVAC DE LA PLACE. 1 vol. 6 fr.
Chien (Education du), par E. de TARADE. 1 vol. 4 fr.
Chimie. Eléments de chimie, par le Dr SACC. 2 vol. 6 fr.
Chimie agricole, par N. BASSET. 1 vol. 339 p. 4 fr.
Chimie (introduction à l'étude de la), par M. J. LIEBIG. 1 vol., 248 p. 2 fr. 50.
— Analyse qualitative, par WILL. 3 fr.
Chimie inorganique, par POURIAU. 1 v., 520 p., avec fig. 7 fr.
Chimie organique, par le même, 1 v., 546 p., avec fig. 7 fr.

Chimiste agriculteur, par le même, 1 vol., 460 p., 148 fig. 7 fr.
Commandant de navires (Guide du), par Vincent. 1 v. 5 fr.
Conducteur des Ponts et Chaussées (Guide du), par Birot 1 vol. et atlas. 10 fr.
Conférences agricoles, par Gossin. 1 vol., 124 p. 1 fr.
Constructeur (Guide du). Dictionnaire des mots techniques employés dans la construction, par Pernot, revu et complétement refondu, par C. Tronquoy. 1 vol., 532 p. 6 fr.
— Maçonnerie, par Demanet. 1 vol., 252 p. avec tableaux et 20 planches doubles. 6 fr.
Constructions et travaux à la mer, par M. Bouniceau. 1 vol. viii-420 p. et atlas de 44 planches doubles. 18 fr.
Constructions rurales, par Bona. 1 vol., 296 p., avec fig. 5 fr.
Corps gras industriels, Savons, Bougies, Chandelles, etc. (Connaissance et exploitation), par Th. Chateau 1 vol., 435 p. 5 fr.
Coton (Culture du), par le docteur A. Sicard. 1 vol. de 148 p. avec figures dans le texte. 3 fr.
Courbes de raccordement. *Chemins de fer, routes et chemins* (Nouvelles tables pour le tracé des), par Chauvac de la Place. 1 vol., 121 p., 1 pl. 6 fr.
Courbes sur le terrain (Guide pratique pour le tracé des), par Eug. Peronne. 66 p. ou tableaux, avec figures intercalées dans le texte. 3 fr.
Courtage. La liberté et le courtage des marchandises, par V. Emion. 1 vol., 142 p. 2 fr.
Culture maraîchère, par Courtois-Gérard, 1 vol, 399 p., avec de nombreuses fig. dans le texte. 5 fr.
Dessin linéaire, par A. Ortolan et J. Mesta. 1 vol., 281 p. avec un atlas de 42 pl. 6 fr.
Dictionnaire du Constructeur, par Tronquoy, 1 vol. 6 fr.
Drainage. Résultats d'observations et d'expériences pratiques, par Kielmann. 1 vol., 104 p., fig. dans le texte. 1 fr.
Droit maritime international et commercial (Notions pratiques de), par Alp. Doneaud. 1 vol., 155 p. 3 fr.
Economie domestique, contenant des notions d'une application journalière, par le doct. B. Lunel. 1 vol., 227 p. 2 fr.
Electricité. Principes généraux, applications, par Snow-Harris, traduit par E. Garnault. 1 vol. de 264 p., avec 72 figures dans le texte. 3 fr.

Engrais. La vidange agricole, par Touchet. 1 v. avec fig. 2 fr.

Engrenages (Traité pratique du tracé et de la construction des), par F.-G. Dinée 1 vol., 80 p. et 17 pl. 5 fr.

Entomologie agricole. Destruction des insectes nuisibles, par H. Gobin. 1 vol., 285 p., avec fig. et tableaux. 4 fr.

Entreprises industrielles et commerciales, par Lincol, 1 vol., 343 p. 5 fr.

Epicerie, ou Dictionnaire des denrées indigènes et oxotiques, par le doct. B. Lunel. 1 vol., 262 p. 3 fr.

Ethnographie (Descriptions des races humaines), par d'Omalius d Halloy. 1 vol., avec une pl. coloriée, 130 p. 4 fr.

Expropriations. Manuel des expropriés, par Victor Emion. 1 vol., 125 p. 1 fr.

Fécules et amidons, par Dubief. 1 vol., 267 p. 5 fr.

Fer (le), par Fairbairn, 1 vol. avec fig. 6 fr.

Fumiers de ferme et engrais en général, par le Dr Emile Wolff. 1 vol., 204 p. 3 fr.

Feux d'artifice. V. *Poudres et salpêtres.*

Géographie Physique, Ethnographique et Historique à l'usage des artistes, des écoles d'architecture et des gens du monde, par O. Lescure, 1 vol. 351 pages. 3 fr.

Géomètre arpenteur (Arpentages, nivellements, levé des plans, partage des propriétés agricoles), par M. P. Guy. 1 vol., 272 p., avec 183 fig. 4 fr.

Géométrie élémentaire (Leçons de), par Ch. Rozan. 1 vol., 270 p., avec un atlas de 31 pl. 6 fr.

Habitations des animaux (Bon aménagement des). Ecuries et étables, bergeries, porcheries, etc., par Gayot. 558 pages et nombreuses fig. 7 fr.

Houille. Gisement, extraction et exploitation des Mines de Houille, par Demanet, 1 vol., 404 p. et 4 tableaux. Broché. 6 fr.

Huiles (Essai et dosages des) employées dans le commerce ou servant à l'alimentation des savons et de la farine de blé, par Cailletet. 1 vol., 107 p. 4 fr.

Hydrauliques (Roues), par J. Laffineur. 1 vol. de 142 p. et 8 planches. 3 fr. 50

Hydraulique, Dessèchement. 1 vol. 4 fr.

Hydraulique urbaine. 1 vol. 3 fr.

Hygiène et médecine usuelle, par le doct. B. Lunel. 1 vol., 212 p. 2 fr.

Ingénieur agricole (Hydraulique, dessèchement, drainage, irrigation, etc.), par Laffineur. 1 vol., 398 p., 5 pl. 6 fr. Deux parties se vendent séparément.
Insectes nuisibles (Destruction des). V. *Entomologie*.
Inventeurs (Droit des). Législation, par H. Dufrene, 1 vol., 168 pages. 3 fr.
Jardinage (Manière de cultiver son jardin), par Courtois-Gérard. 1 vol., 403 p., avec 1 planche et figures dans le texte. (Nouvelle édition.) 5 fr.
Jardins d'agrément (Tracé et ornementation), par T. Bona. 1 vol., 304 p., 4e éd. 3 fr. 50.
Joaillier. Traité complet des pierres précieuses, par Ch. Barbot. 1 vol., 567 p. et 178 figures gravées. Relié. 10 fr.
Lapins (Éducation lucrative des), par Mariot-Didieux. 1 vol., 163 p. 2 fr. 50
Liqueurs (Fabrication des), sans distillation, par Dubief. 1 vol., 288 p. avec figures et 1 pl. 5 fr.
— Le liquoriste des Dames, par Dubief. 1 vol., 120 p. 3 fr.
Literie, par Jean de Laterrière. 1 vol., 180 p., avec 13 pl. 2 fr.
Machines agricoles en général et machines à vapeur rurales (construction, emploi et conduite), par Gaudry 1 vol., 107 p.
Maçonnerie (Constructeur), par A. Demanet. 1 volume texte de 252 p. et atlas de 20 pl. 6 fr.
Marine. Guide pratique du commandant de navires à vapeur, par A. Vincent. 1 vol., 285 p., 2 pl. 5 fr.
— Le droit maritime. 1 vol. 3 fr.
— Architecture navale. 1 vol. avec fig. 3 fr.
Matières résineuses (Provenance et travail), par E. Dromart. 1 vol. 101 p. avec 3 pl. 4 fr.
Mécanique pratique, (Guide de l'ouvrier mécanicien), par Ortolan, un vol. et atlas. 12 fr.
Manuel du Chauffeur, par A. Jaunez, 1 vol., 212 p., 37 fig. et 1 planche. 4 fr.
Médecine usuelle. V. *Hygiène*.
Métallurgie (le Fer, son histoire, ses propriétés), par William Fairbairn; traduit par G. Maurice. 1 vol., 351 pages, avec 5 pl. 6 fr.
— L'acier, par Dessoye. 1 vol. 4 fr.
étaux. Manuel calculateur du poids des métaux, par Vanalphen. 1 vol. x-86 p. et 2 pl. 5 fr.

Minéralogie appliquée, par A.-F. Nogués, 2 v. avec fig. 12 fr.
Minéralogie usuelle (Exposition succincte et méthodique des minéraux), par M. Drapiez. 1 vol., 507 p.   3 fr.
— Extraction de l'aluminium. 1 vol.   5 fr.
Mines de Houille, par Demanet, 1 vol. avec fig.   6 fr.
Mouvement industriel et commercial, par A. Sébillot, 1 vol., 232 p.   2 fr.
Oies et canards (Educat. lucrative des), par Mariot-Didieux. 1 vol., 187 p., avec de nombreuses fig. dans le texte.   2 fr.
Olivier (sa culture, son fruit et son huile), par J. Reynaud. 1 vol., 330 p.   4 fr.
Ostréiculture. Elevage et multiplication des races marines comestibles, par Fraiche. 1 vol., 178 p., avec fig. 4 fr.
Ouvrier Mécanicien (Guide pratique de l'), par Ortolan. 1 vol. avec atlas.   12 fr.
Papiers et cartons (Fabrication), par A. Prouteaux. 1 vol., 277 p., avec atlas, 7 pl.   5 fr.
Parfumeur. Dictionnaire des cosmétiques et parfums, par le docteur B. Lunel. 1 vol., 215 p.   5 fr.
Pétrole (Gisements, exploitation et traitement industriel), par E. Soulié et H. Haudouin. 1 vol. 236 p.   3 fr.
Physique. Sciences physiques appliquées à l'agriculture, par M. Pouriau. 2 vol.   14 fr.
Photographie (l'Etudiant photographe), par A. Chevalier. 1 vol. avec nombreuses fig.   4 fr.
Pin maritime (Exploitation du), par Dromart. 1 vol. 4 fr.
Pisciculteur, par P. Carbonnier. 1 vol., 208 p.   3 fr.
Plantes fourragères, par M. A. Gobin. Deux parties se vendent séparément. 1re partie. Prairies naturelles, irrigations, pâturages. 1 vol.   3 fr.
2e partie. Prairies artificielles, plantes, racines. 1 très-fort vol. de 680 p. avec fig.   3 fr. 50.
Les deux parties en 1 vol.   8 fr.
Ponts et chaussées et agent voyer (Conducteur des), 1 vol. 558 pages avec atlas de 144 fig.   10 fr.
Ponts et chaussées. Tracé des courbes sur le terrain, par Péronne.   3 fr.
Poudres et salpêtres, par le major Steerk, avec un appendice sur les feux d'artifice. 1 vol., 360 p.   6 fr.
Poudres de chasse. 1 vol.   3 fr.
Poules (Education lucrative des), ou Traité raisonné de gallinoculture, par Mariot-Didieux. 1 vol., 456 p. 4 fr.

Potasses et soudes. Guide pratique pour reconnaître et déterminer le titre véritable et la valeur commerciale des potasses, des soudes, des cendres, des acides et des manganèses, avec 9 tables de déterminations, par le Dr R. Frésénius, le Dr H. Will, traduit de l'allemand, par le Dr G.-W. Bichon. 1 vol. vi-229 p. 3 fr.

Prairies naturelles et artificielles. V. *Plantes fourragères.*

Procédés industriels. V. *Economie, hygiène,* etc.

Règle à calcul (Théorie et pratique de la), par Q. Sella. 1 vol., 133 p., 39 tableaux. 4 fr.

Roches simples et composées (Classification et caractères minéralogiques), par Marcel de Serres. 1 vol., 291 p. 5 fr.

Roser (Taille du), par Forney. 1 vol. 3 fr.

Roues hydrauliques, par Laffineur. 3 fr. 50

Salpêtres, par Steerck. 1 vol. 6 fr.

Savons. V. *Corps gras.*

Saule et osier (Culture du), par M.-J. Koltz. 144 p. et 30 fig. dans le texte. 3 fr.

Science populaire (la), par J. Rambosson. 4 vol., avec de nombreuses figures dans le texte. 14 fr.

Soudes. V. *Potasses.*

Sténographie, par Tondeur. 1 fr.

Sucres. Essai et analyse des sucres, par E. Monier, avec fig. et tableaux. 2 fr.

— La canne à sucre, par Bourgoin d'Orli. 1 vol., 156 p. 3 fr.

Tarif des poids et métaux, par Vanalphen. 5 fr.

Teinturier (Guide du), par Fol. 1 vol. avec fig. 8 fr.

Télégraphie électrique, par B. Miége. 1 vol., 158 p. avec de nombreuses figures dans le texte. 3 fr.

Tissage et préparation des étoffes, par T. Bona. Texte 2 parties en 1 vol., ensemble 364 p. ; plus 2 atlas en 1 seul ensemble, 116 pl. 10 fr.

La 1re partie seule : *Préparation des étoffes,* se vend séparément. 1 vol. et atlas. 6 fr.

Tissus imprimés (leur fabrication). Impression des étoffes de soie, par D. Kaeppelin. 1 vol., 151 p., avec 4 pl. et de nombreux échantillons. 10 fr.

Vaches. Choix des vaches laitières, par E. Dubos. 1 vol., 132 p. et pl. 3 fr.

Vernis (Fabrication des), par Henri Violette, 1 vol., avec figures dans le texte. 6 fr.

Vidange agricole. Engrais humain, par J.-H. Touchet. 1 vol., 88 p. 2 fr.

Vigneron, par Fleury-Lacoste. 1 vol., 144 p., avec fig. 3 fr.
Vignes et vinification. L'immense trésor des vignerons et des marchands de vins. 1 vol. 5 fr.
Vins (falsifications et maladies des), par J. Brun. 1 vol., avec de nombreux tableaux, 2ᵉ éd. 1 vol., 191 p. 3 fr.
Vins factices et boissons vineuses, par Dubief, 1 vol., 67 p. 2 fr.

CATALOGUE

DES OUVRAGES PUBLIÉS OU EN PRÉPARATION

PAR ORDRE MÉTHODIQUE DE MATIÈRES OU DE SÉRIES.

TABLE DES MATIÈRES[1].

SÉRIE A.

SCIENCES EXACTES.

1. Théorie et pratique de la **Règle à calcul**, par Q. SELLA ministre des finances du royaume d'Italie, traduit de l'Italien par G. Montefiore Levi. 1 vol., 133 pages, 39 tableaux.   4 fr.

3. Leçons de **Géométrie élémentaire**, par M. Ch. ROZAN, professeur de mathématiques. 1 vol., 262 pages et un atlas de 31 planches doubles, gravées. 5 fr. Relié. 6 fr.

Ces leçons sont conçues sur un plan tout nouveau. M. Rozan s'est surtout attaché à faire sentir la liaison qui existe entre les principes essentiels de la géométrie élémentaire et la manière dont ils découlent les uns des autres par un enchaînement continuel de déductions et de conséquences. La division par leçons amène graduellement l'élève à acquérir, même sans professeur, la connaissance des théorèmes les plus avancés de la géométrie. L'atlas est composé de planches gravées avec le plus grand soin.

6. Guide pratique pour l'étude du **Dessin linéaire** et de son application aux professions industrielles, par MM. A. ORTOLAN et J. MESTA. 1 vol., LXXVI-204 pages et un atlas de 41 planches doubles, grav. par EHRARD. 5 fr. Relié.   6 fr.

---

[1] Cette table est loin d'être complète comme matières à publier. La collection devant former une technologie complète des arts et métiers, des manufactures, des mines, de l'agriculture, etc., beaucoup d'autres volumes, traitant de sujets non mentionnés ici, viendront en leur temps en élargir le cadre: mais nous avons l'intention, pour le moment, de ne nous occuper que des ouvrages indiqués, parce que nous pensons que ce sont ceux dont la publication est le plus promptement désirée.

Excellent manuel élémentaire, précédé d'une introduction dans laquelle les auteurs donnent, sous forme de dictionnaire, l'explication de tous les termes techniques et la description des divers instruments spéciaux. Ce guide pratique est une introduction naturelle à l'ouvrage auquel nous avons donné le titre de *Guide de l'ouvrier mécanicien*.

En préparation[1] : Arithmétique. — Algèbre. — Trigonométrie. — Géométrie descriptive. — Perspective. — Connaissance et pratique des Logarithmes[2].

---

[1] Plusieurs ouvrages indiqués comme étant en préparation seront mis sous presse dans le courant de 1872.

[2] Nous croyons devoir recommander spécialement un travail sur les logarithmes qui a paru il y a quelque temps, intitulé : *Tables des logarithmes* à sept décimales, par Jean Luvini : ces tables sont très-complètes, et ce volume comprend plusieurs autres tables usuelles. Prix : 4 francs. (Librairie scientifique-industrielle E. Lacroix.)

SÉRIE B.

SCIENCES D'OBSERVATION, CHIMIE, PHYSIQUE, ÉLECTRICITÉ, ETC.

1. **Eléments de Chimie**, par le Dr SACC, professeur à l'Académie de Neufchatel, etc. 2 vol. Br. 5 fr. Relié   7 fr. Se vendent séparément.
   1° **Chimie minérale ou synthétique.** 1 vol.   3 fr. 50.
   2° **Chimie organique ou asynthétique.** 1 vol.   3 fr. 50.

2. **Théorie mécanique de la chaleur**, par R. CLAUSIUS, professeur à l'Université de Wurtzbourg, traduit de l'allemand par F. FOLIE, professeur à l'Ecole industrielle et répétiteur à l'Ecole des mines de Liége. *Première partie*, 1 vol., XXIV-441 pages.— *Deuxième partie* Mémoires sur l'application de la théorie mécanique de la chaleur aux **phénomènes électriques** et sur les **mouvements moléculaires** admis pour l'explication de la chaleur. 1 vol. VI-307 p. Prix des 2 volumes.   15 fr.

« Depuis que l'on a utilisé la chaleur comme force motrice au moyen des machines à vapeur, et que l'on a été ainsi amené pratiquement à regarder une certaine quantité de travail comme l'équivalent de la chaleur nécessaire pour le produire, il était naturel de rechercher théoriquement une relation déterminée entre une quantité de chaleur et le travail qu'il est possible de lui faire produire, et d'utiliser cette relation pour en déduire des conclusions sur l'essence et les lois de la chaleur elle-même. »
Ainsi s'exprime M. Clausius au début de son premier Mémoire. Ces lignes suffisent pour faire comprendre l'importance d'une question dont l'étude s'impose aujourd'hui aux savants et aux hommes pratiques qui veulent tirer de la machine à vapeur tout l'effet utile qu'elle peut donner.

4. **Télégraphie électrique**, ou *Vade mecum* pratique a l'usage des employés des lignes télégraphiques, suivi du programme des connaissances exigées pour être ad-

mis au surnumérariat dans l'administration des lignes télégraphiques, par M. B. MIÉGE, directeur de station de ligne télégraphique. 1 vol., xi-148 pages, avec 45 figures dans le texte. Br. 2 fr. Relié.   3 fr.

M. Miége n'a pas voulu faire seulement un livre utile, mais bien un guide indispensable. Aux notions préliminaires sur le magnétisme, les différentes sources d'électricité et les propriétés des courants, succède la description de tous les appareils usités, avec l'indication des signaux généralement adoptés. Des formules d'une grande simplicité permettent de se rendre compte de l'intensité des courants et de rechercher la cause des dérangements.

L'ouvrage de M. Miége sera aussi d'une incontestable utilité pour toute personne qui veut acquérir la connaissance des lois de l'électricité appliquées à la télégraphie.

8. **L'Etudiant photographe,** par A. CHEVALIER, avec les procédés de MM. Civiale, Bacot, Cavelier, Robert, 1 vol. de 216 pages, avec 68 figures. 3 fr. Relié.   4 fr.

Pas de considérations théoriques, mais beaucoup de renseignements et de détails sur les instruments employés et la manière d'opérer. Ajoutons que l'auteur a tenu à mettre le lecteur au courant des procédés les plus nouveaux.

9. **Analyse qualitative,** instruction pratique à l'usage des laboratoires de chimie, par M. le Docteur H. WILL, professeur agrégé de l'université de Giessen ; traduit de l'allemand par M. le D^r. G.-W. BICHON, traducteur des Lettres de M. Justus Liebig sur la chimie, et auteur de plusieurs travaux sur cette science. 1 vol., 248 pages.
                                                              3 fr.

Les traités spéciaux sur la chimie analytique sont ou trop volumineux ou incomplets, en ce sens que, dans ces derniers, manquent les indications indispensables pour que l'élève puisse se conduire lui-même. M. le docteur Will a su éviter ces deux défauts : son guide enseigne d'une manière simple, substantielle et méthodique, tout ce qu'il faut savoir pour devenir capable de découvrir et de séparer les parties constituantes des corps composés.

10. Guide pratique pour reconnaître et pour déterminer le titre véritable et la valeur commerciale des **Potasses.**

des **Soudes**, des **Cendres**, des **Acides** et des **Manganèses**, avec neuf tables de déterminations, par le docteur R. Frésénius et le Dr Will, assistants et préparateurs au laboratoire de Giessen, traduit de l'allemand par le D^r. G.-W. Bichon, ancien élève de M. Justus Liébig, augmenté de notes, tables et documents puisés dans les *Annales du Génie civil*. 1 vol. vi-229 pages   3 fr.

11. Introduction à l'étude de la Chimie, contenant les principes généraux de cette science, les proportions chimiques, la théorie atomique, le rapport des poids atomatiques avec le volume des corps, l'isomorphisme, les usages des poids atomatiques et des formules chimiques les combinaisons isomériques des corps catalyptiques, etc., accompagnée de considérations détaillées sur les acides, les bases et les sels, par M. J. Liebig, traduit de l'allemand par Ch. Gérard, augmentée d'une table alphabétique des matières présentant les définitions techniques et les relations des corps. 1 v., 248 pages. 2 fr. 50

L'accueil favorable que cette traduction a rencontré en France rappelle le succès obtenu en Allemagne par l'édition originale de l'illustre savant, considéré à juste titre comme l'un des princes de la chimie moderne.

12. Guide pratique pour reconnaître et corriger les **Fraudes et maladies du vin**, suivi d'un traité d'analyse chimique de tous les vins, par M. Jacques Brun, vice-président de la Société suisse des pharmaciens, 2 éd., 1 vol., 191 p., avec de nombreux tableaux. Br. 2 fr. 50.   3 fr.

L'art de falsifier les vins a fait ces dernières années de rapides progrès. La chimie ne doit pas se laisser devancer par la fraude : elle doit lui tenir tête et pouvoir toujours montrer du doigt la substance ajoutée. Cette tâche, dit M. Brun, incombe surtout aux pharmaciens. Son livre est le résumé des différents traitements qu'il a trouvés réellement utiles, et qui, dans sa longue pratique, lui ont le mieux réussi pour l'examen chimique des vins suspects.

14. Guide pratique de **Minéralogie appliquée** (histoire naturelle inorganique) ou connaissance des combustibles minéraux, des pierres précieuses, des matériaux de construction, des argiles céramiques, des minerais manufacturiers et des laboratoires, des minerais de fer, de cuivre, de zinc, de plomb, d'étain, de mercure, d'argent, d'antimoine, d'or, de platine, etc., par M. A.-F. NOGUÈS. professeur de sciences physiques et naturelles. 2 vol, ensemble 919 p. et 248 fig. Br. 10 fr. Relié.   12 fr.

Comme l'auteur l'indique dans sa préface, ce guide a été écrit principalement pour les personnes qui désirent acquérir des notions justes, pratiques et usuelles sur les minerais métallifères et les minéraux employés dans les arts et l'industrie. Les étudiants qui suivent le cours des Facultés, les élèves des Ecoles spéciales et industrielles, les ingénieurs, les élèves des Ecoles des mines, les mineurs, les agriculteurs, les directeurs d'exploitations minières, les garde-mines, les amateurs et les gens du monde qui voudront acquérir des connaissances pratiques en minéralogie, le consulteront avec fruit.

Ce guide a été conçu dans un esprit essentiellement pratique et industriel.

17. Leçons élémentaires d'**Électricité** ou exposition concise des principes généraux de l'ÉLECTRICITÉ ET DE SES APPLICATIONS, par SNOW-HARRIS, de la Société royale de Londres, etc., annotées et traduites par E. GARNAULT, ancien élève de l'École normale, professeur de physique à l'École navale impériale. 1 vol., 264 pages, avec 72 figures dans le texte.   3 fr.

Les leçons de M. Snow-Harris ont eu un grand succès en Angleterre. L'auteur s'est surtout attaché à donner des idées saines, pratiques et théoriques sur les principes généraux de l'électricité et les faits les plus simples qu'il démontre à l'aide d'expériences faciles à répéter.

Son élégant traducteur, M. Garnault, a ajouté à l'ouvrage anglais des notes dans lesquelles il donne surtout des aperçus sur les principales applications de l'électricité qui ont passé dans l'industrie.

En préparation : Physique.— Galvanoplastie.— Astronomie.—Chimie industrielle.—Géologie.—Vinaigrier et moutardier.— Météorologie.— Anatomie.—Zoologie.

SÉRIE C.

ART DE L'INGÉNIEUR, PONTS ET CHAUSSÉES, CONSTRUCTIONS CIVILES.

1. Guide pratique du **Géomètre arpenteur**, comprenant l'arpentage, le nivellement, le levé des plans, le partage des propriétés agricoles, par M. P.-G. Guy, ancien élève de l'Ecole polytechnique, officier d'artillerie. Nouv. édition. 1 vol. de 272 pages avec 5 planches. 4 fr.

Les deux premières éditions de ce guide étaient épuisées. Celle que nous annonçons a été complétement revue et quelques additions importantes y ont trouvé place. Les planches gravées à nouveau, sont d'une grande netteté.

2. Guide pratique du **Conducteur des ponts et chaussées** et de l'**Agent voyer**. Principes de l'art de l'ingénieur, par M. F. Birot, ingénieur civil, ancien conducteur des ponts et chaussées, 3ᵉ édition, revue et augmentée. 1 vol., 545 pages, avec un atlas de 19 planches doubles, contenant 144 figures. Br. 8 fr. Relié 10 fr.

Quatre parties se vendent séparément.

1° Plans et nivellements, 1 vol, VIII-124 pages, et 6 planches. 3 fr.

2° Routes et chemins. 1 vol. de 155 pages, 5 planches. 3 fr.

3° Ponts et aqueducs. 1 vol. de 124 pages et 8 planches. 3 fr.

4° Travaux de construction en général, 1 vol. de 145 pages et pl. 3 fr.

3. **Carnet de l'Ingénieur**, recueil de tables, de formules et de renseignements usuels et pratiques. 4 fr.

4. **Album des chemins de fer**, résumé graphique du cours professé à l'école centrale des arts et manufactures. 4ᵉ édition, par G. Cornet, ingénieur, 1 vol. texte et 74 pl. gravées sur acier. 10 fr.

8. Tarif de **Cubage des bois** équarris et ronds évalués en stères et fractions décimales du stère, par J.-A. Francon, cubeur juré de la ville de Lyon. 1 vol., 402 pages. 4 fr.

10. Guide pratique du **Constructeur**. — Maçonnerie, par A. Demanet, lieutenant-colonel honoraire du génie, membre de l'Académie royale de Belgique, etc. 1 vol., 252 pages, avec tableaux et 1 atlas in-18 de 20 planches doubles, gravées sur acier par Chaumont. Br. 5 fr. Relié 6 fr.

Ce guide, écrit par M. Demanet, qui a professé un cours de construction à l'École militaire de Bruxelles, emprunte une grande autorité à l'expérience et à la position qu'occupait l'auteur.

Les 20 planches de l'atlas qui accompagnent ce guide comprennent 137 figures, que Chaumont a gravées avec cette exactitude et cette élégance qui ont fondé sa réputation.

Nous rappellerons que M. le lieutenant-colonel Demanet est auteur d'un *Cours de construction* qui a eu très-rapidement deux éditions et qui embrasse la connaissance des matériaux et leur emploi, la théorie des constructions, l'établissement des fondations, l'économie des travaux, leur entretien, etc., etc. Cet ouvrage, édité par la Librairie scientifique, industrielle et agricole, coûte, avec l'atlas, 70 fr., et ne pouvait, par conséquent, entrer dans le cadre de la *Bibliothèque des professions industrielles et agricoles*. Le *Guide pratique du constructeur* (maçonnerie) est un extrait de l'œuvre si estimée de M. Demanet, mais forme cependant un tout complet.

16. Nouvelles tables pour le tracé des **Courbes de raccordement** (chemins de fer, routes et chemins), calculées par M. Chauvac de la Place, chef de section au chemin de fer de l'Est. 1 vol., 120 pages, 1 planche. Nouvelle édition, augmentée d'un supplément. 6 fr.

Ces tables, calculées pour 82 rayons les plus fréquemment employés, et prenant pour base un petit arc exprimé en nombre rond et s'ajoutant successivement à lui-même, offrent une grande facilité. Leur mérite a été promptement apprécié par tous ceux qui ont eu l'occasion de s'en servir.

17. Guide pratique pour le tracé des **Courbes sur le terrain**, par Eug. Peronne. 66 pages ou tableaux, avec figures dans le texte. 3 fr.

Les ouvrages spéciaux destinés à faciliter les opérations des ingénieurs sur le terrain sont généralement volumineux ou incomplets. M. Peronne a su éviter ce double écueil, et il a réuni dans un format commode les tables concernant les tangentes, les cercles, les flèches, les conversions de la graduation et le lever des plans.

Chaque table est précédée d'une explication et d'une figure géométrique, et l'auteur a, en outre, indiqué soigneusement la manière de se servir de ces diverses tables.

20. Études et notions sur les **Constructions à la mer**, par M. BOUNICEAU, ingénieur en chef des ponts et chaussées. 1 vol. VIII-421 p. et atlas de 44 pl. in 4°, dont plusieurs doubles, gravées par Ehrard. Br. 15 fr. Relié. 18 fr.

Cet ouvrage est le résumé d'études longues et consciencieuses d'un des ingénieurs en chef les plus distingués du corps national des ponts et chaussées. M. Bouniceau a attaché son nom à des travaux d'une haute importance. Son travail devra être médité par tous ceux qu'intéressent les nouveaux développements que doivent prendre les constructions conçues en vue d'améliorer les ports de mer et les ouvrages nécessaires à la préservation des côtes. L'atlas qui accompagne ces Études est remarquable sous le rapport du choix des planches et de leur exécution.

21. Traité de l'**Exploitation des chemins de fer**, par M. V. EMION. 1 fort vol. précédé d'une préface par M. Jules FAVRE. 787 pages. 8 fr.

Deux parties se vendent séparément.
Première partie : VOYAGEURS ET BAGAGES, 1 vol., XVI-305 pages. 3 fr. 50
Deuxième partie : MARCHANDISES. 1 vol. VII-459 p. 3 fr. 50

Aujourd'hui tout le monde voyage. Le manuel de M. V. Emion est donc le guide obligé de tout le monde. Il fait connaître à chacun ses droits et ses devoirs vis-à-vis des Compagnies; il prend le voyageur chez lui, le mène à la gare, le suit à son départ, pendant sa route, à son arrivée et le ramène à son domicile : il prévoit toutes les difficultés, toutes les contestations et en donne la solution fondée sur la loi, les règlements, la jurisprudence et l'équité.

Dans la seconde partie, M. Emion traite avec beaucoup de détails l'organisation du service des marchandises, les tarifs, les formalités exigées pour la remise des marchandises en gare, l'expédition, la livraison, enfin tout ce qui concerne les actions à intenter aux Compagnies, soit pour avaries, soit pour retard, perte, négligence, etc.

25. Manuel calculateur du **Poids des métaux** employés dans les constructions, contenant : 1° les tableaux de la classification nouvelle des fers unis divers, des feuillards et de la tôle ; 2° 36 tableaux de poids de 1100 échantillons divers de fers unis; 3° 5 tableaux de poids de 25 épaisseurs de tôle; 4° 14 tableaux de poids de toutes les fontes employées journellement dans les bâtiments, avec divers renseignements très-utiles à consulter; 5° 9 tableaux de poids de plomb, zinc et cuivre rouge, par VANALPHEN, métreur vérificateur spécial de serrurerie, avec un appendice contenant : 1° Le poids par mètre carré de feuille de divers métaux ; 2° le poids d'un mètre linéaire de fer (fers plats et carrés, fers ronds et carrés); 3° le poids des zincs laminés minces. 1 vol. x-86 pages, 2 pl. 5 fr.

26* Guide pratique du **Constructeur.** Dictionnaire des mots techniques employés dans la construction à l'usage des architectes, propriétaires, entrepreneurs de maçonnerie, charpentes, serrurerie, couvertures, etc., renfermant les termes d'architecture civile, l'analyse des lois de voirie, des bâtiments et des dessèchements, par M. L.-P. PERNOT, officier de la Légion d'honneur, architecte-vérificateur des travaux publics. Nouvelle édition, augmentée et entièrement refondue, par Camille TRONQUOY, ingénieur civil. 1 vol. de 532 p. 5 fr. Relié. 6 fr.

Les premières éditions de ce *Dictionnaire de la construction* étaient complétement épuisées. Pour répondre aux nombreuses demandes qui lui parvenaient, le directeur de la *Bibliothèque des professions industrielles et agricoles* ne s'est pas borné à faire réimprimer le travail primitif ; il a voulu que dans la nouvelle édition aucun des progrès réalisés pendant les quinze dernières années ne fût omis, et M. C. Tronquoy, l'un de nos ingénieurs civils les plus distingués et en même temps l'un de nos technologistes les plus érudits, a bien voulu se charger du travail ingrat d'une révision complète de l'œuvre. Le *Dictionnaire* que nous annonçons est le résultat de ce travail consciencieux.

27. **Notions générales sur les chemins de fer,** statistique, histoire, exploitation, accidents, organisation des compagnies, administration, tarifs, service médical, institutions de prévoyance, construction de la voie, voitures, machines fixes, locomotives, nouveaux systèmes sui-

vies des Biographies de Cugnot, Seguin et George Stephenson, d'un mémoire sur les avantages respectifs des différentes voies de communication, d'un mémoire sur les chemins de fer considérés comme moyens de défense d'un pays, et d'une Bibliographie raisonnée ; par M. Auguste PERDONNET, ancien élève de l'Ecole polytechnique, ancien ingénieur en chef de plusieurs chemins de fer, etc. 1 vol., 452 p., avec de nombreuses figures dans le texte. 15 fr.

Après avoir publié deux ouvrages techniques sur les chemins de fer, qui s'adressent directement aux hommes spéciaux, M. A. Perdonnet avait voulu, dans ses *Notions générales*, se rendre intelligible pour tout le monde. Outre les questions techniques et économiques, il a traité dans ces *Notions* des questions d'organisation des Compagnies et d'exploitation dont il n'avait pas à parler dans ses deux grands ouvrages. Nous signalerons l'importance des renseignements historiques et statistiques dont M. Perdonnet a enrichi notre publication.

En préparation : Métreur vérificateur. — Fabrication des briques. — Architecte. — Tailleur de pierre. — Construction des escaliers. — Fumisterie. — Chaufournier et plâtrier, ciments et mortiers. — Marbrier. — Peintre en bâtiments. — Constructions en fer. — Architecture religieuse. — Chauffage et ventilation. — Tables de cubages pour les matériaux de toutes natures. — Tables pour les poids des matériaux de toutes natures. — Terrassier. — L'appareilleur.

SÉRIE D.

MINES ET MÉTALLURGIE, MINÉRALOGIE GÉOLOGIE, HISTOIRE NATURELLE.

1. Gisement, extraction et exploitation des **Mines de houille**, traité pratique à l'usage des ingénieurs, des contre-maîtres, ouvriers mineurs, etc., par M. Demanet, ingénieur. 1 vol., 404 pages, nombreuses figures dans le texte et 4 tableaux. Br. 5 fr. Relié.   6 fr.

4. Guide pratique du métallurgiste. **Le fer**, son histoire, ses propriétés et ses différents procédés de fabrication, par M. William Fairbairn, ingénieur civil, membre de la Société royale de Londres, correspondant de l'Institut de France, etc., traduit de l'anglais, avec l'approbation de l'auteur et augmenté de notes et d'appendices, par M. Gustave Maurice, ingénieur civil des mines, secrétaire de la rédaction du Bulletin de la Société d'encouragement. 1 vol., 331 p. et 68 fig. dans le texte, Relié.   6 fr.

Depuis longtemps, le nom de M. Fairbairn fait autorité dans l'industrie du fer. Après avoir tracé l'histoire des progrès de la fabrication du fer, l'auteur donne les analyses des minerais et des combustibles dans leurs rapports avec les résultats des différents procédés de fabrication : il saisit cette occasion pour donner la description des fourneaux, machines, etc., employés dans la métallurgie du fer.

M. Maurice, l'élégant traducteur du livre de M. Fairbairn, a complété, par des notes et des appendices, tout ce que le texte original pouvait présenter de trop laconique ou de trop exclusivement rédigé en vue de la métallurgie anglaise. Parmi ces appendices, on remarquera ceux concernant les procédés Bessemer et sur la résistance des tubes à l'écrasement.

5. **Emploi de l'acier**, ses propriétés, par J.-B.-J. Dessoye, ancien manufacturier, avec une introduction et des notes, par Ed. Grateau, ingénieur civil des mines. 1 vol. de 303 pages.   4 fr.

Ce livre constitue une véritable monographie de l'acier. M. Dessoye prend l'art de fabriquer l'acier à son origine et nous montre ses progrès. Il signale la nature et les propriétés natives de l'acier, en indique les différents modes d'élaboration et termine son guide par une étude sur l'emploi de l'acier dans les manipulations qu'on lui fait subir. Comme le fait remarquer M. Grateau dans sa savante introduction, ce livre s'adresse à tous ceux qui sont appelés à acheter et à consommer de l'acier d'une qualité quelconque, sous toute forme, et il devra être consulté par tous les praticiens.

Cet ouvrage est en quelque sorte complété par un volume de M. Landrin fils, intitulé *Traité de l'acier*. Quoique nous ayons publié cet ouvrage en dehors de la Bibliothèque, nous devons le citer ici. Il forme 1 volume, format de la Bibliothèque, de 315 pages avec figures dans le texte. 5 fr.

11. Guide pratique de la **recherche**, de l'**extraction** et de la **fabrication** de l'**Aluminium** et des **Métaux alcalins**. Recherches techniques sur leurs propriétés, leurs procédés d'extraction et leurs usages, par MM. Charles et Alexandre Tissier, chimistes-manufacturiers. 1 vol., 226 pages, 1 planche et figures dans le texte. 5 fr.

Les notions sur l'aluminium se trouvaient disséminées dans des recueils nombreux publiés en France et à l'étranger. Les auteurs de ce guide ont eu l'heureuse idée de faire de ces notions éparses un tout homogène dans lequel, après avoir retracé l'historique de la préparation des métaux alcalins, ils esquissent à grands traits l'histoire de la préparation de l'aluminium. Des chapitres spéciaux sont consacrés à la fabrication industrielle et aux propriétés physiques et chimiques du nouveau métal, qui a conquis très-rapidement une grande place dans l'industrie.

12. Guide pratique de l'**Alliage des métaux**, par M. A. Guettier. 1 vol., vii-342 pages. Br. 3 fr. Relié. 4 fr.

Après avoir donné quelques explications préliminaires sur les propriétés physiques et chimiques des métaux et des alliages, l'auteur examine au point de vue des alliages entre eux les métaux spécialement industriels, c'est-à-dire d'un usage vulgaire très-répandu (cuivre, étain, zinc, plomb, fer, fonte, acier). Il donne ensuite quelques indications générales sur les métaux appartenant aux autres industries, mais n'occupant qu'une place secondaire (bismuth, antimoine, nickel, arsenic, mercure), et sur des métaux riches appartenant aux arts ou aux industries de luxe (or, argent, aluminium, platine); enfin, il envisage les métaux d'un usage industriel restreint, au point de vue possible de leur association avec les alliages présentant quelque intérêt dans les arts industriels.

16. **Minéralogie usuelle.** Exposition succincte et méthodique des minéraux, de leurs caractères, de leur composition chimique, de leurs gisements, de leur application aux arts et à l'économie, par M. Drapiez. 1 vol., 504 p. Relié. 3 fr.

A la lucidité des définitions et à la simplicité de la méthode d'exposition, ce guide joint un mérite qui n'échappera pas aux hommes pratiques ; il contient la description de 1500 espèces minérales dont il analyse les caractères distinctifs, la forme régulière et la forme irrégulière, les propriétés particulières, les compositions chimiques et les synonymies, les gisements, les applications dans les arts, dans l'industrie, etc.

17. Traité des **Roches** simples et composées ou de la classification géognostique des Roches d'après leurs caractères minéralogiques et l'époque de leur apparition, par M. Marcel de Serres, professeur à la Faculté des sciences de Montpellier, conseiller honoraire à la Cour de la même ville, officier de la Légion d'honneur. 1 vol., 288 pages. 5 fr.

Une analyse de la table des matières de ce traité sera la meilleure recommandation que nous puissions en faire : De la composition du globe ; — de la classification minéralogique des roches composées : — des roches plutoniques ou des roches cristallines ; — des roches plutoniques composées à deux éléments des granites (six sous-familles) ; — roches plutoniques composées à trois éléments dont l'un est l'amphibole : — *idem*, dont l'un est le talc, la stéatique ou le chlorate ; — *idem*, dont l'un est le pyroxène ; — de quelques roches simples ; — des divers degrés d'ancienneté des roches composées. — L'ouvrage est complété par divers tableaux et par les coupes idéales des terrains de gneiss de l'Ecosse.

18. Guide pratique pour la fabrication et l'application de l'**Asphalte** et des **bitumes**, par M. Léon Malo, ingénieur civil, ancien élève de l'Ecole centrale. 1 vol., III-319 pages, 7 planches. Br. 4 fr. Relié 5 fr.

L'usage de l'asphalte et des bitumes se généralise, et cependant il n'existait pas de traité pratique sur la fabrication et l'emploi de ces substances. Le livre de M. Malo comble cette lacune. Il abonde en renseignements intéressants non-seulement pour les ingénieurs, mais aussi pour les autorités municipales. Il contient aussi des données d'un grand intérêt au point de vue historique, c'est-à-dire sur les origines de l'asphalte. Ce guide pratique est accompagné de sept planches, dont quelques-unes de très-grand format.

19. **Pétrole** (le), ses gisements, son exploitation, son traitement industriel, ses produits dérivés, ses applications à l'éclairage et au chauffage, par MM. Emile SOULIÉ et Hipp. HAUDOUIN, anciens élèves de l'Ecole des mines, 1 vol., 232 pages, avec figures dans le texte. 3 fr.

Le pétrole tend à prendre une place de plus en plus grande dans l'industrie. Chaque jour voit essayer de nouvelles applications de cette substance, naguère dédaignée. A l'étude chimique du pétrole naturel, les auteurs ont joint l'étude industrielle qui a pour but d'indiquer les moyens d'appliquer les données de la science. Les fabricants trouveront dans ce livre des renseignements véritablement pratiques, non-seulement sur le traitement chimique en lui-même, mais aussi sur les appareils qui serviront à l'effectuer.

En préparation : Recherche et exploitation des mines métalliques. — Sondeur. — Le zinc. — Le cuivre. — Le plomb. — L'étain — L'argent. — L'or. — Essayeur. — Extraction de la tourbe.

SÉRIE E.

MACHINES MOTRICES.

1. Traité de la construction des **Roues hydrauliques**, contenant tous les systèmes de roues en usage, les renseignements pratiques sur les dimensions à adopter pour les arbres tournants, les tourillons, les bras de roues hydrauliques, etc. 1 vol. de 142 pages, avec de nombreux tableaux et 8 planches, par M. Jules LAFFINEUR, ingénieur civil, membre de plusieurs sociétés savantes. Br. 2 fr. 50. Relié   3 fr. 50

L'auteur démontre dans sa préface que le perfectionnement les machines motrices des usines est à la fois une nécessité l'intérêt général et privé. Dans son ouvrage, il recherche et il définit les principales conditions à remplir sous ce rapport, et il donne ensuite tous les détails relatifs à la construction des roues hydrauliques dans les meilleures conditions possibles.

Fidèle à la méthode qui lui est propre, M. Laffineur s'est surtout attaché à se faire comprendre par la simplicité des termes employés et par les nombreux exemples qu'il donne.

Les planches sont d'une grande netteté.

6. Traité pratique du tracé et de la construction des **Engrenages**, de la vis sans fin et des cames, par M. F.-G. DINÉE, mécanicien de la marine, ex-élève de l'École des arts et métiers de Châlons-sur-Marne. 1 vol., 80 p. et 17 pl. 3 fr. 50. Relié   5 fr.

Ce livre répond à un besoin, car depuis longtemps il manquait à toute bibliothèque industrielle ; c'est une œuvre de mécanique véritablement pratique.

Il se divise en trois chapitres :

1° Des courbes en usage dans la construction des engrenages;
2° dimensions des détails et de l'ensemble des engrenages;
3° tracé des engrenages, des vis sans fin, des cames.

En préparation : Conduite, chauffage et entretien des machines fixes et locomobiles. — Construction des machines locomotives. — Des machines à vapeur marines. — Construction des moulins à vent.

(Voir série G, n° 6, le *Guide de l'ouvrier mécanicien*.)
     —   n° 7, le Guide du chauffeur.

SÉRIE F.

PROFESSIONS MILITAIRES ET MARITIMES.

1. *Aide-mémoire de l'officier de marine* (marine militaire et marine marchande). Notions pratiques de **Droit maritime international et commercial**, par Alp. DONEAUD, professeur à l'École navale. 1 vol., 155 pages.   3 fr.

   Les derniers traités de commerce ont augmenté dans des proportions considérables les relations internationales. Cet ouvrage de M. Doneaud devient donc d'une grande utilité pratique.

   Nous ajouterons que ce livre commence une série de volumes dont l'ensemble formera, dans notre bibliothèque, *l'Aide-mémoire* de l'officier de marine.

2. Guide pratique d'**architecture navale** à l'usage des capitaines de la marine du commerce appelés à surveiller les constructions et réparations de leurs navires, par Gustave BOUSQUET, capitaine au long cours, ingénieur. 1 vol., VI-102 pages, nombreuses figures dans le texte. Br. 2 fr. Relié.   3 fr.

4. Guide pratique de la fabrication des **Poudres et salpêtres**, par M. le major STEERK, avec un appendice sur les feux d'artifice. 1 vol., 360 pages, avec de nombreuses figures dans le texte. 5 fr. Relié.   6 fr.

   Dès les premières lignes de ce livre, on s'aperçoit que l'auteur est un homme compétent dans la matière qu'il traite, et qu'à l'étude dans le laboratoire, le major Steerk a joint l'expérience de la fabrication en grand. Dans ses données, tout est rigoureusement exact, et on peut accepter l'auteur comme guide, sans craindre de se tromper.

   L'appendice sur les feux d'artifice résume en quelque pages les notions nécessaires pour la confection de ces feux.

6. Guide pratique du **Commandant de navires à vapeur**, résumé des principales connaissances théoriques et pratiques nécessaires pour bien diriger ces sortes de navires et en tirer tout le parti possible, par A. VINCENT; ouvrage enrichi de deux chapitres empruntés, avec l'autorisation de l'auteur, à l'ouvrage intitulé *Manuel du gréement et de la manœuvre*, par E. BRÉART, capitaine de frégate, 1 vol., 285 pages et 2 planches.   5 fr.

En préparation : Topographie militaire. — Pontonnier. — Capitaine au long cours. — Maître au cabotage. —Topographie marine, le lever du plan d'une côte ou d'une baie. — Instruments et calculs nautiques.

SÉRIE G.

ARTS. — PROFESSIONS INDUSTRIELLES.

1. **Traité pratique de la Culture et de l'Alcoolisation de la Betterave**, Résumé complet des meilleurs travaux faits jusqu'à ce jour sur la betterave et son alcoolisation, renfermant toutes les notions nécessaires au cultivateur et au distillateur, ainsi que l'examen critique des méthodes de pulpation, de macération, de fermentation et de distillation employées aujourd'hui, par M. N. BASSET. 3ᵉ édition, corrigée et considérablement augmentée, accompagnée de nombreuses gravures dans le texte. 1 vol. de 284 pages. 2 fr. Relié. 4 fr.

Avant de donner au public cette nouvelle édition, l'auteur avait étudié à fond les principales questions relatives à la betterave, afin d'apporter son contingent à la grande question de la transformation agricole, par les données que l'expérience lui a fournies. Il a cherché, et il y a réussi, à mettre sous les yeux des agriculteurs et des distillateurs, les faits techniques, scientifiques ou pratiques, dans la plus grande simplicité d'expression, et à les tenir bien en garde contre toutes les exagérations.

(Pour le sucre de canne, voir plus loin série H, n° 50.)

2*. **Traité de Tissage.** Manuel complet de la fabrication, de la composition des tissus, et spécialement de la draperie-nouveautés, par T. BONA, directeur de l'École de tissage et de dessin industriel de Verviers, membre de la Société industrielle, etc.

Cet ouvrage se compose de deux parties et de deux atlas.

La première partie, renfermant 199 pages de texte avec un atlas de 137 planches, traite des opérations préparatoires du tissage et des tissus ; c'est le résumé de tout ce qui a paru à l'auteur utile à la pratique intelligente du tissage.

La deuxième partie, de 171 pages avec un atlas de 56 planches, traite de la classification des tissus. « Il ne suffit plus, dit l'auteur, de produire bien et économiquement, il faut aussi savoir *créer*, et pour cela des études spéciales sont indispensables. » C'est dans le but de faciliter ces études et de les populariser, que M. BONA a entrepris la rédaction du supplément au *Manuel*.

* Par erreur, le titre porte n° 1.

Les deux parties reliées ensemble, avec les deux atlas également reliés ensemble, se vendent   10 fr.

La première partie, *qui se vend seule séparément*, est du prix de   6 fr.

3. Fabrication des tissus imprimés, impression des ÉTOFFES DE SOIE. Ouvrage accompagné de planches et enrichi de nombreux échantillons, par M. D. KAEPPELIN, chimiste, directeur de fabrique d'impression sur étoffes. Deuxième édition augmentée d'un appendice. 1 vol., 142 p., 1 pl. et nombreux échantillons.   10 fr.

M. Kaeppelin, avec l'autorité qui s'attache à une longue expérience, décrit successivement toutes les opérations de l'impression proprement dite, en commençant par celles qui les précèdent (blanchiment et mordançage); puis vient l'impression à la main, à la perrotine, au rouleau, à l'aide de pierres lithographiques. Des chapitres spéciaux sont consacrés au fixage, au lavage, à l'apprêt, à la fabrication des foulards, aux différents genres de dérivés, etc.

4. Manuel de la **Literie**, par M. Jean DE LATERRIÈRE, manufacturier. 1 vol., 180 pages, avec 14 planches.   2 fr.

Ce manuel contient: 1° la description analytique, le genre de fabrication et le mode de traitement des meubles et objets mobiliers usités dans la literie; 2° une série d'observations pratiques sur la composition et l'installation des lits dans les hôpitaux.

Quelque aride que puisse paraître le sujet traité par M. de Laterrière, abstraction faite de son incontestable utilité, l'auteur a su le parsemer de réflexions humouristiques qui font du *Manuel de la literie* une lecture attrayante.

5. Traité théorique et pratique de la recherche, du travail et de l'exploitation commerciale des **Matières résineuses** provenant du pin maritime, par M. E. DROMART, ingénieur-civil à Bordeaux. 1 vol., VIII-96 pages, 3 planches.   4 fr.

Après quelques mots sur le pin en général, M. Dromart donne les caractères chimiques de la gemme qui en découle, ainsi que ceux des essences de térébenthine et de la colophane qui en dérivent. Il compare les deux systèmes de gemmage usités dans les Landes et décrit tous les appareils nécessaires à la fabrication des produits résineux, avec es perfectionnements qu'on y a apportés. Le livre se termine par un aperçu de l'emploi des essences et des colophanes dans les principales industries.

6. Guide pratique de l'**Ouvrier Mécanicien**, par A. ORTOLAN, mécanicien en chef de la flotte, avec la collaboration de MM. Bonnefoy, Cochez, Dinée, Gibert, Guipont, Juhel, mécaniciens de la marine. 1 vol., x-627 pages, nombreuses figures dans le texte et atlas de 52 planches. Broché, 10 fr. Relié.   12 fr.

7. Manuel du **Chauffeur** — Guide pratique à l'usage des mécaniciens, des chauffeurs et des propriétaires de machines à vapeur, exposé des connaissances nécessaires, suivi de conseils afin d'éviter les explosions des chaudières à vapeur, par JAUNEZ, ingénieur civil. 1 vol. 242 p., 37 fig. dans le texte et pl. 2 fr. Relié.   3 fr.

Cet ouvrage est spécialement destiné aux chauffeurs, comme l'indique son titre. Les bons chauffeurs pour l'industrie privée sont rares et, par conséquent, recherchés. Les personnes qui ont des machines à vapeur ne sont que trop souvent obligées d'employer pour chauffeurs des hommes qui manquent, non-seulement des connaissances pour un tel emploi, mais quelquefois même de toute pratique, dans de telles circonstances, il y a évidemment danger, et c'est pourquoi nous avons publié cet ouvrage afin qu'il soit mis dans les mains de tous les ouvriers qui, sans savoir le premier mot de la théorie de la chaleur ni de la mécanique, sont mis à même de conduire une machine à vapeur. Cet ouvrage doit être dans leurs mains comme un catéchisme qui viendra leur apprendre leur métier.

8. Guide pratique de la **Fabrication des vernis**, par M. Henry VIOLETTE, ancien élève de l'École polytechnique, commissaire des poudres et salpêtres, membre de plusieurs sociétés savantes. 1 vol., 401 p., avec de nombreuses figures dans le texte. 5 fr. Relié.   6 fr.

« Nous avons cherché à faire connaître, dit M. Violette, les causes et les effets des réactions, les conditions du succès; nous nous sommes efforcé de faire sortir l'art du vernisseur des obscurités de l'empirisme, pour le faire entrer dans le domaine de la science. Faire connaître les conditions nécessaires et suffisantes à remplir, en écartant les faits accessoires et inutiles, simplifier les recettes, faciliter et assurer les opérations, tel est le but que nous avons cherché à atteindre. »

Ce plan, largement conçu, a été ponctuellement réalisé, et M. Violette a passé successivement en revue les vernis à l'éther, à l'alcool, à l'essence et les vernis gras.

Connaissance et Exploitation des Corps gras industriels, contenant l'histoire des provenances, des modes d'extraction, des propriétés physiques et chimiques, du commerce des corps gras, des altérations et des falsifications dont ils sont l'objet, et des moyens anciens et nouveaux de reconnaître ces sophistications, par M. Théodore CHATEAU, chimiste, ex-préparateur au Muséum d'histoire naturelle; ouvrage à l'usage des chimistes, des pharmaciens, des parfumeurs, des fabricants d'huiles, etc., des épurateurs, des fondeurs de suif, des fabricants de savon, de bougie, de chandelle, d'huiles et de graisses pour machines, des entrepositaires de graines oléagineuses et de corps gras, etc., 2ᵉ édition, revue et augmentée. 1 vol., 386 pages ou tableaux, 2ᵉ édition suivie d'un appendice nouveau. Br. 4 fr. Relié. 5 fr.

M. Chateau, en publiant la première édition de cet ouvrage, avait eu pour but de donner aux chimistes et aux manufacturiers une histoire aussi complète que possible des corps gras industriels employés tant en France qu'à l'étranger, et considérés au point de vue de leur provenance, de leur extraction, de leur composition, de leurs propriétés physiques et chimiques, de leur commerce et de leurs altérations spontanées ou frauduleuses.

Dans la nouvelle édition publiée dans notre *Bibliothèque*, M. Chateau a ajouté à sa monographie des corps gras un appendice renfermant quelques corrections indispensables et d'importantes additions.

10. Guide du **Brasseur**, par MULDER. 1 vol. 6 fr.

11. **Armes et poudres de chasse**, par M. Louis ROUX, ingénieur des poudres. 1 vol. de 138 p., 2 fr. Relié. 3 fr.

Ce livre renferme des indications précieuses pour tout chasseur qui veut se rendre compte des qualités de sa poudre et de l'arme qu'il emploie. Par sa position, M. Roux a pu puiser ses renseignements aux sources officielles, et n'oublions pas que la fabrication de la poudre étant un monopole du gouvernement, il fallait un homme qui occupât une semblable position pour connaître les détails de toutes les expériences comparatives dont il rend compte. De plus, l'auteur du livre est un fervent chasseur et ce sont les observations qu'il a pu faire lui-même qu'il communique au lecteur.

12. Trois sources d'économies de combustible. Guide pratique du **Constructeur d'appareils économiques de**

chauffage pour les combustibles solides et gazeux, traitant des générateurs à gaz fixes et locomobiles, de l'application de la chaleur concentrée et du calorique perdu aux chaudières à vapeur et aux fours de toute espèce, à l'usage des ingénieurs, architectes, fumistes, verriers, briquetiers, des forges, fabriques de zinc, de porcelaine, de faïence, d'acier, de produits chimiques; des raffineries de sucre, de sel; des industries métallurgiques et autres employant la chaleur; par M. Pierre FLAMM, manufacturier, auteur d'un ouvrage qui a pour titre : *Le Verrier au dix-neuvième siècle*, 157 pages et 4 pl.   4 fr.

M. Flamm a pris pour épigraphe de son livre : *Non multa, Sed multum*. Jamais devise n'a été plus fidèlement respectée. Dans ce traité, tout est substantiel, rien n'est inutile. Les constructeurs y trouveront des données pratiques, et les grands industriels pourront, après l'avoir lu, se rendre compte des qualités que doivent posséder les appareils qu'ils font établir dans leurs usines ou dans leurs fabriques.

Le même auteur a publié dans le même format une excellente petite brochure qui a pour titre : Un chapitre sur la *verrerie*, ou transformation complète de la *fabrication* actuelle du *verre* donnant les méthodes du chauffage aux gaz combustibles, les modes nouveaux de *couler les glaces*, le *cristal*, le *flint* et le *crown-glass* ; de travailler le *verre à vitres*, la *gobeletterie* et les *bouteilles*, de supprimer les creusets et le cueillage du *verre* sur les *pots*. 1 vol., 44 pages et 1 planche. 1 fr. 50.

13. Le **Livre de poche du Charpentier**, application pratique à l'usage des CHANTIERS, des ÉLÈVES DES ÉCOLES PROFESSIONNELLES, etc. Collection de 140 ÉPURES, avec texte explicatif en regard, par M. J.-F. MERLY, charpentier, entrepreneur de travaux publics, membre de la Société industrielle d'Angers et de l'Académie nationale de Paris, auteur de l'album du Trait théorique et pratique, etc. 1 vol., 287 p., 5 fr. Relié.   6 fr.

A propos du *Livre de poche du Charpentier*, nous répétons ce qui a été dit d'un autre livre de M. Merly. Les deux ouvrages méritent les mêmes éloges.

« M. Merly n'est pas un savant qui doit s'efforcer d'oublier la technologie de l'Ecole pour parler le langage ordinaire de la plupart de ses auditeurs, M. Merly est, au contraire, un ouvrier, un homme pratique, qui a cherché à se faire comprendre par les compagnons de travail auxquels il s'adressait, et qui est arrivé à des démonstrations si claires, à des explications si naturelles, que les théoriciens eux-mêmes ont bientôt eu à s'inspirer de ses travaux. Rien de plus net que ses dessins, rien de plus simple que ses préceptes : c'est en quelque sorte en se jouant qu'il arrive aux épures les plus compliquées. L'*Album du Trait théorique et pratique* restera comme une preuve des résultats que peuvent donner l'intelligence, la persévérance et l'amour du travail.

14. Guide du **Teinturier**, par Fol, 1 fort vol. avec nombreuses fig. Sous presse. Pour les souscripteurs. 8 fr.

23. Guide pratique du **Bijoutier**. Application de l'harmonie des couleurs dans la juxta-position des pierres précieuses, des émaux et de l'or de couleur, par M. L. Moreau, bijoutier et dessinateur. 1 vol., 108 pages avec 2 planches. 2 fr.

Ce petit livre est une protestation hardie contre l'esprit de routine. L'auteur a réuni les données fournies par la science sur l'harmonie et le contraste des couleurs, et comparant ces données aux observations faites dans la pratique du métier, il a formé une théorie applicable à la bijouterie.

26. Guide pratique du **Joaillier**, ou Traité complet des pierres précieuses, leur étude chimique et minéralogique, les moyens de les reconnaître sûrement, leur valeur approximative et raisonnée, leur emploi, la description des plus extraordinaires et des chefs-d'œuvre anciens et modernes auxquels elles ont concouru, par M. Ch. Barbot, ancien joaillier, inventeur du procédé de décoloration du diamant brut, membre de plusieurs sociétés savantes. 1 vol., 567 pages, 3 planches renfermant 178 figures représentant les diamants les plus célèbres de l'Inde, du Brésil et de l'Europe, bruts et taillés, et les dimensions exactes des brillants et roses en rapport avec leur poids, depuis un carat jusqu'à cent carats (*rare*). Relié. 10 fr.

Ecrit tout à la fois pour les praticiens et les gens du monde, ce guide donne, par ordre alphabétique, la description ed toutes les pierres précieuses, en en indiquant l'aspect, la couleur, la dureté, l'éclat, la pesanteur spécifique, la composition chimique, la forme géométrique, le gisement, l'abondance et la rareté, l'emploi et le prix. — Un article spécial a été consacré au diamant, la pierre de prédilection de nos jours.

SÉRIE G. PROFESSIONS INDUSTRIELLES. 51

35. Fabrication du Papier et du Carton, par M. A. PROU-
TEAUX, ingénieur civil, ancien élève de l'Ecole centrale
des arts et manufactures, directeur de la papeterie de
Thiers (Puy-de-Dôme). 1 vol., 273 pages et atlas de 7 pl.
doubles, gravées sur acier avec leurs légendes en regard.
4 fr. Relié.   5 fr.

Après avoir énuméré et classé méthodiquement les diverses
matières premières, l'auteur nous initie aux détails de fabrication et nous décrit les nombreuses transformations que subit le
chiffon avant de sortir de la cuve ou de la machine sous forme
de papier. Il nous apprend à connaître et à distinguer les différentes espèces de papier, leurs formats, leurs poids, leurs dimensions, et décrit les diverses machines qui constituent le matériel d'une papeterie. — Un éditeur américain s'est empressé
de faire traduire en anglais l'ouvrage de M. Prouteaux.

43. Guide pratique du **Parfumeur**. Dictionnaire raisonné
des **Cosmétiques** et **Parfums**, contenant la description
des substances employées en parfumerie, les altérations
ou falsifications qui peuvent les dénaturer, etc., les formules de plus de 500 préparations cosmétiques, huiles
parfumées, poudres dentifrices dilatoires, eaux diverses,
extraits, eaux distillées, essences, teintures, infusions,
esprits aromatiques, vinaigres et savons de toilette, pastilles, crèmes, etc. Ouvrage entièrement nouveau, présentant des considérations hygiéniques sur les préparations cosmétiques qui peuvent offrir des dangers dans
leur emploi, par M. le docteur Adolphe-Benestor LUNEL,
chimiste, membre des Académies des sciences de Caen,
Chambéry, etc., ancien professeur de chimie et d'histoire
naturelle. 1 vol., XXVII-340 pages. Relié.   5 fr.

44. Guide pratique de l'**Épicerie**, ou Dictionnaire des denrées indigènes et exotiques en usage dans l'économie
domestique, comprenant : l'étude, la description des objets consommables : les moyens de constater leurs qualités, leur nature, leur valeur réelle; les procédés de
préparation, d'amélioration et de conservation des denrées, etc., contenant, en outre, la fabrication des liqueurs, le collage des vins, etc., enfin les procédés de fabrication d'une foule de produits que l'on peut ajouter au
commerce de l'épicerie, par le Dr Benestor LUNEL, membre de plusieurs sociétés savantes. 1 v. de 256 p.   3 fr.

Nous n'avons rien à ajouter aux titres de ces deux ouvrages, qui indiquent leur utilité. Nous devons seulement constater que le docteur Lunel a consciencieusement rempli le cadre qu'il s'était tracé.

48. Guide pour l'essai et l'analyse des **Sucres** indigènes et exotiques, à l'usage des fabricants de sucre. Résultats de 200 analyses de sucre classés d'après leur nuance, par M. Emile Monier, ingénieur chimiste, ancien élève de l'École centrale des arts et manufactures, membre de la Société de chimie de Paris. 1 vol., 96 p., avec figures dans le texte et tableaux. 2 fr.

L'auteur, après avoir rappelé les propriétés générales des substances saccharifères, donne les méthodes les plus simples qui permettent de doser avec précision ces mêmes substances. Quelques notes sur l'altération et le rendement des sucres soumis au raffinage terminent le travail de M. Monier, dont M. Payen a fait un éloge mérité devant l'Académie des sciences.

(Pour la culture de *la Canne à sucre*, voir série H, n° 50.)
(Pour *la Culture et l'alcoolisation de la Betterave*, voir série G, n° 1.)

48 *bis*. Guide pratique du **Féculier** et de l'**Amidonnier**, suivi de la conversion de la fécule et de l'amidon en dextrine sèche et liquide, en sirop de glucose, sirop de froment, sirop impondérable ; en sucre de raisin, sucre massé, sucre granulé et cassonade, en vin, bière, cidre, alcool et vinaigre, ainsi que leur application dans beaucoup d'autres industries, par M. L.-F. Dubief, chimiste. 1 vol. de 267 pages. 5 fr.

50. Traité de la fabrication des **Liqueurs** françaises et étrangères sans distillation. 3ᵉ édition, augmentée de développements plus étendus, de nouvelles recettes pour la fabrication des liqueurs, du kirsch, du rhum, du bitter, la préparation et la bonification des eaux-de-vie et l'imitation de celles de Cognac, de différentes provenances, de la fabrication des sirops, etc., etc., par M.-L.-F. Dubief, chimiste œnologue. 1 vol., 288 pages. 5 fr.

Ce traité est formulé en termes clairs et familiers ; la personne la moins expérimentée dans l'art du distillateur qui en lira attentivement les préceptes pourra, sans aucun guide, devenir un bon fabricant après quelques essais.

57. Manuel des **constructions rurales**, par T. Bona, auteur du tracé et ornementation des jardins. 3ᵉ édition.
5 fr.

60. **Essai et dosage des huiles** employées dans le commerce ou servant à l'alimentation des savons et de la farine de blé : manuel pratique à l'usage des commerçants et des manufacturiers, par Cyrille Cailletet, pharmacien de première classe, etc. 1 vol., 404 pages. 4 fr.

Ce guide décrit avec clarté des procédés nouveaux et pratiques pour découvrir la sophistication des huiles, pour l'analyse prompte des savons et pour l'essai commercial de la farine de blé. Les procédés de M. Cailletet ont à leur tour subi la pierre de touche de l'expérience ; la Société industrielle de Mulhouse a couronné en 1857 et en 1859, le dosage des huiles mélangées et celui des savons. La Société des arts, sciences et belles-lettres de Paris a couronné en 1855 l'essai de la farine de blé.

En préparation : Fabrication des couleurs. — Le forgeron et l'Ouvrier forgeron. — Menuisier modeleur. — Ebéniste. — Tourneur en bois. — Sculpteur. — Tapissier, ameublement, etc. — Serrurier. — Ajusteur et tourneur de métaux. — Fondeur et mouleur. — Ferblantier. — Marqueteur. — Chaudronnier. — Horloger-mécanicien. — Graveur. — Luthier. — Brocheur, relieur et cartonnier. — Vitrification et fabrication des glaces. — Porcelaines (Fabrication des). — Faïencier. — Peinture sur verre et sur porcelaine. — Imprimeur typographe. — Imprimeur-lithographe et en taille douce. — Charbonnage, coke, tourbe. — Fabrication du gaz. — Huiles. — Bougies et chandelles. — Fabrication des savons. — Meunerie et Boulangerie. — Saunier. — Cuisinier. — Sommelier. — Pâtissier. — Distillation. — Pharmacien. — Fabrication du sucre. — Raffinage. — Chocolatier, confiseur, etc. — Pharmacien-droguiste. — Instruments de précision. — Préparation et filature du chanvre et du lin. — Blanchiment. — Blanchissage et buanderie. — Naturaliste préparateur. — Herboriste. — Conservation des bois.

SÉRIE H.

AGRICULTURE, JARDINAGE, HORTICULTURE. — EAUX ET FORÊTS. — CULTURES INDUSTRIELLES, ANIMAUX DOMESTIQUES. — APICULTURE, PISCICULTURE, ETC.

1. Guide pratique d'**Agriculture générale**, par A. GOBIN, professeur de zootecnnie, ancien sous-directeur de ferme-école, etc. 1 vol. x-448 pages avec figures dans le texte. Broché 3 fr. Relié.   4 fr.

2. **Taille du Rosier**, sa culture, etc. par FORNEY. 1 vol.   3 fr.

3. **Ingénieur agricole** (L'), hydraulique, dessèchement drainage, irrigations, etc.; suivi d'un appendice contenant les lois, décrets, règlements et instructions ministérielles qui régissent ces matières et de l'hydraulique urbaine, par M. Jules LAFFINEUR, ingénieur civil et agronome, membre de plusieurs sociétés savantes, etc. 1 vol., 398 pages et 5 planches   6 fr.
   Deux parties se vendent séparément.
   Le *Guide pratique d'hydraulique* (série H, n° 31) du même auteur, s'adresse plus particulièrement aux habitants des villes, aux grands propriétaires, à ceux qui ont mission d'étudier ou d'établir des conduites d'eau. L'*Ingénieur agricole* s'occupe plus spécialement des travaux de la campagne. Les agriculteurs y trouveront des notions précises sur les travaux qu'il est de leur intérêt de faire exécuter, et des renseignements exacts sur leurs droits et leurs devoirs.

4. Guide pratique pour la construction et le bon aménagement des **Habitations des animaux**, par M. Eug. GAYOT, membre de la Société centrale d'agriculture de France. 1 fort vol. avec nombreuses fig.   7 fr.
   Deux parties se vendent séparément.

Les Bergeries, les Porcheries, les Habitations des animaux de la basse-cour, Clapiers, Oiseleries et Colombiers. 1 volume de 355 pages et 31 figures dans le texte.   3 fr.

Les Ecuries et les Etables, par le même. 1 vol., 208 pages et 65 figures dans le texte. 3 fr.

Aucun animal ne saurait être développé dans ses facultés natives, dans ses aptitudes propres, et produire activement dans le sens de ces dernières, si on ne le place dans les meilleures conditions d'alimentation, de logement, de multiplication. M. Gayot, avec l'autorité d'une longue expérience, a réuni dans ces deux volumes les conditions générale d'établissement et les dispositions particulières aux diverses espèce d'animaux.

6 et 7. Eléments des **Sciences physiques** appliquées à l'agriculture, par M. A.- F. Pouriau, docteur ès-sciences, ancien élève de l'Ecole centrale, etc., en deux volumes, savoir :

6. 1° *Chimie inorganique*, suivie de l'étude des marnes, des eaux et d'une méthode générale pour reconnaître la nature d'un des composés *minéraux* intéressant l'agriculture ou la médecine vétérinaire. 1 vol., 912 p., 153 figures dans le texte et tableaux. Br. 6 fr. Relié. 7 fr.

7. 2° *Chimie organique*, comprenant l'étude des éléments constitutifs des végétaux et des animaux, des notions de physiologie végétale et animale, l'alimentation du bétail, la production du fumier, etc., par le même. 1 vol., 541 p., 66 figures dans le texte et tableaux. Br. 6 fr. Relié. 7 fr.

On ne fait plus l'éloge des livres de M. Pouriau. M. Pouriau est professeur et sous-directeur à l'Ecole d'agriculture de Grignon ; l'élection l'a fait secrétaire général de la Société d'agriculture de Lyon ; voilà quelques-uns des titres de l'homme ; quant à ses ouvrages, ils sont promptement devenus classiques, et ils sont en même temps consultés avec fruit par les gens du monde.

(Voir aussi plus loin n° 55).

8. **Drainage**, résultats d'observations et d'expériences pratiques faites par M. C.- E. Kielmann, directeur de l'Ecole agricole de Haasenfeld (Prusse), et publiées à l'usage des agriculteurs français, par C. Hombourg. 1 vol., 104 pages avec figures dans le texte. 1 fr.

La plupart des ouvrages publiés sur le drainage sont le résultat d'études théoriques que l'expérience n'a pas encore sanctionnées. M. Kielmann est entré dans une autre voie : il n'a eu recours à la théorie qu'autant que cela était nécessaire pour expliquer certains phénomènes. Comme il le dit dans sa préface, il voulait offrir à ceux qui commencent à s'occuper du drainage, et même au simple paysan, un manuel tel que le lecteur pût dire, après l'avoir parcouru : C'est facile à comprendre, désormais je pourrai travailler. — Ce but, le succès du *Guide pratique du drainage* le prouve, a été largement atteint.

9. **Chimie agricole.** Leçons familières sur les notions de chimie élémentaire utiles au cultivateur et sur les opérations chimiques les plus nécessaires à la pratique agricole, par M. N. BASSET, auteur de plusieurs ouvrages d'agriculture et de chimie appliquée. 1 vol., 336 p. avec figures dans le texte. Broch. 3 fr. Relié. 4 fr.

L'auteur, laissant de côté les grands mots et les formules scientifiques, a cherché, avant tout, à se rendre intelligible à tous. Dans une série de leçons familières, après avoir prouvé la nécessité de la chimie pour l'agriculture, il a successivement traité de l'analyse des sols, des amendements, de la composition des plantes, de celles des animaux, de quelques industries agricoles, etc. Des observations succinctes et des notions intéressantes sur divers sujets complètent cette *Chimie agricole*.

(Voir aussi même série, n° 55).

11. Guide pratique des **Conférences Agricoles**, par M. Louis GOSSIN, cultivateur, professeur d'agriculture dans l'Oise, etc. 1 vol., XII-112 pages. 1 fr.

(Ouvrage recommandé officiellement pour les écoles normales etc).

14. Guide pratique pour le choix de la **Vache laitière**, par M. Ernest DUBOS, vétérinaire de l'arrondissement de Beauvais, professeur de zootechnie à l'institut agricole de la même ville. In-18, 132 p. et pl. Br. 2 fr. Rel. 3 fr.

Les diverses méthodes pour le choix des vaches laitières sont résumées dans ce livre. Les agriculteurs et les éleveurs y trouveront l'indication des signes qui peuvent les guider pour la conservation et l'acquisition des animaux qui conviennent le mieux à leurs exploitations.
— Les figures représentant les diverses races de vaches laitières sont remarquables.

17. Éducation lucrative des lapins, ou Traité de la race cuniculine, suivi de l'Art de mégisser leurs peaux et d'en confectionner des fourrures, par M. MARIOT-DIDIEUX, vétérinaire en premier attaché aux remontes de l'armée, membre de plusieurs sociétés savantes. 1 vol., 156 p. 2 fr. 50

L'industrie de l'éducation de la race cuniculine est créée et elle marche vers le progrès. C'est dans le but de la voir se propager dans les campagnes comme une des industries peut-être les plus propres à tarir les sources du paupérisme et de la misère que l'auteur a publié cette nouvelle édition de son *Guide pratique*, en l'enrichissant d'un grand nombre de données nouvelles. En résumé, l'auteur démontre qu'aucune viande ne peut être produite à aussi bon marché que celle du lapin.

18. Basse-cour, Éducation lucrative des poules, des oies, des canards, etc., etc. 1 fort vol. avec pl. 6 fr.
Deux parties se vendent séparément.

18bis. 1o Éducation lucrative des poules, ou Traité raisonné de gallinoculture, par le même. 1 vol., 444 p. 4 fr.

L'éducation, la multiplication et l'amélioration des animaux qui peuplent les basses-cours ont fait depuis une quinzaine d'années de notables progrès. Répondant à un besoin de l'économie domestique, l'auteur de ce guide pratique a voulu faire un traité complet de gallinoculture dans lequel, après des considérations historiques, anatomiques et physiologiques sur les poules, il décrit les caractères physiques et moraux de quarante-deux races, apprend à faire un choix parmi ces races si diverses et indique les moyens de conservation et de multiplication des individus. Des chapitres spéciaux sont consacrés aux maladies, à la pharmacie gallinée, à la statistique des poules et des œufs de la France, etc.

19. 2o Éducation lucrative des Oies et des Canards, par le même, 1 vol., 180 p. avec de nombreuses figures dans le texte. 2 fr.

Ces deux monographies sont à la fois utiles, instructives et amusantes. L'auteur décrit les mœurs particulières de chaque espèce et indique le genre de nourriture favorable à leur multiplication et propre à donner des bénéfices aux éleveurs. Toutes ces notions, parsemées de données historiques, d'anecdotes, de réflexions philosophiques, offrent une lecture des plus attrayantes.

SÉRIE H. AGRICULTURE. 59

20. Guide pratique du **Pisciculteur**, par M. Pierre CARBONNIER, pisciculteur, fabricant d'appareils à éclosion, membre de la section des poissons de la Société d'acclimatation et de plusieurs sociétés savantes, etc. 1 vol. 200 pages, avec de nombreuses figures dans le texte. Br. 2 fr. Relié. 3 fr.

Ce n'est pas comme un théoricien ou un savant systématique que M. Carbonnier se présente à ses lecteurs : ce sont les résultats pratiques qu'il a obtenus dans la *piscifacture* construite et exploitée par lui à Champigny, qui lui donne le droit d'indiquer les méthodes et les systèmes qui lui ont le mieux réussi, c'est-à-dire qui lui ont donné les résultats les plus profitables. Le *traité de pisciculture* est suivi d'une notice sur les poissons d'eau douce qui vivent dans nos climats, leurs formes, leurs habitudes, enfin les particularités relatives à la culture artificielle de chacun d'eux. Un appendice est consacré aux *aquariums* d'appartement.

(Pour l'*Ostréiculture*, voir même série, n° 52.)

21. Guide pratique du **Chasseur médecin**, ou traité complet sur les maladies du chien, par M. Francis CLATER, vétérinaire anglais ; traduit de l'anglais sur la 27e édition. 3 édition française, corrigée et augmentée, par M. MARIOT-DIDIEUX, vétérinaire en premier attaché aux remontes de l'armée, etc. 1 vol., 189 pages. 3 fr.

La mention que ce livre a eu en Angleterre, vingt-sept éditions, dispense de tout commentaire. Le guide que nous avons placé dans notre Bibliothèque en est la troisième édition française. M. Mariot-Didieux, le savant vétérinaire, en acceptant la révision de cette édition, s'est attaché à supprimer dans le texte original des formules trop compliquées, à en simplifier d'autres et à en ajouter de nouvelles. Ainsi entièrement refondu, l'ouvrage est véritablement un traité complet sur les maladies du chien, traité auquel un chapitre sur l'art de mégisser les peaux pour en faire des tapis sert de complément.

22. Traité de l'**Elevage** et de l'**éducation du Chien**, par E. de TARADE. 1 vol. 360 p. 4 fr.

23. Guide pratique d'**apiculture** (culture des abeilles), cours professé au jardin du Luxembourg, par H. HAMET, apiphile. 1 vol., 336 pages, figures dans le texte. 5 fr.

28. Manuel pratique de **Culture maraîchère**, par M. Courtois-Gérard, marchand grainier, horticulteur. 5e édition, augmentée d'un grand nombre de figures et de plusieurs articles nouveaux. Ouvrage couronné d'une médaille d'or par la Société et centrale d'agriculture, d'une grande médaille de vermeil par la Société et centrale d'horticulture. 1 vol., 396 p. 88 figures dans le texte. Br., 3 fr. 50. Relié. 5 fr.

Outre les récompenses honorifiques qui viennent d'être mentionnées, l'auteur de ce manuel a obtenu une attestation qui garantit la valeur de son travail aux yeux du public, en même temps qu'elle constate l'exactitude de ses recherches et l'utilité des notions renfermées dans son ouvrage. Cette attestation émane de vingt-cinq jardiniers maraîchers de la ville de Paris qui, après avoir entendu la lecture du travail de M. Courtois-Gérard, déclarent qu'ils lui donnent toute leur approbation, comme étant conforme aux bonnes méthodes de culture en usage parmi eux et autorisent l'auteur à le publier sous leur patronage.

Cet ouvrage est officiellement recommandé pour les écoles normales, etc.

Cette nouvelle édition a été augmentée d'un chapitre sur la culture des portes-graines et d'un vocabulaire maraîcher.

31. Guide pratique d'**Hydraulique** urbaine et agricole, ou Traité complet de l'établissement des conduites d'eau pour l'alimentation des villes, des bourgs, châteaux, fermes, usines, etc., comprenant les moyens de créer partout des sources abondantes d'eau potable, par M. Jules Laffineur, ingénieur civil, etc. Ouvrage formant le complément du *Guide pratique de l'Ingénieur agricole* (voir plus haut, série H, n° 3). 2e tirage, augmenté d'un supplément. 1 vol., 130 pages et 2 pl. 3 fr.

En publiant cet ouvrage, M. Laffineur a eu pour but de réunir en un faisceau les principales données de la science hydraulique expérimentale. On y trouvera réunis tous les renseignements, toutes les formules, toutes les applications pour la conduite des eaux.

32. Guide pratique pour la **Culture des plantes fourragères**, par M. A. Gobin, ancien élève de l'École de Grand-Jouan, directeur de la colonie péniten-

tiaire du Val-d'Yèvres (Cher). 1 très-fort vol. 680 p. avec fig. 8 fr.
Deux parties se vendent séparément.

1° PRAIRIES NATURELLES, irrigations, pâturages, avec un appendice reproduisant la loi du 21 juin 1866 sur les associations agricoles. 1 vol., 284 pages, avec nombreuses figures. 3 fr.

2° PRAIRIES ARTIFICIELLES. *Plantes-racines*. 1 vol. de 388 p. et 87 figures. 3 fr. 50

Les fourrages sont la base de toute culture, et il est admis aujourd'hui, par tous les agriculteurs intelligents, que pour avoir du blé il faut faire des prés. M. Gobin à voulu rédiger un guide tout pratique indiquant tout ce qui doit être observé pour obtenir les meilleurs résultats et éviter les dépenses inutiles : mais comme il le dit dans sa préface, si le titre même de son livre lui a fait une loi de se restreindre à la culture des plantes fourragères et de s'abstenir de considérations scientifiques inutiles au but qu'il poursuit, il ne s'est pas interdit les applications pratiques des sciences en tant qu'elles se rapportent à l'explication des phénomènes ou à l'amélioration des méthodes de culture. « C'est là, en effet, dit-il, ce que nous entendons par la pratique, et non point seulement la routine manuelle, qui consiste à savoir tenir les mancherons de la charrue, charger une voiture de gerbes ou manier la faux, celle-ci suffit à un ouvrier, celle-là est nécessaire au moindre cultivateur intelligent. »

C'est donc la *pratique intelligente* qui a dicté ce guide qui a obtenu promptement le succès qu'il mérite.

38. **Culture de l'Olivier**, son fruit et son huile, par M. Joseph REYNAUD (de Nimes), négociant et manufacturier. 1 vol., 300 pages. 4 fr.

Ce livre est le fruit de trente-cinq années de durs travaux, de longues veilles, de nombreux voyages, de recherches patientes, de minutieuses expériences : aussi a-t-il été l'objet de nombreuses distinctions et les procédés de M. Reynaud n'ont pas tardé à être pratiqués chez un grand nombre d'extracteurs d'huile.

40. **Guide pratique du Vigneron**, culture, vendange et vinification, par FLEURY-LACOSTE, président de la Société centrale d'agriculture du département de la Savoie, membre de plusieurs sociétés savantes. 1 vol., 137 pages. 3 fr.

Il existe un grand nombre de livres sur l'art de faire le vin. Malheureusement, il en est beaucoup qui ne sont que des reproductions presque serviles d'ouvrages antérieurs, tandis que d'autres ne présentent que le résultat d'expériences personnelles de systèmes individuels.

M. Fleury-Lacoste est à la fois un homme instruit et un homme pratique. Dans son *Guide du Vigneron*, il a su éviter ces deux écueils ; son livre sera consulté avec fruit, et l'on peut avec confiance en adopter les préceptes. Au surplus, S. Exc. M. le ministre de l'agriculture, certes plus compétent que nous, vient d'engager M. Fleury-Lacoste à poursuivre ses études en souscrivant à cet excellent petit traité. C'est bien là le meilleur éloge que l'on puisse faire de cet ouvrage.

41. Manuel pratique de **Jardinage**, contenant la manière de cultiver soi-même un jardin ou d'en diriger la culture, par M. COURTOIS-GÉRARD, marchand grainier, horticulteur, 6ᵉ édition. 1 vol., 396 pages, 1 planche et de nombreuses figures dans le texte. Br., 3 fr. 50. Relié.   5 fr.

Nous renvoyons à la note accompagnant le n° 28 (*Manuel de culture maraîchere*) pour les titres de M. Courtois-Gérard à la confiance publique. Dans le *Manuel du jardinier*, les jardiniers de profession trouveront des conseils, des détails nouveaux et des renseignements pratiques qu'ils peuvent ignorer ; le propriétaire et l'amateur de jardin y puiseront des instructions précises et claires qui leur éviteront toute espèce de méprises et d'erreurs.

42. Guide pratique de la culture du **Saule** et de son emploi en agriculture, notamment dans la création des oseraies et des saussaies, avec un appendice sur la culture du **Roseau**, par M. M.-J. KOLTZ, chevalier de l'ordre R. G. D. de la Couronne de chêne, agent des eaux et forêts, etc., etc. Vol. in-18, 144 pages et 35 figures dans le texte. Br. 2 fr. Relié   3 fr.

Ce travail a pour objet de faire ressortir les avantages que procure la culture du saule dans les terrains qui lui conviennent, et qui, le plus souvent, ne peuvent être rendus productifs qu'à l'aide de cette essence. M. Koltz donne donc le moyen de mettre en produit des terrains vagues ; et à ce point de vue, son traité est un véritable service rendu à l'agriculture.

Dans certains parages, le roseau commun forme le complément obligé de l'osier : l'appendice que M. Koltz a consacré à cette plante renferme des détails intéressants, surtout pour les propriétaires de terrains aujourd'hui tout à fait improductifs.

SÉRIE H. AGRICULTURE. 63

43. Guide pratique de la **Culture du coton**, par le docteur Adrien SICARD, secrétaire général de la Société d'horticulture et du comité d'aquiculture pratique de Marseille, etc. 1 vol., 143 pages, avec figures dans le texte. 3 fr.

Ce guide, écrit par un homme compétent, est le fruit de longues études pratiques. Lorsque M. Sicard fait une affirmation, c'est qu'il parle de *visu* et d'après ses propres expériences. Ainsi, les figures intercalées dans le texte, et qui donnent une idée exacte du cotonnier et des détails du coton, ont été photographiées d'après nature par lui-même et par l'un de ses fils.

45. Guide pratique du tracé et de l'ornementation des **Jardins d'agrément**, par M. T. BONA, ancien architecte, directeur de l'École de dessin industriel de Verviers. 1 vol., 304 pages. 4e édition, complétement refondue et ornée de 238 figures dans le texte. Br., 2 fr. 50. Relié. 3 fr. 50

Il existe quelques ouvrages spéciaux sur la composition et l'ornementation des jardins : malheureusement, ils sont généralement d'un prix élevé, et puis la plupart des auteurs arborent des prétentions qui se traduisent par la classification qu'ils ont adoptée : ils ont, en fait de jardins, des genres *graves*, *terribles*, *mélancoliques*, *riants*, *lugubres*, etc.; M. Bona pense qu'il faut oublier le terrain dont on dispose et l'embellir par des créations conformes à sa situation.

46. Guide pratique de la **Culture du caféier et du cacaoyer**, suivi de la fabrication du chocolat, par M. P.-H.-F. BOURGON D'ORLI, 1 vol. 100 pages. 3 fr.

Ce livre est le fruit d'une longue expérience acquise par l'auteur dans une pratique de plusieurs années et par ses propres observations en Asie et en Amérique.

46 et 50. Le **Caféier** et la **Canne à sucre**, ensemble, relié. 5 fr.

48. **Acclimatation des animaux domestiques**, Étude des animaux destinés à l'acclimatation, la naturalisation et la domestication : Animaux domestiques, méthodes de perfectionnement, mammifères, oiseaux, poissons, insectes, vers à soie ; précédée de Considérations générales sur les climats, de l'Exposé des diverses classifications d'histoire naturelle, etc., pouvant servir de *Guide au Jardin d'acclimatation* ; par M. le docteur B. LUNEL, ancien professeur d'histoire naturelle. 1 vol., 188 pages, avec figures dans le texte. 3 fr.

M. le docteur Lunel a résumé d'une manière concise dans ce guide les notions concernant l'acclimatation disséminées dans un grand nombre d'ouvrages volumineux. Ce livre sera consulté avec fruit par toutes les personnes qu'intéresse la grande question de l'acclimatation.

49. Guide pratique d'**Entomologie agricole**, et petit traité de la destruction des insectes nuisibles, par M. H. GOBIN. 1 vol., 279 pages, avec fig. dans le texte. 4 fr.

Ce traité, d'une lecture attrayante, dissimule un grand fond de science sous des apparences légères. Le volume se compose de lettres familières adressées à un nouveau propriétaire rural. Tous les insectes qui s'attaquent aux champs et à leurs produits et aux animaux y sont passés en revue, et, ce qui est mieux encore, l'auteur a indiqué le moyen de se débarrasser de cette engeance envahissante. Le livre est terminé par des nomenclatures scientifiques avec les noms français.

50. Guide pratique de la **Culture de la canne à sucre** et Traité de la sucrerie exotique, par M. P.-H.-F. BOURGOIN. D'ORLI. 1 vol. de 156 pages. 3 fr.

Ce guide n'est pas, comme beaucoup de manuels, un livre fait avec d'autres livres. M. Bourgoin d'Orli s'est, pendant de longues années, livré à une étude toute spéciale de la canne à sucre et de sa culture dans plusieurs contrées équatoriales et tropicales. Il a réuni dans ce volume, comme il l'a fait pour le caféier, le résultat de son expérience et de ses observations personnelles.

La manipulation du sucre est complétement traitée dans cet ouvrage, indispensable aux propriétaires et aux cultivateurs qui veulent mettre en sucreries tout ou partie de leurs possessions dans les colonies.

(Pour l'*Essai des sucres*, voir série G, n° 48.)
(Pour la *Betterave et son alcoolisation*, voir série G, n° 1.)

52. Guide pratique de l'**Ostréiculteur**, ou Culture des huîtres et procédés d'élevage et de multiplication des races marines comestibles, par M. Félix FRAICHE, professeur de sciences mathématiques et naturelles. 1 vol. 175 pages, avec figures dans le texte. 4 fr.

Les chemins de fer et la navigation, en diminuant les distances, ont créé pour les races marines comestibles des débouchés qui leur avaient manqué jusqu'alors. De là, et d'autres causes que M. Fraiche indique, l'appauvrissement des bancs d'huîtres. L'auteur, qui s'est inspiré des travaux de M. Coste, démontre que l'ostréiculture est une industrie facile à créer et à développer, et qui donne des résultats rémunérateurs à ceux qui savent l'exploiter.

(Pour la *Pisciculture*, voir même série, n° 20.)

www.ingramcontent.com/pod-product-compliance
Lightning Source LLC
Chambersburg PA
CBHW051619230426
43669CB00013B/2101